비오스

생명정치와 철학

KB190109

비오스

생명정치와 철학

로베르토 에스포지토

윤병언 옮김

Critica

한국어판 서문

21세기 초에 생명정치에 대한 관심은 어느 정도 수그러들었고 생명정치를 향한 비판적인 시각들도 고개들 드는 듯이 보였다. 하지만 2020년 어느 날 느닷없이 생명정치의 시대는 끝나지 않았다는 것이 어느 때보다도 분명하게 드러났다. 팬데믹이 시작되고 시간이 흐르면서 미셸 푸코의 직관적 관찰들은—민중의 통제나 의학의 정치화 같은 현상들에 대한 푸코의 성찰은—모두 사실로 드러났을 뿐 아니라 현실을 통해 전면으로 부각되기까지 했다. 물론 글로벌 팬데믹 기간에 도처에서 실행된 경계설정이나 거리두기 같은 조치들은 격리조치quarantena라는 아주 오래된 관습에서 유래한 것이 사실이지만, 과거에는 격리조치가 각국의 영토 전역으로 확장된 적도 없고 이처럼 오랫동안 지속된 적도 없었다. 예전에는 오늘날의 의료 정책에 견줄 만한 제도가 마련되어 있지 않았을 뿐 아니라 세계적인 차원의 보건기구 같은 것도 존재하지 않았고, 유럽에서 복지welfare 정책이 실행되던 시기에도 정부가 시민들에게 약속했던 보호는 광범위한 보건정책을 포함하고 있었을 뿐 생물학적이라기보다는 사회적인 성격을 지니고 있었다. 반면에 오늘날의 보호조치는 바이러스가 장악한 거의 모든 국가에서 일어난 것처럼 생물-의학적인 문제에 직접 관여하는 양상을 보인다. 우리가 지금까지 **생명정치**라고 부르던 것은 팬데믹 기간에 진정한 의미의 **면역정치**로 변신했다. 일찍이 엘리아스 카네티가 언급한 바 있고 노베르트 엘리아스가 문명화 과정의 요소 가운데 하나로 지목했던 '접촉 금지'는 실제로 팬데믹의 가장 극적인 단계에서 우리 삶의 가장 기본적인 형식이었다. 마스크를 쓰고 얼굴을 가린 사람들은 서로에게 악수조차 건네지 않았을 뿐 아니라 이 모든 것은 감시 카메라가 우리의 움직임을 주시하고 열상 스캐너가 신체의 온도를 읽는 가운데 일어났다. 전염의 지역별 상황도는 얼마간 사람들이 위험지대로 이동하는 것을 가로막으며 물리적인 만남을 사실상 불가능하게 만들었다. 심지어는 교육마저—원래 학습의 차원에서뿐만 아니라 사회화의 차원에서 중요했음에도—아주 오랫동안 '거리를 둔' 상태에서 혹은 의도적으로 '가까이'와 정반대되는 용어를 사용하며 '원거리'에서 이루어졌다. 오늘날 이러한 엄격한 조치들은 상당히 완화되었지만 완전히 사라졌다고는 보기 어렵다. 예를 들어 전자기기를 통한 원거리 미팅은 바이러스의 위험이 상당히 감소한 오늘날 오히려 우리의 일상이 되어버렸다. 결과적으로 일어난 것은 공통의—코무니타스communitas의—경험이 문자 그대로 분해되는 현상, 다시 말해 접촉의 전염 유발성이 커진 만큼 접촉을 가로막는 화면으로 공통의 경험을 분리하는 현상이다. 몇몇 국가의 입장이었지만, 팬데믹 기간에 거의 노인들로만 구성된 이른바 '고위험군'의 격리가 필요하다는 주장까지 대두된 적이 있다. 물론 이런 일은 실제로 일어나지 않았지만 앞으로도 일어나지 말라는 법은 없다. 아니, 이는 오히려 면역-민주주의를 배제 장치와 다를 바 없는 것으로 만들 때 얼마든지 일어날 수 있는 일이다.

우리 모두가 경험한 팬데믹은 시간이 흐르면서 정치 진영들 사이의—빈번히 이들의 입장을 근본적으로 변화시키면서—권력 구도에도 커다란 변화를 가져왔다. 전통적으로 시민-사회적인 문제에 집중되어 있던 좌-우파 논쟁의 관심사도 여러 나라에서 눈에 띄게 생명정치적인 차원의 문제로 기울어지는 양상을 보였다. 오늘날의 논쟁은, 예를 들어 건강할 권리와 자유로울 권리 사이에서—둘 다 헌법이 보장하는 권리임에도 불구하고—어느 하나를 선택해야 할 것 같은 방향으로 전개된다. 하지만 생명정치적인 차원에서 팬데믹은 정치적 경쟁 구도의 차원을 훌쩍 뛰어넘어 정치와 사회의 관계, 제도와 항변자의 관계에—때로는 분쟁적인 방식으로 때로는 파격적인 결과를 초래하며—지대한 영향을 끼쳤고 정권 내부에서 사법부와 행정부의 균형을 후자에 유리하도록 만들었다. 예를 들어 지난 미국 대통령 선거에 바이러스가 결정적인 영향을 끼쳤다는 것은 더 이상 숨길 필요가 없는 사실이다. 하지만 팬데믹의 정치적 여파는 각국의 내부적인 문제에만 국한되지 않았다. 팬데믹이 유럽연합의 경제정치에도 직접적인 영향을 끼쳤다는 점은, 참여국들이 마스트리히트 기준을 고수하려는 입장에서 불과 몇 달 만에 역사상 전례를 찾아볼 수 없는 방대한 규모의 지원금 증여 대책으로 돌아섰다는 사실을 통해 분명하게 드러난다. 더 나아가 팬데믹은 강대국들 사이의 관계에도—무엇보다 미국과 중국 사이의 관계에—커다란 변화를 가져왔다. 팬데믹의 원인에 대한 치열한 논쟁을 벌이면서 시작된 양국 간의 분쟁 관계는 머지않아 수단과 방법을 가리지 않고 백신을 개발하는 차원의 경쟁 구도로 변신했고, 이러한 정황은 빠르게 러시아, 영국, 독일의 참여를 이끌어 냈다. 오늘날 우크라이나 전쟁으로 인해 불거진 러시아와 미국 간의 분쟁 역시—이를 지켜보는 중국의 지대한 관심 또한—실제로는 '생명'과 '정치'의 관계라는 문제와 직결되기 때문에 생명정치적인 구도는 지정학적 문제와 뒤섞이며 점점 더 확산되기 마련이다. 앞으로도 세계의 지정학적 균형이 여러모로 이러한 유형의 경쟁에 좌우되리라는 점은 이제 단순한 인상의 차원을 뛰어넘어 분명한 현실로 다가온다. 왜냐하면 이러한 정황은 국제관계뿐만 아니라 공익과 사익, 투자와 연구, 지식과 권력의 관계에도 직접적인 영향을 끼치기 때문이다. 생명정치적인 차원의 경쟁 구도가 실제로 팬데믹 기간에 단순히 백신의 효과만을 두고 전개된 것이 아니라 백신의 개발과 배포의 공간과 시간을 두고서도 벌어졌다는 점을 고려하면, 생명정치는 이제 현대사회를 살아가는 우리의 경험 전체가 끊임없이 변모하며 회전하는 새로운 초월적 지평이 되었다고 해도 과언이 아니다.

물론 아주 많은 문제들이 여전히 해결되지 않은 상태로 남아 있다. 대표적인 예는 생명정치와 죽음정치 간의 결코 사라지지 않는 긴장이다. 그렇다면 이 책『비오스』에서 검토된 '긍정적 생명정치'의 개념도 새로운 형태로 정의되어야 할 필요가 있다. 한편으로는 우리 모두가 팬데믹을 경험한 만큼, 생명정치와 제도 간의 관계도 새로운 성찰을 요구한다. 오늘날 우리를 위협하고 있는 세 종류의 글로벌 위기, 즉 환경 위기, 전염병 위기, 이주 현상이 조장하는 위기뿐만 아니라 현재 우크라이나와 팔레스타인에서 진행 중인 전쟁의 문제도 사실은 강렬하게 생명정치적인 문제와 직결된다. 우리는 앞으로 생명정치의 패러다임이 과연 혹은 어떻게 이 문제들에 대한 답변을 마련해 줄 것인지 보게 될 것이다. 그러나 분명한 것은 생명정치의 패러다임이—어떤 측면에서 바라보든—우리 시대의 세계적인 지평을 계속해서 좌우하고 있다는 사실이다.

2024년 6월 30일 로베르토 에스포지토

1. 저자 주는 미주로, 옮긴이 주는 각주로 처리했다.
2. 본문 속의 [ ]은 옮긴이 첨언이다.
3. 미주 속의 [ ]와 'trad. it.'는 저자가 외서의 이탈리아어 번역본을 표시하기 위해 사용하는 기호다. 한국어 번역본도 [ ]로 표시했다.
4. 원서에서 이탤릭체로 쓰인 부분 외에도 저자가 ' '를 비롯해 다양한 방식으로 강조하는 용어들을 굵은 고딕체로 표시했다.
5. '생명/삶'의 경우처럼 이중적인 의미를 그대로 옮긴 용어에 삽입한 기호 /는 '~인 동시에' 또는 '~과 다를 바 없는' 정도의 의미로 사용했다.

서문

1. 프랑스, 2000년 11월. 프랑스 대법원에서 원심 판결까지 번복하며 내린 결정이 법조계 내부에서 뜨거운 논쟁을 불러일으켰다. 문제가 되었던 것은 어머니가 임신했을 당시 풍진을 앓았기 때문에 심각한 유전병을 안고 태어난 니콜라 페뤼슈Nicolas Perruche 라는 아이의 권리였다. 대법원이 내린 판결은 의사가 산모의 질병을 발견하지 못해—아이가 그토록 **원했을**—유산을 애초에 불가능하게 만든 만큼, 아이에게 의사를 고소할 수 있는 권리가 주어져야 한다는 것이었다. 여기에 법적으로 분명히 해결될 수 없는 문제가 있다면, 그것은 대법원이 신생아 니콜라에게 **태어나지 않을 권리**를 부여했다는 점이다. 이 경우에 문제가 되는 것은 이미 확인된 의사의 실수가 아니라 의사에게 항변하는 아이의 **주체**적 위상이다. 어떻게 한 개인이 자신에게 법적 주체성을 부여하는 유일한 정황에—다름 아닌 자신의 탄생 과정에—의혹을 품고 소송을 제기할 수 있는가? 이것이 논리적인 동시에 존재론적인 성격의 문제라

는 점은 분명하다. 어떤 존재가 존재하지 않을 수 있는 권리를 주장하는 것이 그 자체로 문제적이라면, 존재하지 않는 자가, 그러니까 아직 태어나지 않은 아이가 태어나지 않을 수 있는 권리 또는 존재의 영역으로 넘어오지 않을 수 있는 권리를 요구한다는 것은 상상조차 하기 어려운 문제다. 법적 주체와 생물학적 현실의 관계, 삶의 형태와 자연적 삶의 관계를 법적 차원에서 '결정'한다는 것은 불가능하다. 물론 니콜라가 악조건에서 태어나 어떤 피해를 입었다는 것은 사실이다. 하지만 이는 다름 아닌 니콜라가 생명의 주체인 자신의 존재와 주체로서의 생명을 태어나기도 전에 제거하겠다는 결정을 내려야만 피할 수 있는 유형의 손해임이 분명하다. 문제는 이것으로 그치지 않는다. 모든 주체의 권리에는 이를 충분히 침해할 수 있는 위치에 있더라도 침해하지 말아야 할 타자의 의무가 상응한다. 그렇다면 이는 곧 산모가 [아이의 태어나지 않을 권리를 침해할 수 없기에] 자신의 자유의지와는 무관하게 유산을 선택할 수밖에 없다는 것을 의미한다. 뭐랄까, 태아의 태어나지 않을 권리란 그를 잉태한 어머니의 입장에서 그를 죽여야 할 어떤 예방 차원의 의무에 가깝다. 하지만 이는 곧 법적으로 인정되는 삶과 나치즘 시대의 독일에서 논의되던 '살 가치가 없는' 삶 사이에 어떤 우생학적 차별화의 기준을 설정한다는 의미이기도 하다.

아프가니스탄, 2001년 11월. 911테러가 발생한지 2개월 만에 아프가니스탄 상공에서 새로운 유형의 '인도주의적' 전쟁이 시작되었다. 이 형용사는 여기서 더 이상 분쟁의 목적이 무엇인지 설명하지 않는다. 예를 들어 한 종족을 집단학살로부터 보호하는 것이 목적이었던 보스니아나 코소보의 '인도주의적' 전쟁과는 달리, 이 형용사가 여기서 수식하는 것은 오히려 최고의 전쟁 수단, 즉 '폭탄투하'다. 왜냐하면 같은 지대, 같은 시각에 생필품과 의약품은 물론 막강한 파괴력을 지닌 폭탄들이 함께 투하되었기 때문이다. 여기서 놓치지 말아야 할 것은 이런 식으로 넘어서게 되는 경계선이다. 문제의 핵심은 단순히 전쟁을 강요하고 이끌 수 있는 힘을 지닌 자의 독단적인—혹은 사심어린—결정에서 비롯되었음에도 불구하고 보편적 권리의 이름을 내세우며 시작된 전쟁의 의심스러운 법적 정당성에 있는 것도, 혹은 전쟁의 명분과 결과 사이에서 발견되는 어마어마한 차이에 있는 것도 아니다. '인본주의적 폭탄투하'의 가장 무시무시한 형용모순은 오히려 생명의 보호라는 명분과 생명의 실질적인 파괴가 뚜렷하게 중첩되는 정황에서 발견된다. 인류가 20세기의 전쟁을 치를 때처럼 전쟁 희생자들 가운데 군인 희생자 수가 민간인 희생자에 비해 절대적으로 높았던 과거의 상황은 오늘날 후자의 수가 전자를 훨씬 웃도는 상황으로 뒤바뀌고 말았다. 한편으로는 인종차별적인 박해도 이처럼 언제나 어느 한 집단의 죽음이 또 다른 집단의 생존에 기여한다는 점을 전제로 이루어진다. 바로 그런 이유에서 죽음과 생명 사이에는—다시 말해 파괴해야 할 생명과 구해야 할 생명 사이에는—분명한 구분의 고랑이 남아 있을 뿐 아니라 오히려 점점 더 깊어진다는 사실을 부인하기 어렵다. 하지만 여기서 우리가 주목해야 할 것은 바로 이러한 구분이, 동일한 사람들을 보호하는 동시에 살해할 수밖에 없는 '인본주의적 폭탄투하'의 논리 속에서 의도적으로 삭제된다는 사실이다. 이러한 무차별화의 뿌리를 우리는—일각에서 주장하는—전쟁의 구조적인 변화에서 추적할 것이 아니라 이를 뒷받침하는 훨씬 더 근본적인 변화, 즉 '인본주의' 개념의 변화에서 추적해야 한다. 인본주의는 수세기에 걸쳐 인간을 모든 생명체에 공통적인 단순한 생명의 차원에서 벗어나는 존재로 간주해 왔고 바로 그런 이유에서 정치적 의미를 확보했음에도 불구하고, 어느 시점에선가 생명의 생물학적 차원에 점점 더 동조하는 성향을 보이기 시작했다. 하지만 본연의 순수한 생물학적 실체와 밀착되는 순간, 다시 말해 모든 형태의 법적이고 정치적인 형식에서 벗어나는 순간 인본주의는 인간을 구원하는 동시에 파괴할지도 모를 요인에 노출된다.

러시아, 2002년 10월. 모스크바의 오페라 극장에 난입한 체첸 테러리스트들이 거의 1000명에 가까운 시민들을 인질로 억류하는 사건이 일어났다. 긴급히 출동한 러시아 특수부대가 치명적 독가스로 테러를 진압하는 데 성공했지만 이 과정에서 테러리스트들만 죽지 않고 128명의 민간인 사망자가 발생했다. 이 사건은 국가적인 차원에서 곧장 정당화되었고 테러에 대한 확고한 대응 의지를 보여줬다는 의미에서 모범적인 사례로까지 평가되었지만, 그럼에도 불구하고 앞서 다룬 에피소드와 유사하다고 볼 수밖에 없는 문제점을 분명히 안고 있다. 물론 이 경우에 '인본주의'라는 용어는 등장하지 않지만 근본적인 논리는 크게 다르지 않다. 백 명이 넘는 민간인들의 **죽음**은 가능한 한 많은 사람을 **살리려는 의지**에서 비롯되었다. 따라서 이 사건의 특별히 혐오스러운 요소들에 대해—예를 들어 국제조약에 따라 사용이 금지된 독가스가 쓰였다는 점이나 비밀이 노출될 우려가 있다는 이유로 해독제를 공개하지 않는 정황에 대해—이야기하기보다는 좀 더 중요할 수밖에 없는 우리의 논제에 집중할 필요가 있다. 이 경우에 인질들의 죽음은—이와 유사한 경우에 흔히 일어나듯이—공권력의 개입으로 실행된 작전의 간접적이거나 우발적인 결과가 아니다. 이들의 살해자는 체첸의 테러리스트들이 아니라 테러리스트들을 공격한 러시아의 특수부대였다. 물론 이에 대해서는 흔히 테러리스트들이 사용하는 방식과 테러에 대처하는 이들의 방식이 거의 대등하기 때문이라고 설명하는데, 이는 이해도 가고 어떤 틀 안에서는 피할 수 없는 것이기도 하다. 하지만 어떤 잠재적 참사로부터 인질을 구하기 위해 투입된 정부 요원들이 정작 테러리스들은 위협하는 것으로 그친 학살을 실제로 저지르는 사태는 이제껏 일어난 적이 없었다. 러시아 대통령의 이러한 선택에는 아마도 그의 몇몇 의지가, 예를 들어 이와 유사한 테러의 재발을 방지하기 위해 테러리스트들의 사기를 떨어트리려는 의지, 체첸의 병사들에게 그들의 투쟁에는 희망이 없다는 메시지를 전달하려는 의지, 정치적 위기처럼 보일 수도 있는 상황에서 벗어나기 위해 주권 권력을 과시하려는 의지 등이 반영되었을 것이다. 하지만 그가 내린 결정의 기저에는 어떤 암묵적 전제 같은 것이 남아 있다. 모스크바의 오페라 극장에서 속전속결로 이루어진 작전은 사람들이 말하는 것처럼 어떤 불가항력적인 힘 앞에서 정치가 퇴보하는 현상을 보여준다거나 악과 정치의 근원적인 친족 관계를 폭로하는 것이 아니라 생사의 기로에 놓인 인간들의 생존 문제를 해결하기 위해 정치가 표명할 수 있는 어떤 극단적인 표현에 가깝다. 무슨 수를 써서라도 살려야 할 때, 심지어는 죽음을 무릅쓰기로 결정할 수 있는 것이 정치다.

　중국, 2003년 2월. 중국 정부가 철저하게 은폐해온 소식 하나
가 신문 보도를 통해 서방 세계에 공개되었다. 혈청검사에서 양
성 반응*을 보인 시민의 수가 중국의 허난 지방에서만 150만 명이
넘고 동호를 비롯한 몇몇 마을에서는 양성 반응자가 전체 주민의
80%에 달한다는 소식이었다. 게다가 전염은 제 3세계의 또 다른
국가에서 볼 수 있는 자연적이거나 사회문화적인 원인이 아니라
경제정치적인 원인에서 비롯된 것으로 드러났다. 불청결한 상태
에서 이루어진 성관계나 마약 사용이 아니라 중앙 정부의 적극적
인 장려와 관리로 실행된 대규모의 혈액 매매 사업이 전염의 직접
적인 원인이었던 것이다. 가난한 농부들에게 푼돈을 주고 채취한
혈액은 거대한 원심분리기에서 혈장과 적혈구로 분리되고 혈장은
부유한 구매자들에게, 적혈구는 다시 헌혈자들에게 돌아갔다. 적
혈구를 다시 헌혈자들에게 수혈하는 이유는 빈혈을 방지하고 이
들이 헌혈을 지속적으로 반복할 수 있는 환경을 조성하기 위해서
였다. 하지만 문제는 이러한 정황에서 단 한 명의 감염자가 발생하
더라도 거대한 분리기 속의 혈장 없는 혈액 전부가 전염되는 결과
를 초래할 수 있었다는 것이다. 실제로 허난 지방의 모든 마을에서
사람들 대부분이 혈청검사 양성 반응을 보였던 것도, 그리고 약이
없어서 죽을 수밖에 없는 처지에 놓였던 것도 바로 그런 이유에서

---

*　'혈청양성반응sierotpositivo'은 혈청전환이 일어났음을 가리키며 면역반응의
결과로 어떤 항원에 맞서 특정 항체가 혈액에서 형성되었다는 것을 의미한다. 혈청검
사는 주로 에이즈 검사에 활용된다.

였다. 물론 중국이 저가의 안티에이즈 약품 생산과 상업화에 성공한 것은 사실이지만 허난의 농부들은 이러한 혜택과 무관하고, 정부로부터 오히려 무시당했을 뿐 아니라 감옥에 가지 않으려면 이러한 정황을 아무에게도 발설하지 말아야 할 의무 조항에 얽매여 있었다. 이 모든 것이 밝혀진 것은 가족들이 전부 세상을 떠난 뒤 홀로 남아 자신의 오두막에서 죽느니 차라리 감옥에서 죽겠다고 작심한 한 농부의 용기 있는 발언 덕분이었다. 여기서 우리의 시선을 좀 더 방대한 규모의 또 다른 현상으로 확대해보면, 여전히 공산국가로 정의되는 나라에서조차 생물학적 선택이 사회계층 간의 극심한 차별화뿐만 아니라 심지어는 성적 차별화를 통해 이루어진다는 점을 어렵지 않게 확인할 수 있다. 중국이 인구 증가를 억제하기 위해 실행한 '한 가구 한 아이' 정책은 초음파 기술이 활용되면서, 미래에 여성이 되어야 할 태아들의 낙태 현상이라는 결과를 가져왔다. 물론 초음파 기술은 시골에서 여자로 태어난 아이들을 물에 익사시키는 낡고 비인간적인 방법을 사라지게 만들었지만, 다른 한편으로는 남성과 여성의 비율이 전자로 크게 기울어지는 결과를 초래했다. 통계에 따르면, 앞으로는 중국 남성들이 결혼할 여성을 찾기가—미성년 소녀들을 강제로 납치하지 않는 이상—굉장히 어려울 것으로 보인다. 중국에서 여성 자살자와 남성 자살자의 비율이 5대 1인 것도 이러한 정황과 결코 무관하지 않을 것이다.

르완다, 2004년 4월. 유엔의 한 보고에 따르면 동일한 연령의 아이들 만 명 정도가 10년 전 아프리카 후투족이 투치족을 상대로 종족학살을 감행했을 당시에 벌어진 집단강간의 생물학적 결과임이 드러났다. 보스니아와 또 다른 곳에서 일어났던 것처럼, 이와 비슷한 성격의 사태들은 생명과 죽음의 관계를 전례 없는 방식으로 전복시킨다. 전통적인 전쟁뿐만 아니라 이른바 비대칭적 반테러 전쟁에서도 죽음은 언제나 생명에서 시작된다. 심지어는 가미가제의 투신공격에서도 죽음은 **생명을 통해** 온다. 반대로 종족강간의 경우에는 오히려 생명이 죽음과 폭력에서, 즉 기절한 상태 또는 목에 칼을 들이대 꼼짝달싹 못하는 상태에서 잉태의 순간을 맞이해야 하는 여성들의 공포에서 시작된다. 르완다에서 실행된 이른바 '적극적인' 우생학은 중국 혹은 또 다른 곳에서 실행된 '부정적인' 우생학과 전혀 상충되지 않으며 단지 전제와 상반되는 결과를 가져왔을 뿐이다. 나치와 나치의 모방자들이 시도한 종족학살이 번식과 탄생을 아예 불가능하게 만들면서 이루어진 반면 르완다의 경우는 **강요된 탄생**을 통해, 다시 말해 그 자체로 생명의 '약속'을 상징하기에 앞서 생명의 '본질'을 함축하는 '탄생'이라는 사건의 가장 퇴폐적인 왜곡을 통해 이루어졌다. '생명'의 탄생에서 어떤 혁신적인 '정치'의 상징적이고 사실적인 전제를 발견했던 이들의 의견을 전적으로 무의미하게 만들면서, 종족강간은 '죽음'과 '정치'를 가장 날카로운 형태로 묶어버린다. 게다가 이 비극적인 모순은 고스란히 새로운 세대의 생명이라는 형태를 취한다. 르완다 전쟁에서 어머니가 된 여성들 모두가 기자들의 질문에 '증오에서 탄생한 자식들'을 사랑한다고 고백했다는 것은 곧 생명의 힘이 죽음의 힘보다 더 강하다는 것을 의미한다. 더 나아가, 자신의 피가 지닌 우월성을 증명하기 위해 동일한 피를 공유하지 않는 자에게까지 피를 강요하는 극단적인 형태의 면역화는 스스로를 거역하며—달리 말하자면 죽이려고 했던 것을 생산하기 때문에—실패할 수밖에 없는 운명에 놓인다. 아이들은 투치족 여인들이 낳은 후투족 아이들인 동시에 후투족 남자들의 투치족 아이들이다. 이는 객관적으로—면역화의 정반대인—공동체화의 결과다. 이러한 관점에서 볼 때, 우리가 마주한 것은 일종의 결정불가능성 내지 두 얼굴을 가진 현상이다. 이 현상 안에서 '생명'과 '정치'는 새로운 개념적 어휘를 요구하는 하나의 고리로 결속되는 듯이 보인다.*

2. 이 새로운 어휘의 중심에 다름 아닌 '생명정치' 개념이 있다. 이 개념에서 출발해야만, 방금 살펴본 에피소드들처럼 어떤 해석의 틀에 끼워 맞춰서는 이해하기 어려운 사건들이 단순한 발생의 차원을 훌쩍 뛰어넘어 전달하는 포괄적인 차원의 의미를 발견할 수 있다. 실제로 이 사건들은 우리 시대의 대단위 정치 현상들이 거의 모두 연루되어 있는 어떤 역동적인 상황을 극단적인 형태로, 하지만 나름대로 충실하게 보여준다. 테러리스트들의 전쟁에서 반-테러 전쟁, 대규모 이주 현상, 보건 정책, 인구 정책에 이르기까지, 혹은 예방 차원의 안보 정책에서 비상상태에 대응하는 법적 조치의 끝없는 확장 현상에 이르기까지 국제적으로 주목받는 현상 가운데, 앞서 언급한 사건들이 공통적으로 지니는 이중적인 성향과 무관해 보이는 것은 하나도 없다. 이 이중적인 성향이란 **생명**

---

* 저자에 따르면 이 에피소드들 이후에 생명정치적인 차원에서 일어난 유의미한 사건들은 근본주의자들의 테러, 2007년의 경제 위기, 폭발적인 이주 현상, 2020년의 팬데믹 등이다. 팬데믹에 대해서는 저자 서문 참조.

정치적인 동시에 죽음정치적인 성향, 다시 말해 정치 또는 법적 권리의 영역과 생명/삶*의 영역이 점점 더 중첩되는 성향과—여기서 파생된 듯 보이는—정치가 생명 못지않게 죽음과 밀접한 관계를 유지하는 성향이다. 바로 이 두 번째 성향이 미셸 푸코가 1970년대 중반에 쓴 일련의 글에서 질문을 던지며 주목했던 비극적인 모순이다. 왜 생명정치는—적어도 오늘날까지는—언제나 죽음의 양산 체제로 전복되는 경향을 보이는가?

나는 푸코의 작업이 지닌 놀라운 분석의 힘을 인정하지만 그가 이 질문에 대한 충분한 답변을 제시한 적이 없고 다양한 답변들 사이에서 언제나 주저했을 뿐 아니라, 이 답변들마저도 푸코 자신이 제기했던 문제의 다양한 설정 방식에서 파생된 것들이라

---

*   Vita를 '생명/삶'으로 옮겼다. 이는 기본적으로 vita가 때로는 '생명'을, 때로는 '삶'을 가리키는 것이 아니라 '생명'과 '삶'을 언제나 동시에 함께 가리키기 때문이고, 무엇보다도 이 용어가 생명정치의 담론 내부에서 두 의미 가운데 어느 한 쪽으로 기울어지기보다는 두 의미의 긴밀한 상관관계를 암시하기 때문이다. 이러한 정황은 생명정치 개념의 다소 복잡한 구도에서 비롯된다. 생명정치의 담론은 생물학적 삶을 뜻하는 '조에zoe'와 정신문화적 차원의 삶을 뜻하는 '비오스bios'의 어원론적 구분을 기본적인 전제로 전개되는데, 이러한 구도가 '생명정치biopolitica'라는 용어에 그대로 반영되기 때문에 용어들의 상반되는 의미가 중첩되는 현상이 일어난다. 구체적으로 말하자면, '생명정치'를 구성하는 두 용어 가운데 '생명(bios)'은 원래의 의미와 정반대되는 생물학적 삶을 지시하는 쪽으로 기울어지는 반면, '정치'는 상대적으로 '비오스'의 형식을 가리킨다. '생명정치'의 패러다임 내부에서 '비오스'는 어원적인 차원의 '조에'와 '비오스'를 포괄하는 개념이다. 이러한 복합적인 의미의 '비오스'에 상응하는 일반적인 용어가 바로 vita다. 따라서 두 가지 뜻 가운데 어느 하나를 선택해서 번역하지 않고, 읽기에 불편할 뿐 아니라 오해의 소지도 분명히 있는 '생명/삶'이라는 특이한 조합을 선택한 이유는 vita를 단순히 '생명' 또는 '삶'으로 옮길 경우 저자가 설명하는 복잡한 정황이나 분석이 왜곡된 형태로 전달될 가능성이 농후하기 때문이다. 물론 의미가 어느 한쪽으로 분명하게 기울어지는 경우에는—그리 많지 않지만—'생명' 또는 '삶'으로 옮겼다. '생명/삶'에서 /는 '~인 동시에' 또는 '~과 다를 바 없는' 정도의 의미로 읽어도 무방하다. /가 다른 단어들에 사용된 경우도 마찬가지다.

고 생각한다. 오늘날의 토론을 지배하는 생명정치 해석이 두 종류로 양분되어 서로 상반되는 입장을 취하는—근본적으로 부정적인 해석과 긍정적이지만 도취에 가까운 해석으로 나뉘는—현상은 푸코가 결코 어느 하나를 선택하겠다고 결정한 적이 없는 두 종류의 입장을 더욱더 분리시키면서 절대화하려는 성향에 불과하다. 이러한 정황의 논리적 실체를 여기서 서둘러 설명할 필요는 없겠지만, 내가 받는 인상은 이러한 철학적, 정치적 정체 현상이 우리가 다루고 있는 논제의 전제 자체에 대한 '질문'의 부재 또는 불충분성에서 유래했으리라는 것이다. 달리 말하자면, 모두가 간과했던 것은 생명정치 개념이—무엇을 뜻하는가는 물론—과연 언제 탄생했느냐는 질문이다. 생명정치는 때에 따라 어떤 모습을 취했고 어떤 모순들을 여전히 내포하고 있나? 내 입장에서 연구의 관점을 단순히 통시적인 축과 의미론적 지평으로 확장시켰을 뿐인데도 분명하게 확인할 수 있었던 것은, 푸코의 이론이 결정적이었음에도 불구하고, 실제로는 훨씬 더 오래 전으로 거슬러 올라가 지난 세기 초반에 시작된 담론의 마지막—물론, 보다 완성된 형태의—**단편**에 불과하다는 사실이다. 이 계통의 어휘들을 파헤치며—사실상 이 책에서 처음으로—그 의미들의 연관성과 틈새를 찾아내는 작업은 당연히 문헌학적 차원에서만 중요한 것이 아니다. 이 작업이 특별히 중요한 이유는 기본적으로 탐사 후에 드러날 차이점과의 대조를 통해서만 푸코의 논제들이 지닌 잠재력과 독창성의 근거를 설명할 수 있기 때문이고, 무엇보다도 한층 더 넓고 다양해진 관점으로 생명정치의 블랙박스에 침투할 수 있을 뿐 아니라 바로 그런 이유에서, 푸코 자신이 가장 먼저 펼쳐놓은 해석의 경로에 대해서도 비판적인 시각을 유지할 수 있기 때문이다. 예를 들어 푸코가 정립한 생명정치 체제와 주권 권력 사이의 복잡한 관계도 나름대로 냉철한 관찰을 요한다. 이 문제에 대한 상세한 설명은 뒤로 미뤄두겠지만, 먼저—무엇보다도 생명정치라는 범주 자체의 의미와 직결되기 때문에—주목해야 할 것은, 근대정치라는 총체적인 범주와 생명정치 간의 복잡한 관계 내부에서 일어난 변화다. 예를 들어 이런 질문을 제기할 수 있다. 생명정치는 근대를 앞서거나 뒤따르는 체제인가 아니면 근대와 시대적으로 일치하는 체제인가? 생명정치가 지닌 것은 본질적으로 역사적인—시대적인—차원인가, 아니면 시원적인 차원인가? 이 질문에 대해서도 푸코는 그다지 명쾌한 대답을 제시하지 않는다. 왜냐하면 역사적 지속성에 주목하는 입장과 차이와 경계에 주목하는 입장 사이를 오가며 배회하는 모습을 보이기 때문이다.

나는 이러한 인식론적 불확실성이 다름 아닌 생명정치의 개념에 함축되어 있는 두 용어['생명'과 '정치']를 좀 더 내재적인 방식으로 체계화할 수 있는 유연한 패러다임의 부재에서 비롯되었다고 생각한다. 주지하다시피 나는 이 패러다임을 오래 전부터 면역화의 차원에서 탐구해왔다. 내가 거의 모든 측면에서 정의한 바 있는 면역화의 복합적인 의미를 여기서 다시 장황하게 설명하는 것은 불필요하겠지만, 기본적으로—무엇보다도 푸코의 연구에서 부재했던 연결 고리를 복원하는 만큼—명시해두고 싶은 것은 생명정치와 근대 사이에 정립되는 독특한 연관성, 다시 말해 생명정치가 오로지 생명의 부정적 보호라는 면역화의 역학에 개념적으로 예속될 때에만 생명정치의 구체적으로 근대적인 계보학적 발생 경로가 명료해진다는 점이다. 이는 물론 생명정치의 뿌리를 이전 시대에서는 전혀 찾아볼 수 없다는 뜻이 아니다. 중요한 것은 근대만이 개개인의 자기보존 성향을 다른 모든 정치 범주의—주권에서 자유에 이르는 범주들의—기본 전제로 간주한다는 점이다. 물론 근대의 생명정치가 여전히 질서의 관념에—즉 권력과 민중 사이의 초월적 관계에—기초하는 범주들의 중재에 의존한다는 사실은 곧 **비오스**의 근대적 정치성이 절대적인 방식으로 정립되지 않았다는 것을 의미한다. 이 단계에 도달하는 것은—다시 말해 생명/삶을 **즉각적으로** 정치적인 차원에서 이해할 수 있는 단계, 혹은 정치가 생물학적 특징을 **내재적으로** 수용하는 단계에 도달하는 것은—1930년대에 전체주의가, 특히 나치가 등장하는 시점에 이르러서야 일어나는 일이다. 이 단계에 도달하면 부정성은, 다시 말해 임박한 '죽음의 위협'은 단순히 질서의 정립에 필요한 기능만—근대에 여전히 일어났던 것처럼—수행하는 것이 아니라 아예 대량으로 생산된다. 이 생산 과정을 지배하는 것이 바로, 생명/삶의 강화는 죽음의 증폭을 어떻게 실행하느냐에 달렸다고 보는 죽음정치적인 변증관계다.

이처럼 면역화의 첫 번째 단계에서 두 번째 단계로 넘어오는 과도기에 다름 아닌 니체의 사유가 등장한다. 내가 이 책의 한 챕터 전체를 니체에게 할애할 정도로 그를 중요하게 생각하는 이유는 그의 저작이 생명정치적인 차원에서 핵심적인 역할을 할 뿐 아니라 권력과 생명/삶 사이에서 질서 유지를 위해 중재 역할을 해온 근대적 정치 범주들의 탕진 현상을 일종의 지진계처럼 놀랍도록 예리하게 포착해내기 때문이다. '힘에의 의지'가 생명/삶의 근본적인 활력이라는 것은 곧 생명/삶이 기본적으로는 정치적 차원을 지녔을 뿐 아니라 정치도 생명/삶의 보존과 확장 외에는 또 다른 목적을 지니지 않는다는 것을 의미한다. 바로 이 '보존'과 '확장'의 형태로 비오스에 관여하는 방식들 간의 관계 속에서 사실상 생명이 누리는 실질적인 힘의 혁신적이거나 보존적인 성격, 혹은 능동적이거나 수동적인 성격이 결정된다. 니체 자신도—그의 저작이 지니는 의미도—이러한 대조와 분쟁의 일부를 차지한다. 이는 그의 글들이 근대의 면역학적 표류 현상에 대한 극명한 비판인 동시에 면역화의 내부적인 가속화를 표현하기 때문이다. 바로 여기서 니체의 글이 지닌 가장 전형적인 특징, 즉 서로 상반되는 동시에 뒤섞이는 두 가지 관점의 범주적이고 양식적인 상호-이중화 현상이 비롯된다. 이러한 특징은 한편으로는 20세기 생명주의 biocrazia의 파괴와 자멸의 행보를—적어도 이론적인 차원에서는—선도하게 될 운명에 놓여 있었지만, 다른 한편으로는 미래에 등장하게 될 긍정적인 생명정치의 윤곽을 예시하고 있었다.

3. 이 책의 마지막 장에서 다루게 될 주제는 **나치즘 이후**의 철학과 생명정치의 관계다. 왜 나치즘인가? 시원적인 단계에서부터 면면히 이어져 내려온 모습 그대로의 철학을 가장 명백하게 거부하며 존재했던 나치즘에 다시 주목해야 하는 이유는 무엇인가? 이는 무엇보다 이러한 거부 행위 자체가 그것의 가장 어두운 근원에서부터 철학적으로 탐구되어야 하기 때문이고, 아울러 철학의 거부라는 나치의 전략이 일반적인 차원에서가 아니라 생물학을 지지하며 이루어졌기 때문이다. 생물학을 가장 완성된 형태로 실현한

것이 바로 나치즘이다. 우리는 이 책에서 적잖은 분량의 세밀한 분석을 통해 이러한 논제가 틀리지 않았고, 적어도 나치즘이 정치의 생물학적 변이를 어떤 정치체제도 근접한 적이 없는 극단적인 형태로 추진했다는 사실을 확인하게 될 것이다. 나치즘은 독일 민족을 근본적인 치료가 필요한 유기적 신체로 고려했고, 나치의 입장에서 치료란 곧 정신적으로 이미 죽어 있는 신체 부위의 폭력적인 추방을 의미했다. 이러한 특징을 감안하면—전체주의를 함께 계승했다는 차원에서 더불어 거론되는 공산주의와는 달리—나치즘은 더 이상 전후기 근대를 지배하던 자기보존 역학의 범주에 포함되지 않는다. 하지만 이는 나치즘이 면역의 논리에 이질적인 체제여서가 아니라 오히려 지나치게 민감하고 발작적인 방식으로 반응하며 보호 장치들을 스스로의 몸에 해가 될 정도로—다름 아닌 자가면역질환의 경우에서처럼—과도하게 활용했기 때문이다. 독일인들에게 자살을 지시하는 것이 베를린의 벙커에 숨어든 히틀러의 마지막 명령이었다는 사실은 이러한 특징을 극명하게 보여준다. 그런 의미에서 우리는 나치즘의 경험이 생명정치의 절정을—적어도 이와 정반대되는 죽음정치와의 절대적인 무분별이 나치의 특징이었다는 의미에서—표상한다고 말할 수 있다. 하지만 그렇다면, 생명정치가 바닥으로 침몰하며 일으킨 재해 자체는 오히려 이 범주를—우리가 앞서 살펴본 일련의 사건과 오늘날의 전반적인 상황을 관찰하며 확인할 수 있듯이, 사라지기는커녕 날이 갈수록 점점 더 중요해지고 있는 이 '생명정치'를—새로운 방식으로 고찰할 수 있는 계기가 되어야 한다. 이 점이 중요한 이유는 무엇보다도 우리가 살고 있는 세계가 소비에트 공산주의의 내폭과 함께 근대사의 마지막 철학에서 벗어나며 완전히 하나가 되어버렸기 때문이다.

우리의 담론은 이러한 차원으로 수렴되어야 한다. 정치와 생명/삶의 간격이 소멸되는 현상을 점점 더 강렬한 방식으로 경험하는 몸corpo은 더 이상 **개개인**의 몸이나 주권 **국가들**의 몸이 아니라 상처투성이로 통합되는 **세계**의 몸이다. 오늘날만큼 세계의 분열을 조장하는 분쟁과 상처와 공포가 다름 아닌 모두의 생명/삶 자체를 위기에 빠트리며, 고전철학적인 '삶의 세계'를 현재 진행 중인 '세계의 삶'으로 전복시킨 시대는 없었을 것이다. 따라서 오늘날의 생명정치적인 성찰은 나치의 생명권력이 변질시키고 전복시킨 정치적 범주들을 '뒤늦게' 수호하겠다는 '여전한' 환영에서 벗어나야 한다. 다시 말해 이러한 환영에 빠진다는 것은 일어날 수도 없고 일어나서도 안 될 일이다. 왜냐하면 무엇보다도 이 정치적 범주들에서 탄생한 생명정치가 뒤이어 이 범주들과 다시 대척하게 되기 때문이고, 아울러 우리가 마주한 본질적인 문제를—사실상 '기술'과 다를 바 없을 '정권'이 주도하는 '비오스의 변형'이라는 문제를—역사상 처음으로 일으킨 것이 바로 **반-철학적**이고 **생물학적**인 히틀러주의였기 때문이다. 물론 나는 이러한 논제를 통해 표명되는 바가 표현의 차원은 물론, 일으킬 수 있는 여파의 관점에서 민감한 내용이라는 점을 충분히 인지하고 있다. 하지만 적합성의 문제를 진실의 문제 위에 놓을 수는 없는 노릇이다. 한편으로는 20세기 철학도 일찍부터 '비오스의 변형'이라는 문제에—다름 아닌 근원악의 발생지에서 이에 대한 비교와 비판을 시도하며—나름대로 주목하고 있었다. 예를 들어 하이데거의 경우 이를 이해하려고 악의 소용돌이에 너무 가까이 다가간 나머지 빨려 들어갈지도 모를 위험을 감수해야 했고, 아렌트와 푸코도 소용돌이에서 거슬러 올라오는 일은 오로지 추락과 표류를 통해서만 가능하다는 것을 나름대로 의식하고 있었다. 나 역시 이와 동일한 경로를—단지 전복된 형태로—밟으면서, 나치의 세 가지 면역 장치, 즉 '생명/삶의 절대적인 규율화', '몸의 이중 봉쇄', '예방 차원의 출산 제재'를 추적했다. 여기서 발견한 흔적들을 토대로 부각되어야 할 것은, 나치의 죽음정치를 더 이상 '생명이 대상인' 정치가 아니라 '생명의' 정치로 전복시킬 수 있는 긍정적 생명정치의—잠정적이고 근사치에 불과할—윤곽이다.

끝으로 분명히 해두고 싶은 것이 한 가지 있다. 또 다른 유형의 해석이나 규율화 기획의 정당성을 무시하고 싶은 생각은 없지만, 나는 철학의 과제가—생명정치 앞에서조차—어떤 정치 활동의 모델을 제시하는 데 있다거나 생명정치를 어떤 혁명이나 개혁의 깃발로 내세우는 데 있다고 믿지 않는다. 그 이유는 이러한 입장이 지나치게 급진적이기 때문이라기보다는 오히려 전혀 급진적이지 않기 때문이다. 게다가 이런 입장은, 생명을 정치 바깥의 운영체제에 의탁하는 식으로 정치와 생명을 해체하는 것이 이제는 더 이상 불가능하다는—서두에 언급했던—전제와도 모순을 일으킨다. 물론 정치와 생명의 해체가 불가능하다는 것은 정치가 고유의 객체인 동시에 주체인 생명/삶을 상대로 어떤 행동도 취할 수 없다는 것을 의미하지 않는다. 행동이 필요하고 또 가능하다면 어디서든 새로운 주권권력의 압박을 느슨하게 만들 수 있는 것이 정치다. 그럼에도 오늘날 요구되는 것은—적어도 전문적인 철학자의 입장에서는—역방향의 사고다. 다시 말해 생명/삶을 정치의 기능적인 측면에서 사유할 것이 아니라 정치를 생명/삶의 형식 그 자체로 간주하며 관찰할 필요가 있다. 이는 결코 쉬운 일이 아니다. 왜냐하면 정작 요구되는 것은 바깥에서 생명정치에 관여하는 방식이 아니라—즉 생명정치를 수용하거나 거부하는 식의 접근 방식이 아니라—생명정치의 내부에서 본질에 접근하는 방식이기 때문이다. 달리 말하자면 그런 식으로 생명정치의 지평을 열어젖혀, 지금까지 우리의 시야에서 벗어나 있던 무언가에, 즉 생명정치의 정반대편에 숨어 있던 무언가에 주목할 필요가 있다. 바로 그런 의미에서 내가 생명정치의 핵심 범주 **몸, 법, 국가**와 정확하게 상반되는 형상으로 분석하고 고찰한 것이 **살, 규율, 탄생**의 범주다. 하지만 이러한 탈-구축 작업보다 훨씬 더 강렬하고 더 보편적인 것은 아마도 생명정치가 두각을 드러내는 가장 특별한 방식으로 이해해야 할 면역화의 패러다임이다. 면역화의 의미론, 즉 생명의 부정적 보호라는 면역의 의미는 면역성immunitas과 정반대되는 공통성communitas과의 내밀한 관계를 다름 아닌 '생명정치'에서 가장 분명하게 드러낸다. 임무니타스immunitas가 공통의 무누스munus를 부정할 뿐 코무니타스communitas를 벗어나서는 생각조차 하기 어려운 것이라면, 생명정치 역시—지금까지 강제적인 측면만 실험해왔다 하더라도—고유의 부정적인 기호를 전복시켜 새롭고 긍정적인 의미론을 이끌어낼 수 있을 것이다.

I. 생명정치라는 수수께끼

1. 생명-정치

1. '생명정치' 개념은 등장하자마자 빠르게 국제 토론의 핵심 주제로 부상했을 뿐 아니라 현대철학이 전적으로 새로운 국면을 맞이하는 데 결정적인 역할을 했다. 미셸 푸코가 이 개념을—용어 자체를 고안했다고도 볼 수 있겠지만—재해석하며 재차 제안했을 때부터, 정치철학의 구도는 그야말로 뿌리 깊은 변화를 겪었다. 물론 '법적 권리', '주권', '민주주의' 같은 고전적인 범주들이 정치철학 토론의 무대에서 갑자기 자취를 감춘 것은 아니다. 이 범주들은 여전히 가장 일반적인 정치 담론의 질서를 구성하고 있다. 그럼에도 불구하고 이 범주들이 의미론적 역할과 현실 해석의 기량을 점차 상실하고 있다는 것은 부인할 수 없는 사실이다. 결과적으로 이 범주들이 고유의 분석적 틀에서 벗어나는 현실을 더 이상 설명하지 못한다면, 요구되는 것은 이 범주들 자체를 탈구축하는 동시에 설명할 수 있는 보다 날카로운 시선이다. 법률을 예로 들어보자. 흔히들 주장하는 것처럼 법률의 영향력이 축소되었다고 봐야

할 근거는 어디에도 없다. 오늘날의 상황이 주는 인상은 오히려 법률의 영향력이 특정 영토의 내부와 외부에서 점점 더 확대되고 있을 뿐 아니라 규율화 정책도 더 넓은 영역으로 확장되고 있다는 것이다. 하지만 이러한 변화의 본질적인 이유가 법률적인 어휘로 설명될 수 없다는 점은 부인하기 어렵다. 예를 들어 '인권'에 관해 이야기할 때 관건이 되는 것은 어떤 '법적 주체'의 인권이라기보다는 오히려 그저 '생명체'로만 정의되는 개인의 인권이다. 이와 유사한 형태의 이야기가 '주권'이라는 정치적 장치에도 적용될 수 있다. 주권이 소멸될 운명에 처했다는 일각의 성급한 진단은 완전히 틀린 것으로 드러난다. 적어도 대부분의 강대국에서 주권은 오히려 고유한 영향력의 행사 범위를 확장하고 강화하는 듯이 보인다. 하지만 이 경우에도 모든 것은 주권이 수세기에 걸쳐 시민이나 국가 유기체를 상대로 행사해온 권력 양식들의 목록 **바깥에서** 전개된다. 오랫동안 주권 권력의 특징이었던 내부와 외부의 경계뿐만 아니라 전쟁과 평화의 경계마저 불확실해진 오늘날, 주권은 특정 지역에만 국한되지 않고 세계 전체로 확장되는 생사의 문제에 직접 관여해야만 하는 처지에 놓여 있다. 뭐랄까, 어떤 각도에서 바라보든 법률과 정치는 이들의 통상적인 어휘에서 벗어나는 무언가에, 따라서 이들을 고유의 개념적 장치 바깥으로 끌어내는 무언가에 더욱더 직접적으로 연루되는 듯이 보인다. 바로 이 '무언가'가—이 요소, 이 실체, 이 바탕, 이 난기류가—다름 아닌 생명정치의 대상이다.

그럼에도 불구하고 생명정치의 역사적 중요성에 상응한다고 볼 수 있을 만큼 명료한 범주는 찾아보기 힘들다. 어떤 결정적인 형태를 취했다고 볼 수 없는 생명정치 개념은 오히려 생명정치가 고유의 분명한 의미를 확보하지 못하도록 만드는 불확실성과 불안에 휩싸여 있는 듯이 보인다. 더 나아가, 생명정치는 이를 우리 시대의 형상과 운명에 대한 첨예한—철학적이고 정치적인—의견 대립의 도구이자 대상으로 삼는 해석학의 압력에 노출되어 있다. 생명정치가 서로 상이할 뿐 아니라 상충되기까지 하는 다양한 해석적 입장과 어조 사이를 오가며 표류하는—혹은 어느 한 쪽으로 기울어지는—현상이 바로 여기서 비롯된다. 물론 이러한 해석들의 경우 관건은 '생명정치bio-politica'를 구성하는 두 용어의 관계, 즉 비오스와 폴리티크를 하나로 묶는 관계의 본질이다. 하지만 생명정치 자체를 정의하기에 앞서, 비오스라는 용어는 어떻게 이해해야 하나? 아울러 비오스에 아무런 중재 없이 '직접적으로' 관여하는 정치는 어떤 식으로 이해해야 하나? 이 질문에 답하기 위해 '정치적 삶'을 뜻하는 고전적 표현 '비오스 폴리티코스bíos politikós'에 의존하는 것은 큰 도움이 되지 않는다. 왜냐하면 해결해야 할 문제는 정확하게 '정치적 삶'을 벗어나는 정황에서 발견되기 때문이다. 그리스어 어휘, 특히 아리스토텔레스의 어휘에만 주목하면, '생명정치'가 가리키는 것은 '특징적인 삶'이나 '삶의 형태'를 의미하는 비오스bíos라기보다는 오히려 단순한 생물학적 차원의 생명을 뜻하는 조에zoé에 가까워 보인다. 혹은 적어도, 비오스 자체가 자연화하면서 조에와 중첩되는 영역을 가리킨다. 하지만 이처럼 용어상의 의미가 조합되기 때문에, 생명정치의 개념은 식별이 이중적으로 불가능해지는 상황에 처한다. 이는 무엇보다도 내부에 결코 우호적이지 않은—아니 오히려 생명정치의 가장 중요한 특징을 왜곡할 수도 있는—용어 '조에'를 품고 있기 때문이고, 아울러 대상으로 다루려는 이 '조에' 마저 그 자체로 정의하기가 까다로운 개념이기 때문이다. 절대적으로 자연적인 생명 '조에', 다시 말해 모든 형식적 의미를 빼앗긴 생명이란—추상적으로는 이해가 가능하지만—대체 무엇인가? 이는 오늘날처럼 기술이 인간의 몸에 도전하고 있을 뿐 아니라 문자 그대로 침투하고 있는 상황에서는 제기하지 않을 수 없는 질문이다.[1] 정치가 생명/삶의 영역을 직접적으로 파고드는 사이에 생명/삶은 고유의 본질과는 거리가 먼 것으로 변해버렸다. 결국 기술과는 전혀 무관하다고 봐야 할 정도로 완벽하게 자연적인 생명/삶 같은 것이 존재하지 않는다면, 그러니까 비오스bíos와 조에zoé에의 관계에 이제는—아니 어쩌면 원래부터—테크네téchne[기술]라는 용어를 끌어들일 수밖에 없는 상황이라면, 생명과 정치 양자만의 독자적인 관계는 어떤 식으로 구축해야 하나?

이러한 관점에서, 생명정치 개념은 정립되는 순간부터 마치 뒷걸음질 치는 듯이, 혹은 텅 빈 상태로 빠져드는 듯이 보인다. 그럼에도 이러한 정황에서 분명하게 부각되는 것이 있다면, 그것은 바로 생명정치의 부정적인 성격이다. 즉 무엇이 생명정치가 **아닌지** 만큼은 분명하다. 달리 말하자면 분명해지는 것은 생명정치로 인해 폐쇄된 의미 지평, 즉 오랜 과정을 걸쳐 근현대의 정치적 질서를 가능케 했던 '중재', '대립', '변증관계'의 복합적인 의미들이다. 이 과정에서 권력을 정의하고 권력의 행사 기준이나 한계를 설정하는 문제와 관련하여 다양한 문제점과 해결책들이 끊임없이 제기되었던 것에 비해, 의심의 여지없이 확실하게 일어난 것은 바로 정치의 '영역'과 '논리'와 '대상'의 일반적인 위치 변동 현상이다. 한 편으로는 공적 영역과 사적 영역, 국가와 사회, 지엽적인 것과 총 체적인 것의 근대적인 경계가 무너지고, 다른 한편으로는 근대적 정당화 논리의 모든 근거가 고갈되는 가운데, 다름 아닌 생명/삶 자체가 모든 정치적 관행의 중심을 차지하게 되는 상황이 벌어졌 다. 달리 말하자면 '생명의 정치' 외에—이 표현의 객체적일 뿐 아 니라 주체적인 의미에서—또 다른 정치는 더 이상 생각조차 할 수 없는 지경에 도달한 것이다.

하지만 바로 정치의 주체와 객체의 관계에 대해 논하는 순간 앞서 언급했던 해석의 이견들이 대두된다. '생명의 정치적 통치'란 대체 무슨 뜻인가? 생명/삶이 정치를 좌우한다는 의미로 이해해 야 하나 아니면 정치가 생명/삶을 통치한다는 의미로 이해해야 하 나? 관건은 생명/삶**의** 통치인가 생명/삶**이 대상인** 통치인가? 사실 은 이와 동일한 양자택일 상황이—다른 곳에서는 무분별하게 사 용되는—'생명정치biopolitica'와 '생명권력biopotere' 간의 어휘적 이분화 현상에서도 발생한다. '생명정치'에서 중요한 것은 생명/삶 의 이름으로 이루어지는 정치인 반면 '생명권력'에서 중요한 것은 정치적 명령에 종속되는 생명/삶이다. 이런 식으로도, 생명정치 의 패러다임은 개념적 통합을 시도하는 가운데 또 다시 이중화되 고 스스로의 움직임 때문에 양분되는 상황에 처한다. 경쟁을 펼치 는 다양한 해석들 사이에서 움츠러들고 불안정해질 뿐 아니라 고 유의 축을 중심으로 끊임없이 회전해야 하기 때문에, '생명정치'는 정체성을 잃고 일종의 수수께끼로 변해버릴 위기에 놓인다.

2. 상황이 이런 식으로 흘러간 이유를 파악하려면 푸코의 텍스트를 읽는 것만으로는 부족하고, 푸코가 인용한 적은 없지만 비판적인 관점에서 탈구축하는 식으로 재차 제안하며 전제로 삼은 저자들의 텍스트를 살펴볼 필요가 있다. 나름대로 '생명정치' 개념에 호소하는 이 저자들은 시기에 따라 세 부류로 나뉠 수 있고, 각각 유기주의, 인류학, 자연주의의 관점에서 접근한다는 특징을 지닌다. 첫 번째 부류에 속하는 텍스트들은 공통적으로 국가를 생명체의 관점에서 고찰하는 독일어권 저서들, 예를 들어 카를 빈딩Karl Binding의 『국가의 생성과 생명에 관하여Zum Werden und Leben der Staaten』(1920)[2], 에버하르트 데너트Eberhard Dennert의 『살아 있는 유기체로서의 국가Der Staat als lebendiger Organismus』(1922)[3], 에두아르트 한Eduard Hahn의 『국가, 하나의 생명체Der Staat, ein Lebenwesen』(1926)[4], 그리고 우리가 집중적으로 살펴봐야 할 스웨덴 학자 루돌프 쉘렌Rudolph Kjellen의 저서들이다. 쉘렌은 '생명정치'라는 용어를 가장 먼저 사용한 인물이고 '지정학geopolitica'의 창시자이기도 하다. 바로 이 '지정학'을 프리드리히 라첼Friedrich Ratzel과 카를 하우스호퍼Karl Haushofer는 완전히 인종차별주의적인 형태로 발전시켰고, 이러한 표류 현상은 머지않아 '레벤스라움Lebensraum(생활권)'이라는 나치의 이론으로 발전했다. 물론 이처럼 변질된 이론에 비한다면 쉘렌의 입장은 비교적 온건한 듯 보이지만, 그는 빌헬름 시대의 독일을 공공연히 지지했던 인물일 뿐 아니라 위협적인 외교 정책을 선호하는 성향 또한 지니고 있었다. 일찍이 강대국들에 관한 1905년의 저서[5]에서 쉘렌은 왕성한 국가들이 제한된 영토를 지녔을 경우 정복이나 합병 또는 식민지화를 통해

고유의 영역을 확장시켜야 할 필요성에 직면한다고 주장한 바 있다. 이러한 성향은 1916년에 출간된 『생명의 형태인 국가Staten som livsform』[6]에서 좀 더 구체적으로 드러난다. 이 저서에서 지정학의 필요성을 설명하는 쇌렌의 입장은 자유주의 헌법 이론으로는 환원될 수 없는 유기주의적인 관점으로 완전히 기울어진다. 자유주의 헌법 이론에서 국가는 개개인의 자유로운 선택이 국가의 존속을 결정짓는다는 차원에서 이 선택의 인위적인 산물로 간주되는 반면, 쇌렌은 국가를 이른바 '생명의 형태'(스웨덴어 som livsform, 독일어 Lebensform)로, 다시 말해 자연적 본능과 자율적 충동을 갖춘 유기물의 형태로 이해했다. 이처럼 국가의 개념 자체가 변하는 과정, 다시 말해 국가를 더 이상 개개인의 의지에 따라 계약에 의해 성립되는 권리 주체로 간주하지 않고, 수많은 구성원을 지녔을 뿐 정신적으로나 육체적으로나 개인처럼 행동하는 단일한 성격의 총체로 간주하게 되는 과정에서 다름 아닌 '생명정치'의 원천적이고 핵심적인 의미를 발견할 수 있다. 이러한 논제들이 실린 『정치체계System der Politik』(1920년)에서 쇌렌은 이렇게 말한다.

삶 자체의 특징이기도 한 이러한 긴장 상태에서 영감을 얻어 [...] 나는 이 학문을 생명의 과학인 생물학biologia과 유사하게 **생명정치**biopolitica라고 부른다. 이는 그리스어 '비오스'가 자연적이고 물리적인 생명/삶만 가리키지 않고, 나름대로 중요한 의미를 지닌 문화적 생명/삶도 가리킨다는 점을 감안하면 충분히 이해할 수 있는 부분이다. 내가 '생명정치'라는 명칭으로 표현하려는 것은 인간이 '생명의 법칙'에 종속된다는 점과 이 법칙을 사회가 분명하게 드러낼 뿐 아니라 국가가 무엇보다도 심판관 또는 최소한 중재자의 역할을 수행하면서 장려한다는 점이다.[7]

이는 분명히 '국가-몸'이라는 고전적인 비유와 이 비유의 수많은 후기 낭만주의적 변형을 훌쩍 뛰어넘는 표현들이다. 바로 여기서 고개를 들기 시작하는 것이 어떤 자연적 기반에 대한 언급이다. 즉 제도적인 성격의 모든 추상화나 구축 활동의 지반이 되어야 할 견고하고 실체적인 원리에 대한 언급이 시작된다. 이런 식의 사고가 처음부터 거부하는 것은, 자연이 자체적으로는 분쟁을 막을 능력이 없고 오히려 부추길 가능성이 크기 때문에, 자연에 맞서 인위적인 장벽을 제도적으로 정립할 때에만 생명/삶을 보호할 수 있다는 홉스적인 생각이다. 이러한 관점을 거부하고, 자연-상태의 진정한 극복은 정치-상태에서 이루어질 수 없다는 생각이, 다시 말해 정치-상태는 자연-상태의 부정이라기보다는 다른 수준의 연속에 불과하며, 결과적으로 본연의 자연적인 특성을 다시 체화하고 재생할 수밖에 없다는 생각이 활개를 펴기 시작한다.

이러한 **정치의 자연화** 과정은 쉘렌의 저서에서 여전히 역사-문화적인 구도 안에 머물러 있었지만, 다름 아닌 비교 생물학 분야에서 맹위를 떨치게 될 야콥 폰 윅스퀼Jacob von Uexküll의 저서를 통해 결정적으로 가속화되기에 이른다. 똑같이 1920년에 출판된 윅스퀼의 『국가생물학Staatsbiologie』에서 가장 먼저 눈에 띄는 것은 상당히 전조적인 성격의 부제 '국가의 해부학, 생리학, 병리학Anatomie, Phisiologie, Pathologie des Staates'이다. 물론 이 책에서도 서술은—쉘렌의 저서에서처럼—'몸과 다를 바 없는' 국가의 생물학적 구도를 중심으로 전개되고, '국가'는 상이한 직업과 기량을 표상하는 다양한 신체 기관들 간의 조화로운 관계에 의해 정의된다. 하지만 이전 경우와는 달리, 사용되는 어휘의 의미에 이중의, 결코 경미하다고 볼 수 없는 변화가 일어난다. 먼저 '국가'는 더 이상 보편적인 차원의 국가가 아니라 독일인들만의 생체적인 특징과 요구가 반영된 특정 국가 독일을 가리킨다. 보다 근본적인 변화는 다름 아닌 국가적인 차원에서 병리학이 해부학이나 생리학을 제치고 절대적으로 중요한 위치를 점하게 되는 정황에서 발견된다. 이미 여기서, 머지않아 처참한 결과를 가져오게 될 이론의―쇠퇴의 신드롬과 결과적으로 뒤따르는 재생 프로그램 이론의―징조를 발견할 수 있다. 독일이라는 국가의 신체적 건강을 위협하는 요소들은―윅스퀼에 따르면―그가 구체적으로 당대의 혁명에서 비롯된 상처를 언급하며 모두 질병으로 간주하는 '체제전복적인 노조', '선거 민주주의', '파업의 권리' 같은 것들이다. 이 질병들이야말로 국가의 세포 조직 안에 기생하며 국가를 무정부 상태와 파멸로 이끄는 암적인 요소들이다. 윅스퀼은 이러한 위험을 "마치 우리 몸 안에서 신경에 전달해야 할 신호의 유형을 결정하는 것이 두뇌가 아니라―민중을 대변하는―수많은 세포들인 것 같은"[8] 상황에 비유했다. 하지만 뒤이어 나타나게 될 전체주의적인 성향을 감안할 때, 보다 중요한 것은 정치공동체의 몸 안에 침투해 구성원들을 위협하며 조직을 형성하는 '기생충'들에 대한 언급이다. 기생충에는 두 종류가 있다. 한편에는 특정 상황에서 국가에 기여하는―따라서 타종족도 포함되는―'공생동물'이 있고 다른 한편에는 국가의 몸 안에서 동일한 양분을 섭취하며 존속하는 진정한 의미의 이질적인 '기생동물'이 있다. 사라져야 할 것이 바로 이 기생동물이다. 윅스퀼은 예언적이고 위협적인 어조로, 국가에 봉사하는 의사들이 그들만의 계층을 형성해야 할 뿐 아니라 나라의 건강 유지를 위해 병인 보유자들을 제거할 수 있는 자격이 국립 의료기관에도 주어져야 한다는 결론을 내린다. 그런 의미에서 그는 이렇게 말한다. "국가에 봉사해야 할 공직 의사들을 배출하기 위해서뿐만 아니라 국립 의료기관을 설립하기 위해서라도 어떤 광범위한 차원의 학교가 필요하다. 우리에게는 국가의 위생을 의탁할 수 있는 기관이 여전히 부족하다."[9]

우리가 주목해야 할 세 번째 텍스트는—제목에서부터 우리의 관심 범주를 제시하는—몰리 로버츠Morley Roberts의 『생명정치Biopolitics』다. 1938년 영국에서 출판된 이 저서의 부제는 '사회-신체적 유기체의 심리학, 병리학, 정치에 관한 에세이An Essay in the Physiology, Pathology and Politics of the Social and Somatic Organism'다. 이 경우에도 저자가 서문에서부터 분명하게 명시하는 기본 전제는 결코 단순한 비유의 차원에 머물지 않는 생물학과 정치의 연관성, 특히 의학과 정치의 구체적이고 실질적인 연관성이다. 저자의 관점은 기본적인 구도의 차원에서 윅스퀼의 그것과 크게 다르지 않다. 간단히 말하자면, 생리학의 의미와 중요성이 병리학에서 유래하는 만큼 전자가 후자와 분리될 수 없는 것과 마찬가지로, 국가 유기체 역시 잠재적이거나 진행 중인 질병의 특성을 토대로만 정의될 수 있고 통치될 수 있다는 특징을 지닌다. 이 질병들은 어떤 단순한 위험 요소라기보다는, 그 자체로 소멸될 수밖에 없는 한 생명체의 마지막 진실을—우선했기 때문에 궁극적인 진실을—표상한다. 따라서 생명정치의 과제는 정치공동체적 몸을 위협하는 유기적인 위험을 파악할 뿐 아니라 이 위험에 대처할 수 있는 방어 메커니즘을 식별한 뒤 활용할 수 있도록 제시하는 데 있다. 로버츠에 따르면, 이 방어 메커니즘의 뿌리 역시 생물학에 있다. 그리고 바로 이 특징이 로버츠의 저서가 지닌 가장 혁신적인 측면과, 즉 그가 놀랍게도—마치 우리의 해석적 패러다임을 앞서 증언하려는 듯—국가의 방어 장치를 면역체계에 비유하는 부분과 직결된다.

> 면역을 이해하는 가장 간단한 방법은 인간의 몸을 다른 유형의 유기체와 비교하는 것, 예를 들어 타 종족의 위협에 노출되어 있기 때문에 어떤 조치가 필요한 복합적인 사회 유기체나 국가 유기체, 혹은 아주 단순한 기능적 차원의 개인이나 어떤 '페르소나'와 비교하며 관찰하는 것이다. 이러한 조치가 다름 아닌 면역 활동이다.[10]

이 첫 번째 논제를 기반으로, 저자는 국가와 인체 간의 대칭 관계를 정립하기에 이른다. 그리고 여기에 면역학의 레퍼토리 전체를—항원에서 항체, 면역관용 기능에서 세망내피계 reticuloendothelial system에 이르는 요소들을—끌어들여 각각의 생물학적 요소에서 이에 상응하는 정치적 요소를 이끌어낸다. 하지만 아마도 가장 의미 있는 특징은—일찍이 윅스퀼이 취했던 것과 유사한 입장에서—그가 인종주의적이고 면역적인 차원의 거부와 배척의 메커니즘에 호소하는 부분일 것이다.

정치-생물학을 공부하는 학생은 민중이 국가적인 차원에서 취하는 행동과 그 결과를 분비와 배설의 결과로 간주하며 관찰할 필요가 있다. 예를 들어 국제적인 반감을 좌우하는 것은 아주 하찮은 것일 가능성이 크다. 이 문제를 아주 저급한 차원에서 관찰하면, 어떤 종족의 입장에서는 또 다른 종족들의 체취가 이들의 상이한 문화나 관습보다 훨씬 더 거슬릴 수 있다는 점을 쉽게 이해할 수 있다.[11]

제 2차 세계대전 발발과 동시에 출간된 몰리 로버츠의 저서가 면역적인 차원의 유대인 배척과 정치공동체적 몸의 과민증적 위기를 유사한 것으로 간주하며 마감된다는 점은 초기의 생명정치 연구가 지녔던 지독히도 파격적인 성향을 그대로 보여준다. 이처럼 생명bíos을 직접적인 기반으로 구축된 정치체계는 언제나 생명을 정치에 폭력적으로 종속시킬 위험이 있다.

3. '생명정치'에 대한 관심이 고조되는 두 번째 시기와 지역은 1970년대의 프랑스다. 나치의 생명정치와 분명한 차이가 있다는 점이 이 시기의 생명정치가 지니는 특징이라면, 이는 무엇보다도 나치의 생명통치가 역사적인 패배를 기록하면서 세계사의 판도가 근본적으로 변화했기 때문이다. 나치의 생명통치 이론뿐만 아니라 생명정치 연구의 동기와 쟁점을 어떤 식으로든 예고했던 유기주의 이론의 틀에서 벗어나기 위해, 생명정치의 이론가들은 고유의 의미론 자체를 재구성해야 할 필요를 느꼈고, 생명정치의 범주적 특수성이 약화되는 것을 감수하더라도 연구 자체가 좀 더 차

분한 형태의 신인본주의적인 방향으로 나아가야 한다는 점을 의
식하고 있었다. 이러한 변화를 확인하는 데 정확한 잣대 역할을
하는 저서는 1960년대에 생명정치의 새로운 봄을 예고하며 출간
된 아론 스타로뱅스키Aron Starobinski의 『생명정치. 인류의 역사
와 문명화 해석의 에세이La biopolitique. Essai d'interprétation de
l'histoire de l'humanité et des civilisations』다. 제목에서부터 개
별적으로 언급된 '역사'와 '인류'가 생명정치처럼 비오스를 의도적
으로 겨냥하는 담론의 좌표로 기능한다는 점은 스타로뱅스키의
입장이 중립적이고 중재적이라는 것을 암시한다. 그는 물론 "생명
정치가 가장 기초적인 생물학적 삶과 생명세포의 법칙을 기반으
로 문명의 역사를 설명하기 위한 시도"[12]라고 말하지만, 이는 결코
그의 논제가 자연주의적인 유형의 결론을 목표로 전개된다는 뜻
이 아니다. 스타로뱅스키가 주장하는 것은 오히려, 생명이 지닌 자
연적인 힘의—때로는 부정적이기도 한—중요성을 인정해야 하
지만, 자연의 힘을 제어할 수 있는 정신적인 요소들을 정치 자체가
일종의 메타정치적인 가치로 체화해야 한다는 점이다.

생명정치는 힘을 지향하는 의지와 폭력의 무분별한 힘을 어떤
식으로든 부인하지 않을 뿐 아니라 인간의 문명사회와 인간 안
에 존재하는 자기 파괴의 힘도 부인하지 않는다. 생명정치는 반
대로 이 힘들의 존재를 완전히 특이한 방식으로 인정한다. 왜냐
하면 이 힘들을 생명의 기초적인 힘으로 이해하기 때문이다. 하
지만 생명정치는 이 힘들이 숙명적이라는 관점을 부정할 뿐 아
니라 이 힘들이 어떤 정신적인 힘에 의해-정의와 박애와 진실의

힘에 의해―통제될 수 없다는 입장에도 동의하지 않는다.[13]

　생명정치의 개념이 이런 식으로 지나치게 복잡해져 고유의 정체성을 상실하거나 전통적인 휴머니즘의 한 형태로 전복될 수도 있다는 점은 4년 뒤에 출판되는 또 다른 철학자의 저서를 통해 분명해진다. 이 책은 좀 더 유명했던 에드가 모랭Edgar Morin의 『인간 정치 입문Introduction à une politique de l'homme』이다. 이 저서에서 다름 아닌 "생명과 생존의 생명철학적인 영역들", 다시 말해 "인류의 삶과 죽음(핵폭탄의 위협, 세계대전), 굶주림, 건강상태, 사망률" 같은 영역들은 "인간정치적인" 유형의 보다 넓은 지평에 포함되고 이는 곧 "인간의 다차원적인 정치"[14] 기획으로 이어진다. 이 경우에도, 저자는 자신의 관점을 생물학과 정치학의 접합 지점으로 집중시키기보다는 이 접합이 문제적으로 드러나는 지점, 다시 말해 최소한의 생존과 관련되는 하부―정치적인 동기들이 생명/삶 자체의 의미와 관련되는 상부―정치적인, 즉 철학적인 동기들과 뒤섞이는 지점에 위치시킨다. 이러한 관점은 엄밀한 의미에서 '생명정치'라기보다는 오히려 일종의 '존재정치'로 귀결된다. 바로 이 '존재정치'의 과제가 인류의 발전 과정을 오늘날의 경제주의와 생산주의에서 벗어나도록 만드는 데 있고, "따라서 삶의 모든 길과 정치의 모든 길이 서로 만나 상호침투를 시작하는 곳에서 인간의 존재에 보다 포괄적이고 은밀하게 관여하는 존재정치가 시작된다."[15] 물론 모랭은 인간의 본성을 패러다임으로 다룬 후속 저서에서 비판적인 태도로―부분적으로는 자기반성적인 차원에서―인본주의 신화의 문제점을 지적한 바 있다. 이를테면 인간을 동물과 정반대되는 존재로, 아울러 문화나 질서를 자연이나 무질서와 정반대되는 현상으로 정의하는[16] 해석에 문제점이 있다고 본 것이다. 하지만 이러한 구도에서 생명정치의 어떤 설득력 있는 윤곽을 도출해내기는 어렵다.

여기서 우리가 주목해야 할 것은 오히려 이론상의 허점 내지 의미론의 불안정성이다. 하지만 이는 사실 1960년대 말에 '생명 보좌 기구Organisation au Service de la Vie'가 파리에서 출간한 『생명정치 노트Cahiers de la biopolitique』의 저자들조차도 해결할 수 없었던 문제점들이다. 물론 이 논문집에서는—앞서 언급한 저서들에 비해—신자본주의와 현실사회주의의 이중적 실패에 노출되어 있는 지구촌 시민들이 영위해야 할 삶의 실질적인 조건에 좀 더 주의하는 성향을 발견할 수 있다. 왜냐하면 신자본주의는 물론 현실사회주의도 생산체계를 삶의 실질적인 향상과 양립 가능한 방향으로 발전시킬 수 없다는 점이 분명해졌기 때문이다. 아울러 몇몇 논문에서는 기존의 경제 및 정치 모델에 대한 비판이 본질적으로 기술, 도시 설계, 의학 등을 다루면서, 다시 말해 생명체의 질료적인 형태와 공간을 다루면서 이루어진다는 것도 사실이다. 하지만 이 경우에도 생명정치라는 범주의 정의 자체는 상당히 개괄적인—결과적으로 해석의 범위를 협소하게 만드는—차원에 머문다. 이 논문집 서문의 저자에 따르면 "생명정치는 삶을 지탱하며 인간의 활동을 좌우하는 존재론적 특징들, 자연 환경, 법률을 염두에 둔 상태에서 국가와 인간집단의 행동양식을 다루는 학문이다."[17] 하지만 이러한 정의는 생명정치 대상의 구체적 위상에 대한 어떤 지표도, 생명정치의 여파에 대한 어떤 비판적인 분석도 제시하지 않는다. 일찍이 1966년 12월 2일에서 5일까지 보르도에서 열린 '생명정치 연구의 날Giornate di studio sulla Biopolitica'이 그랬던 것처럼, 이 논문들 역시 생명정치 개념은 형식적인 차원의 설명에서 벗어나기 어렵다는 점을 보여주었을 뿐 이 개념을 실질적으로 체계화하는 단계에는 도달하지 못했다.[18]

4. 생명정치 연구의 세 번째—여전히 진행 중인—물결은 영어권에서 '국제 정치학 협회International Political Science Association'가 생물학과 정치학 연구기관을 설립한 1973년을 기점으로 일어나기 시작했다. 이 해를 기점으로 학자들 간의 협력 관계가 형성되면서 생명정치 국제 학회가 처음으로 1975년 파리의 '인문학 고등연구원Ecole des Hautes Etudes en Sciences Humaines'에서, 그리고 뒤이어 벨라조, 바르샤바, 시카고, 뉴욕 등에서 개최되었다. 1983년에는 '정치와 생명과학 협회Association for Politics and the Life Sciences'가 설립되었고 2년 뒤에는 학술지 「정치와 생명과학 Politics and Life Sciences」이, 이어서 총서 「생명과학 연구Research in Biopolitics」[19]가 발간되기 시작했다. 하지만 이 연구 계열의 실질적인 생성 과정을 파악하기 위해서는 초기의 텍스트들이 등장하기 시작하는 1960년대 중반으로 거슬러 올라갈 필요가 있다. '생명정치'라는 용어는—이 계열에서—칼드웰Lynton K. Caldwell이 1964년의 리뷰 「생명정치: 과학, 윤리, 공공 정책Biopolitics: Science, Ethics and Public Policy」[20]에서 가장 먼저 사용했지만, 이 새로운 학파의 논제들이 지닌 대략적인 의미의 양극을 형성하는 두 개념 '정치'와 '자연'의 자취는 제임스 데이비스James C. Davies

가 1년 앞서 출판한『정치가 지닌 인간의 자연적 본질Human Nature in Politics』[21]에서 발견된다. 20년 뒤에 마스터스Roger D. Masters가 이 논제들을 체계화해—레오 스트라우스Leo Strauss에게 헌정하며—펴낸 책의 제목이 이와 상당히 흡사한『정치의 자연적 본질 The Nature of Politics』[22]인 것은 결코 우연이 아니다. 좀 더 정확히 말하자면, 1920~30년대의 유기주의 해석과 1970년대의 프랑스 신인본주의 해석에 이어 이제 자연주의적 해석을 선호하는 생명정치 담론의 대상과 관점을 동시에 구축하는 것은 다름 아닌 '자연'과 '정치'의 개념이다. 자연주의 해석의 질을—대체적으로는 그리 높지 않은 수준을—간과하더라도, 이 해석에서 나타나는 징후의 실체는 다름 아닌 '자연'을 직접적인 방식으로 집요하게 강조하며 정치의 기준으로 인지한다는 점에서 발견된다. 여기서 부각되는 것은—저자들조차 이론적으로는 충분히 의식하지 못한 요소임에도—근대 정치철학의 정도에서 일탈하는 범주의 위상 변동 현상이다. 전통 정치철학이 자연을 일종의 해결해야 할 문제 또는 극복해야 할 장애물로 간주하며 자연을 뛰어넘기 위한 정치적 질서가 요구된다는 점을 강조하는 반면, 미국의 생명정치는 자연을 오히려 정치의 존속 조건으로, 다시 말해 자연을 종적 기원 내지 시원적인 질료로 간주하며 정치적 규율 생성의 유일한 기준으로 이해한다. 여기서 관건이 되는 것은 더 이상 정치가 자연을 지배한다거나 고유의 목표에 부합하도록 활용한다는 관점이 아니라 오히려 자연이 정치 고유의 자율적인 구축 가능성을 불허하는 방식으로 정치 자체를 구성한다는 관점이다.

그렇다면 이러한 관점이 형성되는 단계에서 모체 역할을 한 두 종류의 상이한 이론에 주목할 필요가 있다. 한편에는 다윈의 진화론, 좀 더 정확히 말하자면 사회다윈주의가 있고, 다른 한편에는 일찍이 1930년대에 독일에서 발달하기 시작한 동물행동학이 있다. 전자의 가장 유효한 시발점은 월터 배젓Walter Bagehot의 『물리학과 정치학Physics and Politics』(1872년)이었고, 이와 동일한 의미 지평에서 활동했던 저자들이 바로 허버트 스펜서Herbert Spencer, 찰스 섬너Charles Sumner, 프리드리히 라첼Friedrich Ratzel, 루트비히 굼플로비치Ludwig Gumplowicz 등이다. 여기서 주목해야 할 것은 이들의 입장에서 생명정치가 중요한 이유다. 토마스 소어슨Thomas Thorson이 『생명정치Biopolitics』(1970년)[23]에서 특별히 강조했던 것처럼, 이들이 중요하게 바라보는 생명정치의 본질은 다름 아닌 물리학적 패러다임이 생물학적 패러다임으로 전환되는 과정에서 발견된다. 뭐랄까, 여기서 문제의 핵심은 정치에 정확한 학문적 위상을 부여하는 것이 아니라[24] 오히려 정치를 고유의 자연적인 차원으로 환원하는 데 있다. 이러한 관점에서는 자연이 다름 아닌 정치의 활동 영역이다. 정치는 자연에서 때에 따라 부각되는 현상에 불과하며 자연으로 돌아가야 할 숙명을 지녔다. 그렇다면 정치의 자연적 영역에서 중요한 것은 무엇보다도 인간의 행위를 해부–생리학적 한계 안에 가두는 우발적인 성격의 신체 조건이자 특정 주체의 생물학적 특징 내지—새로운 사회생물학적 관점에서의—유전적 특징들이다. 이러한 관점에 따르면, 사회적인 성격의 사건들은 복잡한 역사적 설명을 요구하는 것이 아니라, 궁극적으로 특정 종의—인간을 선행하며 포함하는 동물의 세계와 질적으로 다르다기보다는 양적으로 다를 뿐인 인간의—진화 요구와 직결되는 역동적인 상황의 설명을 요구한다. 따라서 인간의 기본적으로 공격적인 성향은 물론 협업적인 태도까지 동물적인 유형의[25] 본능으로 환원될 뿐 아니라 심지어는 전쟁마저도—우리의 짐승적인 본성과 직결되는 만큼—불가피한 성격을[26] 지녔다는 설명이 가능해진다. 역사 속에서 일정한 간격을 두고 반복되는 모든 정치적 행위의—영토 관리, 사회적 위계, 여성의 속박 등과 관련된 모든 행위의—뿌리는, 우리를 구속할 뿐 아니라 규칙적으로 표면에 떠오를 수밖에 없는 어떤 선-인간적인[동물적인] 단층에 깊숙이 박혀 있다. 이러한 해석에 따르면, 민주주의 사회는 그 자체로 불가능한 것이 아니라 머지않아 잠정적인 형태로 자가-폐쇄될 수밖에 없는 숙명에, 혹은 아이러니하게도 민주주의의 등극 배경이었던 어두운 기반의 실체를 드러낼 수밖에 없는 숙명에 놓여 있다. 어떤 제도 또는 주관적 선택도 이러한 현실에 순응하거나 최소한 적응하지 않는 이상 실패로 돌아가 수밖에 없다는 것이 바로 이러한 해석에 내포되어 있기도 하고 빈번히 노출되기도 하는 결론이다.

여기서 결과적으로 드러나는 생명정치 개념은 비교적 명료해 보인다. 이러한 해석적 입장을 대변하는 가장 신뢰할 만한 이론가의 표현대로, '생명정치'는 "**정치적 행동방식**을 연구하거나 설명하고 예상하며 때로는 문제점들을 처방하기 위해 생물학적 개념들은—특히 다윈의 진화론은—물론 생물학적 연구 방법에 의존하는 정치학자들의 접근방식을 지칭하기 위해 아주 일반적으로 사용되는 용어다."[27] 하지만 이 용어는 이처럼 개념적으로만 명료할 뿐 활용 방식의 차원에서는 여전히 문제적이다. 다시 말해 문제는 이 용어의 분석-묘사적인 활용과 제안-규제적인 활용의 관계에서 발견된다. 왜냐하면 '처방'은 '연구'나 '설명', '예상'과는 전혀 다른 차원의 일이기 때문이다. 그럼에도 이처럼 연구나 설명의 의미에서 예방이나 규제의 의미로 전이되는—즉 '~이다'라는 차원에서 '~이어야만' 한다는 차원으로 전이되는—현상에 다름 아닌 생명정치 담론 전체의 가장 강렬하게 이데올로기적인 의미가 농축되어 있다.[28] 이러한 의미의 전이는 '자연' 개념의 사실적인 측면과 가치적인 측면이라는 이중의 경로를 거쳐 이루어진다. 여기서 '자연'은 사실로 이해되는 동시에 과제로도 이해되고 전제인 동시에 결과로, 기원인 동시에 결말로 간주된다. '정치적 행동방식'이 **비오스** 안에 뒤엉켜 있어서 결코 풀어낼 수 없는 것이라면, 아울러 다름 아닌 **비오스**가 인간을 자연과 관계하도록 만든다면, 유일하게 가능한 정치 체계는 인간의 자연적 코드 속에 이미 각인되어 있다는 결론을 내릴 수밖에 없다. 하지만 여기서 놓치지 말아야 할 것은 이러한 논제 전체를 뒷받침하는 것이 일종의 수사적 폐쇄회로에 불과하다는 점이다. 이론은 더 이상 현실을 해석하는 데 소용되지 않고 오히려 현실이 이론의 향방을 결정짓는다. 여기서 이론은 현실을 확인하는 데 쓰이는 도구에 불과하다. 어떻게 보면 분석을 시작하기도 전에 정답이 나와 있는 셈이다. 이를 조금 다른 식으로 표현하면, 인간은 항상 지녀왔던 본래의 모습에서 조금도 벗어나지 못한다. 고유의 자연적 바탕으로 환원된 정치는 모든 종류의 반박 가능성을 상실한 채 생물학의 울타리 안에 갇힌다. 이러한 정황, 이러한 관점에서 인류의 역사는 인간적인 본성의 때로는 비자연적인—실제로는 자연과 비자연의 차이가 없는—반복에 불과하다. 학문의 역할도—무엇보다 정치학의 역할 역시—자연과 역사의 틈새가 너무 크게 벌어지는 것을 방지하는 데, 궁극적으로는 자연을 우리의 유일한 역사로 만드는 데 있다. 생명정치의 수수께끼는 여기서 풀리는 듯 보인다. 하지만 생명정치는 이런 식으로 또 다른 모순에 빠진다. 결국에는 모색해야 바를 정확하게 전제로 내세우기 때문이다.

2. 정치, 자연, 역사

1. 어떻게 보면 푸코가 자신의 연구를 선행하는 다양한 형태의 생명정치 해석에 대해 한 번도 언급한 적이 없다는 점은 어느 정도 납득이 가는 부분이다. 왜냐하면 그의 연구가 지니는 특별한 중요성이 사실은 그가 기존의 해석적 관점과 유지하는 거리에서 비롯되기 때문이다. 물론 푸코와 이 생명정치 해석자들 간의 연결고리가 전혀 없었던 것은 아니다. 이들이 제시하는 해석의 내용까지는 아니더라도 최소한 해석의 밑거름이 된 비판의 요구만큼은 푸코가 공유했다고 봐야 하기 때문이다. 이 비판의 요구는 사실 근대가 포괄적인 차원에서 정치, 자연, 역사의 관계를 구축해온 방식에 대한 학자들의 일반적인 불만으로 환원된다. 바로 이 영역에서—이 불만의 실체를 구체적으로 밝힌다는 차원에서—푸코가 1970년대 중반에 시도한 작업은 타의 추종을 불허하는 복합성과 급진성을 보여준다. 푸코가 제시하는 특별한 생명정치의 이면과 내면에 무엇보다 니체의 계보학적 관점이 자리 잡고 있다는 점도

이러한 정황과 무관하지 않다. 이는 사실 모두가 인정하는 푸코만의 독창성, 즉 날카로운 개념적 해체와 재구축의 기량이 바로 니체의 계보학에서 유래하기 때문이다. 푸코가 계몽주의에 관한 칸트의 질문에 주목하며 '현재'의 관점을 강조할 때 암시하는 것은 단순히 현재로 인해 과거를 바라보는 방식이 달라진다는 점이라기보다는 현재적 관점이 과거와 과거의 해석 사이에 어떤 틈새를 열어젖힌다는 점이다. 이러한 차원에서, 푸코는 근대가 마감되는 시점을—혹은 적어도 일찍이 초기의 생명정치 이론들이 밝혀 놓은 근대적 범주들의 분석적인 틀을—어떤 점이나 선, 즉 시대의 흐름을 단절시키는 요소가 아니라 오히려 상이한 관점들이 만들어 내는 '궤도의 해체'로 이해한다. '현재'가 더 이상 이제껏 상상해왔던 것이—혹은 그것만은—아니라면, 그래서 현재의 실마리들이 어떤 상이한 의미를 중심으로 모여들고 현재의 중심에서 전대미문의, 혹은 아주 오래된 무언가가 피어올라 우리의 매너리즘을 반박한다면, 그렇다면 이는 과거 역시—현재의 시원임에도 불구하고—우리가 알고 있던 과거와는 더 이상 같을 수 없다는 것을 의미한다. 이 또 다른 과거는 고유의 얼굴, 모습, 윤곽을 드러내기 마련이다. 이 얼굴을 지금까지 가리거나 은폐해온 것은 어떤 식으로든 중첩되거나 강요되어온 역사적 '이야기', 모든 측면에서 전적으로 거짓이라고는 말하기 어렵고 또 지배적인 논리에 충실했을 뿐이지만, 바로 그런 이유에서 완전할 수 없고 부분적일 수밖에 없는 이야기일 것이다.

언제나 크나큰 어려움에 봉착하면서도 고유의 어투에 이질적인 무언가를 진압하거나 억제하는 데 주력해온 이 이야기의 정체를 푸코는 다름 아닌 주권의 담론에서 발견했다. 근대가 흐르는 동안 다양한 목적으로 쓰이면서 끝없는 변화를 겪었음에도 불구하고, 주권의 담론은 언제나 동일한 형식적 구도를 고유의 틀로 유지했다. 이 공통의 틀이 바로 '개인'들의 총체와 '권력'이라는—구분될 뿐 아니라 분리되어 있는—두 실체의 존재론적 구도다. 이 '개인'과 '권력'은 어느 시점에선가 끼어드는 세 번째 요소 '법'의 주도하에 상호 관계를 시작한다. 어떻게 보면 근현대의 다양한 철학적 입장들이 모두 상대적인 상호 이질성이나 표면적인 반목 관계에도 불구하고 이 삼각형 구도 내부에서—때에 따라 어느 한 측면이 부각되는 형태로—움직인다고 말할 수 있다. 이 철학적 입장들이 홉스의 정치철학을 모델로 주권 권력의 절대성을 주장하든, 반대로 자유주의의 입장에서 주권 권력의 한계에 집중하든, 혹은 군주가 천명하는 법에 주권 자체를 종속시키는 데 주목하든, 정당성 원칙과 합법성 원칙을 구분하는 데 주력하든 간에, 이들의 공통분모는 각각의 입장을 뒷받침하는 단일한 논리, 즉 주체들이 주권 권력을 자발적으로 인정한다는 차원에서 이에 선행할 뿐 아니라 그런 식으로 주권 권력에 대한 고유의 권리를 유지한다는 논리다. 이러한 권리의 영역이—최소한의 권리인 생존권에서 최대한의 권리인 정치참여권에 이르기까지—상당히 광범위하다는 점을 굳이 고려하지 않더라도, 분명한 것은 이 권리에 주권의 결정을 견제하는 역할이 주어진다는 점이다. 결과적으로 성립되는 것은 일종의 역비례 관계다. 법적 권리가 증가하면 권력이 감소하고 권력이 증가하면 법적 권리가 감소한다. 근대의 법률 및 철학 논쟁은 모두—주변적인 요소들만 차이를 보일 뿐—이러한 위상학적 양자택일 상황에서 이루어진다. 이렇게 '정치'와 '권리', '권력'과 '법률', '결정'과 '규율'로 양분되는 형태의 변증관계는 다름 아닌 '군주'와 '국민'의 관계로 환원된다.[29] 이들 간의 상대적인 무게는 쌍을 이루는 용어들이 지칭하는 범주 가운데 어느 것이 우세하느냐에 따라 결정된다. 이러한 정치철학 전통의 마지막 단계에서 한스 켈젠Hans Kelsen과 칼 슈미트Carl Schmitt가 각각 규율주의와 결정주의를 내세우며 서로 대립하는 양상을 보였을 때, 이들은 사실 장 보댕Jean Bodin의 정치철학에서부터—아니 오히려 보댕의 구도 안에서—법률을 권력과 상반되는 것으로 인지하던 관점과 동일한 유형학적 대립 관계를 사실상 고스란히 반복한 것에 불과하다.

이러한 범주적 구도가 '붕괴'되는 지점에 의식적으로 주목했던 철학자가 바로 푸코다.[30] 푸코가 앎의 새로운 형태, 혹은 담론의 새로운 질서라고 부르는 것을 근대의 정치철학 이론과 대립시키는 작업은 주권의 패러다임을 무효화하는 것이 아니라 그것의 기능적인 메커니즘을 이해하는 데 소용된다. 푸코가 주권의 메커니즘으로 주목한 것은 주체들 간의 관계 또는 주체들과 권력 간의 관계를 조정하는 기능이 아니라 오히려 이 주체들을 **정치적인 동시에 법률적인** 유형의 특정 구도에 **종속**시키는 기능이다. 이러한 관점에서, 법률은 결국 주권자가 스스로의 지배를 강요하기 위해 사용하는 도구에 불과하며, 그런 의미에서 주권자 역시 자신의 위치를 정당화하는 법률이 뒷받침되어야만 스스로의 위치를 지킬 수 있다는 점이 분명해진다. 한때 법률과 권력, 합법성과 정당성, 규율과 예외 간의 양자택일적인 선택으로 이중화되는 듯 보이던 것은 이제 단일한 의미 체계 안에서 통일성을 확보하기에 이른다. 하지만 이는 푸코가 관점의 전복을 시도했을 때 일어난 첫 번째 효과에 불과하다. 이와 더불어 발생한 또 다른 효과는, 양자택일적인 분리의 경로가 더 이상 주권이라는 장치의 개념적 범주 내부에 머물지 않고 오히려 주권이 이원론적 대립 관계를 수사적으로 활용하며 통합할 수 있다고 믿었던 사회공동체적 몸 자체에 내재하는 것으로 드러난다는 점이다. 상황은 마치 근대성의 서술을 탈-구축하는—혹은 우회하는—푸코의 작업이 이중적인 형태로 나아간 것처럼, 다시 말해 푸코가 표면적으로 양분되어 있던 것을 다시 조합하려고 시도하다가 오히려 더욱더 실질적인 차이를 발견한 것처럼 전개된다. 간단히 말하자면, 다름 아닌 주권의 패러다임에서 권력과 법률의 이원론을 도출해낸 뒤 이를 재구성하는 작업 자체가 사실은 특정 영토의 지배를 노리는 상이한 종족들 간의 대척 관계와 이를 조장하는 훨씬 더 실질적인 분쟁의 정체를 밝히는 데 결정적인 역할을 하게 된다. 그런 식으로, 사실상 가설에 가까웠던 주권과 법률의 대립 관계를 대체하며 등장하는 것이 바로 상이한 인종적 특징들을 전제로 패권과 자원을 장악하기 위해 경쟁하는 적대 세력들 간의 절대적으로 현실적인 대척 관계다. 이는 법적 정당화의 메커니즘이 사라진다는 것을 의미하지 않는다. 이는 법적 정당화의 메커니즘이 분쟁에 선행하며 분쟁을 좌우하는 것이 아니라 오히려 마지막에 승리를 거두는 이들이 때에 따라 사용하는 도구라는 것을 의미한다. 법적 권리가 전쟁을 좌우하는 것이 아니라 전쟁이 법적 권리를 활용하며 전쟁에 의해 정의되는 힘의 관계를 신성한 것으로 선포할 뿐이다.

2. 전쟁의 이러한 구축적인 성격에 주목하는, 다시 말해 전쟁을 더 이상 정치의 배경이나 한계가 아니라 기원이자 형식으로 관찰하는 푸코의 시각은—아마도 오늘날에 와서야 그 범위를 가늠할 수 있는—전적으로 새로운 분석의 지평을 열어젖힌 것이 사실이다. 반면에 푸코가 1976년 콜레주 드 프랑스 강의에서 집중적으로 다룬 '종족들 간의 분쟁'이라는 주제는 우리의 핵심 주제와 직접적으로 연관되는 또 다른 지표를 제시한다. 이 분쟁 관계를 다름 아닌 '종족'의 관점에서 이해해야 한다는 사실 때문에 곧장 떠올릴 수밖에 없는 것이 바로 근대 정치철학의 구도를 훨씬 더 근본적인 차원에서 뒤흔들게 될 **비오스**라는 요소, 다시 말해 생물학적 사실의—보편적인 동시에 개별적인—측면에서 바라본 생명/삶이다. 바로 이 **비오스**가 분쟁의—여하튼 분쟁에 의해 형성되는 정치의—실질적인 **대상**인 동시에 **주체**다.

> 내가 보기에 19세기의 가장 중요한 현상들 가운데 하나는 권력층의 입장에서 생명/삶에 대한 책임을 떠맡는 행위였다. 여기서 관건이 되는 것은 이를테면 생명체로서의 인간을 상대로 권력을 행사하는 입장이나 '생물학적인 것의 국영화'를, 혹은 적어도 그렇게 부를 수 있는 것을 향해 나아가는 성향이다.[31]

1976년 3월 17일자 강의를 시작하는 이 문장은 언뜻 전적으로 새로운 표현인 듯 보이지만 사실은 **최소한** 2년 전에 시작된 연구 과정의 결론에 가깝다. 물론 푸코가 '생명정치'라는 용어를 처음 사용한 시점이 1974년의 리우데자네이루 강연으로 거슬러 올라가고, 당시에 그가 "자본주의 사회에서는 생명-정치적인 것, 생물학적인 것, 육체적인 것, 신체적인 것이 중요하다. 몸은 일종의 생명-정치적인 현실이며 의학은 생명-정치적인 전략이다"[32]라고 말한 것은 사실이지만 이는 그리 중요한 사항이 아니다. 여기서 중요한 것은 오히려 당시에 쓰인 푸코의 모든 텍스트가 어떤 이론적인 쟁점으로 수렴되는 듯 보이고 이 쟁점 내부에서 모든 담론의 단상들이 생명정치의 의미론과 분리되어서는—혹은 생명정치의 패러다임 바깥에서 분석하면—포착되지 않는 의미를 취득한다는 점이다.

푸코에 따르면, 주권의 고전적인 모델이 위기에 빠진 이유는, 다시 말해 죽음의 제의적인 관행이 쇠퇴하기 시작한 이유는 주체들의 삶에 직접적으로 관여하는 '훈육'이라는 새로운 유형의 권력이 등장했기 때문이다. 과거에 사형 집행은 불경죄를 지은 개인의 입장에서 사회계약의 파기에 상응하는 문제였지만, 언제부턴가 모든 개인의 죽음은 사회 전체의 생존 요구와 직결되는 문제로 이해되고 해석되기 시작한다. 이러한 내용이 푸코가 『감시와 처벌 Surveiller et punir』에서 이미 검토했던 부분이라면, 그가 주권의 패러다임을—국가의 권력과 주체들의 법적 정체성 모두의 측면에서—탈-구축하는 과정은 '비정상인들Les Anormaux'에 관한 강의에서 절정에 달한다. 푸코에 따르면, 법적 권리가 주관하던 영역에 의학 지식이 도입되고 뒤이어 예리하게 식민지화되는 과정이야말로 진정한 의미에서 체제의 변화를 가져왔고, 이러한 변화는 더 이상 법적 관계의 추상적인 묘사가 아니라 법적 관계의 주체들이 지닌 몸 자체의 생명/삶에 대해 책임을 지는 태도를 기반으로 일어났다. 범죄 행위가 더 이상 책임 주체의 의지에서 비롯된 것이 아니라 심리-병리학적 상태와 직결되는 문제로 간주되는 순간부터, 사회는 법률과 의학의 구분이 불분명해지는 지대에 들어서게 되고 이 지대의 기저에서 다름 아닌 생명의 문제와 생명의 보존, 성장, 관리의 문제에 집중하는 새로운 형태의 이성이 윤곽을 드러낸다. 하지만 이러한 담론의 다양한 차원을 혼동하는 것은 피해야 한다. 이 문제는 언제나 사회-정치적 역학의 중심에 놓여 있었지만 어느 시점이 되어야만 이런 식으로 인지될 수 있는 단계에 도달한다는 특성을 지녔다. 근현대란—시대라기보다는—이러한 변화와 전환의 지대를 의미한다. 달리 말하자면, 아주 오랫동안 정치와 생명의 관계가 간접적인 방식으로만, 즉 이 관계를 여과하거나 보다 매끄럽게 유지하는—일종의 금융 중재기관처럼 기능하는—범주들의 중재를 통해서만 이루어졌던 반면, 어느 시점에서부턴가 이러한 가벽들이 붕괴되고 생명/삶은 인간의 통치 장치와 메커니즘 안으로 직접 뛰어들기에 이른다.

그렇다면, 푸코의 계보학에서 생명 통치의 흐름을 지배하는 —목양 권력에서 국가론과 경찰의 지식에 이르는—경로들을 답습하기보다는, 이러한 흐름의 가장 명백한 결과에 주목해 보자. 정부에서—혹은 정권에 대척하는 이들이—실행하는 모든 유형의 정치 활동만 생명/삶의 과정과 요구와 상처의 문제에 주목하는 것이 아니라 생명/삶 역시 권력의 힘 싸움에 참여하며, 이 참여는 단순히 생명/삶의 위기 상황이나 병리학적으로 예외적인 상황이 전개될 때뿐만 아니라 생명/삶의 모든 영역과 부분과 기간의 차원에서 이루어진다. 이러한 관점에서 볼 때, 생명/삶은 그것을 철장 안에 가두려는 법의 조직망을 모든 영역에서 초월한다. 이러한 정황은 사실 법에 종속되는 영역의 축소 또는 퇴보를 수반하지 않고 오히려 법 자체가, 본질적으로 의지의 주체와 직결되는 법률 조항이나 처벌규칙의 '초월적인' 영역에서 무엇보다도 몸에 집중되는 규칙과 규범들의 '내재적인' 영역으로 서서히 전이되는 상황을 낳는다. 푸코에 따르면 "이러한 권력의 메커니즘은 [...] 적어도 부분적으로는—18세기를 기점으로—인간의 생명/삶과 생명체로서의 인간을 다루는 메커니즘이다."[33] 생명정치 체제의 핵심이 바로 여기에 있다. 생명정치 체제는 생명/삶을 상대로 이루어지는 법 체제의 억압에서 생명/삶 자체를 해방하는 것이라기보다는 오히려 생명/삶과 법의 관계를, 이 관계 자체를 결정짓는 동시에 초월하는 차원으로 인도하는 체제다. 언뜻 보기에는 모순적인 푸코의 다음과 같은 표현도 바로 이런 의미로 이해할 필요가 있다. "법적 권리보다는 생명/삶이 훨씬 더 정치 투쟁의 쟁점으로 대두된다. 단지 정치 투쟁 자체가 법적 권리의 관철을 통해 이루어질 뿐이다."[34] 여기서 중요한 것은 결코 관건이 권력의 분배인가 아니면 권력이 법에 종속되는 정황인가라는 문제 또는 지배체제의 유형인가 체제가 얻어내는 동의인가라는 문제가 아니다. 이러한 문제들은 어느 시점에 도달할 때까지 우리가 한편에서는 자유, 평등, 민주주의라는 용어로 다른 한편에서는 독재, 강요, 지배라는 용어로 부르던 것들의 변증관계에 불과하다. 여기서 중요한 것은 오히려 이러한 변증관계의 '일차적 질료'에 관여하기 때문에 변증관계 자체를 선행하는 무언가다. 근현대의 역동적인 상황을 특징짓는 공약과 침묵, 중재와 반목의 이면에 주목하며 푸코는 이러한 현상들의 기원인 동시에 목표가 되는 구체적인 힘을 다름 아닌 **비오스**에서 발견했다.

3. 이러한 결론에 비추어 보면, 푸코의 관점은 미국의 생명정치와도 크게 다르지 않아 보인다. 물론이다. 푸코도 생명/삶을 관찰 구도의 중심에 위치시키고, 푸코 역시 자신의 논리를 근대 정치철학의 법적 주체주의와 인본주의적 역사주의에 대해 비판적인 입장을 취하면서 제기한다. 하지만 푸코는 자신이 법적 담론이나 법의 지배 효과와 상반되는 것으로 제기하는 **비오스**마저 역사적인 의미론의 차원에서 관찰한다. 단지 이 의미론이 주권 권력의 경우처럼 스스로를 정당화하는 경우와는 대칭적으로 전복된 형태를 취할 뿐이다. 푸코의 입장에서는, 생명/삶만큼—생명/삶이 뛰어드는 성장의 경로 또는 생명/삶을 위축시키는 역경만큼—역사에 의해 변형되고 휩쓸리고 가장 내밀한 부분까지 영향을 받는 것은 존재하지 않는다. 이것이 바로 푸코가 니체의 계보학에서 배운 부분, 그러니까 기원을 탐구하거나 종말을 예견하는 방식에서 벗어나 이를 신체들의 충돌과 사건들의 발생 경로에서 뿜어져 나오는 힘의 장에 대한 관찰로 대체하는 이론이다. 이는 아울러 푸코가 다윈의 진화론에서 배운 부분이기도 하다. 다윈의 진화론이 여전히 중요한 것은 그것이 역사를 "생명의 강력하고 오래된 생물학적 메타포"[35]로 대체했기 때문이 아니라 반대로 생명/삶에서조차 역사의 기호와 파편과 모험의 흔적들을 발견했기 때문이다. 실제로는 다음과 같은 푸코의 생각도 다름 아닌 다윈의 진화론에서 유래한다. "생명/삶은 진화한다. 적어도 어느 시점까지 생명체의 진화를

결정짓는 것은 본질적으로 역사적인 성격의 사건들이다."[36] 여하튼 생명/삶의 구도 안에서 자연적인 패러다임과 역사적인 패러다임을 대립시키는 것뿐만 아니라 자연을 어떤 단단한 보호막으로 간주하며 그 안에 생명/삶을 가두거나 그런 식으로 고유의 역사적 내용을 상실하게 만드는 것은 전적으로 무의미하다. 그 이유는 무엇보다도 미국의 생명정치 이론에 내포되어 있는 기본적인 전제와는 달리, 문화와 역사가 시간이 흐르면서 인간에게 부여하는 의미들과 무관하게 그 자체로 정의하거나 정체를 확인할 수 있는 인간의 본성 같은 것은 존재하지 않기 때문이고, 더 나아가 미국의 생명정치를 이론화하는 과정에서 활용된 지식들 자체가 이미 정확한 역사적 의미를 지녔을 뿐 아니라 이 역사적 맥락 바깥에서는 이론적 위상을 잃을 수밖에 없기 때문이다. 생물학도 사실은 18세기 후반에, 과거의 그것과는 근본적으로 다른 '생명/삶' 개념의 형성에 결정적으로 기여한 새로운 범주들의 등장에 힘입어 탄생했다. 그런 의미에서 푸코는 이렇게 말한다. "내가 보기에 '생명/삶'은 과학적인 개념이 아니다. 그것은 과학의 연구 대상이 아니라 과학적인 토론 자체에만 영향을 줄 수 있는 어떤 '분류'와 '차별화'의 인식론적 지표에 가깝다."[37]

　　이러한 인식론적 탈-구축 작업이 생명정치의 범주에 각인시키는 변화 내지 일으키는 전복 효과는 너무나 분명하다. 생명정치가 단순히 자연의 거푸집에서 찍혀 나온 상태로만 남아 있지 않고 오히려 언제나—푸코가 '생명역사biostoria'라는 용어로 정의하는 관점에 따라—역사적 특징을 지닌다는 사실은 이전의 모든 해석에서 제외되던 관점을 불러일으킨다. 생명정치는 단순히—혹은 주로—정치가 항상 생명/삶에 의해 제한되고, 압축되고, 결정되는 방식만 가리키지 않고, 무엇보다도 생명/삶이 정치에 의해 포착되고, 침투되고, 도전받는 방식을 가리킨다.

> 생명/삶의 움직임과 역사적 흐름 간의 상호 간섭 현상을 조장하는 일련의 압력을 '생명-역사bio-storia'라고 부를 수 있다면, 생명/삶과 그것의 메커니즘을 명백한 계산의 영역으로 끌어들이고 아는 힘을 인생의 변화 요인으로 만드는 체제는 '생명-정치bio-politica'라고 불러야 할 것이다.[38]

이러한 표현 속에 이미 푸코의 사유가 지닌 근본적으로 새로운 요소가 함축되어 있다고 볼 수 있다. 기존의 생명정치 해석에서 일종의 불변하는 사실로 제시되던 인간의 자연적 '본성'이나 '생명'이 푸코의 해석에서는 문제점으로 드러난다. '생명'은 푸코의 입장에서 어떤 '전제'가 아니라 그저 '제시'된 것, 다시 말해 작용과 반작용, 압력과 저항의 끊임없는 게임 안에서 변질될 수밖에 없는 일련의 원인, 힘, 긴장의 산물에 불과하다. 그런 식으로 역사와 자연, 생명과 정치는 전자를 후자의, 혹은 후자를 전자의 모체인 동시에 잠정적인 결과로 만들어버리는 리듬에 따라 서로 뒤섞이고 종용하며 폭력을 행사한다. 푸코의 날카로운 시선은 아울러 지적 영역 전체의 완전한 지배를 주장하는 모든 억측을 땅에 떨어트리고 무효화한다. 푸코의 해석에서 '생명'의 범주가 주권과 주권의 법적 권리에 대한 근대적인 담론의 내부 폭발을 유발하는 데 기여했다면, '역사'의 범주는 생명/삶을 자연주의의 획일화 성향에서—예를 들어 미국의 생명정치 해석에서 생명/삶을 위협하던 자연적 허무주의에서—구해내는 데 기여한다. "이러한 총체들을(여러 종족의 기원인 유전자적 다양성을) 삭제하기에 앞서 디자인하는 것이 역사다. '자연'의 밑바닥에서 올라와 역사를 지배할지도 모를 동물적이고 결정적인 생물학적 요인들을 애써 찾을 필요는 없다."[39] 이처럼 상황은 마치 푸코가 어떤 개념적 도구를 활용해 특정 담론의 질서를 해체한 뒤 이를 무시해버리는 것처럼, 혹은 이 담론이 대등하게 침투적인 성향을 띠기 시작하는 순간 여기에 전혀 다른 의미를 부여하는 것처럼, 혹은 푸코가 이 담론과 거리를 두며 만든 틈새 사이로 끼어들어가 담론이 외부적으로 발휘하던 것과 동일한 지적 효과를 기준으로 담론 자체를 검토하는 것처럼 전개된다. 바로 여기서 푸코가 제시하는 관점의 지속적인 위치 변동과 회전 현상이 비롯된다. 이러한 현상은 주요 개념들이 차별화되는 대신 일관적인 논리로는 환원될 수 없는 유형으로 해체되거나 재구성되는 여백에서 발생한다. 생명/삶은 그 자체로 자연의 질서에만 속하거나 역사의 질서에만 속하는—다시 말해 단순히 존재로 각인되거나 고스란히 역사로 환원될 수 있는—것이 아니라, 자연과 역사의 교류와 대립 관계의 유동적인 여백에 기재될 뿐이다. 생명정치의 의미도 사실은 "생명/삶을 역사의 생물학적 한계로 간주하며 역사 외부에 위치시키는 동시에 인간의 지식과 권력의 기술이 깊숙이 침투해 있는 인간적 역사성 내부에 위치시키는 이중적 입지에서"[40] 찾아야 한다.

　　하지만 푸코가 제시하는 관점의—그가 일하는 '생명정치 작업장'의—복합성은 여기서 멈추지 않는다. 그러니까 푸코가 정확하게 '근대의 생물학적 문턱'[41]이라고 부르는 곳에서 취하는 입장만—근대의 지식 자체가 자가당착에 빠지면서 결국에는 무아지경에도 빠져드는 지점의 한계에 대한 그의 입장만—관건이 아니라, 오히려 어떤 결정이 불가능해지는 그 문턱에서 이런 식의 생명정치 개념에 전달되는 의미의 효과 역시 관건이다. '생명'과 '정치' 간의 변증관계가 일방적인 인과관계로는 결코 환원될 수 없는 형태를 취하며 재구성될 때—'생명'과 '정치' 각각의 입장과 이들의 합인 '생명정치'의 입장에서—발생하는 결과는 무엇인가? 여기서 처음에 제기했던 생명정치의 궁극적인 의미에 대한 질문으로 되돌아가보자. 생명정치란 무엇을 뜻하며 어떤 결과를 생산하나? 점점 더 생명정치인 방식으로 통치되는 이 세계의 본모습은 과연 무엇인가? 생명정치가 직접 관여하며 끌어들이는 현실을 결국에는 그대로 내버려두지 않는 만큼, 관건은 생산적인 메커니즘 혹은 장치임이 분명하다. 하지만 생명정치가 그런 식으로 생산하는 것은 무엇인가? 생명정치의 **효과**는 무엇인가? 이 시점에서 푸코의 답변은 또 다른 두 종류의 서로 상반되는 개념과 방향으로, 기본적으로는 **비오스**의 개념에 내포되어 있지만 그 의미가 확장되는 경로의 양극에 위치하는 **주체화**와 **죽음**으로 양분된다. 이 영역들이 생명/삶에 대해 지니는 가능성은 두 가지 이상이다. 이 개념들은 생명/삶의 형태인 동시에 배경이고 기원인 동시에 목적지다. 하지만 그럼에도 중재가 허락되지 않는 상호 배제의 원리를 따른다. 결과적으로 남는 것은 전자 아니면 후자, 둘 중에 하나다. 생명정치는 주체성 아니면 죽음을 생산하고, 대상을 주체화하거나 결정적으로 객체화해버린다. 생명정치는 '생명의' 정치 아니면 '생명이 대상인'

정치로 기울어진다. 이 시점에서 생명정치라는 수수께끼의 정체
는 또 다시 모호해지며 우리의 시야에서 벗어난다.

3. '생명의' 정치

1. 이처럼 해석이 양분되는 현상의 내부에는 단순한 정의 차원의 난점을 뛰어넘어 생명정치라는 개념 자체의 뿌리 깊은 구조와 직결되는 무언가가 남아 있다. 상황은 마치 이 개념이 처음부터 어떤 의미론적 틈새 혹은 단층의 지대한 영향하에 놓여 있던 것처럼, 아니 이 단층에 의해 오히려 구축되는 것처럼 전개된다. 바로 이 의미의 틈새가 생명정치의 개념을 상호 조합이 불가능한 두 요소, 즉 '생명'과 '정치'로 자르고 갈라놓는다. 좀 더 정확히 말하자면, 이 요소들은 어느 하나를 다른 하나의 지배하에 종속시키고 이들의 '중첩'을 어떤 필연적인 '복종'으로 만들어버리는 폭력의 대가를 치러야만 조합될 수 있다. 생명정치는 '생명'과 정치'를 조합하는 동시에 병렬시키는 방식이 아니라면 어떤 식으로든 체계화될 수 없는 것처럼 보인다. 이 두 범주는 어떤 동일한 의미 선상에서 조합되거나 주어지는 것이 아니라 상대를 소유하고 지배하는 것이 관건인 소리 없는 다툼의 선상에서 서로를 대척하며 존재한다. 생

명정치가 스스로의 힘으로는 해결하지 못하는 마찰의 결과와 해소하지 못하는 긴장 관계가 바로 여기서 유래한다. 생명정치가 내부적인 다툼에서 벗어나지 못하는 이유는 이러한 긴장관계가 사실은 다름 아닌 생명정치 내부에서 필연적인 양자택일의 형태로 생산되기 때문이다. 이러한 상황은 생명/삶이 스스로의 힘으로는 초월할 수 없는 자연적인 한계 안에 정치를 속박하며 유지하는 쪽으로 기울어지거나 반대로, 다름 아닌 정치가 혁신적인 힘을 억누르며 생명/삶을 좌우하거나 포획하는 쪽으로 기울어진다. 바로 이 두 종류의 성향 사이에 실재하는 어떤 의미론적 결함 내지 맹점이 사실은 생명정치라는 범주 전체를 일종의 허무주의적인 공간으로 빨아들일 수도 있는 요소다. 이 범주에는 무언가가—어떤 중재자 혹은 논리적인 연결 고리가—누락되어 있는 듯이 보인다. 이를테면, 생명정치적인 요소들의 특수성을 잃지 않은 상태에서 이들 간의 내부적인 연관성이나 공통의 지평을 지시할 수 있는 보다 복합적인 패러다임의 체계화가 요구될 때, 상이한 관점들의 절대적인 조합-불가능성을 무너트릴 수 있는 무언가가 부족한 것이다.

생명정치를 정의하기에 앞서 분명히 짚고 넘어가야 할 점은, 푸코마저도 이 막다른 골목에서 빠져나오지 못했다는 사실이다. 좀 더 정확히 말하자면, 푸코는 기존의 해석을 뛰어넘어 전적으로 혁신적인 관점을 제시했음에도 불구하고 이 난관을 극복한 것이 아니라 또 다른 '미결'의 형태로 재생했을 뿐이다. 푸코의 '난관'은 이를테면 더 이상 권력이 생명/삶에 행사하는 이미 취득된 형태의 결정력이 아니라 권력이 초래하는 결과의 차원에서, 즉 한편에서는 새로운 주체성을 생산하고 다른 한편에서는 주체성을 근본적으로 파괴하는 유동적인 경로의 차원에서 재생된다. 물론 이러한 대립의—주체성의 생산과 파괴의—가능성들은 논리적 양극을 형성하며 '동일한 분석의 축 내부에' 공존하지만, 담론 전체가 이들의 이질적인 특수성 때문에—해석적인 관점에서든 양식적인 관점에서든—서로 상반되는 방향으로 나아가며 배회하는 현상은 감소하지 않는다. 우리는 푸코의 텍스트에서 이러한 불균형의 흔적을 일련의 미세한 논리적 허점이나 어휘적 비일관성 또는 갑작스런 어조의 변화 등을 통해 확인할 수 있다. 여기서 구체적으로 열거하긴 어렵지만, 이러한 문제점들은 전반적으로 푸코가 결코 극복하지 못한 난관이 실재했음을 보여준다. 이 난관은 어떻게 보면 푸코의 근본적인 망설임과도 일치한다. 푸코는 방향성이 다른 두 종류의 의미론에 모두 매혹을 느꼈을 뿐 결코 어느 한쪽을 선호하거나 포기하는 식의 선택을 하지 않았다. 푸코의 결정 장애를 명백하게 보여주는 단서는 그가 '생명정치'를 정의할 때 사용하는 다양한 표현들이다. 서로 다른 맥락의 여러 문단에서 등장하기 때문에 발생하는 비일관성은 상당하다. 그럼에도 불구하고, 푸코의 정의들은 오히려 비교를 통해 간접적인 방식으로 표현된다는 공통점을 지니며 비교의 형태로만 고유의 의미와 중요성을 취한다. '생명정치'를 정의하는 푸코의 다음과 같은 유명한 문장도 바로 이런 유형의 표현 가운데 하나다. "수천 년간 인간은 아리스토텔레스가 생각했던 존재, 즉 생명체일 뿐 아니라 정치적으로 살아갈 능력을 더불어 갖춘 동물로 남아 있었다. 이에 반해 근대적 인간은 생명체인 그의 삶 자체가 정치적으로 문제시되는 동물이다."[42] 이러한 특징은 푸코가 생명정치 개념을 주권의 패러다임과 대조하며 도출해내는 곳에서 더욱더 분명하게 드러난다. 이 경우에도 우선시되는 것은 부정적인 방식이다. '생명정치'는 무엇보다도 주권이 **아닌** 것으로 정의된다. '생명정치'는 어떤 자율적인 빛으로 조명되지 않고 그것을 선행하는 무언가의 황혼에 의해, 혹은 그것이 점점 더 어두운 지대로 진입하는 과정을 통해 밝혀진다.

하지만 다름 아닌 생명정치와 주권의 관계를 구체화하는 곳에서, 앞서 언급했던 '관점의 이중화' 현상이 다시 나타난다. 이 현상은 이 두 체제의 역사적인 재구성뿐만 아니라 개념적인 정립에도 영향을 끼친다. 주권과 생명정치는 서로 어떻게 관계하는가? 연대기적 수순에 의존하는 관계인가, 아니면 대립하며 중첩되는 관계인가? 우리는 앞서 하나가 다른 하나를 배경으로 부상한다는 점에 주목한 바 있다. 그렇다면 이 배경은 어떤 식으로 이해해야 하나? 이전에 실재하던 것의 결정적인 철회로 이해해야 하나, 아니면 새로이 부상하는 것을 내부에 끌어안고 보유하는 지평으로 이해해야 하나? 더군다나 이 '부상하는' 것은 정말 새로운 것인가, 아니면 새로운 만큼 직접 바꾸기도 하는 범주적 구도 속에 이미—의식조차 못한 상태에서—정립되어 있었다고 봐야 하나? 이러한 유형의 질문에 대해서도 푸코는 어떤 결정적인 답변을 제시하지 않고 서로 상반되는 두 가설 사이를 끊임없이 오가며 어느 하나의 선택을 거부한다. 혹은 둘 다 수용하며 특유의 시각적 이중화 혹은 배가 효과를 일으킨다. 이로 인해 그의 텍스트는 일종의 가벼운 현기증을 일으키며, 독자들은 이 현기증에 매료되는 동시에 독서의 방향을 잃는다.

2. 주권과 생명정치 간의 불연속성이 두드러지는 푸코의 문장들은 언뜻 일관적인 것처럼 보인다. 생명정치는 주권과 서로 다를 뿐 아니라 좁히는 것이 불가능한 격차를 보여준다. 푸코는 진정한 의미에서 생명정치의 첫 번째 장치에 해당하는 '훈육 권력'에 대해 이렇게 말한다. "17~18세기에 하나의 중요한 현상이 나타났다. 권력의 어떤 **새로운** 메커니즘이 등장한—아니, 발명된—것이다. 이 메커니즘은 고유의 전개 방식과 **전적으로 새로운** 도구들, 서로 **굉장히 상이한** 기구들을 지녔다. 내가 보기에 이는 주권의 관계와 **절대로 양립될 수 없는** 권력 메커니즘이다."[43] 이는 이 메커니즘이 토지와 생산물의 소유화가 아니라 무엇보다도 신체와 신체가 하는 일의 제어에 집중되기 때문이다. 이 지점에서 생명정치와 주권의 대립은 전면적이고 단도직입적인 형태를 취한다. "내게 이러한 유형의 권력은 주권 이론이 묘사하거나 적용하려고 노력했던 권력 메커니즘과 **정확하게 모든 지점에서 대립되는** 듯이 보인다."[44] 따라서 '생명정치'는 "더 이상 주권의 어휘에 **절대로** 적용되지 않는다."[45] 그렇다면 과연 무엇이 생명정치적인 권력을 주권과는 거리가 먼 것으로 만드는가? 이 차이를 푸코는『성의 역사: 앎에의 의지』마지막 장에서, 핵심을 효율적으로 전달하기 때문에 유명해진 다음과 같은 문장으로 요약한 바 있다. "죽게 **만들거나** 살게 **내버려두는** 오래된 권한을, 살게 **만들거나** 죽게 **내버려두는** 권력이 대체했다고 말할 수 있다."[46] 생명정치와 주권정치 간의 대립 관계를 이보다 더 분명하게 묘사하기는 어려울 것이다. 주권정치의 체제에서 생명은 '죽일 수 있는' 권력이 살도록 내버려두는 여분이나 여백에 불과하지만 생명정치의 체제에서는 무대의 중심에 서는 것

이 생명이며 죽음은 그저 외부적인 한계 또는 필수적인 경계에 지나지 않는다. 아울러 주권정치의 체제에서는 죽음의 관점에서만 생명/삶을 바라보는 반면 생명정치의 체제에서 죽음은 생명이 뿜어내는 빛줄기 속에서만 중요성을 지닌다. 하지만 생명을 긍정한다는 것은 정확하게 무슨 뜻인가? 살게 **내버려두는** 것으로 그치지 않고 살게 **만든다는** 뜻인가? 널리 알려진 바와 같이, 푸코의 담론은 다음과 같이 내부적으로 세분화된다. 푸코는 '훈육 기구'와 '제어 장치'를—이 경우에도 양자 간의 계승뿐만 아니라 공존의 차원에서—구분할 뿐 아니라, 권력이 실행에 옮기는 기술들 가운데 우선적으로 개개인의 신체에 적용되는 것과 뒤이어 총체적인 차원의 민중에게 적용되는 것을 구분하고 학교, 군부대, 병원, 공장처럼 '기술이 실행되는' 지대와 탄생, 질병, 죽음처럼 '기술이 관여하는' 영역을 구분한다. 하지만 새로운 권력 체제에 함축되어 있는 '긍정의 의미론'을—적어도 푸코의 이 첫 단계 해석에서—전체적으로 파악하기 위해서는 이 체제를 특징짓는 세 가지 범주, 즉 **주체화, 내재화, 생산**을 다시 검토해볼 필요가 있다. 동일한 의미 방향 안에서 함께 고찰하면, 이 범주들은 생명정치 체제의 탄생과 성장을 이끈 세 종류의 계보학적 경로, 즉 '목양 권력', '통치 기술', '경찰 과학'에서 보다 분명한 모습을 드러낸다.

첫 번째 범주 '주체화'는 무엇보다도 유대-그리스도교 전통에서 나타나는 목자와 양들 간의 긴밀한 일대일 관계와 유사하다고 봐야 할 인간 통치 방식을 가리킨다. 그리스나 라틴 사회의 정치 체제와는 달리, 이러한 통치 방식에서 중요한 것은 권력의 법적 정당성이나 시민들 간의 화합 유지가 아니라 목자가 자신의 양들을 보호하기 위해 기울이는 관심과 배려다. 목자와 양들의 관계는 완벽하게 일대일이다. 양들이 그들을 인도하는 목자의 의지에 조금도 주저하지 않고 복종하듯 목자도 의무적으로, 그리고 필요하다면 생명을 바쳐서라도 양들 하나하나의 생명을 지키기 위해 노력한다. 하지만 목양 권력의 보다 본질적인 특징은 이러한 결과가 도출되는 방식, 즉 백성들의 몸과 영혼을 머리카락처럼 세밀하게, 집단적인 동시에 개별적으로 보호하는 방식이다. 이 과정에서 핵심적인 역할을 하는 것이 바로 오랜 세월에 걸쳐 형성된 '고해성사'라는 장치다. 푸코가 이 장치에 특별한 중요성을 부여하는 이유는 이 장치를 통해, 권력의 객체로 남아야 할 존재가 스스로를 주체화하기 때문이다.[47] 여기서—푸코에 의해 처음으로—종속/주체화assoggettamento라는 복합적인 형상의 내재적인 의미가 분명해진다. 어떤 단순한 객체화로 환원되지 않는 이 형상은 객체를 지배하는 행위에 오히려 객체가 주체적으로 참여해야만 지배 자체가 가능해지는 어떤 경로에 가깝다. 목양권력의 객체인 개인은 고해성사를 통해—즉 자신의 진실을 파악하고 판단해야 할 누군가의 권위에 스스로를 의탁하며—자신의 객체화 자체의 주체가 되거나 자신의 주체성을 확립하면서 객체화된다. 이러한 중첩의 결과로 구축되는 것이 바로 '개인'이다. 권력은 주체가 스스로의 진실을 밝히도록 강요하고 그런 식으로 그의 가장 내밀한 갈등을 제어함으로써 그를 종속시켜 고유한 권력의 행사 대상으로 받아들이지만, 바로 이러한 과정에서 그를 어떤 구체적인 형태의 주체로 인정하기에 이른다. 푸코에 따르면 "이는 개개인을 주체로 변형시키는 형태의 권력이다. '주체soggetto/subject'라는 용어의 의미는 두 가지다. 하나는 누군가에게 지배받거나 의존하기 때문에 타자에 종속된다는 의미이고, 다른 하나는 자아에 대한 의식 혹은 지식을 통해 고유의 정체에 적합한 주체로 변한다는 의미다. 어떤 경우에든, '주체'라는 용어는 관건이 굴복시키고 종속시키는 형태의 권력이라는 점을 암시한다."[48]

3. 영혼을 인도하는 목자들의 의식이 객체의 주체화 과정을 이끌었던 반면, 국가적 명분의 형태로 이론화되고 실천되는 '통치 기술'은 권력을 통치 대상의 영역 외부에서 내부로 끌어들이는 결과를 가져왔다. 마키아벨리적인 군주가 여전히 고유의 통치 대상에 비해 **단일하고 초월적인** 존재였던 반면, '통치 기술'이 이끈 것은 **다양화**와 **내재화**의 이중적인 과정이다. 이 경우에 권력은 무엇보다도 순환적인 자기지시 성향에서—고유의 권력 구조를 보존하거나 확장하는 데 주력하는 기제에서—벗어나 피통치자들의 생명/삶에 관여하며 단순히 이들의 복종을 얻어내는 것으로 그치지 않고 이들의 안녕을 도모하기 위해 노력한다. 권력은 더 이상 고자세로 인간과 영토를 지배하는 것이 아니라 피통치자들의 요구에 내부적으로 응답하며 고유의 활동을 이러한 요구들이 제기되는 현장에 도입하고 고유의 힘을 다름 아닌 피통치자들의 힘에서 도출해낸다. 하지만 권력은 민중 공동체가 제기하는 요구들을 모두 수렴하기 위해, 즉 보안, 경제, 보건의 요구 같은 다양한 영역의 요구들을 모두 감당하기 위해 고유의 기량을 증폭시켜야만 하는 입장에 놓인다. 바로 여기서 다음과 같은 두 경로의 교차 현상이 일어난다. 하나는 국가 권력이 위에서 아래로 민중의 영역, 가족의 영

역, 개개인의 영역과 지속적으로 소통할 수 있게 만드는 수직적인 유형의 경로이고, 다른 하나는 생명/삶의 언어와 활동을 생산적인 관계로 끌어들여 이들의 지평을 확장하고 기량을 개선하며 효율을 높일 수 있도록 만드는 수평적인 유형의 경로다. '통치 기술'의 특징은 '주권'의 기본적으로 부정적인 성격과 비교할 때 보다 분명하게 드러난다. 주권 체제의 권력이 피통치자들의 자산, 봉사, 피의 공제와 차압의 차원에서 행사되었던 반면, 통치 기술은 피통치자들의 삶에 직접 관여하며 이들의 생명/삶을 보호할 뿐 아니라 활성화, 강화, 극대화하는 데 주력한다. 주권이 공제하고 탈취하며 무효화하는 반면, 통치 기술은 강화하고 확장하며 격려한다. 목양 권력의 '구원'하려는 태도에 비해 통치 기술은 더욱더 과감하게 세속적인 차원, 예를 들어 건강, 장수, 풍요에 관심을 기울인다.

생명정치의 계보학을 포괄적으로 파악하기 위한 마지막 경로는 다름 아닌 '경찰 과학'이다. 이 표현은—오늘날 우리가 이해하는 것처럼—국가라는 기구에 소속된 어떤 구체적인 기술을 가리키지 않고, 개인적이거나 집단적인 경험의—정의실현에서 금융, 노동, 보건, 심지어 쾌락에 이르는—모든 영역에 관여하는 통치 체제의 어떤 생산적인 방식을 가리킨다. 나쁜 것을 방지하기에 앞서 좋은 것을 생산해야 하는 기구가 경찰이다. '죽일 수 있는' 낡은 주권의 긍정적인 전환 과정은 바로 이 지점에서 절정에 달한다. 정치를 뜻하는 Politik라는 용어가 부정적인 의미, 즉 외부와 내부의 적으로부터 방어한다는 의미를 지닌 반면, 경찰을 뜻하는 Polizei의 의미는 지극히 긍정적이다. 경찰의 지상명령은 삶의 모든 측면과 모든 확장 영역에서 모든 구성 경로를 거쳐 생명/삶의 유익을 도모하는 데 있다. 니콜라 드 라 메어*가 그의 논고에서 언급했듯이, 경찰은 꼭 필요한 일에만 관여하는 것이 아니라 개입이 적절하거나 즐거운 일에도 관여한다. 푸코는 이렇게 말한다. "뭐랄까 경찰 업무의—필수적이고 유용할 뿐 아니라 형식적인—대상은 다름 아닌 생명/삶이다. 사람들이 생존할 수 있도록, 살아서 무엇이든 더 잘 할 수 있도록 만드는 것, 이것이 바로 정치가 보장해야 하는 일이다."⁴⁹ 18세기의 독일 정치경제학자 폰 유스티Johann Heinrich Gottlob von Justi는 『경찰의 요소Elementi di polizia』에서 시야를 더 넓게 확장시킨다. 경찰의 업무 대상으로 간주되는 것은 이 경우에도 "살아 있는 개개인의 사회적인 삶"⁵⁰이지만, 이 업무의 야심찬 목표는 '개개인의 생동적인 발전'과 '국력의 강화' 사이에 기능성이 뛰어난 회로를 창출하는 것이다. 그런 의미에서 "경찰은 사람들의 행복을—생존, 삶, 삶의 개선을—보장해야 한다. [...] 개인적인 생명/삶의 구축적인 요소들을 발전시켜 이들의 발전이 국가의 잠재력을 강화할 수 있도록 해야 하는 것이다."⁵¹

바로 여기서 푸코가—적어도 이러한 측면에서—주권 체제의 강제적인 성격과 상반되는 형태로 생명정치에 부여하는 긍정적인 성격의 윤곽이 그대로 드러난다. 주권 체제와는 달리 생명정치는 생명/삶을 제한하거나 학대하지 않으며 오히려 발전에 비례하는 형태로 확장시킨다. 관건은 평행선을 그리는 두 종류의 경로가 아니라 오히려 하나의 단일한 경로이며, 이 경로가 권력과 생명

---

*   니콜라 드 라 메어Nicolas de La mare (1639~1723)는 경찰에 관한 최초의 논문 『경찰에 관한 논고Traité de la Police』의 저자다.

이라는 상반되는 동시에 상호보완적인 두 얼굴을 지녔다고 보아야 한다. 권력은 스스로를 강화하기 위해 통치 대상 역시 강화해야 할 뿐 아니라—앞서 살펴본 것처럼—통치 대상을 고유의 객체화에 대한 의식의 주체로 만들어야 한다. 이들의 활동을 장려하기 원한다면, 권력은 간섭하려는 주체들의 자유를 전제로 내세워야 할 뿐 아니라 만들어주기까지 해야 한다. 하지만 푸코는 우리가 권력에 **비해** 자유롭다면 권력에 **맞서** 자유로울 수도 있어야 한다는 점에 주목한다. 여기서 극단적으로 확장되는 푸코의 의미론적 구도는 거의 스스로의 입장을 거스르는 지경에 이른다. 왜냐하면 우리가 권력의 의지에 부응하며 강화에 기여하는 것만 가능하지 않고, 권력에 저항하며 대척하는 것도 가능해지기 때문이다. 푸코는 어김없이 이런 결론을 내린다. "권력이 있는 곳에 저항이 있지만 그럼에도 불구하고, 혹은 바로 그런 이유에서 저항은 결코 권력의 외부에 머물지 않는다."[52] 푸코가 곧장 해명하는 바에 따르면, 이는 저항 자체가 원래부터 권력에 종속되어 있었다는 뜻이 아니라 오히려 권력이 아무런 결과로도 이어지지 않는 변증관계 안에서 스스로를 가늠하기 위해 어떤 대조적인 측면을 요구한다는 뜻이다. 상황은 마치 권력이 강해지기 위해 스스로를 분할하거나 자기 자신과 다투는 것처럼, 또는 자신을 미문의 공간으로 끌어낼 수 있는 어떤 돌출 부위를 어쩔 수 없이 만드는 것처럼 전개된다. 이러한 단절의 선 혹은 돌출 공간이 바로 생명/삶이다. 객체인 동시에 주체인 이 생명/삶 자체가 바로 저항의 장소다. 권력의 직접적인 영향을 받는 순간 생명/삶은 자신을 자극한 것과 동일한 충격 효과를 전달하며 역반응을 일으킨다. 푸코는 이렇게 말한다.

19세기에는 여전히 새로웠을 이 권력에 저항했던 세력도 바로 이 권력이 다스리던 것을 기반으로, 다시 말해 살아 있는 생명체로서의 인간과 생명/삶을 토대로 형성되었다. [...] 정치 대상으로서의 생명/삶은 어떻게 보면 문자 그대로 받아들여졌고, 생명/삶을 드디어 제어하기 시작한 체계에 거꾸로 맞서는 형태를 취했다.[53]

권력에 내재하기도 하고 외재하기도 하는 생명/삶이 실존의 무대 전체를 지배한다. 권력의 압제에 노출되어 있을 때에도—아니, 그 어느 때보다도 이 경우에—생명/삶은 억압의 힘을 빼앗아 스스로의 무한한 굴곡 내부로 끌어들일 수 있는 힘을 지녔다.

4. '생명이 대상인' 정치

1.   하지만 이것이 푸코가 제시한 답변의 전부는 아니다. 물론 그의 답변에 고유한, 혹은 내부적인 일관성이 없는 것은 아니다. 이점은, 푸코의 철학을 전파하는 데 일조했을 뿐 아니라 그가 의도했던 바를 훌쩍 뛰어넘는 수준으로 발전시킨 일군의 해석자들이 이구동성으로 증언하는 부분이기도 하다.[54] 하지만 그럼에도 불구하고, 다름 아닌 푸코의 입장에서 자신의 연구에 무언가가 부족하다는 인상, 혹은 연구 결과를 해결책의 관점에서 바라볼 때 피어오르는 기저의 의혹 같은 것이 완전히 사라졌던 것은 아니다. 상황은 마치 푸코가 자신이 시도한 역사-개념적 재구축 작업에 완전히는 만족하지 못한 것처럼, 혹은 그의 작업이 문제를 해결하는 데 부적절하고 편파적이라고 느낀 것처럼 전개된다. 무엇보다도 푸코는 다음과 같은 결정적인 질문에 답하기 어려웠을 것이다. 만약 생명/삶이 그것을 위협하는 권력보다 더 강하다면, 그러니까 생명/삶의 저항력이 권력의 억압에 쉽게 고개를 숙이지 않는다면, 근현

대의 역사가 대량 학살이라는 결과로 이어진 것은 대체 무엇 때문인가?[55] 다름 아닌 '생명의' 정치가 절정에 달한 시기에 그것의 생산적인 추력과 모순을 일으키며 죽음의 소용돌이가 형성된 것은 어떻게 설명해야 하나? 다름 아닌 20세기의 전체주의와 뒤이어 등장한 핵-권력이, 생명정치를 단호하게 긍정적으로 해석하려는 푸코에게 일종의 극복 불가능한 걸림돌로 다가왔던 모순인가? 생명의 권력이 생명을 거스르며 실행되는 것은 과연 어떻게 가능한가? 여기에는 이유가 있다. 이는 여기서 병행되거나 단순히 동시에 전개되는 두 종류의 경로가 관건이 아니기 때문이다. 푸코는 오히려 '생명-권력의 성장'과 '살해능력의 증대' 사이에 직접적인 비례 관계가 성립된다는 점을 강조한다. 역사상 전례를 찾아볼 수 없는 잔인하고 피비린내 나는 전쟁과 그토록 방대한 규모의 종족학살이 최근 2세기 동안, 그러니까 생명정치가 완전히 무르익은 계절에 일어난 것을 우연으로 간주하기는 어렵다. 국제 사회의 부단한 노력으로 '건강복지제도'를 체계화하기 위한 이른바 베버리지Beveridge 계획이 수립되었을 때 5천만 명을 죽음으로 몰아넣은 전쟁이 한창 진행 중이었다는 사실은 우리를 아연실색하게 만든다. 푸코는 이렇게 말한다. "이 우연의 일치를 다음과 같은 슬로건의 형태로 요약해서 표현할 수 있을 것이다. '여러분은 죽으러 가세요. 우리는 편안히 장수할 수 있는 삶을 약속합니다.' 여기서 생명의 보존은 죽음의 차원과 고스란히 일치한다."[56] 무엇 때문인가? 권력이 생명/삶을 보장하고 보호하며 생명력의 증대를 꾀하는 동시에 잠재적인 죽음을 강렬하게 표현하는 이유는 무엇인가? 물론 전쟁이나 대량 학살이 어떤 정치적 힘겨루기의 이름으로는 더 이상 일어나지 않는다는 것이 사실이다. 하지만 전쟁은—적어도 전쟁을 일으키는 자가 밝히는 의중에 따르면—전쟁에 참여하는 종족들의 생존 그 자체의 이름으로 일어난다. 이로 인해 부각될 수밖에 없는 것이 바로 생명의 보존에 필요한 죽음의 비극적인 모순과 타자의 죽음을—심지어는 나치처럼 스스로의 죽음을—양분으로 생존하는 생명의 모순이다.[57]

여기서 우리는 '생명정치'의 '정치' 앞에 놓인 '생명'이 고유한 의미의 밑바닥에 보존하고 있는 그 해답 없는, 무시무시한 수수께끼를 다시 한 번 마주하게 된다. 왜 생명정치는 끊임없이 죽음정치로 전복될 위험에 처하는가? 이 경우에도, 질문에 대한 답변은 주권정치와 생명정치의 문제적인 교차 지점에 감추어 있는 듯이 보인다. 하지만 이제는 이 지점을 굴절된 각도에서, 즉 이 두 체제 간의 대립을 일관적인 것으로 보는 관점에서 벗어나 관찰할 필요가 있다. 푸코의 텍스트에서 이 두 체제의 연관성을 조금 다르게 해석하게 만드는 요소는 '대체하다'라는 동사와 '보완하다'라는 동사 간의 미세하면서도 의미심장한 의미론적 차이다. '대체'의 개념은 여전히 두 체제의 관계가 불연속적이라는 전제에서 출발하는 반면 '보완'의 개념은 두 체제 사이에서 일어나는 연속적이고 점진적인 변화의 과정을 암시한다. 푸코는 이렇게 말한다. "나는 19세기에 일어난 가장 대대적인 정치적 권리의 변화 가운데 하나가 바로 낡은 주권을 또 다른 권리로, 정확하게 **대체**하지는 않았다 하더라도 최소한 **보완**한 것이었다고 믿는다. [...] 이 또 다른 권리는 과거의 권리를 무효화하는 것이 아니라 오히려 유지하고 관통하며 수정하기에 이른다." 물론 그렇다고 해서 이 두 체제 간의 유형학적 구분과 대립 관계가 모호해지는 것은 아니다. 앞서 정의한 구분의 의미는 바뀌지 않는다. 단지 이 두 체제가 어떤 단일한 흐름이 아니라 단순한 공존의 논리로 환원될 뿐이다. 결과적으로, 불연속적인 차원에서 읽었던 똑같은 문장들이 이제는 어떤 상이한 논증 전략에 따라 체계화되어 있는 것처럼 다가온다.

> 주권 이론의 차원에서는 설명이 불가능하고 정당화될 수 없으며 근본적으로 이질적인 만큼, 훈육 권력은 당연히 주권이라는 거대한 법적 건축물의 소멸을 가져왔을 것이다. 하지만 주권 이론은 사실 법적 권리의 이데올로기로 계속 존속했을 뿐 아니라, 19세기의 유럽이 나폴레옹 법전을 기점으로 만들기 시작한 법전들을 계속해서 양산하기까지 했다.[59]

2. 이러한 존속 현상을 푸코는 우선적으로 이념-기능적인 차원에서 설명한다. 다시 말해, 주권의 이론을—주권이 군주의 손을 떠나 민중에게 주어진 순간부터—활용할 수 있었기 때문에, '생명권력'이 활성화한 제어 장치들을 한편으로는 은폐하고 다른 한편으로는 법률화하는 것이 가능했다고 본 것이다. 바로 여기서 비롯된 것이, 생명정치적인 유형의 실질적인 활동과 법적인 성격의 형식적인 명분이 이중적으로 뒤섞이며 제도화되는 정황이다. 그런 의미에서, 다름 아닌 사회계약에 주목했던 철학들이야말로 오래된 주권적 질서와 새로운 통치 기구가 자연스럽게 만날 수 있는—이번에는 개인적인 차원뿐만 아니라 민중 전체의 차원에도 적용되는 만남의—토양을 마련했다고 볼 수 있다. 하지만 이러한 재

구성적 해석이 역사적인 관점에서는 충분한 설득력을 지녔음에도 불구하고 이론적인 차원의 문제까지 완전히 해결해주는 것은 아니다. 상황은 마치 두 유형의 체제—주권정치와 생명정치—사이에 유사성의 범주로도, 근접성의 범주로도 환원될 수 없는 어떤 비밀스러운 동시에 내재적인 관계가 가로놓여 있는 것처럼 전개된다. 따라서 푸코가 염두에 두었던 것은 오히려 서로 '상반'되지만 어느 하나를 다른 하나의 기반이자 돌출 부위로, 진실이자 과장으로 만들기 때문에 차이를 사라지게 하는 어떤 원천적인 경계에서 '중첩'되는 두 방향성의 공존상태에 가깝다. 바로 이 이율배반적인 교차 현상, 이 아포리아적인 매듭이 주권정치와 생명정치의 상호수반 현상에 대한 획일적인 해석을—동시적인 '공존'의 의미로든 순차적인 '계승'의 의미로든—불가능하게 만든다. '공존'의 관점도, '계승'의 관점도 이 두 체제의 훨씬 더 모순적인 상호 수반 관계의 복합성을 완전하게는 설명하지 못한다. 왜냐하면 이 두 체제 간의 긴장이 **구축**하는 동시에 **변형**시키는 단일한 시대적 파편 내부에서 정말 상이한 시대적 흐름들이 압축되기 때문이다. 예를 들어, 주권 체제가 스스로의 몸에 고대의 목양 권력을—즉, 생명권력의 계보학적 원형을—체화한 것처럼, 생명정치 체제 역시 내부에, 생명정치 자체를 가로지르며 추월하는 주권권력의 날카로운 칼을 보유하고 있다. 이러한 정황을 나치즘에 적용하면, 무엇보다도 푸코처럼 차이를 무시한 채, 낡은 주권 권력이 사실상 처음에는 주권에 반대하며 탄생한 생물학적 인종주의를 스스로에게 유리하도록 이용했다고도 볼 수 있고, 혹은 반대로 새로운 형태의 생명정치적인 권력이 '죽음을 명할 수 있는' 주권을 활용해 국가적 인종주의에 생명을 불어넣었다고도 볼 수 있다. 하지만 첫 번째 해석을 선호하면 생명정치를 주권의 내부적인 구성요소로 간주해야 하는 반면, 두 번째 해석을 선호하면 주권을 생명정치의 형식적인 가면으로 간주해야 한다. 이러한 이율배반적인 성격은 핵-균형의 경우 더욱더 강렬하게 부각된다. 핵-균형을 핵무기가 어떤 식으로든 성공적으로 보장하고 있는 '생명'의 측면에서 바라봐야 하나, 아니면 끊임없이 위협해온 '파멸'의 관점에서 바라봐야 하나?

> 핵-권력 안에서 행사되는 권력은 생명을 말살할 수 있는 힘을 지녔다. 이는 결과적으로 생명을 보장할 수 있는 권력 자체를 스스로 말살할 수도 있다는 것을 의미한다. 이 권력은 주권권력 아니면 생명권력이다. 원자폭탄을 활용하는 주권권력으로 해석하면, 이 권력은 더 이상 19세기부터 생명을 보장하는 데 주력해온 생명권력으로 간주 될 수 없다. 아니면, 정반대로, 우리가 처한 상황은 더 이상 생명권력에 대한 주권의 과잉이 아니라 주권에 대한 생명권력의 과잉 상태로 이해해야 한다.[60]

이 경우에도 푸코는 서로 상반되는 두 논제 사이에서 채택해야 할 해석적 입장을 설정한 뒤 어느 하나를 결정적인 방식으로 선택하지 않는다. 이를테면, 한편으로는 주권적 패러다임의 회귀에 견줄 만한 무언가를 가정한다. 이 경우에 관건이 되는 것은 문자 그대로 유령적인 사건, 즉 죽은 자가—위대한 혁명에 의해 물러나 처형당한 군주가—삶의 무대로 되돌아온다는 작위적인 의미의 사건이다. 상황은 마치 생명정치라는 내재적인 세계 내부에서 느닷없이 열린 틈새를 찢고 등장한 누군가가 초월성의 칼을—죽음을 명령할 수 있는 낡은 주권을—휘두르는 것처럼 전개된다. 하지만 푸코는 또 다른 측면에서 정반대되는 가정도 함께 제기한다. 이를테면 주권 패러다임의 완전한 소멸이 결국에는, 포화 상태에서 흘러넘치다 못해 스스로를 해칠 수도 있는 지경에 도달한 생명력의 고삐를 풀어주게 되는 정황으로 이어졌으리라는 것이다. 주권이 이중적인 경로에서 보장하던 절대적인 권력과 개인적인 권리 사이의 균형이 무너지자, 다름 아닌 생명/삶이 주권 못지않게 막강한 권력의 유일한 활동 영역으로 변했다고 본 것이다.

> 주권에 대한 생명권력의 과잉 현상은, 인간에게 단순히 생명/삶을 꾸려나갈 기회만 주어지는 것이 아니라 무엇보다도 기술적이고 정치적인 차원에서 생명/삶의 증식을 꾀하고 생명체에서 생명을 지닌 물질이나 흉측한 물체를 제조할 수 있는 기회가 주어질 때, 극단적인 경우 제어가 불가능하고 모든 것을 파괴할 수 있는 바이러스의 생산 기회가 주어질 때 일어난다. 이때 우리가 마주하게 될 생명권력의 가공할 만한 확장은, 앞서 핵-권력에 대해 언급했던 것과는 달리, 인간의 모든 주권을 오히려 뛰어넘을 가능성이 있다.[61]

3. 푸코가 전개하는 담론의 긴장은 바로 이 지점에서 절정에, 아울러 강렬한 내부적 붕괴 지점에 도달한다. 이 긴장의 중심을 차지하는 것이 바로 주권정치와 생명정치 간의 역사적일 뿐 아니라 개념적이고 이론적인 관계성이다. 이는 좀 더 일반적인 차원에서 근

대와 근대를 앞서는 것 사이의 관계이기도 하다. 이 과거는 정말 지나가버린 과거인가 아니면 늘어지며 날름거리는 그림자의 혀처럼 현재를 노리다가 결국에는 집어삼키는 과거인가? 이러한 미결 상태에는 수평적인 성격의 위상학적 접근 방식이나 수직적인 성격의 시대적인 접근 방식, 또는 뒤를 되돌아보는 시선과 앞을 내다보는 시선의 단순한 교환을 뛰어넘는 무언가가 남아 있다.[62] 이는 세속화의 근본적인 의미에 대한 일종의 결정 장애에 가깝다. 세속화는 '죽은 자'가 되돌아와 '살아 있는 자'를 다시 휘두르는 정황의 비밀스러운 생산 경로에 불과한가? 아니면, 정반대로, 다름 아닌 '죽은 자'의 완전한 소멸, 그의 결정적이고 남김 없는 죽음이 오히려 '살아 있는 자'가 스스로와 벌이게 될 치명적인 전투를 촉발하는 현상인가? 그렇다면, 생명정치의 체제 내부에 있는 주권의 패러다임은 과연 무엇이며 무엇을 표상하는가? 뒤늦게 소모되는 일종의 여분인가 아니면 완전히는 꺼지지 않은 불꽃인가? 생명정치의 정착에 필요한 보완의 이데올로기인가 아니면 생명정치의 마지막—최초이기에 최후인—진실인가? 생명정치의 지하세계? 하부구조? 죽음이 생명을 파괴하기 위해 생명의 심장 한복판에서 부활하는 것은 주권의 패러다임이 더욱더 강렬하게 표면 위로 떠오를 때 일어나는 일인가, 아니면 반대로 완전히 수그러들 때 일어나는 일인가? 여기서 여전히 미결 상태로 남아 있는 문제는 근대와 근대 '이전'의 관계뿐만 아니라 근대 '이후'와의 관계다. 20세기의 전체주의는 무엇이었나? 그것의 모체일 수밖에 없는 '이전' 시대의 사회와 비교할 때, 어떻게 정의해야 하나? 일종의 한계 혹은 일탈, 그러니까 생명정치의 메커니즘을 파괴하고 제어를 불가능하게 만드는 일종의 과잉 현상이었나, 아니면 반대로 이전 시대의 영혼 또는 필연적인 결과였나? 다시 말해 이전 사회와의 단절로 이해해야 하나, 이전 시대의 완성으로 이해해야 하나? 이 경우에도 관건이 되는 문제는 여전히 주권과의 관계다. 달리 말하자면, 나치즘의— 아울러 실질적인 공산주의의—위치는 주권의 패러다임 외부였나, 내부였나? 나치즘은 주권의 종말을 의미했나, 회귀를 의미했나? 나치즘이 증언하는 것은 주권정치와 생명정치 간의 가장 내밀한 조합인가, 결정적인 결별인가? 이 질문들에 대한 푸코의 답변이 본질적으로 모순되는 두 가지 유형의 논제로 양분된다는 점은 전혀 놀라운 일이 아니다. 근대와 전체주의는 연속적인 동시에 불연속적이고, 서로 동화될 수 없는 동시에 결별조차 불가능하다.

> 우리가 파시즘과 스탈린주의를 그토록 두려워하게 된 수많은 이유들 가운데 하나는 이 이데올로기들이 고유의 역사적인 특수성을 지녔음에도 불구하고 절대적으로 독창적인 것은 아니었다는 데 있다. 이들은 대부분의 사회에 이미 존재하는 메커니즘들을 활용했고 확장시켜 적용했다. 아니, 고유의 내부적인 광기를 지녔을 뿐, 상당히 넓은 영역에서 우리의 정치적 사고와 과정을 활용했다.[63]

푸코가 가능한 한 덜 모순적인 답변을 일부러 피하는 이유는 분명하다. 주권과 생명정치와 전체주의 간에 큰 차이가 없다고— 연속적이라고—보는 관점을 강조할 경우, 푸코는 어쩔 수 없이 집단살해 자체를 근대의 전개과정 전체의 구축적인 패러다임으로[64], 혹은 적어도 피할 수 없는 결과로 간주해야 하고 이는 분명히 그가 언제나 강력하게 추진해온 역사적 구분의 의미와 상충되는 결론이다. 하지만 반대로 차이와 불연속성을 강조하면, 매번 죽음의 그림자가—20세기 초반뿐만 아니라 그 이후에도—생명의 영역을 침범할 때마다 푸코의 생명권력 개념 자체가 무의미해진다. 만약 전체주의가 바로 이전 시대의 산물이라면, 권력은 원래부터 생명을 벗어날 길 없는 족쇄로 감금한다는 결론을 내려야 한다. 하지만 반대로 이전 시대의 일시적이고 우발적인 기형화에 불과하다면, 생명이야말로 그것을 폭력적으로 억누르려는 모든 권력보다 훨씬 더 강력한 힘을 지녔다고 봐야 한다. 전자의 경우 생명정치는 '생명이 대상인' 절대적 권력으로 귀결되지만, 후자의 경우 '생명의' 절대적 권력으로 귀결된다. 푸코는 이 두 종류의 서로 상충되는 가설 사이에 갇혀 벗어나지 못할 뿐 아니라, 이들의 교차 지점에서 형성되는 아포리아에 가로막힌 상태에서도 두 갈래의 경로를 모두, 동시에 검토하는 방향으로 나아간다. 매듭을 잘라내지 않기 때문에, 푸코는 결국 '생명'과 '정치' 간의 연관성에 대한 자신의 천재적인 통찰을 불완전한 형태로 유지한다.

나는 푸코의 어려움과 결정 장애가 단순한 역사적 시기구분이나 '주권정치'와 '생명정치'의 패러다임을 계보학적으로 구성하는 문제의 차원을 뛰어넘어, '생명정치' 개념의 논리학적이고 의미론적인 구도 자체와 직결된다고 확신한다. 이러한 해석 장애는 사실 푸코가 '주권정치'와 '생명정치'의 상호수반 현상을 이론화했음에도 불구하고—혹은 바로 그런 이유에서—'생명정치'의 '생명'과 '정치'를 원래부터 상이한 요소로 간주했다가 뒤늦게야 조합하면서 더욱더 이질적인 요소로 만들게 된 정황과 결코 무관하지 않다. 이 두 용어의 범주와 성격을 정의하기가 어려워진 것도 이 때문이다. 푸코에게 '정치'와 '생명'은 정황하게 무엇을 의미했나? 우리는 이를 어떻게 이해해야 하나? 이 개념들의 **정의**는 이들의 **관계**에 어떤 영향을, 혹은 반대로 이들의 **관계**는 이들의 **정의**에 어떤 영향을 끼치는가? 이 개념들을 분리시켜—각각의 절대적인 측면에서—관찰하기 시작하면 뒤이어 이들을 단일한 관점으로 수렴하는 것이 어려워질 뿐 아니라 모순적으로 변한다. 게다가 이러한 상호수반 현상의 원천적이고 내재적인 성격에 대한 좀 더 깊은 이해를 아예 불가능하게 만들 위험이 있다. 푸코의 연구자들은 그가 무엇보다도 권력의 문제에 집중했고 정치의 개념을 충분히 체계화한 적이 없기 때문에, 결국에는 '생명권력'과 '생명정치'를 본질적으로 중첩시키기에 이른다고 지적한 바 있다. 하지만 이와 유사한—부재했던, 또는 부족했던 푸코의 개념적 연구에 대한—지적을 사실은 '정치'와 짝을 이루는 또 다른 용어 '생명'에 대해서도 제기할 수 있다. 다시 말해 푸코는 '생명/삶'을 그것의 제도-역사적, 경제적, 사회적, 생산적 신경조직의 차원에서 분석적으로 설명할 뿐, 인식론적 기반의 차원에서는 전혀 검토하지 않았다. 본질적인 차원에서 생명/삶이란 무엇인가? 아니, 이에 앞서, 생명/삶은 어떤 본질을 지녔는가? 이 본질이란 또 다른 생명/삶과의 관계 바깥에서, 혹은 생명/삶이 아닌 것들과의 관계 너머에서 식별과 묘사가 가능한 어떤 기반 같은 건가? 그렇다면 단순한—벌거벗은—생명/삶 같은 것은 존재하나? 아니라면, 생명/삶은 스스로를 초월하라고 종용하는 무언가에 의해 이미 형태화된 상태에서 출발하나?

이러한 질문들에 답하려면, 생명정치 범주의 어떤 새로운 의미 지평뿐만 아니라 생명정치의 양극을 ['생명'과 '정치'를] 좀 더 밀착된 동시에 복합적인 고리로 묶을 수 있는 상이한 해석의 열쇠가 필요하다.

주

1   이에 대해서는 논문집 Ch. Geyer 편저, *Biopolitik*, Frankfurt am Main 2001 참조.

2   K. Binding, *Zum Werden und Leben der Staaten*, München-Leipzig 1920

3   E. Dennert, *Der Staat als lebendiger Organismus*, Halle 1922.

4   E. Hahn, *Der Staat, ein Lebenwesen*, München 1926.

5   R. Kjellen, *Stormakterna. Konturer kring samtidens storpolitik* (1905), Stockholm 1911, pp. 67-68.

6   Kjellen, *Staten som livsform*, Stockholm 1915.

7   Kjellen, *Grundriß zu einem System der Politik*, Leipzig 1920, pp. 93-94.

8   J. von Uexküll, *Staatsbiologie. Anatomie, Phisiologie, Pathologie des Staates*, Berlin 1920, p. 46.

9   같은 책, p. 55.

10 M. Roberts, *Bio-politics. An Essay in the Physiology, Pathology and Politics of the Social and Somatic Organism*, London 1938, p. 153.

11 같은 책, p. 160.

12 A. Starobinski, *La biopolitique. Essai d'interprétation de l'histoire de l'humanité et des civilisations*, Genève 1960, p. 7.

13 같은 책, p. 9.

14 E. Morin, *Introduction à une politique de l'homme* (1965), Paris 1969, p. 11.

15 같은 책, p. 12.

16 E. Morin, *Le paradigme perdu: la nature humaine*, Paris 1973, p. 22.

17 A. Birré, *Introduction: si l'Occident s'est trompé de conte?*, in «Cahiers de la biopolitique», I, n. 1, 1968, p. 3.

18 푸코의 생명정치에 대한 체계적인 설명을 처음으로 시도한 쿠트로도 프랑스에서 이루어진 이 초기의 생명정치 연구에 주목한 바 있다. A. Cutro, *Michel Foucault, Tecnica e vita. Biopolitica e filosofia del «bios»*, Napoli 2004 참조. 생명정치에 대한 보다 일반적인 논의는 이하의 저서들 참조. L. Bazzicalupo, R. Esposito 편, *Politica della vita*, Roma-Bari 2003, P. Perticari 편, *Biopolitica minore*, Roma 2003.

19 S. A. Peterson와 A. Somit이 엮어 출간한 초기 저작들의 제목은 다음과 같다. I. *Sexual Politics and Political Feminism*, 1991; II. *Biopolitics in the Mainstream*, 1994; III. *Human Nature and Politics*, 1995; IV. *Research in Biopolitics*, 1996; V. *Recent Explorations Bio and Politics*, 1997; VI. *Sociology and Politics*, 1998; VII. Ethnic Conflicts Explained by Ethnic Nepotism, 1999; VIII. *Evolutionary Approaches in the Behavioral Sciences: toward a Better Understanding of Human Nature*, 2001.

20 L. Caldwell, *Biopolitics: Science, Ethics and Public Policy*, in «The Yale Review», n. 54, 1964, pp. 1-16.

21 J. Davies, *Human Nature in Politics*, New York 1963.

22 R. D. Masters, *The Nature of Politics*, New Haven - London 1989.

23 T. Thorson, *Biopolitics*, New York 1970.

24 이하의 논문들 참조. D. Easton, *The Relevance of Biopolitics to Political Theory*, in A. Somit편, *Biology and Politics*, The Hague 1976, pp. 237-47; W. J. M. Mackenzie, *Politics and Social Science*, Baltimore 1967; H. Lasswell, *The Future of the Comparative Method*, in «Comparative Politics», I, 1968, pp. 3-18.

25 이하의 고전적 저서들 참조. W. C. Allee, *Animal Life and Social Growth*, Baltimore 1932, *The Social Life of Animals*, London 1938; L. Tiger, *Men in Groups*, New York 1969, *The Imperial Animal*, New York 1971; D. Morris, *The Human Zoo*, New York 1969.

26 전쟁에 대한 이 '자연적' 이해에 대해서는 이하의 저서들 참조. Q. Wright, *A study of War* (1942), Chicago 1965; H. J. Morgenthau, *Politics among Nations. The Struggle for Power and Peace* (1948), New York 1967; V. S. E. falger, *Biopolitics and the Study of International Relations. Implications, Results and Perspectives*, in *Research in Biopolitics*, vol. II, pp. 115-34.

27 A. Somit, S. A. Peterson, *Biopolitics in the Year 2000*, in *Research in Biopolitics*, vol. VIII, p. 181.

28 이 방향의 연구에 대해서는 이하의 저서들 참조. C. Galli, *Sul valore politico del concetto di 'natura'*, C. Galli, *'Autorità' e 'Natura'*, Bologna 1988, pp. 57-94; M. Cammelli, *Il darwinismo e la teoria politica: un problema aperto*, in «Filosofia Politica», n. 3, 2000, pp. 489-518.

29 또 다른 관점에서지만, '주권'의 날카로운 개념-역사적 분석을 시도한 데 조반니의 논문 참조. B. de Giovanni, *Discutere la sovranità*, in Politica della vita, pp. 515. 같은 책에 실린 알피에리의 논문 참조. L. Alfieri, *Sovranità, morte e politica*, pp. 16-28.

30 이 문제의 상세한 분석에 관해서는 A. Pandolfi, *Foucault pensatore politico postmoderno*, in *Tre studi su Foucault*, Napoli 2000, pp. 131-246 참조. 권력과 법률의 관계에서 대해서는 L. d'Alessandro, *Potere e pena nella problematica di Michel Foucault*, in *La verità e le forme giuridiche*, Napoli 1994, pp. 141-60 참조.

31 M. Foucault, 'Il faut défendre la société', Paris 1997 [trad. it. 'Bisogna difendere la società', Milano 1998, p. 206].

32 M. Foucault, *Crisis de un modelo en la medicina?*, in *Dits et Écrits*, Paris 1994, vol. III [trad. it. *Crisi della medicina o crisi dell'antimedicina?*, in Archivio Foucault, II. 1971-1977, Milano 1997, p. 222].

33 M. Foucault, *La volonté de savoir*, Paris 1976 [trad. it. *La volontà di sapere*, Milano 1978, pp. 79-80].

34 같은 책, p. 128.

35 M. Foucault, *Rekishi heno kaiki*, in «Paideia», 11, 1972 [trad. it. *Ritornare alla storia*, in *Il discorso, la storia, la verità*, a cura di M. Bertani, Torino 2001, p. 99].

36 M. Foucault, *Crisi della medicina o crisi dell'antimedicina?*, p. 209.

37 M. Foucault, *De la nature humaine: justice contre pouvoir* (1971년 에인트호번에서 열린 푸코와 촘스키의 대화 기록), in Dits et Écrits, vol. II, p. 474. 이에 관해서는 S. Catucci, *La 'natura' della natura umana. Note su Michel Foucault*, in aa.vv., *La natura umana*, Roma 2004, pp. 74-85 참조.

38 M. Foucault, *La volontà di sapere*, p. 126.

39 M. Foucault, *Bio-histoire et bio-politique*, in *Dits et Écrits*, vol. III, p. 97.

40 M. Foucault, *La volontà di sapere*, p. 127.

41 같은 곳.

42 같은 곳.

43 M. Foucault, *'Bisogna difendere la società'*, p. 38.

44 같은 곳.

45 같은 책, p. 39.

46 M. Foucault, *La volontà di sapere*, p. 122.

47 주체화 과정에 대해서는 M. Fimiani, *Le véritable amour et le souci commun du monde*, in F. Gros 편, Foucault. *Le courage de la vérité*, Paris 2002, pp. 87-127, Y. Michaud, *Des modes de subjectivation aux techniques de soi: Foucault et les identités de notre temps*, in «Cités», n. 2, 2000, pp. 11-39 참조. 하지만 이 주제에 관한 필독서는 여전히 들뢰즈의 책이다. G. Deleuze, *Foucault*, Paris 1986 [trad. it. *Foucault*, Napoli 2002].

48 M. Foucault, *Le sujet et le pouvoir*, in *Dits et Écrits*, vol. IV, p. 227.

49 M. Foucault, *Omnes et singulatim: Toward a Criticism of Political Reason*, in *Dits et Écrits* cit., vol. IV [trad. it. *Omnes et singulatim, Verso una critica della ragione politica*, in *Biopolitica e liberalismo*, a cura di O. Marzocca, Milano 2001, p. 140].

50 같은 책, p. 141.

51 같은 책, p. 142.

52 M. Foucault, *La volontà di sapere*, pp. 84-85.

53 같은 책, p. 128.

54 이에 대해서는 M. Hardt, A. Negri, *Impero. Il nuovo ordine della globalizzazione*, Milano 2002, pp. 38-54 참조. 한편으로는 프랑스 학술지 «Multitudes»를 중심으로 활동하는 몇몇 학자들의 연구에도 주목할 필요가 있다. 특히 M. Lazzarato, E. Alliez, B. Karsenti, P. Napoli 등이 참여해 생명정치와 생명권력을 주제로 다룬 2000년 1호 참조. 이들은 그 자체로 흥미로운 정치-이론적 관점을 제시하지만 이들에게 영감을 준 푸코와의 연관성은 여기서 상대적으로 미약하게 부각된다.

55 V. Marchetti, *La naissance de la biopolitique*, in aa.vv., *Au risque de Foucault*, Paris 1997, pp. 237-47 참조.

56   M. Foucault, *La technologie politique des individus*, in *Dits et Écrits*, vol. IV, p. 815.

57   정치와 죽음의 관계에 대해서는 강렬한 윤리적 이론적 입장을 표명한 M. Revelli, *La politica perduta*, Torino 2003 참조. 같은 저자의 *Oltre il Novecento*, Torino 2001도 참조.

58   M. Foucault, *'Bisogna difendere la società'*, p. 207.

59   같은 책, p. 39.

60   같은 책, p. 219.

61   같은 곳.

62   M. Donnelly, *Des divers usages de la notion de biopouvoir*, in aa.vv., *Michel Foucault philosophe*, Paris 1989, pp. 230-45; J. Rancière, *Biopolitique ou politique?*, in «Multitudes», 1, 2000, pp. 88-93.

63   M. Foucault, *Le sujet et le pouvoir*, p. 224.

64   동일한 맥락에서 아감벤이 도달하는 결론이기도 하다. *Homo sacer. Il potere sovrano e la nuda vita*, Torino 1995 참조.

II. 면역화 패러다임

1. 면역성

1.   개인적으로 나는 푸코가 놓친 해석의 열쇠를 다름 아닌 '면역화'의 패러다임에서 추적했다. 왜 면역인가? 푸코의 텍스트에서 생명정치 개념을 구성하는 '생명'과 '정치' 사이에 여전히 열린 상태로 남아 있는 의미론적 공백 또는 틈새를 채우는 패러다임이 면역화라는 것은 대체 무슨 뜻인가? 무엇보다 먼저 주목해야 할 것은 '면역성'이라는 범주가—이 표현의 일상적인 의미 속에서조차—정확하게 생명과 정치가 교차되는 지점, 다시 말해 생명의 영역과 법적 권리의 영역이 만나는 접촉 지점에 기재되어 있다는 사실이다. 실제로 생물-의학적인 차원의 면역성이 어떤 생명체의 입장에서 특정 질병에 대한 자연적이거나 유도된 내열성의 조건을 가리킨다면, 법적-정치적 어휘에서 면역성은 타자들이 지켜야 할 의무나 책무가 특정 주체에게 일시적이거나 영구적으로 면제되는 상황을 가리킨다. 물론 이는 면역성이라는 문제의 지극히 표면적인 측면에 불과하다. 실제로는 상당수의 정치 용어들이—'몸

corpo', '나라nazione', '헌법costituzione' 등이 — 생물학에서 유래하거나 적어도 생물학적 용어와의 유사성을 토대로 — 지극히 당연하다는 듯 — 활용되고 있는 것이 사실이다. 하지만 '면역화' 개념에는 또 다른 무언가가 내재한다. 그리고 이 무언가가 푸코의 생명정치 해석에서는 분명하게 드러나지 않는 생명정치만의 특수성을 결정짓는다. 관건은 '생명정치'를 구성하는 두 요소 **생명**과 **정치**를 하나로 묶는 내재적인 요소다. 면역화의 패러다임에서 **비오스**bíos 와 **노모스**nómos, **생명**과 **정치**는 어느 하나를 다른 하나에 종속시키는 외형적인 형태로 중첩되거나 병렬되는 것이 아니라, 이들의 관계에서만 의미를 취하는 어떤 단일하고 분리될 수 없는 총체의 구축적인 요소로 실재한다. 면역성은 생명/삶을 권력과 연결하는 관계일 뿐 아니라 무엇보다도 생명/삶을 보존할 수 있는 권력이다. 그저 **어느 시점에선가** 이루어진 '생명'과 '정치'의 만남의 결과로 이해해야 할 생명정치 개념에서 전제되던 것과는 정반대로, 면역성의 관점에서 생명/삶의 외부에 머무는 권력이란 존재하지 않으며 이와 마찬가지로 생명/삶도 권력 관계의 바깥에서는 실재하지 않는다. 이러한 관점에서, 정치는 사실 **생명/삶을 유지**하기 위한 가능성 내지 도구에 불과하다.

한편 면역화의 범주는 생명정치의 패러다임을 지배하는 두 성향, 즉 긍정적이고 생산적인 성향과 부정적이고 살해적인 성향이 양분되는 현상에 대해서도, 우리에게 한 걸음 더 앞으로 혹은 측면으로 나아갈 수 있는 기회를 제공한다. 앞서 살펴본 것처럼, 이러한 성향들은 어떤 접촉점도 없는 양자택일의 형태로 형성되는 양상을 보인다. 예를 들어 권력은 생명/삶을 부정하거나 반대로 장려하고, 또 생명/삶을 폭력적으로 억압하며 배제하거나 반대로 보호하며 재생에 기여한다. 이러한 유형의 두 선택지 사이에는 어떤 여과기나 연결 경로도 존재하지 않는다. 반면에 면역화의 패러다임이 제공하는 해석의 장점은 바로 이러한 두 가지 방식 내지 효과가—긍정적이거나 부정적인, 보존적이거나 파괴적인 효과가—드디어 이들을 하나의 인과 관계로 끌어들이는 [면역화의] 내부적인 구도 또는 어떤 의미론적 고리 안에서 조합된다는 데 있다. 단지 이 인과 관계가 부정적인 형태를 취할 뿐이다. 하지만 이는 곧 이러한 부정적인 관계가 권력이 외부에서 생명에 강요하는 폭력적인 종속화의 형식이 아니라 오히려 생명이 다름 아닌 권력을 통해 보존되는 본질적으로 모순적인 방식이라는 것을 의미한다. 이러한 관점에서 얼마든지, 면역화는 **생명의 부정적인 보호**라고 말할 수 있다. 면역화는 개인적이거나 집단적인 생명체의 생명을 구하고 보장하고 보존하는 역할을 한다. 단지 생명에 직접적이거나 즉각적이거나 전면적인 방식으로 관여하지 않을 뿐이다. 면역화는 오히려 생명을 보존하는 동시에 생명의 잠재적인 확장 가능성을 부정하거나 억제하는 식으로 관여한다. 의학적 면역이 백신을 개인의 몸에 투입하면서 이루어지는 것처럼, 정치공동체적 신체의 면역화 역시 몸을 보호하기 위해 멀리해야 할 병적 요소의 파편을 내부에 수용함으로써 질병의 자연적인 발달을 가로막거나 모순적으로 만든다. 그런 의미에서 면역화의 원형은 확실히 홉스의 정치철학이라고 볼 수 있다. 홉스가 '생명의 보존conservatio vitae' 문제를 탐구의 핵심 주제로 택하면서 보존 조건으로 생명 외부에 머무는 압제적인 권력의 필요성, 즉 생명이 주권에 종속되어야 필요성을 제시했을 때 이미 면역의 원리는 어떤 식으로든 정초된 셈이었다.

물론 어떤 이론의 객관적인 생성 과정과 뒤늦게 이루어질 수밖에 없는 동일한 이론의 자가-해석 과정을 혼동해서는 안 된다. 홉스는—아울러 대부분의 근대 정치철학도—자신이 선구자적 입장에서 창안해낸 개념적 패러다임의 특수성은 물론 결과에 대해서도 완전히는 의식하지 못했던 것이 분명하다. 왜냐하면 면역화의 논리 속에 내재하는 모순의 잠재력이 성찰과 무관한 체계화의 단계에서 벗어나 의식적인 성찰의 대상으로 다루어지기까지는 적어도 헤겔의 등장을 기다려야 했기 때문이다. 주지하다시피 헤겔은 부정성을 단순히 긍정성의 실현을 위해 치러야 할 대가로만—원치 않았던 폐기물이나 채무로만—이해하지 않고 오히려 긍정성의 엔진 자체로, 또는 엔진의 작동에 필요한 휘발유로 이해한 최초의 철학자다. 물론 헤겔이 면역화라는 용어나 개념을 직접 사용했던 것은 아니다. 헤겔의 변증법에서 생명/삶은 개인이나 종으로 이해해야 할 인간-동물의 생명/삶이라기보다는 구축적인 차원에서 구분이 불가능한 '현실'과 '사유'의 생명/삶에 가깝다. 단지 그의 몇몇 중요한 텍스트에서 주체성의 형성이 생물학적 죽음에 대한 도전의 형태로도 이루어질 뿐이다.[1] 반면에 이러한 의미론적 전이를 분명하게 의식한 상태에서 사유한 최초의 철학자는 니체다. 그가 분석의 초점을 영혼에서 육체로 옮겨올 때, 다시 말해 영혼은 육체를 보호하는 동시에 감금하는 일종의 면역 형식이라고 생각할 때, 면역화의 패러다임은 아주 구체적인 의미를 띠게 된다. 물론 관건은 단순히 니체가 전염을 통해 자신의 광기를 평범한 인

간에게 옮기면서 배분하는 유독한 백신의 은유가 아니라 문명사
회 전체에 대한 면역학적 자기보존 차원의 해석이다. 지식과 권력
이 활용하는 모든 장치가 생명이 지닌 무한한 확장의 잠재력으로
부터 생명 자체를 보호하기 위한 통제 기능을 수행한다. 이러한 현
실적 상황에 대한 니체의—이중적이고 모호한—평가가 무엇인
지는 앞으로 살펴보겠지만 중요한 것은 그의 저술과 함께 면역화
의 범주가 완전한 형태로 체계화된다는 사실이다.

2.   바로 이 순간부터 20세기 문화의 가장 혁신적인 분야들이 은
연중에 면역화의 범주를 활용하기 시작한다. 질서, 규칙, 가치를
거스르는 '부정성'은 단순히 인류의 역사에서—이 역사가 때에 따
라 취하는 모든 개별적이거나 사회적인 형태에서—활용 불가능
한 요소로만 간주되지 않고 오히려 인류의 생산적인 힘 자체로 간
주된다. 달리 말하자면, 오히려 이러한 장애물이—혹은 결함이—
없을 경우 개인과 종족의 삶은 고유의 성장에 필요한 에너지를 발
견하지 못하고, 보다 고차원적인 기량을 확보하기 위해 면역의 형
태로 벗어나야 할 자연적인 충동의 더미에 짓눌린다. 일찍이 에밀
뒤르켐Emile Durkheim도 사회적인 차원에서 발생하는 질병을 일상
적인 행동 방식의 특이한 일부로, 즉 제거하기가 어려운 반면 기능
적이기도 한 극단적인 요소로 간주하면서 다름 아닌 면역학적 측
면에 주목한 바 있다. 뒤르켐에 따르면 "백신을 통해 몸 안에 투입
되는 바이러스는 우리가 의식적으로 받아들이는 '분명한' 질병이
지만 그럼에도 우리의 생존 가능성을 증대하는 데 기여한다. 아마
도 질병에서 비롯되는 고통이 동일한 질병에서 유래하는 면역성

에 비한다면 무의미해지는 수많은 경우들이 있을 것이다."[2] 하지만 이러한 보완compensatio의 변증적 개념이 가장 분명하게 면역학적 의미를 취득하게 되는 것은 20세기 중반에 독일에서 발달한 철학적 인류학을 통해서다. 막스 셸러Max Scheler, 헬무트 플레스너 Helmuth Plessner, 아르놀트 겔렌Arnold Gehlen 같은 철학자들의 저서에서 '인간의 조건conditio humana'은 문자 그대로 부정성에 의해 구축된다. 이들에 따르면, 인간이 고유의 조건을 스스로와 분리시킬 수 있는 것은 바로 이 부정성 덕분이며 인간보다 신체 조건이 훨씬 뛰어난 다른 종들을 인간이 지배할 수 있는 것도 이 때문이다. 마르크스의 생각과는 달리, '인간의 이질화'는 회복될 수 없을 뿐 아니라 우리의 정체성 확보에 필수적인 조건이기도 하다. 바로 그런 의미에서, 일찍이 헤르더Johann Gottfried Herder가 주목했던 '열등한 인간', 즉 자신이 지닌 것 가운데 "가장 월등한 힘을 쓸 수 없는" 인간은 자신의 "가장 열등한 힘으로 무장한 전사", 다시 말해 고유의 원천적인 결핍을 생산적으로 보완하며 "대용품들을 변화무쌍하게 활용할"[3] 줄 아는 존재로 변신한다. 이와 동일한 맥락에서 겔렌은 다름 아닌 '사회 제도'를 '현세의 초월적 요소'[4]라는 표현으로 정의한 바 있다. 우리를 자유롭게 하는 동시에 해제하는 객관적인 메커니즘을 통해 우리를 주관성의 과다로부터 면역하는 것이 바로 사회 제도다.

그렇다면 근현대의 자가-해석 내부에 잔재하는 면역학의 의미론을 식별하기 위해서는 극단적으로 상이할 뿐 동일한 방향으로 수렴되는 두 종류의 해석학적 노선이 교차되는 지점에 주목할 필요가 있다. 첫 번째는 문명화가 지닌 필연적으로 금기적인 성격에 주목했던 프로이트에서 노베르트 엘리아스Norbert Elias로 이어지는 노선이다. 엘리아스가 고대사회에서 근대사회로 넘어오는 과정의 특징이 외부적인 금기가 내부적인 성격의 자가-금기로 전환되는 현상이라고 주장할 때 주목하는 것은 폭력의 단순한 점진적 소외 현상이라기보다는 오히려 폭력이 개인의 심리적인 차원으로 전이되는 현상이다. 엘리아스에 따르면, 그런 식으로 다름 아닌 폭력적인 충돌이, 점점 더 엄격해지는 사회 규율의 지배하에 놓이고 "동시에, 어떤 의미에서는 전쟁터 자체가 내면화되기에 이른다. 한때는 긴장과 열정의 일부가 인간 대 인간의 직접적인 충돌을 통해 해소되었지만 이제는 각자의 내면에서 해결되어야 할 때가 된 것이다."[5] 그렇다는 이는 한편으로는 부정성에서—이 경우에는 분쟁에서—그것의 가장 폭발적인 효과가 무효화된다는 것을 의미하고 다른 한편으로는 그런 식으로 도달하게 되는 균형 상태 역시 이를 내부에서부터 위협하는 부정성에 좌우된다는 것을 의미한다. 무의식의 충동적인 잠재력과 초자아의 금기적인 절제력으로 양분되어 있는 '나'의 생명/삶은 이러한 면역학적 변증관계가 가장 집중적으로 표현되는 장소에 가깝다. 관점을 '나'의 외부로 가져가도, 모양새는 바뀌지 않는다. 이러한 정황은 앞서 언급한 것처럼 첫 번째 해석과 교차되는 또 다른 해석의 노선에서 발견된다. 단지 후자의 경우 위기적인 성격이 훨씬 덜할 뿐이다. 이 두 번째 노선에서 주목해야 할 것은 파슨스Talcott Parsons의 기능주의와 루만의 체계 이론이다. 파슨스가 자신의 연구를 "질서의 홉스적인 문제"와 관련지어 전개했다는 사실은 두 가지 측면에서 그의 연구가 면역학적이라는 점을 보여준다. 첫 번째는 무엇보다도 그가 면역학적 계보학의 시조인 홉스를 직접 다루면서 언급했기 때문이고, 두 번째는 질서와 분쟁 간의 양자택일적인 선택을 극복하는 문제와 질서의 내부에서 분쟁을 완화된 형태로 수용하는 문제를 중심으로, 홉스의 철학에서 개념적이고 의미론적인 차원의 일탈을 시도했기 때문이다. 결과적으로—파슨스에 따르면—사회가 본질적으로는 사회 자체를 부정하는 개인을 내부에 수용해야 하는 것과 동일한 맥락에서 사회의 질서 역시, 제어되는 동시에 보존되는 분쟁의 결과다.[6]

어휘론적인 관점에서 가장 근원적인 차원의 결과를 도출해낸 인물은 루만Niklas Luhmann이다. 루만에 따르면 "사회체계의 면역화는 '아니야'를 **거스르며** 이루어지는 것이 아니라 오히려 '아니야'에 **힘입어** 이루어진다." 아울러 "사회체계는 '부정'을 통해 절멸로부터 보호한다."[7] 이런 주장을 펼치면서 루만은 면역성이라는 문제의 핵심을 건드린다. 여기서 면역성을 관찰하는 루만의 변론적인 입장이나 중립적인 입장은 그리 중요한 것이 아니다. 항체를 활성화하는 데 항원이 필요한 것처럼, 사회체계가 분쟁과 모순을 거부하며 작동하는 것이 아니라 오히려 생산하며 작동한다는 루만의 논제는 그의 담론 전체가 면역학의 의미론적 궤도에서 움직인다는 것을 보여준다. 루만은 "일련의 역사적 성향을 살펴보면, 근대가 시작될 무렵부터, 특히 18세기를 기점으로 사회 면역의 시도가 증가하는 추세를 엿볼 수 있다"라고 말할 뿐 아니라 다름 아닌 법적 권리에서 구체적인 "사회의 면역체계"[8]를 발견한다. 생물학적 면역학의 내부적인 발전은—적어도 버넷Frank Burnet의 연구를 기점으로—우리가 다루고 있는 이 복잡한 논제와 단순히 유사하지만은 않은 토양을 제공하기 시작했고, 이는 면역의 패러다임이 상당히 다양하고 이질적인 지적 경험과 사유 전통의 신경중추를 구축하게 되는 결과로 이어졌다.[9] 예를 들어 스페르베르Dan Sperber 같은 인지과학자들의 이론에 따르면, 문화의 역학은 일종의 생물학적 현상처럼 다뤄야 한다. 왜냐하면 문화 자체가 생명체를 다스리는 전염병학적 원칙과 동일한 법칙의 지배하에 놓여 있기 때문이다.[10] 도나 해러웨이Donna Haraway도—비판적인 입장에서 푸코와의 대조를 시도하며—다음과 같은 결론을 내린다. "면역체계는—서구 생명정치의 변증관계 안에서—자신과 타자를 인식하거나 망각하는 과정을 안내하기 위해 만들어진 일종의 지도에 가깝다."[11] 오도 마르크바르트Odo Marquard는 포스트-모던적인 현실의 미화 시도를 아예 예방 차원의 반-미화 시도로 해석했다.[12] 그렇다면 세계의 글로벌화도 우리가 다루는 패러다임에 또 다른 탐구 영역을—아니 결론적인 배경을—제공한다고 봐야 한다. 예를 들어 인터넷을 통한 소통의 비대 현상은 보편화된 면역화의 전복된 신호에 불과하고, 이와 마찬가지로 소규모 국가들의 입장에서 정체성을 확보하기 위해 제기하는 면역화의 요구는 글로벌한 전염의 역효과 내지 알레르기성 거부반응에 지나지 않는다.[13]

3. 면역의 패러다임을 사실상 처음으로 체계화한 『임무니타스immunitas』[14]에서 내가 도입한 새로운 요소는 두 가지다. 하나는 공동체의 원천적인 의미를 조명하며 재해석한 '코무니타스communitas'[15] 개념과 '임무니타스' 개념의 상호대립적인 균형이고 다른 하나는 면역의 구체적으로 근대적인 성격이다. 우리는 이 두

개념이 아주 복잡하게 뒤섞여 있다는 점을 어렵지 않게 확인할 수 있다. 고유의 어원에 비추어 보면, 임무니타스[면역]는 코무니타스[공동체]를 부정하거나 배제하는 형식이라는 점이 드러난다. 코무니타스가 공동체의 구성원들에게 어떤 상호 선사의 책무를 부여하면서 개인의 정체를 모호하게 만드는 관계라면, 임무니타스는 이러한 의무에서 벗어나기 위한 면역免役*의 조건이자 이 의무가 가져올 탈-소유화 현상으로부터 스스로를 지키기 위한 방어의 조건이다. 면제dispensatio가 정확하게 어떤 힘든 의무를 다해야 할 과제pensum에서 벗어나는 상황을 가리키듯 면책esonero도 책무onus[16]에서 벗어나는 상황을 가리키며, 상호적 의무를 뜻하는 무누스munus의 의미론이 바로 이 오누스onus로 환원된다. 여기서 분명해지는 것은 이러한 이론적이고 어원론적인 의미 방향과 역사적이고 계보학적인 의미 방향 사이의 접합 지점이 존재한다는 사실이다. 아주 일반적인 차원에서, 임무니타스의 역할은 아무런 의무가 없는 이들과의 위험한 접촉을 통해 무누스를 지니게 된 자를 보호하고, 다름 아닌 '공통적인' 것에 의해 위험해진 '고유한' 것의 경계를 회복하는 데 있다. 하지만 면역화가 사적이거나 개인주의적인 모델이 공동체적인 유형의 조직으로 대체되거나 이에 대척할 수밖에 없는 상황을 수반하는 만큼—이러한 표현에 어떤 의미를 부여하든—분명한 것은 면역화가 근대화 과정과 구조적으로

---

* 저자는 임무니타스immunitas를 단순히 생물학적 면역免疫의 의미뿐만 아니라 특정 의무의 면제를 뜻하는 면역免役 혹은 면책의 의미로도 활용한다. 임무니타스는 맥락에 따라 어느 한 의미를 지칭하기도 하지만 저자가 주목하는 것은 궁극적으로 이 두 의미의 실질적인 중첩 현상이다.

직결되어 있다는 사실이다.

물론 면역화와 근대 사이에 구조적인 연관성이 있다고 주장하면서 내가 의도하는 것은 근대가 유일하게 면역화 패러다임을 토대로만 이해될 수 있다거나 면역화 패러다임이 유일하게 근대로만 환원된다는 이야기가 아니다. 달리 말하자면, 나는 보다 널리 활용되는 기존의 해석학적 이론들, 즉 근대의 이성화(베버), 세속화(뢰비트), 정당화(블루멘베르크) 이론의 추론적인 생산성을 부인하지 않는다. 이 이론들은 모두 이들의 이면적 전제를 구성하는 ['면역화'라는] 훨씬 더 복잡하고 심오한 범주와의 전염에서 어떤 이점을 취할 수 있을 것으로 보인다. 이 이론들의 이면에서 부각되는 의미의 과잉 현상은, 상이하지만 서로 무관하다고 볼 수 없는 두 가지 요인에서 비롯된다. 첫 번째는 근대를 해석하는 이 세 이론의 출발점이 특정 주제에—첫 번째 경우 '기술', 두 번째 경우 '신성', 세 번째 경우 '신화'에—한정되어 있고 결과적으로 모두 단일한 노선을 고수한 반면, 면역화의 패러다임은—다름 아닌 **무누스**처럼—그 자체로 다중적인 의미 지평을 지녔다는 점이다. '무누스munus'가 기본적으로 다양한 원천지와 도착지를 지닌 어휘 영역에 도입되어 활용된 만큼 '무누스'를 중립적인 용어로 만든 장치들도 이와 동일한 구도와 결을 지녔다고 봐야 한다. '면역immunitas'이라는 용어가 오늘날까지 다의적인 성격을 보존하고 있는 것도 이 때문이다.

그러나 이러한 다의성이 면역화의 범주가 지닌 해석학적 잠재력의 전부는 아니다. 또 다른 해석의 가능성, 즉 앞서 언급한 두 번째 요인은, 면역화가 정반대되는 어휘와 유지하는 특별한 관계의 측면에서 관찰할 필요가 있다. 앞서 살펴보았듯이, 임무니타스[면역성]의 가장 결정적인 의미는 코무니타스[공동체]가 논리적으로 전복된 구도 속에 기재되어 있다. 면역화는 공통점을 **소유**하지도, 공통점으로 **존재**하지도 않는 상태를 가리킨다. 하지만 이처럼 정반대되는 것을 부정적으로 수반하는 정황은, 면역화가 스스로 부정하는 것을 전제로 정립되는 정황과 일치한다. 면역성은 단순히 논리적으로 정반대되는 것에서 **파생**될 뿐 아니라 정반대되는 것을 **내용**으로 실재한다. 물론 앞서 언급한 탈마법화[이성화], 세속화, 정당화의 패러다임이 전제하는 것 역시 이 패러다임들이 벗어나려는 영역이라는—마법, 신성, 초월성이라는—점은 분명하다. 하지만 이 패러다임들은 이를 때에 따라 소모되거나 점차 사라지는 무언가로, 혹은 적어도 다르게 변신하는 무언가로 전제한다. 반면에 **임무니타스**의 음각 내지 정반대인 **코무니타스**는 관련 영역에서 단순히 사라지는 것이 아니라 임무니타스 자체의 대상인 동시에 동력으로 기능한다. 뭐랄까 면역의 대상은 다름 아닌 공동체지만, 면역의 방식만큼은 공동체를 부정하는 동시에 보존하는 형태로 이루어진다. 달리 말하자면, 임무니타스는 코무니타스의 원천적인 의미 지평을 부정하면서 코무니타스를 보존한다. 그런 의미에서, 면역화는 어떤 공동체가 '더불어 갖추어야' 할 방어 장치라기보다는 오히려 공동체 내부에 '이미 포함되어 있는' 부품이라고도 볼 수 있다. 면역화는 공동체를 공통성의 감당할 수 없는 과잉으로부터 보호하기 위해 어떤 식으로든 스스로와 분리시키는 주름에 가깝고, 공동체가 공통성의 의미론적 강도를 극단적인 형태로 수용하며 자기일치를 꾀할 때 이를 가로막는 미분학적 여백에 가깝다. 모든 공동체는 생존을 위해 스스로와 정반대되는 면역화의 부정적인 방식을—비록 그것이 공동체 자체에 적대적이고 파괴적인 방식이라 하더라도—내면화해야 하는 처지에 놓인다.[17]

4. 근대와 면역화 사이에 실재하는 구조적 연관성은 우리에게 생명정치의 '시간'에 대해서도 좀 더 구체적으로 파악할 수 있는 기회를 제공한다. 앞서 언급한 것처럼, 푸코도 자신이 활성화한 패러다임의 시대구분을—따라서 해석을—시도하면서 두 가지 가능성 가운데 어느 하나를 선택하지 못하고 우유부단한 모습을 보였다. 생명정치가 주권의 종결과 함께—물론 그것이 정말 종결되었다는 전제하에—탄생했다면, 이는 곧 생명정치의 역사가 원칙적으로 근대적이며, 어떻게 보면 심지어 포스트-모던적이라는 것을 의미한다. 반면에—푸코가 또 다른 곳에서 암시하는 대로—생명정치가 특유의 어조 내지 구도를 구축하며 주권 체제와 병행되는 것이라면, 생명정치의 계보학은 훨씬 더 오래 전으로 거슬러 올라가고, 결국에는 생명/삶에 어떤 식으로든 관여할 수밖에 없는 정치 자체의 역사와도 일치한다고 볼 수 있다. 그렇다면 이 두 번째 경우에, 굳이 '새로운' 성찰을—푸코가 시기적절하게 시도했던 것처럼—개진해야 하는 이유는 무엇인가? 다름 아닌 면역화의 패러다임이 이 질문에 적절한 답변을 제시한다면, 이는 생명정치를 구체적인[근대적인] 역사적 맥락 안으로 끌어들이기 때문이다. 이 맥락을 벗어나면, 생명정치에 관한 이야기는 심지어 고대로 거슬러 올라간다. 이를테면 다음과 같은 질문이 대두된다. 노예들의 몸이 주인들의 전적으로 무차별한 착취에 희생되고 전쟁 포로들이

승자의 칼날에 이슬처럼 사라지는 것도 지극히 당연시되던 기나긴 과거의 시대만큼 권력이 생물학적 생명/삶에 깊숙이 침투했던 시기는 없었다고 봐야 하지 않나? 어떻게 로마 시대의 가부장pater familias이 자식들에게 행사하던 생사여탈권을 생명정치적인 차원에서 생각하지 않을 수 있나? 이집트의 농경-정치나 로마의 위생-정치가 근대의 생명정치적인 차원에서 실행되는 생명/삶의 장려 및 보호 조치와 다른 것은 과연 무엇인가? 나는 이 질문에 대한 유일하게 합리적인 답변이, 일련의 생명정치적인 조치에는 내재하지만 고대 세계에는 부재했던 면역학적 의미에서 발견될 수 있다고 생각한다.

이러한 차이는 역사적인 관점이 아니라 개념적인 차원에서 관찰할 때 훨씬 더 분명해진다. 고대의 으뜸가는 철학자 플라톤을 예로 들어보자. 플라톤만큼 사유의 흐름이 생명정치적인 방향으로 나아간 고대철학자도 드물다. 플라톤은 스파르타에서 나약한 아이들 또는—좀 더 일반적인 차원에서—공적인 삶에 '부적절한' 아이들을 상대로 적용하던 우생학적 관행을 지극히 정상적일 뿐 아니라 심지어는 권고할 만한 것으로 간주한 바 있다. 하지만 더 중요한 것은 플라톤이 번식 과정에도 정치가 개입해야 한다는 점을 암시하며 반려동물이나 가축의 사육 방식을 시민들이나 적어도 국가-수호자들의 세대 계승에도 적용할 필요가 있다고 주장했다는 점이다.

최고의 남성들이 최고의 여성들과 가능한 한 자주 성관계를 가져야 하는 반면 열등한 남녀의 성관계는 줄어들어야 한다. 그뿐 아니라 우리 종족이 완전하기를 원한다면, 후자의 후손들이 아닌 전자의 후손들이 양육되어야 한다. 여하튼 수호자 집단에서 내분이 일어나는 것을 피하려면, 이 모든 일은 통치자들 외에 아무도 모르게 이루어져야 한다(플라톤『공화국』459d-e).

주지하다시피, 바로 이러한 유형의—언제나 이정도로 노골적이지는 않지만 결코 드물다고는 볼 수 없는—문장들이 플라톤의 철학을 생명정치적인 차원에서 해석하려는 시도에 빌미를 제공했고, 결국에는 나치의 이데올로기적 선전과 함께 극단적인 결과로까지 이어졌다.[18] 플라톤과 히틀러를 관련지어 논하는 반네스Bannes[19]나 가블러Gabler[20]의 망상에 대해 굳이 언급하지 않더라도, 귄터Hans F. K. Günther의 유명한 저서『생명의 수호자 플라톤Platon als Hüter des Lebens』[21]만 살펴보아도 빈델반트Windelband를 포함한 일군의 영향력 있는 저자들이 이러한 유형의 해석에 호의적이었음을 확인할 수 있다.[22] 귄터가 플라톤의 ekloghé를 '선택Auslese' 혹은 '개량Zucht'의 의미로, 다시 말해 '선별'의 의미로 해석할 때 사실상 플라톤의 텍스트를 전적으로 왜곡했다고는 보기는 어렵다. 귄터가 시도한 것은 생물학적 차원의 과장된 해석에 가까웠고, 이러한 해석은 사실 플라톤 자신이—뚜렷하게 이원론적 구도를 지닌 대화록들과는 거리가 먼『공화국』과『정치』,『법』에서—어떤 식으로든 허용한 셈이거나 권한을 부여했다고 봐야 한다. 물론 기준미달인 아이들의 운명을 논하면서 플라톤이 '유아살해'나 '유기' 같은 표현을 직접 사용한 것은 아니지만 담론 전체의 맥락에서 이 아이들에게 전혀 관심이 없었다는 점은 분명하다. 왜냐하면 이 아이들을 마치 불치의 환자들처럼, 즉 관심을 기울인다는 것 자체가 낭비에 가깝다는 듯 대했기 때문이다(『공화국』 410a). 아리스토텔레스는 플라톤의 지극히 우생학적이고 심지어는 죽음정치적인 해석에(『정치』, II, 4 1262b25) 큰 의미를 두지 않지만, 분명한 것은 플라톤이 크세노폰과 크리티아스가 말하는 스파르타의 엄격한 관행에 따라 국가-수호자들 또는 통치자 계층의 게노스ghenos[종족]를 순수하게 보존해야 한다는 요구에 큰 의미를 부여한다는 사실이다.

그렇다면 플라톤의 철학이 원래 일종의 생명정치적인 의미론에 가까웠다거나 생명정치가 그리스 철학에서 유래했다는 결론을 내려야 하나? 이 질문에 긍정적인 답변을 제시하기는 어려워 보인다. 이는 물론 플라톤의 '선별'이 구체적으로 종족-인종적이거나 사회적인 성격이 아니라 귀족적인 성향을 지녔기 때문이기도 하지만 사실은 무엇보다도 면역화의 방향으로—즉 개인을 보존하는 방향으로—나아가는 대신 분명하게 공동체의 의미와 공동의 선을 추구하는 방향으로 나아갔기 때문이다. 바로 이 집단적이고 공적인 요구, 면역성이라기보다는 공통성의 요구 때문에 플라톤의 철학은—일반적으로는 근대 이전의 문화 전체가—완성단계의 생명정치적인[면역학적인] 관점 이면에 머문다. 마리오 베제티Mario Vegetti가 고대 의학에 대한 그의 중요한 연구서에서 증명해보인 것처럼, 플라톤이 셀림브리아의 헤로디쿠스Herodicus와 카리스토스의 디온Dion이 주장하던 식이요법을 신랄하게 비판했던 것은 이들의 사적이고 개인주의적인 성향, 따라서 필연적으로 비정치적인 성향 때문이었다.[23] 정치를 의료화하려는 근대 생명주의의 꿈과는 달리, 플라톤이 도모했던 것은 의학의 정치화 프로젝트였다.

5. 물론 이러한 정황을 토대로 근대 이전에는 면역의 문제가 한 번도 제기된 적이 없다는 결론을 내리기도 어렵다. 유형학적인 차 원에서 자기보존의 요구는 근대보다 훨씬 더 오래전으로 거슬러 올라갈 뿐 아니라 더 오랫동안 유지되었다. 아니, 문명사회로 도 약하기 위한 마지막 선제조건이었다는 의미에서, 자기보존 요구 는 문명사회의 역사 전체로도 확장될 수 있고, 또는 최소한의 방어 체제를 갖추지 않은 사회는 존재하지 않았다는 의미에서 문명사 회 최초의 선제조건으로도 간주될 수 있다. 하지만 어느 시점에선 가 바뀌는 것이 있다. 그것은 면역의 문제에 대한 의식이자 이 문 제에 대한 대응의 실질적인 양태다. 정치가 언제나 어떤 식으로든 생명/삶을 보호하는 데 관여해 왔다 하더라도, 분명한 것은 오로 지 어느 시점이 되어야만—다름 아닌 근대에 들어와서야—자기 보존 요구가 더 이상 단순한 사실로만 인지되지 않고 한편으로는 일종의 문제점으로, 다른 한편으로는 어떤 전략적 선택사항으로 이해되기 시작한다는 사실이다. 이는 곧 과거와 현재의 모든 문명 사회가 면역화의 필요성을 어떤 식으로든 표명했고 또 해소했음 에도 불구하고 오직 근대만이 면역화의 가장 내밀한 본질을 바탕 으로 형성되었다는 것을 의미한다. 따라서 우리는 근대가 생명의 자기보존 문제를 제기한 것이 아니라 오히려 자기보존 문제가 이 를 해결할 수 있는 역사-범주적인 기구로 근대를 존재하도록 만들 었다고, 다시 말해 '발명'했다고 볼 수 있다. 우리가 '근대'라는 말 로 이해하는 것은 뭐랄까 보다 복합적이고 근원적인 차원에서 활

용되는 일종의 메타언어로, 즉 몇몇 세기에 걸쳐 생명/삶의 가장 은밀하고 감추어진 영역에서 제기되던 요구에 점점 더 효과적이고 예리한 방식으로 대응하는 일련의 이야기를 통해 생명 자체에 목소리를 부여해온 메타언어로 파악될 수 있다. 상황이 이런 식으로 전개된 이유는 과거에 인간의 경험 세계를 상징적으로 보호하던 자연스러운 방어 장치들이—무엇보다도 신학에 모체를 둔 초월적인 질서가—언제부턴가 급격히 줄어들었기 때문이다. 그 원시적인 면역화의 보호망 속에서 어느 순간—중간 시대[중세]가 막을 내렸을 때—벌어진 상처야말로, 사실은 구조적인 차원에서 이미 위험에 노출되어 있던 세계를 보장해야 할 어떤 인위적인 유형의 또 다른 방어 기구를 필요하게 만든 요인이다. 슬로터다이크 Peter Sloterdijk도 바로 이 지점에서 근대인의 이중적이고 모순적인 성향이 분출되는 것을 목격한다. 근대인은 한편으로는 사전에 마련된 보호 장치가 전혀 없는 상태에서 외부 세계에 노출되고 다른 한편으로는 바로 그런 이유에서—이미 벌거벗은 상태일 뿐 아니라 고스란히 자아에게 내맡겨진 생명/삶을 위해—이러한 결함을 새롭고 더욱더 강력한 "면역의 제단"으로 보완해야 할 처지에 놓인다.[24]

이러한 견해가 틀리지 않는다면, 우리는 근대의 정치적 범주들을 고스란히 어떤 절대적인 방식으로, 다시 말해 이 범주들의 존재 이유로 천명되는 내용을 기준으로 해석하거나 예외적으로 이들의 역사적인 맥락에서만 해석하는 습관에서 벗어나야 할 뿐 아니라, 오히려 이 범주들을 면역화의 논리가 생명의 집단적인 구도와 재해에서 비롯되는 위험으로부터 생명/삶 자체를 보호하기 위해 취하는 언어적이고 제도적인 형식으로 이해해야 한다. 면역화의 논리가 이처럼 역사-개념적인 범주들을 통해 표명된다는 사실은 '생명'과 '정치'의 상호수반이 직접적이지만 즉각적이지는 않다는 것을 의미한다. 달리 말하자면, 이들 간의 상호수반은 효율적인 방식으로 실현되기 위해 역사-개념적인 범주들의 중재를 필요로 한다. 따라서 생명/삶의 보존과 성장을 위해서는 생명을 자연적인 위험으로부터 보호할 수 있는 인위적인 과정과 체계가 요구된다. 바로 이 지점에서, 근대 정치는 선행하는 조건[주권 정치]과도 다르고 뒤를 잇는 상황과도 차별화되는 이중적인 경로를 밟는다. 전자의 경우와는 달리, 근대 정치는 정확하게 생명/삶의 보존 conservatio vitae 문제에서 출발하며 고유의 중요성을 획득하기 때문에 명백하게 생명정치적인 성향을 지닌다. 하지만 우리가 그래서 편의상 제2의 근대라고 부를 수 있는 단계와도 다르게, 이 '생명'과 '정치'의 관계는 사회 질서의 문제 및 질서의 신경계를 구축하는 역사-개념적 범주들, 즉 주권, 소유권, 자유, 권력 등의 문제와 뒤섞일 때에만 전개되는 양상을 보인다. 이처럼 사실상 질서의 원천인 생명의 주체에 **앞서는** 형태로 질서를 전제한다는 것 자체가 근대 정치철학의 구조적으로 이율배반적인 구도를 결정짓는다. 실제로 근대 정치철학이 고유의 원천인 자기보존 요구에 거꾸로 답변하는 식의 논제들이 결과적으로 일탈적일 뿐 아니라—앞으로 살펴보겠지만—이율배반적인 성격을 띠게 되는 정황은 면역화처럼 그 자체로 모순적인 변증관계의 결과인 동시에 표현이다. 근대 정치철학의 명분인 생명/삶의 보호가 이처럼 언제나 부정적인 방식으로 이루어진다면, 이를 실행하기 위해 동원되는 정치적 범주들은 결국 고유의 의미체계와 충돌을 일으킬 뿐 아니라 스스로를 거스르며 뒤틀릴 수밖에 없는 처지에 놓인다. 게다가 이러한 현상은 이 범주들의 구체적인 내용과도 무관하게 발생한다. 이는 애초에 어떤 즉각적인 성격의 문제를—생명/삶의 보존 문제를—일련의 중재로, 즉 **주권, 소유권, 자유** 같은 개념들의 중재로 해결하겠다는 억측 자체가 모순이었기 때문이다. 이러한 개념들이 이들의 역사-의미론적 궤도 선상에서 어느 순간엔가, 보호 전략의 소유자 또는 수혜자로 드러나는 개개인의 안위 문제로 축약된다는 사실은 어떤 일시적인 표류 현상이나 예견된 운명 정도로 볼 것이 아니라 근대가 주체의 형상을 생각하는 그 자체로 면역적인 방식의 산물로 이해해야 한다.[25] 이러한 문제의 본질을 누구보다 정확하게 포착했던 인물은 하이데거다. 근대를 표상의 시대로, 즉 고유의 객체 앞에서 자신이 실질적으로substantialiter 완전한 존재임을 표상하는 주체subjectum의 시대로 간주한다는 것은 곧 근대를—철학적인 차원에서—면역화의 지평으로 이해한다는 것을 의미한다.

> 새로운 자유의 개념에 힘입어, '표상하기'는 주체가 스스로를 기점으로 무언가를 보장하고 확실하게 만드는 방향으로 나아가는 과정이 되었다. [...] 근원적 확실성으로 이해해야 할 주체 subjectum는 표상하는 인간과 표상된—즉 객관적—실재(인간이든 사물이든)가 언제나 확실하게 '함께-표상된-존재'다.[26]

그러나 근대의 '주체'를 면역적인 보장의 지평과 관련지어 생각한다는 것은 곧 주체가 경험적인 차원에서 벗어날 수 없는—즉 생명/삶의 성장을 방해하는 것과 동일한 힘에서 생명/삶의 보호망을 찾는—모순을 인정한다는 뜻이다.

2. 주권

1. 이러한 모순을 사실상 가장 날카로운 형태로 드러내는 것이 바로 주권의 개념이다. 푸코가 개진한 분석의 맥락에서, '주권'은 통치 장치들이 침해될 때 상대적으로 요구되는 보완의 이데올로기 또는 새로운 생명정치 체제를 거부하는 낡은 죽음권력의 유령적인 항변으로 이해할 것이 아니라 오히려 생명정치 체제가 가장 먼저 수용한 개념일 뿐 아니라 가장 커다란 영향력을 지닌 면역학적 형상으로 이해해야 한다. 이는 주권의 개념이 유럽의 법률-정치적 어휘 내부에서 왜 그토록 오랫동안 살아남을 수 있었는지 설명해준다. 주권은 생명정치 이전 아니면 이후에 오는 것이 아니라 오히려 생명정치의 의미 지평 전체를 가로지르며 생명/삶의 자기보존이라는 근대적인 문제에 가장 강력한 질서-정립의 해결책을 제공하는 패러다임이다. 홉스의 철학이 지닌 중요성은 그가 가져온 폭발적인 범주적 혁신에 앞서 이 변화의 경로를 포착하는 절대적인 명백성에 있다. 그리스인들이 생물학적 차원과의 패러다임

적인 구분을 바탕으로 정치를 이해한 반면 홉스의 철학에서는 생명의 생물학적 보존 문제가 당당하게 정치의 영역 안으로 도입될 뿐 아니라 가장 중요한 대상으로 간주된다. 생명/삶은 고귀한 형식을 갖춘 특성의 차원에서 정의되기 위해 무엇보다 먼저 생명 자체를 유지해야 하고, 따라서 위협적인 파괴의 위험으로부터 스스로를 보호할 수 있어야 한다. 이러한 근원적 필요성은, 인간이 **할 수 있는** 것을 정의하는 '자연적 권리'뿐만 아니라 인간이 **해야 하는** 것을 정의하는 '자연적 규율'에도 각인되어 있다. 홉스에 따르면 "자연적 권리는 인간이 자신의 본성 또는 생명/삶을 보존하기 위해 자신의 권한을 마음대로 사용할 수 있는 자유, 결과적으로 이를 위해 가장 적합한 수단이라고 판단하는 모든 것을 할 수 있는 자유와 일치한다."[27] 그렇다면 자연적 규율은 "이성이 발견해낸 처방전 혹은 일반적인 법칙으로, 인간이 자신의 생명/삶과 생명의 보존에 해가 되는 일을 범하지 못하도록 금하거나 생명의 보존에 더 유익하다고 사료되는 바를 빠트리지 못하도록 정하는 규칙"[28]을 가리킨다.

바로 이러한 생각의 구도 자체가 홉스의 철학을 분명하게 생명정치적인 차원으로 옮겨놓는다. 홉스가 관심을 기울이는 '인간'의 특징이 본질적으로 신체, 신체의 요구, 신체의 욕망인 것은 결코 우연이 아니다. '정치적'이라는 형용사가 '신체'를 수식할 때에도 홉스가 가리키는 주체의 본질적인 특성은 바뀌지 않는다. 아리스토텔레스의 전통적인 구분과는 달리, 홉스의 정치철학적인 구도 안에서 고려되는 '신체'는 비오스bíos보다 차라리 조에zoé에 더 가깝다. 달리 말하자면 홉스의 '신체'는 이러한 구분 자체가 모호해 지거나 의미를 잃는 지점에 위치한다. 여기서 관건이 되는 것은—좀 더 정확히 말해, 끊임없이 절멸 위기에 노출되는 것은—다름 아닌 물리적인 차원에서 즉각적으로 포착되는 생물학적인 질료로서의 '생명/삶'이다. '이성'과 '권리'가 생명/삶의 강렬한 보존 요구라는 요소를 중심으로 수렴되는 것도 바로 이 때문이다. 하지만 홉스의 논증 메커니즘이 적중하기 시작하는 곳은 이성이나 권리가 자율적으로는 생존이라는 목표에 도달하지 못하고 이를 보장할 수 있는 더 복합적인 장치를 필요로 하게 되는 지점이다. 실제로 초기의 '자기보존 성향conatus sese praeservandi'은 이 성향과 공존하며 모순을 일으키는 보다 원초적인 충동, 다시 말해 인간을 일반화된 분쟁 상태로 몰아넣는 끝없는 취득 욕망과 뒤섞이며 실패할 수밖에 없는 운명에 처한다. 뭐랄까 생명/삶은 자기영속을 추구할 뿐 이를 혼자만의 힘으로는 성취하지 못한다. 아니, 자기보존을 추구하면 추구할수록, 이를 위해 동원하는 방어와 공격의 수단이 크면 클수록 오히려 정반대되는 결과를 초래하는 위험천만한 반현실적 움직임의 지배하에 놓인다. 이러한 위험은 사실 인간들의 실질적인 평등성에서, 그러니까 모두가 모두를 살해할 수 있고 따라서 모두가 죽을 수도 있는 정황에서 비롯된다. "모든 것에 대한 모든 인간의 자연적 권리가 유지되는 한, 어느 누구도(그가 아무리 강하거나 현명하다 하더라도) 자연이 공평하게 허락한 생의 시간을 안전하게 누리지 못한다."[29]

바로 이 지점에서 발동하는 것이 면역의 메커니즘이다. 인간의 생명/삶은 고유의 자연적 역동성과 내부적인 힘에만 의존할 경우 스스로의 파멸을 초래할 수밖에 없는 처지에 놓인다. 왜냐하면 스스로와 모순에 빠지도록 만드는 무언가가 생명 안에 내재하기 때문이다. 따라서 살아남으려면 '자기'라는 울타리를 벗어나 어떤 초월적인 영역을 구축해야 한다. 이 초월적인 영역으로부터 안녕과 보호를 보장받기 위해서다. 생명/삶이 경험하는 이러한 스스로와의 틈새 또는 자기의 이중화에서 비롯되는 것이 바로 **'자연적인 것이 인위적인 것으로'** 전이되는 현상이다. 인위적인 것 역시 자연이 지닌 것과 동일한 자가보존 목적을 지닌다. 단지 목적을 이루기 위해 자연의 울타리에서 벗어나 자연과 정반대되는 전략을 사용할 뿐이다. 자연도 스스로를 부정해야만 고유의 생존 의지를 표명할 수 있다. 보존은 보존되어야 하는 것의 유보 내지 이질화를 통해 이루어진다. 따라서 '정치적' 상황은 '자연적' 상황의 속행이나 강화로 간주할 것이 아니라 오히려 '자연적 상황의 부정적 전복'으로 이해해야 한다. 이는 물론 정치가 생명/삶을 단순한 생물학적 차원으로 환원시킨다거나 모든 질적 차원의 생명/삶 개념을 무의미하게 만든다는 뜻이 아니다. 이러한 유형의 해석들은 사실 홉스와는 무관한 담론에 그의 철학을 억지로 끼워 맞출 때에만 가능하다. 홉스가 '벌거벗은 생명'이라는 표현을 사용하지 않는 것은 결코 우연이 아니다. 홉스의 모든 저서에서 '생명/삶'은 단순한 보존의 차원을 뛰어 넘는 개념으로 정립되어 있다. 『시민에 관하여 De cive』에서 홉스는 이렇게 말한다. "**건강**salute이라는 말은 단순히 생명의 무조건적인 보존이라는 차원에서만 이해할 것이 아니라 '가능한 한 행복한 생명/삶'의 의미로 이해해야 한다."30 『법률요강Elements of Law』에서도 홉스는 '민중의 건강이 지고의 법이다 Salus populi suprema lex esto'라는 문장을 "시민들의 단순한 생존이 아니라 이들에게 돌아가야 할 좋은 것과 혜택의 의미로"[31] 이해해야 한다고 주장한다. 그리고 『리바이어던』에서는 이런 결론을 내린다. "여기서 **안전**이라는 말은 무언가를 단순히 지킨다는 뜻이 아니라 모든 인간이 국가에 위험이나 피해를 끼치지 않고 정당한 방식으로 스스로의 생명/삶을 위해 도모하는 모든 일의 충족을 의미한다."[32]

물론 이는 근대에 '생명'의 범주가 '정치'의 범주를 대체하며 점진적인 탈정치화를 주도한다는 뜻이 아니다. 왜냐하면—반대로—생명/삶의 핵심적인 역할이 일단 새롭게 정립된 다음에는 이를 보존해야 할 과제가 다름 아닌 정치에 주어지기 때문이다. 단지 생명/삶의 보존 과제가 어떤 이율배반적인 장치를 통해, 즉 생명과는 정반대되는 것의 활성화를 통해 이루어질 뿐이다. 바로 여기에 면역화의 패러다임과 연결 고리를 구성하는 가장 결정적인 특징이 있다. 생명/삶은 스스로를 보존하기 위해 성장의 고유한 잠재력 일부를, 아니 가장 핵심적인 방향성을 구축하는 것에서 무언가를 포기해야만 한다. 달리 말하자면 생명/삶 자체를 치명적 자해의 위험에 노출시키는 절대적인 소유욕을 포기해야 한다. 물론 모든 유기적인 생명체가 내부에 일종의 자연적 면역체계를 지녔고 이것이 생명체를 외부의 공격으로부터 보호한다는 것은 사실이다. 그러나 어느 순간 이 면역체계의 허점 또는 엄밀히 말해 역효과가 나타나면 기존의 면역체계는 유도 면역, 즉 인공적인 면역으로 대체되어야 한다. 인공 면역은 자연 면역을 완성하는 동시에 부정한다. 이는 인공 면역이 단순히 개인의 신체 바깥에서 시작되기 때문이라기보다는 기존의 면역 강도를 강제로 억제하기 때문이다.

2. 이 이차적인 면역 장치, 아니, 기존의 비효율적이고 심지어는 위험하기까지 한 보호체계 자체로부터 생명을 보호해야 하는 일종의 메타면역적인 장치가 바로 주권이다. 주권의 계약적인 성격과 특징에 대해서는 많은 논의가 오갔기 때문에 또 다른 분석이 필요 없겠지만, 우리의 관찰점에서 중요한 것은 주권과 주권이 관여하는 주체들 간의 본질적인 모순 관계다. '주체soggetto'라는 용어는 여기서 극명하게 이중적인 의미로 쓰인다. 그는 자신의 의지에 따라 계약의 형태로 주권을 정립한다는 의미에서 주체soggetto지만 주권이 일단 정립된 다음에는 주권에 저항할 수 없다는 의미에서—저항해봤자 스스로에게 저항하는 셈이기에—주권에 종속soggetto된다. 간단히 말하자면, 주권의 주체이기 때문에 주권에 종속되는 것이다. 주체의 동의는 단 한번만 요구되고 이후에는 번복될 수 없는 성격을 지녔다.

여기서 이미 주권의 면역화가 지닌 본질적으로 부정적인 성격의 윤곽이 드러난다. 주권의 면역화는 일종의 **내재적 초월성**으로 정의될 수 있다. 왜냐하면 주권을 고유한 실현 의지의 표현으로 고안해낸 이들조차 제어할 수 없는 영역에서 이루어지기 때문이다. 이것이 바로 홉스가 '대리'의 개념에 부여하는 모순적인 구조다. 대리자는—즉 주권자는—그가 대리하는 이들과 일치하는 동시에 차별화된다. 일치하는 이유는 이들의 자리를 대신하기 때문이고 차별화되는 이유는 그 '자리'가 피-대리인들의 손이 닿지 않는 곳에 있기 때문이다. 이러한 유형의 공간적인 모순은 시간적인 차원에서도 발견된다. 주권의 정립 주체들이 정립했다고 천명하는 것을 사실상 이해조차 할 수 없는 이유는 그것이 주체의 전제인 듯 주체를 논리적으로 앞서기 때문이다.[33] 그런 의미에서, 근대적 주체의 면역화는 정확하게 이러한 '원인과 결과의 교환'을 통해 이루어졌다고 볼 수 있다. 근대적 주체가 스스로를 전제할 수 있는—하이데거적인 관점에서, 자신의 생명을 자율적으로 보장할 수 있는—이유는 근대적 주체를 앞서 결정지은 어떤 전제 속에 그가 이미 포함되어 있기 때문이다. 이와 동일한 관계가 다름 아닌 주권과 개개인의 권리 사이에도 실재한다. 푸코가 주목했던 대로, 이 두 요소의 관계는 결코 주권의 확장과 이에 뒤따르는 개인적인 권리의 제한 현상 또는 이와 정반대되는 현상을 조장하는 반비례 관계가 아니다. 이 두 요소는 오히려 서로를 끌어안으면서 하나를 다른 하나의 전복된 보완형식으로 만든다. 예를 들어, 오로지 평등한 개인들만 이들을 정당하게 대리할 수 있는 주권자를 세울 수 있는 반면, 오로지 절대적인 주권자만 개개인이 전제주의적인 권력에 종속되는 상황을 막을 수 있다. 이러한 문제를 가장 치밀하게 다룬 역사 연구서[34]에서 분명하게 확인할 수 있듯이, 절대주의와 개인주의는 서로를 배척하거나 대척하는 것이 아니라 오히려 동일한 탄생 경로로 환원될 수 있는 상호수반 관계를 유지한다. 절대주의를 매개로, 개인은 스스로를 인정하는 동시에 부정한다. 개개인은 절대성의 제정 과정에서만 제정의 주체이기 때문에, 고유의 존재론적 전제를 스스로 전제하면서 제정 주체로서의 자격을 스스로 해제한다. 왜냐하면 절대성 제정의 목적 자체가 이들을 주체적 개인으로 제정하는 데 있기 때문이다.

이러한 자기 정당화 서술의 이면에서 관찰할 때, 근대의 개인주의가 실제로 발휘하는 생명정치적인 기능이 무엇인지가 분명해진다. 개인주의는 흔히 주체적 자율성의 발견이자 실현으로 소개되지만, 사실은 근대의 주권정치가 생명의 보장이라는 고유의 과제를 수행하면서 도구로 활용한 면역의 이데올로기에 불과하다. 여기서 놓치지 말아야 할 것은 이러한 변증관계에 도달하는 중간 단계의 경로다. 자연 상태에서 관계할 때조차 인간들은 개인주의적인—주지하다시피, 결국에는 분쟁의 일반화로 이어질 수밖에 없는—방식을 따른다. 하지만 이러한 분쟁은 어디까지나 사람들을 공동체적 차원으로 끌어들이는 수평적 관계에 불과하다. 그렇다면, 바로 이러한 공통성이야말로—모두와 각자의 삶을 위협하는 요소인 만큼—인위적인 개인주의를 매개로 폐지되어야 하는 요소다. 이 개인주의를 구축하는 것이 다름 아닌 주권이라는 장치다. 이러한 **여파** 역시 '절대주의'적인 관점에서 이해할 필요가 있다. 다시 말해 모든 외부적 속박에서 자유로운 권력의 독립성만 절대적인 것이 아니라 무엇보다도 이 권력이 인간들에게 투영하는 해방의 여파 역시 절대적이다. 인간들은 누구 못지않게 절대적인 개인으로 변한다. 그리고 이러한 변화는 공통의 의무에서 면제되는 과정, 즉 임무니타스를 통해 일어난다. 주권은 개개인의 조금도 공통적이지 않은 존재와 일치한다. 주권은 개개인의 비사회화가 취하는 정치 형태다.

3. 이러한 정황의 구도 전체를 지배하는 것이 바로 임무니타스의 부정성이다. 장기적인 차원의 생존을 위해서는 생명/삶을 사유화(privatizzata)하는 동시에 공통적인 것과의 관계에서 벗어나도록(deprivata) 만들 필요가 있다. 더 나아가, 각자를 주권의 명령에 복

종케 하는 모든 수직적인 관계의 뿌리를 잘라내야 한다. 이 분리가 정확하게 의미하는 것이 바로 '개인individuo'이다. 그를 다른 모두와 분리시키는 동일한 선에 의해 더 이상 분리될 수 없는in-dividuo 주체가 된―자신과 하나가 된―존재가 '개인'이다. 개인을 보호하는 것은 주권의 긍정적인 권력이 아니라 그를 자기 자신으로, 다른 어느 누구도 **아닌** 존재로 만드는 부정적 여백이다. 결론적으로 말하자면 주권이란 결국 모든 개인의 주변에서 창출되는 인위적인 허무에 불과하거나, 서로 무관한 존재들 사이에서 유지되는 관계의 부정성 혹은 부정적 관계에 지나지 않는다.

하지만 이것이 전부는 아니다. 홉스가 드러내놓고는 설명하지 않는 무언가 다른 것이, 다시 말해 자신이 이끄는 담론의 주름 또는 내부적인 단층에서 자연스럽게 부각되도록 내버려둘 뿐 구체적으로는 언급하지 않는 무언가가 여전히 남아 있다. 그것은 다름 아닌 여분의 폭력, 즉 면역 장치의 중재로는 제어되지 않는 폭력이다. 중재가 불가능한 이유는 이 폭력을 생산하는 것이 바로 면역 장치이기 때문이다. 바로 이러한 관점에서, 푸코는 홉스의 해석자들이 관심을 기울여야 했음에도 불구하고 항상 알아차리지는 못한 중요한 특징에 주목한다. 푸코에 따르면, 홉스는 그의 "만인에 대한 만인의 투쟁"이란 표현 때문에 종종 분쟁의 철학자로 불리지만 사실은 평화의 철학자, 아니, 정확히 말해 무력화의 철학자다. 이는 정치적 국가가 본질적으로는 예방 차원에서, 다름 아닌 내란의 가능성으로부터 생명을 보장하는 데 소용되기 때문이다.[35] 그러나 분쟁의 무력화는 결코 분쟁의 제거가 아니라 오히려 체화라는 결과로 이어진다. 이는 면역력을 키워야 할 공동체가 **분쟁**을 다름 아닌 항체의 지속적인 형성에 필요한 **항원**으로 간주하며 체화하기 때문이다. 주권이 시민들에게 보장하는 보호 장치도 이러한 체화의 논리에서 결코 벗어나지 못한다. 이러한 논리를 가장 날카로운 형태로 보여주는 것은 무엇보다도 '국가'라는 보호 장치, 즉 각자가 타자와 관계하며 감지하는 폭력적인 죽음에 대한 두려움을 완화하는 도구다. 물론 이 경우에도 두려움이 완전히 사라지는 것은 아니다. 단지 [주권이라는] 단일한 대상에 집중되기 때문에 훨씬 더 견딜 만할 것으로 변할 뿐이다. 물론 그렇다고 해서 이 견딜 만한 두려움이, 극복된 것으로 추정되는 두려움과 본질적으로 다른 것은 아니다. 아니, 어떻게 보면 이 두려움은 오히려 더욱더 강렬해진다고도 말할 수 있다. 왜냐하면 두려움을 극복하며 문명사회로 진입하기 위해 모두가 포기한 자연적 권리를 주권만큼은 여전히 보유하고 있고 이로 인해 발생하는 불균형이 이 두려움을 더욱더 날카롭게 만들기 때문이다. 이러한 정황에서 다름 아닌 생명의 보호와, 이 보호의 임무를 떠맡은 자의 입장에서 드물지만 언제든 실행에 옮길 수 있는 살생 가능성의 필연적인 결속 관계가 정립된다. 이 관계를 바로 생사여탈권이라고 부른다. 주권의 가장 중요한 특징으로 간주되는 이 권리에 그 누구도 이의를 제기할 수 없는 이유는 이 권리가 피해자의 입장에 있는 주체 스스로에 의해 승인되었기 때문이다. 이 모든 것을 지탱하는 모순은 희생 메커니즘의 촉발 원인이 **개개인**과 개개인의 분명한 의지에 따라 이들을 대변하는 **주권** 간의 **거리**가 아니라 **일치**라는 점에 있다. 홉스에 따르면, "시민 각자는 주권자가 하는 모든 행위의 장본인이며, 따라서 주권자로부터 권리를 침해당했다고 불평하는 자는 자신이 저지른 행위에 대해 불평하는 셈이다."³⁶ 바로 이러한 상극들의 중첩이 생명/삶의 담론에 또 다시 죽음의 목소리를 끼워 넣는다.

> 결과적으로 국가 내부에서도 빈번히 일어나는 일이지만, 한 국민이 주권자의 명령으로 사형을 당하는데 사실상 어느 편에서도 상대에게 잘못을 했다고는 볼 수 없는 경우들이 발생한다. 입다 Yiptha가 자신의 딸을 어쩔 수 없이 희생양으로 삼았던 것도 이런 경우에 속한다. 이런 혹은 이와 유사한 상황에서 죽는 사람은 죽더라도 모욕을 당하면서 죽는 것은 아닌 상황을 초래할 만한 어떤 행위의 자유를 가지고 있었던 셈이다. 동일한 해석이 주권자가 무고한 국민에게 죽음을 명하는 경우에도 적용된다.³⁷

바로 여기서—이 사건을 특징짓는 예외적인 성격에 어렴풋이 가려진 형태로 씁쓸하게—주권의 면역화가 지닌 구축적인 모순이 부각된다. 주권의 면역화는 단순히 예외와 규범 간의 항구적인 긴장 관계를 토대로만 전개되지 않고 예외 자체의 규범적인 성격을 토대로, 즉 법률이 배제하는 듯 보이지만 사실상 인정하기 때문에 규범성을 취득하는 예외성을 기반으로 전개된다. 이러한 예외성은—생명의 보존과 희생 간의 불완전할 뿐인 일치는—중재가 불가능한 요소의 실재뿐만 아니라 면역의 중재 기능 자체를 뒷받침하는 구조적인 모순을 표상한다. 이는 내재성이 흡수할 수 없는 초월성의 잔재인 동시에—법률과 일치하는 정치가 그럼에도 법률을 상대로 드러내는 돌출 부위인 동시에—내재성과 초월성 간의 변증관계를 움직이는 아포리아적인 동력이다. 상황은 마치 생명을 보호하는 면역기능에 의해 억제되던 부정성이 어느 순간 궤도 바깥으로 튀어나와 생명을 불가항력적인 폭력으로 공격하는 것처럼 전개된다.

3. 소유권

1. 주권과 개인을 분리하는 동시에 통합하는 관계와 동일한 부
정적 변증관계가 근대의 모든 정치-법률적 범주에 직접적인 영
향을 끼친다. 이는 이 범주들이 지닌 면역적인 성향의 피할 수 없
는 결과다. 이러한 정황은 무엇보다도 '소유권'이라는 범주에서 발
견된다. 아니, 근대적 면역화 과정과 '소유권'의 구축적인 연관성
은 사실상 '주권'과의 관계에서보다 훨씬 더 강렬하다. 여기에는
두 가지 이유가 있다. 우선적으로는 '소유'가 '공통적인 것'과 근본
적으로 대척 관계에 놓여 있기 때문이다. '소유'는 원칙적으로 '공
통적이지 않은 것'이기에 그 자체로 언제나 면역성을 유지한다. 또
다른 이유는 무언가를 '소유'한다는 생각 자체가 면역학적 논리 전
체의 질적 강화를 의미하기 때문이다. 앞서 살펴본 것처럼, 주권의
면역화가 애초에 주권의 존재를 가능케 한 다수의 주체를 초월하
는 형태로 이루어지는 반면 소유권의 면역화는 주체와 밀착된 형
태로, 더 나아가 주체의 신체적 경계 내부에서 이루어진다. 이때

내재화와 특화가 함께 이루어진다. 상황은 마치 통일된 형태의 주권에 집중되던 보호 장치가 끝없이 배가되어 수많은 개개인의 생물학적 유기체 안에 설치되는 것처럼 전개된다.

이러한 개념적 전이 과정의 중심에 존 로크의 저술이 있다. 로크의 글에서도—홉스의 저서에서처럼—관건이 되는 것은 생명/삶의 보존이다. 로크는 처음부터 '자기 보존', '자기 보존 욕망'을 "신이 인간에게 준 가장 강하고 우선적인 본능"[38]으로 간주한다. 하지만 로크의 입장에서 생명/삶의 보존은 또 다른 무언가가 실재해야만, 즉 보존본능에서 분출하는 동시에 보존본능을 강화하는 이른바 '고유의 것res propria'이 있어야만 가능해진다. 로크에 따르면 "다름 아닌 신이 인간에게 스스로의 생명/삶과 존재에 대한 강한 보존본능을 행동 원리로 선사한 만큼 [...] 창조된 것들에 대한 인간의 소유권은 그가 생존에 필요하거나 유용한 것들을 사용할 권리를 토대로 정당화된다."[39] 소유권은 여하튼 생존의 **결과**인 동시에 실질적인 **조건**이다. 이 두 요소는 어느 하나를 다른 하나의 필연적인 전제로 만드는 구축적인 연관성 안에서만 상호수반 관계를 유지한다. 생명/삶이 없으면 소유권은 애초에 주어질 수 없고 소유권이 없으면, 아니 생명/삶 자체가 소유물로 확장되지 않으면 생명/삶은 고유의 기본적인 요구를 충족시키지 못하고 소멸된다. 하지만 이러한 논리의 보다 본질적인 경로에 주목할 필요가 있다. 로크가 생명/삶을 항상 주체의 소유물 가운데 하나로 간주하는 것은 아니다. 물론 그가 '생명/삶', '자유', '자산'(lives, liberties and estates)을 흔히 '소유'라는 용어로 묶어 통합하는 것은 사실이다.[40] 그래서 그는 "생명/삶, 자유, 신체적 완전성, 부재하는 고통,

소유가 가능한 외형적인 사물들, 예를 들어 토지, 금전, 부동산 등"
을 문명적 자산이라고 부른다.[41] 하지만 로크는 또 다른 텍스트에
서 '소유'라는 용어를 보다 협소한 의미로도 사용한다. 이 용어가
제한적인 의미로 쓰여 물질적인 자산만을 가리킬 때, 생명/삶은
자산의 일부가 아니다. 그렇다면 이러한 어휘의 비일관성은 어떻
게 설명해야 하나?[42] 나는 이 두 가지 유형의 설명을—설명 자체
의 다소 덜 분명한 의미까지 이해하려면—서로 상충된다기보다
는 하나의 단일한 의미 지평에서 서로 보완되고 중첩된다는 맥락
으로 이해해야 한다고 믿는다. 생명/삶은 소유권의 내부인 동시에
외부다. 무언가를 소유한다는 차원에서는 생명/삶 역시 각자가 지
닌 자산의 일부이기 때문에 내부적이다. 하지만 존재의 차원에서
는 일부이기에 앞서 주체의 전부이기도 하기 때문에, 오히려 소유
물이—그것이 무엇이든—생명/삶의 일부를 차지한다. 따라서 로
크의 견해는 고스란히 이 두 관점 사이에서 때에 따라 정립되는 **관
계**와 실행되는 **교환**에 의해 정의된다고 볼 수 있다. 생명/삶과 소
유권, 존재와 소유, 사람과 사물은 어느 하나를 다른 하나의 내용
인 동시에 형식으로 만드는 상호 관계 속에서 밀접하게 조합된다.
로크에 따르면 자연 상태는 "다른 누군가의 허락을 구하거나 의지
에 좌우되지 않고 자연 법칙의 한계 안에서 자신의 행위를 마음대
로 조절하며 자신이 최선이라고 믿는 바를 기준으로 고유의 자산
과 인맥을 활용할 수 있는 완벽하게 자유로운 상태다."[43] 여기서 주
목해야 할 것은 로크가 한편으로는 주체의 개인적 행위라는 삶의
형식 속에 소유권을 기재하고, 다른 한편으로는 논리적으로 '주체',
'행위', '자유'를 [어느 누구에게도 좌우되지 않는] '소유'의 형상 안

에 포함시킨다는 점이다. 결과적으로 소유권은 어떤 '바깥'을 포함하는 일종의 '안'이지만, 이 '바깥' 역시 동일한 '안'을 내부에 보유한다.

　이러한 정황에서 비롯되는 이율배반적인 성격은 소유권이 그것을 정립하는 질서 체제가 있어야만 주어질 수 있음에도 불구하고 체제에 우선한다고 봐야하는 논리적 난관에서 발견된다. 실제로 홉스의 경우와는 달리—아울러 그로티우스Hugo Grotius나 푸펜도르프Samuel von Pufendorf와도 달리[44]—로크의 소유권은 이를 의무적으로 수호해야 하는 주권에 우선한다. 달리 말하자면 로크의 소유권은 사회 조직의 전제이지 결과가 아니다. 하지만 바로 여기에 로크 자신이 명백하게 기점으로 삼는 질문이 숨어 있다. 소유물이 상호 인간 관계의 형태를 기반으로 주어지지 않는다면, 그것의 기반은 과연 우리에게 공통적으로 주어진 세계의 내부 어디에서 찾아야 하는가? 어떻게 공통적인 것이 고유한 것으로 변하고, 고유한 것이 공통적인 것으로 나뉠 수 있는가? '모두의' 것인 이 세계에서, '나의' 것, '너의' 것, '그의' 것의 기원은 과연 어디에 있는가? 바로 이 지점에서 로크는 자신의 담론에 생명정치적인 차원을 각인시킨다. 그의 철학이 강렬하게 면역학적인 의미론으로 기울어지는 것도 이 때문이다.

　모든 인간에게 그보다 열등한 피조물들과 토지가 모두 공통적으로 주어졌음에도 불구하고, 각자는 고유의 페르소나에 속하는 소유물을 지닌다. 이 소유물에 대한 권리는 다른 어느 누구에게도 주어지지 않는다. 그의 몸과 손이 하는 일과 결과물은 그만의 것이다. 따라서 그는 무엇이든 자연이 만들어낸 뒤 방치해둔 상태에서 취해 자신의 노동을 가미하고 자신만의 무언가와 조합함으로써 그의 소유물로 만든다.[45]

2. 로크의 논제는 어떤 법—정치적 원칙이 아니라 즉각적인 생물학적 연관성을 중심으로 동심원을 그리듯 펼쳐진다. [고유화의 전제인] 타자의 배제는 '신체적 포함'이라는 형이상학적 사슬을 통해서만 이루어질 수 있다. 소유물이 자연적 자원을 변형시키는 노동에 포함되어 있다면, 노동은 변형을 실행하는 사람의 몸에 포함되어 있다. 노동이 몸의 연장estensione이라면, 소유물은 노동의 연장이다. 일종의 보철 역할을 하는 이 연장은 팔의 움직임을 통해 소유물을 몸과 연결시켜 생존의 일부로 통합한다. 이는 소유물이 단순히 생명/삶의 물질적인 자양에 필수적이기 때문이라기보다는 그것의 본질이 **신체적 구성의 형식**을 추구하는 생명/삶의 확장에 있기 때문이다. 여기서, 하이데거가 근대적 표상하기repraesentatio와 함께 식별해낸 주체적 자기보존 성향에 추가해야 할 또 다른 형태의 경로가—아니 변경된 궤도가—발견된다. 객체의 지배는 객체와 주체를 떨어트리는 이들 간의 거리를 전제로 이루어지는 것이 아니라 오히려 객체를 체화하는 운동을 전제로 이루어진다. 몸은 소유의 첫 번째 대상이다. 왜냐하면 첫 번째 소유의 대상이기 때문이다. 달리 말하자면, 몸은 각자가 스스로를 소유물로 간주할 때 마주하게 되는 대상이다. 세상이 우리에게 공통적으로 주어진 반면, 몸은 오로지 개인에게만 주어진다. 개인은 몸으로 **이루어진** 존재일 뿐 아니라 몸을 모든 소유화에 앞서 원천적인 방식으로

소유하는 존재다. 로크의 '개인'은 바로 이 고유한 몸의 **존재**하기와 **소유**하기가 교차되는 지점에서—이중화인 동시에 배가인 방식에서—뒤이어 전개될 모든 고유화의 존재론적이고 법적인—존재법적인—기반을 발견한다. 개인은 자신의 고유한 신체적 페르소나를 소유함으로써 '몸'이 지닌 모든 기량의 주인이 된다. 예를 들어 가장 기초적인 것은 물질적 대상을 변형시키면서 특성의 전이를 통해 대상을 소유하는 기량이다. 이 대상에 대한 소유권은 다른 어느 누구에게도 주어지지 않는다. 이를 부당하게 탈취하는 자가 있다면 극단적인 경우 그를 해쳐도 죄가 되지 않는다. 노동을 통해 취득한 소유물은 소유자의 몸에 체화되며 소유자의 생물학적 생명과 다를 바 없는 사물로 간주된다. 따라서 생명의 일부인 이 사물을 누가 빼앗으려 한다면 그를 무력으로 제압해서라도 생명을 보호해야 한다는 결론을 내릴 수 있다.

여기서 로크의 논제 전체를 사실상 좌우하며 지배하는 것은 다름 아닌 면역의 논리다. 공통으로 주어졌기 때문에 무분별한 상태에 한없이 노출되어 있는 세계의 잠재적인 위험을 무력화하는 것은 결국, 다른 모든 관계를 선행하며 결정짓는 우선적인 관계를 표현하기 때문에 이 세계의 원천적인 출현 자체에 전제가 되는 요소, 즉 각자가 개인적인 정체성의 형태로 자기 자신과 유지하는 관계다. 바로 이것이 면역적인 보호의 핵심이자 외관이며 내용이자 형식이고 객체이자 주체다. 이처럼 소유물을 보호하는 자가 곧 이를 보유하는 주체인 것처럼, 주체도—자기보존 능력의 차원에서—소유물에 의해 확장되고 강화된다. 다시 말해, 자기보존은 주체가 소유물을 통해 자신을 보존하고 자신의 주체적인 본성을 통해 소유물을 보존할 때 이루어진다. 고유의 몸에 소속된다는 사실을 기반으로 확고해진 '소유의 논리'는 뒤이어 점점 더 큰 파도를 일으키며 공동체의 공간 전체를 뒤덮을 수 있을 정도로 널리 확장된다. '소유의 논리'는 공동체를 정면으로 부정하기보다는 오히려 수용하면서 분해한다. 이때 공동체는 공통성과 정반대되는 형태로 전복되며 수많은 파편으로 쪼개진다. 이 파편들은 모두 각각의 소유주가 고유화한 소유물이라는 사실만을 유일한 공통점으로 지닌다.

> 이 모든 것에서 분명하게 드러나듯, 자연의 사물들이 공통으로 주어졌음에도 불구하고, 인간은—자기 자신의 주인이자 고유의 행위와 노동과 페르소나의 소유주이기에—기본적으로 소유물이라는 거대한 기반을 지닌 존재다. 인간이 자신의 존속과 번영을 위해 활용해온 것들 대부분은—무엇보다도 기술의 발달과 발명에 힘입어 생존 방편이 향상된 뒤로는—다른 어느 누구와도 공유하지 않는 그만의 절대적인 소유물로 간주된다.[46]

앞서 언급한 것처럼, 로크의 면역 과정은 홉스의 그것보다 훨씬 더 강렬한 형태로 전개된다. 왜냐하면 다름 아닌 개인성의 형식 자체와—혹은 질료와—직결되기 때문이다. 그러나 여기서 유래하는 기능성의 향상에는 체제 전체를 뒷받침하는 근원적 모순까지 더욱더 날카로워지는 현상이 뒤따른다. 왜냐하면 모순은 더 이상 홉스의 체제에서처럼 **개인**과 **주권** 사이의 배회와 긴장 관계에서 발견되지 않고 **주체성**과 **소유권** 사이를 가로지르는 복합적인 관계에서 발견되기 때문이다. 여기서 관건이 되는 것은 단순히 상반되는 두 요소의 일치 혹은 차이의—혹은 두 요소의 전제된 수렴 속에서 발생하는 편차의—문제일 뿐 아니라 아울러, 무엇보다도 이들 사이에서 일어나는 비중 변동의 문제다. 이 문제는 일반적인 차원에서 다음과 같이 정의될 수 있다. 어떤 소유물이 이를 소유하는 주체에 좌우되고 또 주체의 일부인 만큼 그의 '몸'과 하나인 셈이라면, 다른 한편으로는 그가 무언가의 소유주일 수 있는 것도 사실은 그에게 속한 그 '무언가'가 존재하기 때문이다. 다시 말해 소유주도 그가 소유하는 사물에 좌우된다. 주체는 사물을 자신의 지배하에 둔다는 구체적인 의미에서 사물을 지배하지만, 다른 한편으로는 사물 역시 소유 성향의 충족에 필수적인 목적을 구축한다는 의미에서 주체를 지배한다. 소유주 없이는 소유물도 존재할 수 없고 소유물 없이는 소유주도 존재하지 않는다. 다시 말해 소유물과의 구축적인 관계 바깥에서는 존재할 수 없는 것이 소유주다. 따라서 로크가 소유물은 주체적 정체성의 지속 내지 자기 바깥으로의 연장이라고 주장한다면, 후세대의 철학자들처럼 다음과 같은 반론을 제기할 수 있다. "사적 소유물이 소유주 안에서 체화되기 때문에 다름 아닌 인간이 소유물의 본질로 인지된다면 [...] 이는 오히려 인간의 존재를 사실상 부정하게 되는 결과로 이어질 뿐이다. 왜냐하면 이러한 정황에서 인간은 더 이상 사적인 소유물의 외형적 실재를 지향하기 위해 외부에 머무는 것이 아니라 오히려 자신이 이 사적인 소유물 내부의 소유-지향성으로 변하기 때문이다."[47] 달리 말하자면 인간은 사물의 단순한 첨가물로 전락한다. 하지만 여기서 정작 주목해야 할 것은 바로 이러한 가역성, 혹은 비중의 변동 현상이다. 왜냐하면 사실은 이러한 가역성 자체가 이상의 두 조건을 [주체성과 소유권을] 하나의 단일한 움직임으로 통합하는 요소이기 때문이다. 이 두 관점 간의 다름 아닌 무분별성이—원래 로크가 체계화했던 대로—하나를 다른 하나의 지배자로 만들 뿐 아니라 각각의 관점을 상호적인 종속관계 안에서 구축하는 요소다.

3. 이 두 관점의—예를 들어 '주체의 지배'에서 '사물의 지배'로—경과와 전복이 이루어지는 지점은 바로 소유화/고유화가 지닌 사적인 성격에서 발견된다.[48] 이 사적인 성격 때문에 고유화의 행위는 실행되는 순간 소유물이 주는 혜택의 대상에서 모든 타자를 제외시킨다. 소유의 사적인 성격은 사물을 그것의 정당한 소유자와 공유하지 못하는 이들을 상대로—다시 말해 비-소유주로 구성되는 공동체 전체를 상대로—일으키는 탈취의 효과와 전적으로 일치한다. 이 비-소유주의 관점에서는—소유주의 관점과 상반된다기보다는 대칭되는 관점에서—부정성이 긍정성을 누르고 현격한 우세를 점하기 시작한다. 달리 말하자면, 소유권의 내재적인 진실은 부정적이라는 것이 드러나기 시작한다. '소유한/고유한' 것은 곧 공통적이지 **않은** 것, 남의 소유가 **아닌** 것을 가리킨다. 이는 먼저 수동적인 차원에서, 모든 소유 행위가 무언가를 이미 사적 소유물의 형태로 고유화한 만큼 모든 타자가 이에 대한 소유권을 빼앗기기 때문이고, 더 나아가 능동적인 차원에서, 특정 일부가 지닌 소유권의 점진적인 확장이 그 외의 모두가 지닌 자산의 점진적인 축소를 결정짓기 때문이다. 인간 대 인간의 분쟁은 '소유'의 세

계 안에서는 어떤 식으로든 해소되지 못하고 망령처럼 고유의 울타리를 벗어나 형체 없는 '비-소유'의 세계로 흘러들어간다. 물론 로크가 원칙적으로 소유물의 축적에 어떤 이중의 한계, 즉 타자를 위해 그의 생존에 필요한 것들을 남겨두어야 하고, 소모될 수 없는 것들은 소유할 수 없다는 한계를 부여한 것은 사실이다. 하지만 로크는 자산을 금전으로 환원하는 것이, 아울러 금전의 안전하고 무한한 축적이 가능해지는 순간부터 자신이 부여한 한계 자체가 무의미해진다는 점을 인정한다.[49] 이 순간부터 사유 재산은 과거에 소유주와 타자의 관계를 조율하던 비율의 균형 자체를 무너트릴 뿐 아니라 소유주를 소유물과 하나로 묶어주던 관계 역시 위기에 빠트린다. 이러한 사태가 벌어지는 이유는 사적인private 동시에 탈취하는privativa 성격을 지닌 소유권이 과거에 의존하던 신체의 범주에서 벗어나 순수하게 법적인 위상을 취득했기 때문이다. 오랜 세월에 걸쳐 진행된 이러한 변화를 실제로 이끌었던 것은—로크 자신이 체계화한—소유물과 노동의 결속 관계가 와해되는 현상이다. 소유물을 몸의 경계 내부에 묶어두던 바로 이 결속 관계가 더 이상은—흄의 철학을 기점으로 근대 정치경제학에 도달하며 완성되는 사고의 관점에서—필수적이지 않다는 의견이 대두되었을 때부터, 소유물의 진정한 탈실체화 현상이 일어나기 시작했다. 이러한 현상을 가장 완전한 형태로 이론화한 인물은 칸트다. 이 현상을 정의하기 위해 칸트가 도입한 것이 바로 '경험적 소유'(possessio phaenomenon)와 '인지적 소유'(possessio noumenon)의—혹은 '소유 없는 소유'(detentio)의—구분이다. 결국에는 무언가를 법적으로 소유하는 자의 몸과 멀리 떨어져 있는 사물만이 진정한 의미에서—다시 말해 확실하게—소유물로 간주되기에 이른다. 물리적으로는 아무 것도 소유하지 않는 상태가 오히려 완벽한 법적 소유를 증언한다. 과거에 소유물을 정의하는 것은 그것을 만드는 몸과의 불가분한 관계였지만, 이제 소유물을 정의하는 것은 몸이라는 범주와의 이질성이다.

> 내가 어떤 **공간에** 놓여 있는—따라서 몸체가 있는—사물을 **나의** 것이라고 주장할 수 있는 유일한 경우는, 내가 그 **사물의 물리적인 소유자가 아님에도 불구하고** 또 다른 방식으로—따라서 물리적이지 않은 방식으로—사실상 소유한다고 주장할 수 있는 경우뿐이다. 예를 들어, 내가 사과를 손에 들고 있다는—물리적으로 소유한다는—사실만으로는 그것을 **나의** 것이라 부를 수 없고, 오히려 사과가 내 손이 닿는 곳에 없을 뿐 어디에 있더라도 그것을 소유한다고 말할 수 있을 때에만 **나의** 것이라고 주장할 수 있다.[50]

'거리'야말로 개인적인 삶의 [소유주의] 시간을—실제로는 소유권이 보호해야 했음에도 불구하고—훨씬 뛰어넘어 장기간 유지되어야 할 소유기간의 확보 조건이자 증명으로 간주된다. 소유의 논리 속에 감추어져 있던 모순이 바로 여기서 분명하게 드러난다. 소유주는 소유물 자체에서—그가 빼앗길 수 없는 형태로 소유하던 소유물임에도 불구하고—분리되어 이전보다 훨씬 더 심각한 위험에, 다시 말해 소유물을 점유하는 식으로 면역화를 시도하면서 피하고자 했던 것보다 훨씬 더 심각한—소유물 자체가 조장하기 때문에 더욱더 심각해진—위험에 노출된다. 로크가 사물을 소유주의 신체적 일부로 체화하는 과정 혹은 사물의 페르소나화로 소개했던 소유화/고유화의 경로는 이제 페르소나의 사물화로, 혹은 소유주가 지닌 주체적 본질의 유체이탈로 해석되기에 이른다. 상황은 마치 대상의 체화를 이론화하면서 근대적 표상 행위의 형이상학적 거리를 복원하려다가 결국에는 사물의 자율적인 힘에 주체가 사로잡혀 고립되는 결과를, 따라서 주체의 **손실**을 야기하는 것처럼 전개된다. 주체의 향상을 목적으로 도입되었음에도 불구하고, 소유의 논리는 어쩔 수 없이 비-주체화의 길을 열어젖힌다. 근대 생명정치의 범주들은 모두 이러한 자기논박의 움직임, 이러한 논리적 표류 현상에서 한 치도 벗어나지 못한다. 상이한 형태지만 '주권'의 면역화가 가져오는 결과와 유사하게, '소유권'의 면역화 역시 생명/삶을 생명의 시원적 생동성이 고갈될 수밖에 없는 궤도 안에 가둘 때에만 보존할 수 있다. 주권이 스스로 제정했던 주권 권력에 의해 해제되었듯이, 이제 소유주도 고유의 소유화 기량에 의해 탈-소유화된다.

4. 자유

1.　근대의 세 번째 면역 형식을 구축하는 범주는 '자유'다. 앞서 살펴본 주권과 소유권의 경우에서처럼, 하지만 훨씬 더 분명한 형태로, '자유'의 역사-개념적 변천사에서도 근대의 일반적인 면역화 과정을 살펴볼 수 있다. '자유'의 개념도 면역화의 움직임을 재생할 뿐 아니라 내부적인 논리를 강화하는 데 기여한다. 물론 이는 문제적으로 다가올 수도 있는 논제다. 왜냐하면 '자유'라는 용어 자체가 모든 유형의 방어적인 어조와는 근본적으로 어울리지 않는 특징들을, 아니 오히려 변화무쌍한 사건들의 세계로 거침없이 나아가는 개방적인 성격을 지녔기 때문이다. 하지만 바로 이러한 열린 지평의—'자유'라는 용어가 어원 속에 여전히 간직하고 있는[51]—방대함을 고려할 때에만, 이 개념의 역사를 특징짓게 될 의미론적 제한 현상뿐만 아니라 고갈의 과정을 가늠하는 것이 가능해진다. 자유를 뜻하는 그리스어 eleuthería와 라틴어 libertas의 어원 leuth 또는 leudh뿐만 아니라 영어 freedom과 독일어 Freiheit의

어원인 산스크리트어 어근 frya도 사실은 '성장'과 '개방', 혹은 식물학적 차원의 '개화'와 관련된 무언가를 가리킨다. 게다가 이 다양한 형태의 어원에서 유래하는 이중의 의미론적 사슬을—구체적으로 **사랑**의(Lieben, lief, love, libet, libido) 사슬과 **우정**의(friend, Freund) 사슬을—감안하면 '자유'의 개념에서, 원래의 기본적으로 긍정적인 의미 외에도, 전적으로 공동체적인 가치를 확인할 수 있다. 자유의 개념은—이처럼 초기의 의미 생성 단계에서 고려하면—무엇이든 잇고 연결하며 그 자체로 어떤 내부적인 법칙에 따라 성장하고 발전하며, 확장되거나 배분되는 일종의 접착력, 따라서 구성원들을 하나의 공유된 차원으로 불러 모으는 힘을 암시한다.

자유의 개념이 근대적인 의미를 획득하는 과정에서 일어난 부정적인 전환은 바로 이러한 원천적인 의미를 염두에 둔 상태에서 관찰할 필요가 있다. 물론 '자유로움'이라는 아이디어 자체에는 처음부터 **논리적으로** 자유와 정반대되는 상황, 즉 노예 상태나 자유롭지 **못한** 상태의 의미가 포함되어 있던 것이 사실이다.[52] 하지만 이러한 부정성이 구축하는 것은 '자유'의 전제나 핵심 내용이라기보다는 오히려 경계 내지 표피에 가깝다. 노예의 개념은 바로 이 경계에, 오로지 정확하게 반대된다는 이유로 맞닿아 있을 뿐 자유인의 개념에는 의미를 부여하지 못한다. 정황은 오히려 정반대였다. 특정 종족에 소속되는 경우를 가리키든 인류 전체를 가리키든, 고대 그리스어에서 '자유'를 특징짓는 것은 언제나 긍정적인 의미였고, 이에 비해 부정적인 의미는 어떤 자율적인 전달력도 없는 일종의 배경 내지 주변에 불과했다. 학자들이 여러 차례에 걸쳐 주목했던 대로, 이러한 관계가 전복되는 것은 근대에 들어와서 일어나는 일이다. 근대에 '부정적인' 자유가 '긍정적인' 자유보다, 즉 '~로부터의 자유'가 '~할 자유'보다 더 중요해지기 시작한다. 하지만 이를 주제로 다룬 방대한 분량의 논문들 속에서조차 아무도 주목하지 못한 사실 한 가지는 이 두 관점이 모두—원래의 어원적 의미와 비교하면—부정성의 궤도 안에 머문다는 것이다. 벌린Isaiah Berlin의 고전적 구분을 살펴보면, 그가 '간섭의 부재'라는 의미에서 부정적으로 이해하는 첫 번째 자유뿐만 아니라 긍정적인 의미를 부여하는 두 번째 자유도 모두 자유라는 말의 어원에 고정되어 있던 **긍정적인** 동시에 **관계적인** 특징과는 거리가 멀다는 것이 드러난다. 벌린에 따르면, "'자유'라는 말의 '긍정적인' 의미는 자기 자신이고자 하는 개인의 욕망에서 비롯된다. 나는 나의 삶과 결단을 좌우하는 것이 나 자신이어야지 어떤 유형의 외부적인 힘도 **아니기를** 원한다. 나는 타자가 **아닌** 나 자신의 의지에 도구로 쓰이기를 원한다. 나는 어떤 객체가 **아니라** 주체이기를 원한다. [...] 나는 아무도 아닌 자가 **아니라** 누군가이기를 원한다."[53]

분명한 것은 적어도 이러한 정의에서 '개인', '의지', '주체' 같은 근대의 개념적 어휘를 사용할 때 자유를 긍정적인 방식으로는 사유하지 못하는 일종의 장애 같은 것이 느껴진다는 점이다. 상황은 마치 이 용어들이 각각—함께라면 더욱 더 강렬하게—자유를 자유가 **아닌** 것 앞으로 바싹 밀어붙여 결국에는 그 안으로 몰아넣는 것처럼 전개된다. 여기서 자유를—즉 주체가 자신의 주인이 되는 조건으로서의 자유를—특징짓는 것은 그가 타자의 영향력 안에 있지 **않은** 혹은 **밖에** 있는 상태다. 이러한 근대적인 '자유'가 [고유의] 부정성 주변을 배회하거나 그것을 향해 빨려 들어가는 성향은 다음과 같은 하이데거의 관찰이 틀리지 않았다는 것을 보여준다. "'긍정적 자유'에 대한 개별적인 관점들만 다양하고 서로 상이한 것이 아니라 '긍정적 자유'라는 개념 자체가 일반적으로 불명확하다. 이러한 상황은 **무엇보다도** 이 '긍정적 자유'를 **부정적이지 않은**nicht negative 자유로 이해하면 보다 분명해진다."⁵⁴ 우리는 이러한 어휘의 전환이—즉 '긍정적인' 것을 '인정하는' 식으로 이해하지 않고 단순히 '부정적이지 않은' 것으로만 이해하게 되는 상황이—일어난 이유를, 개인주의 패러다임 안에 내재되어 있는 자유와 타자(혹은 이타적인 것)의 구축적인 고리가 단절되는 현상에서 찾아야 한다. 바로 이 단절 현상이 자유를 주체가 자기 자신과 유지하는 관계 안에 가둬버린다. 이를테면 그는 자신과 그의 의지 사이에—혹은 의지와 의지의 실현 사이에—어떤 장애물도 끼어들지 않을 때 자유롭다. 토마스 아퀴나스가 아리스토텔레스의 proaíresis[자의적 의도]를 electio[선택]로—아울러 boúlesis[욕망]를 voluntas[의지]로—번역했을 때부터 패러다임의 전환은 상당부분 이루어졌다고 봐야 한다. 뒤이어 '자유'는 주체가 오로지 자기 자신으로 존재하기 위해 필요한 것을 실행할 수 있는 일종의 기능으로 빠르게 변신했다. 이때 고유한 의지의 절대적 주인인 주체가 스스로를 정립하는 기준은 다름 아닌 독단적 자유의지다. 이러한 관점에서 관찰할 때 분명하게 드러나는 것은 이런 식의 '자유' 개념이 근대의 정치 범주들, 예를 들어 주권에서 평등성에 이르는 범주들과 유지해온 역사-개념적인 관계다. 한편으로는 오로지 자유로운 주체만이 그를 정당한 방식으로 대변하는 주권자와 [계약의 차원에서] 대등한 관계를 유지할 수 있고, 다른 한편으로는 이 주체 역시 개인적인 차원에서 스스로를 주권자로 이해한다. 그는 주권자에 복종할 의무를 지녔지만 이는 전적으로 그가 스스로에게 명령할 수 있는 자유를 지녔기 때문이다. 다시 말해 그는 그의 자유의지에 따라 복종한다.

2. 여기서 우리가 놓칠 수 없는 것은 이러한 전환의 면역적인 결과 혹은 전제다. 분명한 것은 '자유'를 더 이상 어떤 존재 방식이 아니라 무언가 고유한 것을 지닐 권리로, 다시 말해 타자와 관계할 때 자기 자신에 대한 완전한 지배력을 가질 권리로 이해하는 순간, 이러한 관점이 **자유**를 탈취적인, 따라서 부정적인 **소유**의 의미로 해석하기 때문에 결국에는 '자유'에 점점 더 예외적인 성격을 부여하게 된다는 점이다. 이러한 유형의 엔트로피적인 과정이 다름 아닌 근대 사회의 자기보존 전략과 맞물릴 때, **공통성**을 유지하던 고전적 자유는 그것과 정반대되는 **면역적인** 자유로 전복되어 본질을 상실하기에 이른다. 게다가 이러한 전환의 중간 과정에서 발명되는 것이 '개인'이라는 점을—여하튼 '개인'이 자리하게 되는 주권적 구도라는 점을—감안하면, 그가 활용하는 언어들 가운데 현격한 우세를 점하는 것이 다름 아닌 자기보호의 언어라는 점도 분명해진다. 이 시점에서—해석의 오류를 피하기 위해—특별히 주의해야 할 것은, 근대가 개인이나 집단의 면역 성향과 맞서 싸우며 벌인 포괄적인 전투의 실질적인 의미다. 왜냐하면 이 면역과의 전투가 지니는 본질적인 의미는 면역화의 감소에 있지 않고 오히려 면역화의 강화와 일반화에 있기 때문이다. 면역 패러다임의 의미론적 무게 중심은—면역화 어휘의 전형적인 다의성을 그대로 유

지한 채—서서히 **특권**의 영역에서 **보호**의 차원으로 이동한다. 한때 계층, 도시, 신체, 수도원 같은 특별한 실체에 조심스레 부여되던 고전적 자유와는 달리, 근대적 자유의 본질적인 의미는 모든 시민 개개인의 법적 권리, 즉 자신의 자율성과 무엇보다도 생명 자체를 위협하는 독단적인 처사로부터 보호받을 권리에 있다. 좀 더 일반적인 차원에서, 근대적인 자유의 본질은 개인의 안녕을 약속하는 훨씬 더 강력한 체제에 대한 개인 스스로의 자유로운 복종을 통해 타자의 간섭으로부터 그를 보호해야 한다는 요구에 있다. 바로 이러한 특징에서 **필요**의 영역과 **자유**의 관계가 지니는 이율배반적인 성격이 비롯되고, 이로 인해 자유의 개념도 결국에는 자유와 정반대되는 법률, 의무, 인과 관계 등으로 전복되기에 이른다. 그런 의미에서, 이러한 속박의 요소들을 수용한 것이 자유의 근대적 이론화가 지닌 어떤 내부적인 모순이나 개념적 오류의 원인이라는 견해는 그릇된 해석이다. 왜냐하면 이 요소들은 오히려 근대적인 '자유화'의 직접적인 결과이기 때문이다. 달리 말하자면, **필요**는 근대적인 주체가 고유한 **자유**의—정확히 말하자면 '소유'를 고유하게 만들 수 있는 자유의—변증적 반대급부로 수용하는 방도에 지나지 않는다. '사슬에 묶여도 주체는 자유롭다'는 유명한 표현은 바로 이러한 관점에서 이해해야 한다. 이는 사슬에 묶인 상태에서조차 자유롭다는 뜻이 아니라 사슬에 묶여 있기 때문에 자유롭다는 뜻이다. 근대적 주체는 자기보호라는 벌거벗은 기능에만 끝없이 밀착되는 자유의 어떤 자가분해적인 효과로 인해 자유로워진다.

마키아벨리가 일찍이 주목했던 것처럼 "명령하기 위해 자유를 갈망하는 인간들은 극소수인 반면 그 외의 무수한 인간들은 모두 **안전한 삶**을 위해 자유를 갈망한다."⁵⁵ 이러한 측면을 가장 직접적이고 근원적인 차원에서 이론화한 홉스에 따르면, 자유는 자유 자체의 상실을 통해 보존된다. 좀 더 정확히 말해, 자유의 **주체**를 상실하는 대가로 자유의 **소유주**가 보존된다. 주체의 자유가 "행위자의 본질적인 기량과 자연적 본성 속에 이미 기재되어 있는 것 외의 모든 금기가 부재하는 상태"⁵⁶로 정의된다는 점은 곧 자유가, 자유를 중심으로 펼쳐질 뿐 사실상 주체 고유의 필요성과 다를 바 없는 힘들의 기계적인 경합에서 비롯되는 부정적인 결과라는 것을 의미한다. 따라서 자유를 경험하는 자가 **할 수 있었던 것**이 그가 **한 것**뿐이라면, 그의 실천은 de-liberazione라는—무언가의 실행을 '결정'한다는 뜻이지만 단어 자체는 '탈–자유화'의 형태로 조합되어 있는—용어의 문자적인 의미, 즉 미결 상태의 자유를 포기한다는 뜻 또는 자유를 결정 단계의 틀 안에 가둔다는 의미를 지닌다. 홉스에 따르면 "이를 deliberazione라고 부르는 이유는 우리의 욕구 혹은 반감에 따라, 무언가를 할 수 있거나 하지 않을 수도 있는 자유에 종지부를 찍는 행위이기 때문이다."⁵⁷ 이러한 면역의 매듭은 뒤이어 로크와 함께 훨씬 더 단단해지고 내재적으로 변한다. 앞서 살펴본 바와 같이, 이 매듭은 주권에 대한 개개인의 직접적인 종속 관계를 통해 유지되는 것이 아니라—아니, 이 경우에는 저항할 권리까지 포함되기 때문에 오히려 느슨해지고—생존을 위한 자가–소유화의 변증관계를 통해 유지된다. 물론 홉스의 자유 개념이 유연한 반면 로크의 자유 개념은 절대적인 성격을 지닌 것이 사실이다. 하지만 이러한 절대성은 홉스의 생각을 뒷받침하던 것과 정확하게 동일한 이유에서, 다시 말해 자유란 이를 누리는 자의 물리적인 생존에 필수불가결한 요소라는 사실에서 비롯된다. 결과적으로 '자유'는 '소유권' 및 '생명/삶'과 결코 떨어질 수 없는 요소라는 것이 분명해진다. 일찍이 홉스가 여러 곳에서 '자유'와 '생명/삶'을 관련지어(vitam vel libertatem)[58] 전자를 후자의 존속 조건으로 설명했다면, 로크는 이와 동일한 방향으로 훨씬 더 단호하게 나아간다. 로크에 따르면 자유는 오히려 "한 인간의 생존과 너무 밀착되어 있어서" 자유를 포기하면 "그의 생존과 함께 그의 삶 자체가"[59] 위기에 봉착한다. 자유는 물론 타자의 간섭으로부터 스스로를 보호하는 행위지만, 동시에 지극히 주체적인 행위이기도 하다. 다름 아닌 주체가 주체로 존재할 수 있는—무의미해지지 않을 수 있는—기회를 제공하는 것이 자유다. 바로 이것이 주체적 **권리**, 다시 말해 가능한 한 최상의 조건에서 생존해야 할 생물학적-자연적 **의무**에 상응하는 **권리**다. 물론 이 권리는 다른 모든 개인에게까지 확장되는 것이 사실이고 이는 "어느 누구도 타자의 생명 혹은 생명의 보존에 기여하는 '자유', '건강', '신체' 또는 '자산'을 빼앗거나 훼손할 수 없다"[60]는 규율 때문이지만, 그렇다고 해서 우리의 핵심 논제에 함축되어 있는 본질적으로 면역적인 논리가 변하는 것은 아니다. 다시 말해, 각자가 절대적 소유물로 간주하는 자기 자신의 생명을 보존하기 위해 **자유의 감소**를 감내하는 논리는 바뀌지 않는다.

이처럼 파격적으로 재구성된 의미론적 구도를 기점으로—즉 '소유'와 '자기보존'의 생명정치적인 상응이 이루어지는 곳을 기점으로—자유의 의미는 '안전보장'이라는 지상명령과 가능한 한 가까이서 정립되려는 성향을 보이다가 결국에는 일치하기에 이른다. 몽테스키외에게 정치적 자유의 본질이 "안전보장에, 또는 '자신'의 안전에 대한 생각에"[61] 있었다면, 여기서 결정적인 일보를 내디딘 인물은 벤담이다. 그는 이렇게 말한다. "**자유**란 무엇을 뜻하는가? [...] 내가 생각하는 것은 **안전보장**security이라는 정치적 축복이다. 한편에서는 범죄자들로부터의 안전이, 다른 한편에서는 통치 기구로부터의 안전이 보장된다."[62] 여기서 이미 자유의 면역화는 국가를 통한 방어와 국가에 대한 방어의 이중적인 방향으로 활성화된다는 것이 분명하게 드러난다. 하지만 자유의 이율배반적인 성격을 더욱더 분명하게 드러내는 것은 이런 식으로 정립되는 '자유'와 [법적] '속박'의—즉 자유와는 논리적으로 정반대되는 것의—관계다. 자유의 '표현'과 자유 내부에서 자유 자체를 '부정'하는 것의 조합을 좌우하는—달리 말하자면 [자유의] '표출'과 '부과'를 용접하는—요소는 '안전보장'의 요구이며 이 요구에 응답하는 것이 바로 법적 장치들이다. 법은 '자유'를 생산하지 않을 뿐 자유의 불가피한 음각을 구축한다. 벤담에 따르면 "[법의] 속박이 없으면 안전보장도 없다. [...] 사람들이 '법'의 헤아릴 수 없이 귀중한 역할인 것처럼 칭송하는 **자유**는 사실 자유가 아니라 **안전보장**이다."[63] 이러한 관점에서, 벤담의 저서는 근대의 정치적 범주들이 스스로의 생존을 의탁하는 듯 보이는 면역화–복원 과정의 한 중요한 결과라고 볼 수 있다. 벤담이 그의 저서에서 자유의 가장 기본적인 조건으로 제시하는 것은 모든 '우발적인' 사건을 사전에 예방하는 통제 메커니즘이다. 벤담의 '판옵티콘Panopticon'은 자유주의 문화의 심장에 파고든 이러한 의미론적 전이 현상을 더할 나위 없이 분명하게 보여준다.

3. 주지하다시피 '자유주의'에 대한 푸코의 생명정치적인 해석은, 자유주의가 의존할 뿐 아니라 강화된 형태로 재생하는 본질적으로 이율배반적인 성격을 조명하는 데 집중된다. 자유주의는 단순히 자유를 선포하는 것으로 그치지 않고 자유의 실천을 위한 제한적인 조건들의 체계화에 주력해야 한다는 의미에서, 결국에는 고유의 전제와 모순 관계에 돌입한다. 사회 전체에 해가 되지 않는 방향으로 '자유'를 통제하고 유도할 수 있는 일종의 고랑을 구축해야 하기 때문에, 자유주의는 스스로 수호하겠다고 천명한 것 자체를 무너트릴 위기에 놓인다.

> 내가 이해하는 바대로의 자유주의, 즉 18세기에 형성된 새로운 통치 기술이 특징인 자유주의는 필연적으로 '자유'의 내재적인 생산-파괴 관계를 수반한다. [...] 한 손으로는 자유를 생산해야 하지만 바로 그런 이유에서 또 다른 손으로 제재, 통제, 강제, 의무화 등 위협에 기초하는 조치들의 체계를 정립해야만 한다.[64]

이는 곧 자유주의 통치구도 내부에 자유주의의 원래 목적과는 상반되는 결과를 가져올 입법 절차에 의존하는 성향이 있다는 것을 의미한다. 한 마디로 말하자면, 자유는 위배하지 않는 이상 정의하거나 정립하는 것이 불가능하다. 물론 이러한 난관이 발생하는 논리적인 원인은 명백하다. 하지만 이를―푸코가 처음부터 제시하는―생명정치적인 관점으로 환원하면 이 원인의 심각성이

보다 구체적으로 드러난다. 이 문제를 일찍부터 의식했던 아렌트에 따르면 "자유주의 철학의 관점에서, 정치는 오로지 생명/삶을 보존하고 이윤을 보호하는 일에만 관여해야 할 것처럼 보인다. 하지만 관건이 생명/삶일 때, 모든 행위는 필요성의 추력에 의해 이루어진다."[65] 무엇 때문인가? 왜 생명/삶을 선호하는 성향은 자유에 필요성이라는 재갈을 물려야만 하나? 하필이면 생명/삶이 중요한 사항으로 부각될 때 자유가 스스로에게 반항하는 상황이 전개되는 것은 무엇 때문인가? 이 질문에 대한 아렌트의—여기서 푸코의 해석적 구도와 특별히 잘 어울리는—답변은 '보존'의 개인적인 차원이 종적인 차원으로 전이되는—생명정치 패러다임 내부의—경로와 직결된다.

근대 초기에 정부는 정치 체제 전체와 다를 바 없었지만 이제는 사실 자유를 수호하는 것이 아니라 삶의 과정과 사회의 이윤 및 구성원들을 지키는 지정 보호자 역할을 수행한다. 가장 중요한 기준은 안전보장이다. 하지만 관건은 더 이상 개인의 안전이 아니라—홉스가 두려워했던 '폭력적인 죽음'으로부터의 보호가 아니라—사회 전체의 성장이 아무런 문제없이 전개될 수 있도록, 사회의 안전을 보장하는 데 있다.[66]

아렌트의 이러한 관찰이 특별히 중요한 이유는, 여기서 개인주의 문화를—사회 전체의 삶과 관련하여—초월하는 무언가의 생산 주체도 다름 아닌 개인주의 문화라는 점이 분명하게 드러나기 때문이다. 하지만 그럼에도 아렌트가 완전하게는 설명하지 못하는 문제점이 뒤이어 푸코에 의해 해명된다. 푸코는 개인과 전체의 관계를 비극적인 이율배반성의 차원에서 이해한다. 푸코가 정곡을 찌르면서 제시하는 설명에 따르면, 근대적인 '정치 이론'들의 실패는 '정치'의 실패나 '이론'의 실패에서 비롯된 것이 아니라 오히려 '개인'을 억지로 국가의 '총체성' 안에 통합해야 한다고 보는 사고방식에서 비롯되었다.[67] 이러한 논리의 보다 분명한—여기서 우리가 고수하고 있는 관점으로 보다 확실하게 수렴되는—근거를 찾으려면 같은 시기에 인류학자 루이 뒤몽Luis Dumont이 근대 개인주의의 본질과 숙명을 주제로 전개한 담론과 푸코의 담론을 중첩시켜 관찰할 필요가 있다. 뒤몽은 자유주의적 개인주의가 먼저 민족주의적인 방향으로, 뒤이어 파격적인 질적 향상을 도모하며 전체주의적인 방향으로 나아가게 된 동기에 대해 질문을 던지면서 이런 결론에 도달한다. 근대의 정치적 [자유주의의] 범주들이 고유의 '기능'을 계속 유지하는—다시 말해 보호해야 할 생명/삶의 자기보존 기능을 허용/완수하는—이유는 [자유주의와] 정반대되는 것을 포함하거나 그것에 적응하는 방식을 취하기 때문이다. 따라서 어느 시점에 이르면, 개인주의 문화도 원칙적으로는 거부하는 것을, 다시 말해 전체가 부분에 우선한다는 '전체론olismo'의 원리를 체화하기에 이른다. 뒤몽에 따르면, 이에 뒤따르는 심각한 병적 결과는, 다름 아닌 '개인주의'와 '전체론'처럼 서로 상반되고 이질적인 패러다임들의 조우가 각각의 이데올로기적인 힘을 무한정 강화하며 어떤 폭발성 물질을 조합하게 되는 정황에서 비롯된다.[68]

이러한 자기해제 과정을 누구보다도 더 깊이 파헤친 인물은 아마도 토크빌일 것이다. 미국의 민주주의에 관한 그의 모든 분석이 바로 이러한 과정의 피할 수 없는 성격과 시대적인 위험을 함께 밝히는 형태로 이루어진다. 토크빌이 '민주주의적 인간homo democraticus'[69]을 개인화와 대중화, 고독과 순응, 자율과 타율 간의 교차와 마찰이 이루어지는 지점에서 정의할 때 결과적으로 인정하는 것은 이러한 정황이 정확하게 '자유의 자가-면역화'를 기점으로 시작된 과정의 어떤 엔트로피적인 결과이며, 인간조건의 새로운 평등성이란 이 '자유의 면역화'가 거울에 뒤집힌 형태로 반사된 형상에 불과하다는 점이다. 토크빌처럼—타오르는 열정 못지않게 강렬히 인내하며—민주주의가 개인을 "동시대인들과 분리시켜 끊임없이 자기 자신의 세계로 인도하며 결국에는 그를 자신의 고독한 마음속에 감금하겠다고 위협한다는"[70] 주장 내지 "평등성은 인간들을 나란히 서도록 만들 뿐 이들을 통합하는 어떤 공통적인 결속 관계도 지니지 않는다는"[71] 주장을 펼친다는 것은 곧 근현대 정치의 뿌리에서부터 면역화의 표류 현상을 포착한다는 것을 의미한다. '민주주의적 인간'은 자신의 이득을 어떻게 방어해야 할지 몰라 당황한 나머지, 결국 "눈앞에 나타나는 첫 번째 주인의 손에"[72] 모든 것을 맡기기에 이른다. 머지않아 생명정치를 이와 정반대되는 죽음정치의 형태로 몰아가게 될 소용돌이가 바로 이런 식으로 시작된다. 적당히 길들여진 양떼들이 의기양양한 목자를 알아볼 때가 되었던 셈이다. 이러한 과정의 결과를 절대적으로 예리하고 일관된 방식으로 증언하는 인물은 다름 아닌 니체다. '자유'의 개념을 "본능의 퇴화를 증언하는 또 다른 근거"[73]로 이해하는 니체는 더 이상 아무 것도 의심하지 않고 이렇게 말한다. "결국 자유주의 제도들보다 자유를 더 무시무시하게 파괴하는 것은 아무 것도 없다."[74]

주

1 헤겔의 공동체 개념에 대해서는 R. Bonito-Oliva, *L'individuo moderno e la nuova comunità*, Napoli 1999, 특히 pp. 63 이하 참조.

2 E. Durkheim, *Les règles de la méthode sociologique*, Paris 1895 [trad. it. *Le regole del metodo sociologico*, Firenze 1962, p. 93].

3 H. Plessner, *Conditio humana, in Gesammelte Schriften*, Frankfurt am Main 19801985 [trad. it. *Conditio humana, in I Propilei. Grande storia universale del mondo*, Milano 1967, I, p. 72].

4 A. Gehlen, *Urmensch und Späkultur*, Wiesbaden 1977 [trad. it. *L'uomo delle origini e la tarda cultura*, Milano 1984, pp. 24-25].

5 N. Elias, *Über den Prozess der Zivilisation. II. Wandlungen der Gesellschaft. Entwurf zu einer Theorie der Zivilisation*, Frankfurt am Main 1969 [trad. it. *Potere e civiltà. Per uno studio della genesi sociale della civiltà occidentale*, Bologna 1983, p. 315].

6 파슨스의 해석에 대해서는 M. Bartolini, *I limiti della pluralità. Categorie della politica in Talcott Parson*, in «Quaderni di teoria sociale», n. 2, 2002, pp. 33-60 참조.

7 N. Luhmann, *Soziale Systeme. Grundriß einer allgemeinen Theorie*, Frankfurt am Main 1984 [trad. it. *Sistemi sociali. Fondamenti di una teoria generale*, Bologna 1990, p. 576].

8 같은 책, pp. 578 e 588.

9 이에 대해서는 A. D. Napier, *The Age of Immunology*, Chicago-London 2003 참조.

10 D. Sperber, *Explaining Culture. A Naturalistic Approach*, 1996 [trad. it. *Il contagio delle idee. Teoria naturalistica della cultura*, Milano 1999].

11 D. Haraway, *The Biopolitics of Postmodern Bodies: Determinations of Self in Immune System Discourse*, in «Differences», I, 1, 1989 [trad. it. *Biopolitica di corpi postmoderni: la costituzione del sé nel discorso sul sistema immunitario*, in Manifesto Cyborg, Milano 1995, p. 137].

12 O. Marquard, *Aesthetica und Anaesthetica*, Paderborn 1989 [trad. it. *Estetica e anestetica*, Bologna 1994].

13 A. Brossat, *La démocratie immunitaire*, Paris 2003; R. Gasparotti, *I miti della globalizzazione. «Guerra preventiva» e logica delle immunità*, Bari 2003. 이 외에도 보다 일반적인 글로벌화 논의에 대해서는 G. Marramao *Passaggio a Occidente. Filosofia e globalizzazione*, Torino 2003 참조.

14 R. Esposito, *Immunitas. Protezione e negazione della vita*, Torino 2002. [로베르토 에스포지토, 『임무니타스. 생명의 보호와 부정』, 크리티카]

15 R. Esposito, *Communitas. Origine e destino della comunità*, Torino 1998. [로베르토 에스포지토『코무니타스. 공동체의 기원과 운명』크리티카] 이 외에도 G.

Cantarano, *La comunità impolitica*, Troina 2003 참조.

16 '책무'와 '면책'의 대립적 양극화 현상에 대해서는 B. Accarino, *La ragione insuffi-ciente*, Roma 1995, pp. 17-48 참조.

17 임무니타스와 코무니타스의—변증법적이지 않은—변증관계의 모순과 잠재력에 대해서는 마시모 도나M. Donà의 탁월한 저서 『부정에 관하여Sulla Negazione』 (Milano 2004) 참조. 이 저서에서 도나는 면역의 범주를 부정의 또 다른 논리로 환원시키는 생산적인 해석의 관점을 제시한다.

18 이에 대해서는 중요한 논문 S. Forti, *Biopolitica delle anime*, in «Filosofia politi-ca», n. 3, 2003, pp. 397-417. 참조.

19 J. Bannes, *Hitler und Platon*, Berlin-Leipzig 1933, *Hitlers Kampf und Platon Sta-at*, Berlin-Leipzig 1933.

20 A. Gabler, *Platon und Der Führer*, Berlin-Leipzig 1934.

21 H. F. K. Günther, *Platon als Hüter des Lebens*, München 1928, *Humanitas*, München 1937.

22 귄터가 플라톤에 관한 그의 저서 3쇄 판본(1966, pp. 9-10)에서 언급한 저서들은 다음과 같다. W. Windelband, *Platon* (1928); A. E. Taylor, *Plato, the Man and his work* (1927); J. Stenzel, *Platon der Erzieher* (1928); P. Friedländer, *Platon* (1926-30); C. Ritter, *Die Kerngedanken der platonischen Philosophie* (1931); W. Jaeger, *Paideia* (1934-37); L. Robin, *Platon* (1935); G. Krüger, *Einsicht und Leidenschaft: das Wesen des platonischen Denkens* (1948); E. Hoffmann, *Platon* (1950).

23 M. Vegetti, *Quindici lezioni su Platone* 외에도 *Medicina e potere nel mondo antico*, in aa.vv., *Biopolitiche* 참조. 이 문제에 대해서는, 면역화 패러다임이 전면에 부각되진 않지만 이에 대한 관심을 전제로 쓰인 중요한 저서 G. Carillo, *Katechein. Uno studio sulla democrazia antica*, Napoli 2003 참조.

24 주목해야 할 슬로터다이크의 저서는 『구체』라는 제목의 삼부작이다. P. Sloterdi-jk, *Sphären*, Frankfurt am Main 1998-2002, 이 저서에서 저자는 본격적인 '사회 면역학'의 구축을 시도한다.

25 근대에 관한 이러한 해석적 입장은 파올로 플로레스 다르카이스Paolo Flores d'Arcais와 오래 전부터 지속해온 논쟁의 주제이기도 하다. 이 논쟁에 대해서는 다르카이스의 *Il sovrano e il dissidente. La democrazia presa sul serio*(Milano, 2004) 와 «MicroMega» 2004년 2호, 3호 참조.

26 M. Heidegger, *Die Zeit des Weltbildes, in Holzwege*, in *Gesamtausgabe*, Frankfurt am Main 1978, vol. V [trad. it. *L'epoca dell'immagine del mondo*, in *Sentieri inter-rotti*, Firenze 1968, p. 95].

27 Th. Hobbes, *Leviathan*, in *The English Works*, London 1829-45, vol. III [trad. it. *Leviatano*, Firenze 1976, p. 124].

28 같은 곳.

29 같은 책. p. 125.

30 Th. Hobbes, *De Cive*, in *Opera Philosophica*, London 1839-45, vol. II [trad. it. *De Cive*, Roma 1979, p. 194].

31 Th. Hobbes, *Elements of Law Natural and Politics*, in *The English Works*, vol. IV [trad. it. *Elementi di legge naturale e politica*, Firenze 1968, p. 250].

32 Th. Hobbes, *Leviatano*, p. 329.

33 C. Galli, *Ordine e contingenza. Linee di lettura del 'Leviatano'*, in aa.vv., *Percorsi della libertà*, Bologna 1996, pp. 81-106; A. Biral, *Hobbes: la società senza governo*, in *Il contratto sociale nella filosofia politica moderna*, Milano 1987, pp. 51-108; G. Duso, *La logica del potere*, Roma-Bari 1999, pp. 55-85.

34 내가 특별히 주목한 저서는 R. Schnur, Individualismus und Absolutismus, Berlin 1963 [trad. it. *Individualismo e assolutismo*, Milano 1979]이다.

35 M. Foucault, *'Bisogna difendere la società'*, pp. 80 이하 참조.

36 Th. Hobbes, *Leviatano*, p. 173.

37 같은 책, pp. 208-9.

38 J. Locke, *Two Treatises of Government*, Cambridge 1970 [trad. it. *Due trattati sul governo*, L. Pareyson편, Torino 1982, *Primo trattato*, p. 160].

39 같은 책, pp. 158-59.

40 J. Locke, *Il secondo trattato sul governo*, p. 229.

41 J. Locke, *Epistola de Tolerantia*, Oxford 1968 [trad. it. *Lettera sulla tolleranza*, in *Scritti sulla tolleranza*, Torino 1977, p. 135].

42 J. Locke, *Il secondo trattato*, p. 253.

43 같은 책, p. 65.

44 정치철학에서 다루는 소유권의 변증관계에 대해서는 코스타와 데 산티스의 저서에서 중요한 아이디어들을 얻었다. P. Costa, *Il progetto giuridico*, Milano 1974, F. de Sanctis, *Problemi e figure della filosofia giuridica e politica*, Roma 1996 참조. 전근대적 전통과의 관계에 대해서는 그로씨의 저서가 중요하다. P. Grossi, *Il dominio e le cose*, Milano 1992 참조.

45 J. Locke, *Il secondo trattato*, p. 97.

46 같은 책, p. 119.

47 K. Marx, *Oekonomisch-philosophische Manuskripte ans dem Jahre 1844*, in *K. Marx-F. Engels historisch-kritische Gesamtausgabe*, Mosca 1932, vol. I, 1, 3, [trad. it. *Manoscritti economico-filosofici del 1844*, G. Della Volpe편, Roma 1971, pp. 219-20].

48 P. Barcellona, *L'individualismo proprietario*, Torino 1987.

49 A. Cavarero, *La teoria contrattualistica nei 'Trattati sul governo' di Locke*, in *Il contratto sociale nella filosofia politica moderna*, pp. 149-90.

50 I. Kant, *Metaphysische Anfangsgründe der Rechtslehre in Gesammelte Schriften*, Berlin 1902-38, vol. VI [trad. it. *Principi metafisici della dottrina del diritto*, in *Scritti*

politici, N. Bobbio, L. Firpo, V. Mathieu편, Torino 1965, p. 427].

51   D. Nestle, Eleutheria. *Studien zum Wesen der Freiheit bei den Griechen und im Neuen Testament*, Tübingen 1967; E. Benveniste, *Le vocabulaire des institutions indo-européennes*, Paris 1969 [trad. it. *Il vocabolario delle istituzioni indoeuropee*, Torino 1976, vol. I, pp. 247-56]; R. B. Onians, *The Origins of European Thought*, Cambridge 1998 [trad. it. *Le origini del pensiero europeo*, Milano 1998, pp. 271-78].

52   이 점에 대해서는 B. Constant, *La libertà degli antichi, paragonata a quella dei moderni* (Torino 2001)의 후기로 실린 P. P. Portinaro의 치밀한 해제 참조.

53   I. Berlin, *Two Concepts of Liberty*, in *Four Essays on Liberty*, Oxford 1969 [trad. it. *Due concetti di libertà*, Milano 2000, p. 24].

54   M. Heidegger, *Vom Wesen der menschlichen Freiheit. Einleitung in die Philosophie*, in *Gesamtausgabe*, vol. XXXI, 1982, p. 20.

55   N. Machiavelli, *Discorsi*, I, 16, in *Tutte le Opere*, Firenze 1971, p. 100. 이 점에 대해서는 G. Barbuto, *Machiavelli e il bene comune*, in «Filosofia politica», n. 2, 2003, pp. 223-44 참조.

56   Th. Hobbes, *Questions concerning Liberty, Necessity and Change*, in *English Works.*, vol. IV [trad. it. *Libertà e necessità*, Milano 2000, p. 111].

57   Th. Hobbes, *Leviatano*, p. 58.

58   같은 책, p. 118.

59   J. Locke, *Primo trattato*, p. 244.

60   J. Locke, *Il secondo trattato*, p. 69.

61   Montesquieu, *De l'Esprit de Lois*, in *Œuvres Complètes*, Paris 1949-51 [trad. it. *Lo spirito delle leggi*, Torino 1965, p. 320].

62   J. Bentham, *Rationale of Judicial Evidence*, in *The Works of Jeremy Bentham*, Edinburgh 1834-43, vol. VII, p. 522.

63   J. Bentham, *Manuscripts* (in Library of University College in Londra), Ixix, p. 56. 이에 관해서는 M. Stangherlin의 박사학위 논문 *Jeremy Bentham e il governo degli interessi*, Università di Pisa, 2001-2 참조.

64   M. Foucault, *La question du libéralisme*, 푸코의 강의 *Naissance de la biopolitique* 1979년 1월 24일자 기록을 토대로 M. Senellart가 편집한 텍스트 [trad. it. *La questione del liberalismo*, in *Biopolitica e liberalismo*, p. 160].

65   H. Arendt, *Freedom and Politics: a Lecture*, in *Between Past and Future. Six Exercises in Political Thought*, New York 1961 [trad. it. *Che cos'è la libertà*, in *Tra passato e futuro*, Milano 1991, p. 208].

66   같은 책, p. 201.

67   M. Foucault, *Tecnologie del sé*, p. 152.

68   L. Dumont, *Essais sur l'individualisme*, Paris 1983 [trad. it. *Saggi sull'individual-*

ismo, Milano 1993, p. 35].

69   '민주주의적 인간'에 대해서는 날카로운 관찰이 돋보이는 M. Cacciari *L'arcipel-ago*, Milano 1997, pp. 117 이하 참조. 이 외에도 E. Pulcini, *L'individuo senza passioni*, Torino 2001, pp. 127 이하와 토크빌에 대한 F. de Sanctis, *Tempo di democrazia. Alexis de Tocqueville*, Napoli 1986 참조.

70   A. de Tocqueville, *De la Démocratie en Amérique*, in *Œuvres Complètes*, Paris 1951, vol. I [trad. it. *La democrazia in America*, in *Scritti politici*, Torino 1968, vol. II, p. 590].

71   같은 책, p. 593.

72   같은 책, p. 631.

73   같은 책, p. 137.

74   F. Nietzsche, *Il crepuscolo degli idoli (Götzendämmerung)*, in *Opere*, Milano 1964, vol. VI, 3, p. 142.

III. 생명권력과 생명력

1. '위대한 정치'

1. 이전 장이 니체의 이름과 함께 끝난 것은 결코 우연이 아니다. 니체는 근대의 정치적 범주들이 고갈되는 현상과 결과적으로 일어난 새로운 의미 지평의 폭발 현상을 어느 누구보다도 정확하게 포착했던 인물이다. 니체에 대해서는 면역화 패러다임의 계보학을 간략히 논하면서 이미 언급한 바 있지만, 앞서 다뤘던 내용만으로는 본 연구의 전체적인 차원에서 니체의 관점이 차지하는 전략적 중요성을 파악하기 어렵기 때문에 그의 사상을 좀 더 면밀히 살펴볼 필요가 있다. 니체는 면역학적 어휘를 체계적인 단계로 발전시킨 철학자일 뿐 아니라 면역의 부정적인 힘과 이 힘을 자기-파괴적인 방향으로 이끄는 허무주의적 표류 현상을 명백하게 밝힌 최초의 철학자이기도 하다. 이는 물론 그가 이러한 현상의 점점 더 길어지는 그림자에서 벗어난다거나 완전히 빠져나갈 수 있다는 것을 의미하지 않는다. 아니—앞으로 보겠지만—결코 부차적이라고 볼 수 없는 특정 방향의 사유 영역에서 니체는 이 허무주의

적 표류 현상을 오히려 강화했던 인물이다. 하지만 그렇다고 해서 니체의 다른 텍스트들이 근대적인 면역화를 상대로 발휘하는 탈-구축적인 힘이 무의미해지는 것은 아니다. 니체의 글들은 이 경로에서 오히려 전적으로 새로운 개념적 언어의 윤곽을 예시한다.

이러한 새로운 개념어들이 — 학자들의 입장에서 그 기원을 추적할 수 있었음에도 불구하고 — 한 번도 연구되거나 충분히 해독된 적이 없었던 데에는 여러 가지 이유가 있다. 예를 들어 니체의 글쓰기가 점점 더 수수께끼처럼 알쏭달쏭한 성격을 띠며 전개되었다는 점도 결코 무시할 수 없는 요인들 가운데 하나다. 나는 이러한 유형의 이유들이 결국에는 니체의 텍스트에 고유한 내부적인 논리 혹은 근본적인 어조를 잘못 인식하거나 식별하지 못하게 만든다는 인상을 받는다. 이 근본적인 논리 혹은 어조는 오늘날에 와서야, 그러니까 다름 아닌 푸코가 밝혀낸 범주들의 새로운 구도를 바탕으로, 그것의 실질적인 영향력과 함께 감지되기 시작한다. 내가 말하려는 것은 단순히 푸코가 니체에게 헌정한 두 편의 논문만이 아니라 — 물론 우리가 다뤄야 할 것은 계보학적 방법론에 집중되는 논문이지만 — 푸코의 분석이 어느 시점에선가 밟기 시작한 다름 아닌 생명정치적인 궤도다. 왜냐하면 생명정치야말로 니체가 쓴 글들 전체의 중력 궤도 또는 패러다임적인 축을 형성하기 때문이다. 바로 이 축을 기점으로 니체의 사유는, 그 안에서 이루어진 모든 전환과 내부적인 단절의 실체를 비롯해, 기존의 해석적 틀 안에서는 포착이 불가능했던 핵심적인 의미를 드러내기 시작한다. 지금까지 니체의 해석자들이 그의 사상을 개념적으로 뒷받침하는 일종의 중추적 망사구조를 포착하는 데 실패하지 않았다면, 동일한 저자의 저서들을 서로 이질적일 뿐 아니라 심지어 상충되는 관점으로 읽는 일은 일어나지 않았을 것이다. 무엇보다도 니체의 해석이 '우파'적이거나 '좌파'적인 진영으로 양분되는 현상, 혹은 그의 저작 전체를 **전적으로 정치적인** 차원에서 읽거나 **근본적으로 비정치적인** 차원에서 읽는 상황은 발생하지 않았을 것이다. 사실은—오늘날의 니체 전공자들까지 언급할 필요 없이—뢰비트Karl Löwith와 바타유George Bataille의 입장만 대조해 봐도, 니체의 해석자들이 여전히 빠져나오지 못하고 있는 막다른 골목의 실체를 분명하게 확인할 수 있다. 뢰비트에 따르면 "정치적인 관점은 니체 철학의 여백이 아니라 중심에 위치한다."[1] 반면에 바타유에 따르면 "니체의 사상적 움직임 자체는 현행 정치의 여러 잠재적인 기반을 해체하는 결과로 이어진다."[2] 이처럼 극단적으로 상반되는 해석들이 대두되는 이유는 아마도 **초정치적**iperpolitica 해석이나 **비정치적**impolitica 해석 모두 니체의 저술과는 명백하게 거리가 먼 '정치' 개념의 영역 내부에서 서로를 참조하거나 격돌하며 사변적인 결과를 양산해온 반면 니체의 사유는 오히려 전혀 다른 차원의 정치 개념, 다시 말해 오늘날 우리가 충분히 **생명정치적**biopolitico이라고 정의할 수 있는 개념적 어휘로 기울어져 있었기 때문일 것이다. 이러한 논제에 대해 푸코의 「니체, 계보학, 역사 Nietzsche, la généalogie, l'histoire」[3]는 특별히 중요한 관점을 제시한다. 푸코가 이 논문에서 실질적으로 다루는 주제는 '기원의 불투명성'이다. 이는 기원의 비기원성을 들추어내는 어떤 격차, 혹은 기원의 은밀한 본질에 완벽히 상응하는 것과 기원 자체를 떨어뜨려 놓는 틈새에 가깝다. 여기서 문제적인 요인으로 지목되는 것은 기원과 목적의 부합 여부를—기원의 목적성과 목적의 원천을— 숙명적으로 증명해야 하는 역사의 비사실적인 '일관성'과 이러한 역사의 개념 자체를 뒷받침하는 '범주적인' 구도다. 니체가 거부하는 것은 고유한 비역사적 단층과의 비교를 통해 스스로를 가늠할 능력이 없는 역사, 다시 말해 타자에게 강요하려는 완전한 역사를 스스로에게는 적용하지 못하는 이들의 역사다. 니체의 비판은 허구적인 보편성을 지적하는 데, 다시 말해 어떤 특정 요구들을 충족시키기 위해 탄생했을 뿐 아니라 이 요구들의 논리와 발전 경로에 결속되어 있는 개념적 형상들의 억측에 가까운 보편성을 비판적으로 폭로하는 데 집중된다. 니체가 사물들의 기원에서 어떤 전염되지 않은 본질의 정체성, 통일성, 순수성을 발견하는 대신 전면에 부각되는 것과는 결코 일치하지 않는 무언가의 다중성, 이질화, 파열을 발견할 때, 다시 말해 사건들의 순리적인 발생과 이 사건들의 조합을 결정짓는 듯 보이는 의미들의 그물 뒤편에서 몸들의 소요, 오류의 확산, 의미의 찬탈, 폭력의 창궐을 발견할 때, 그러니까 뭐랄까 표면적인 화합의 심장 내부에서 다시 분열과 반목을 발견할 때, 그는 수세기에 걸쳐 유럽 사회가 취해왔던 체제 정립의 형식 자체에 대한 분명한 의문을 제기한다. 좀 더 정확히 말하자면, 니체가 의문을 제기하며 비판하는 것은 유럽 사회에서 때에 따라 일어난 일종의 치환 현상, 즉 원인과 결과, 기능과 가치, 외면과 현실이 뒤바뀌는 현상이다. 바로 이러한 관점에서, 니체는 평등성, 자유, 법적 권리 같은 근대적인 법-정치적 범주들의 비판을 시도한다. **평등성**이 사실상 니체의 저작 전체가 이를 논박하기 위해 쓰였다고도 볼 수 있는 범주라면, **자유**에 대한 비판은 절대성을 지나치게 강조한 나머지 본질을 잃은 자유의 모습과 결국에는 자유를 그것과 정반대되는 것으로 뒤바꾸는 모순을 조명하는 형태로, **법적 권리**에 대한 비판은 그것의 본래 얼굴이 액면의 강요이며 단지 언제나 예리하고 치밀하고 상세하고 세밀하고 특수하고 명백할 뿐이라는 점을 조명하는 형태로 전개된다. 아울러 니체의 비판은 무엇보다도 이러한 범주들 자체의 분석적 틀이나 규범적 구도로도 기능하는 총체적인 차원의 장치를 상대로 전개된다. 달리 말하자면 니체는 정치권력의 자기정당화적 서술, 즉 정치권력이란 초석적 계약에 의해 통합된 개별적 주체들의 의지가 의도적으로 조합되어 나타난 결과라는 견해를 비판한다. 니체에 따르면 국가, 즉 근대의 가장 체계화된 법-정치적 기구는 오히려 "수적으로만 현격하게 우세할 뿐 여전히 아무런 형태 없이 유랑하고 있는 종족에게 조금도 주저하지 않고 무시무시한 갈퀴를 들이대는 맹수들의 무리, 즉 전투적인 형태로 조직되어 있고 조직력까지 갖춘 정복자와 지배자 민족"에 가깝다. 바로 그런 의미에서 "국가가 '계약'을 기반으로 탄생했다는 몽상은 청산되었다."[4]

2. 사실은 이러한 기본적인 특징들만 살펴보아도 푸코가 거의 1세기 후에 활성화한 해석 방식과 이 특징들의 직접적인 연관성을 분명하게 확인할 수 있다. 예를 들어 의지와 지식의 주체인 개인이 그를 구조화하는 권력 형태를 선행하며 벗어난 상태로는 존재하지 않는다면, 아울러 우리가 '평화'라고 부르는 것도 지속적인 분쟁에서 때에 따라 표출되는 권력의 역학 관계를 수사적으로 표현한 것에 불과하다면, 더 나아가 규율이나 법률도 사실상 누군가에

대한 특정인의 지배를 인가하는 의례에 불과하다면, 근대 정치철학의 전투장비들은 결국 모두 허구적인 동시에 비효율적인 것으로 드러날 것이다. 허구적인—혹은 순수하게 옹호론적인—이유는 이 전투장비들이 고유의 표면적인 형상 이면에서 전개되는 역동적인 상황을 사실대로 설명하지 못하기 때문이고, 비효율적인 이유는—앞장에서 살펴본 것처럼—고유의 내부적인 모순을 상대로 점점 더 폭력적인 전투를 벌이다가 결국에는 폭발하는 지경에 이르기 때문이다. 좀 더 정확히 말하자면, 폭발하는 것은 개별적인 범주들 간의 접합 지점이라기보다는 접합 자체를 가능케 하는 중재의 메커니즘이다. 여기서 주목해야 할 것은 이러한 메커니즘이 결과적으로 더 이상 보유할 수도 강화할 수도 없는 내용이다. 사실상 그 자체로도 모든 제어 형식에서 벗어나는 이 내용이 니체에게 무엇이었는지는 분명하다. 관건은 그의 글에 강렬한 생명–정치적bio-politica 의미를 부여하는 **비오스**bios다. 니체가 모든 저술에서 항상 강조했던 것은 생명/삶의 요소다. 니체는 비오스를 존재의 유일하게 가능한 표상으로 이해한다.[*5] 하지만 그럼에도 분명하게 존재론적 중요성을 지닌 실체는 언제나 정치적인 차원의 해석을 요구한다. 물론 니체가 의도하는 것은 생명/삶의 바깥에서 생명/삶에 부가되는 어떤 형식적인 차원의 정치가 아니다. 아니, 니체는 근현대에 온갖 형태로 실험된 형식적인 차원의 정치를 오히려 근본적인 차원에서 완전히 무너트린다. 니체가 말하려는 것

---

* 저자가 참조한 니체의 단상은 다음과 같다. "'존재', 우리는 이에 관해 '생명/삶' 외에는 다른 어떤 표상도 지니지 않는다. 무언가 '죽은' 것이 어떻게 '존재'할 수 있는가?"

은 반대로 생명/삶 자체의 구축적인 성격이다. '정치'를 현대문명의 관점에서 면역적인 성격의 무력화에 의한 중재로 이해할 것이 아니라, 니체의 관점에서 생명/삶을 지닌 자가 **존재하는** 또는 존재가 **살아가는** 원천적인 방식으로 이해하면, 생명/삶은 원래부터 정치적이라고 말할 수 있다. 바로 이것이—니체의 견해를 필요할 때마다 인용하는 현대의 모든 생명 철학과는 달리—니체가 비오스의 정치적인 차원을 이해하는 방식이다. 니체적인 생명/삶의 정치적 차원은, 사실상 먼저 살기 시작한 삶에 **부과되는** 법칙, 목적, 성격의 차원이 아니라 **처음부터** 생명/삶을 형성하며 그것의 확장, 구성, 강화를 이끄는 힘의 차원이다. 생명/삶이—널리 알려진 니체의 공식대로—곧 '힘에의 의지'라는 것은 삶이 힘을 원한다거나 힘이 순수한 생물학적 차원의 특정 생명을 선택해 동기를 부여하며 발전시킨다는 뜻이 아니라 오히려 삶이 힘의 지속적인 강화 외에는 또 다른 존재 방식을 알지 못한다는 뜻이다.

니체가 "위대한 정치"라는 표현으로 암시하는 것의 특징을 파악하기 위해서는 이처럼 **삶**과 **힘**의 분해되지 않는 결속 관계에 주목할 필요가 있다. 이 결속 관계는 무엇보다도, '삶'을 지닌 생명체가 오로지 내부적으로 강화될 때만 존속할 수 있고 '힘'도 살아 있는 유기체의 관점에서가 아니면 상상조차 힘들다는 것을 의미한다. 그렇다면 어떤 "삶의 새로운 입장"을 구축하려는 니체적인 기획의 좀 더 내재적인—어떤 우발적인 맥락과의 연관성이 적은—의미도 바로 여기서 발견된다. 니체가 이 기획의 일환으로 사용하는 규율적인 차원의 상당히 냉소적인 내용을 간과하더라도, 우리가 다루고 있는 핵심 논제를 감안할 때 중요한 것은 이 "삶의 새로운 입장"이 무언가를 멀리하려는 니체의 자세, 즉 중재와 변론을 통해 정치와 생명/삶의 관계를 이해하는 모든 외형적인 방식에서 벗어나려는 니체의 '거리두기'와 일치한다는 사실이다. 우리는, 니체가 자신의 『선악의 저편』을 두고 하는 말이지만 그의 저술 전체에도 적용될 수도 있는 다음과 같은 문장을 바로 이러한 '거리두기'의 관점에서 이해할 수 있다. 『선악의 저편』은 "본질적으로 현대문명에 대한 비판이다. 현대의 학문, 예술, 심지어는 정치마저도 비판의 대상에서 제외되지 않는다. 이와 정반대되는 유형, 가능한 한 덜 현대적인 인물은 삶에 대해 '그래'라고 긍정할 줄 아는 고귀한 유형의 인물이다."⁶ 여기서 니체가 말하는 '유형'의 정체가 무엇이든 간에, 그가 논쟁적으로 비판하는 대상만큼은 분명하게 노출된다. 니체가 문제 삼는 것은 현대문명 자체가 스스로의 생명적인 내용에 대한 형식적인 부정 혹은 부정적인 형식과 다를 바 없다는 사실이다. 니체의 입장에서 현대문명의 논리적, 미학적, 정치적 범주들을 통합하는 것은, 어떤 '즉각적이고 직접적인' 요소를—그가 다름 아닌 '생명/삶'이라고 부르는 것을—객관적으로 부정하기 때문에 모순을 일으킬 수밖에 없는 일련의 중재 조치들을 통해 ['생명/삶'을] 정의하고 보존하고 발전시키려는 의도의 구축적인 이율배반성이다. 바로 그런 이유에서 니체는 이런 저런 제도가 아니라 제도 자체를 거부한다. 왜냐하면 제도란 생명/삶의 힘으로부터 분리되어 있을 뿐 아니라, 생명력을 보호하기 위해 탄생했음에도 불구하고 오히려 파괴하는 성향을 지녔기 때문이다. '현대성 비판'이라는 제목의 문단에서, 니체는 이렇게 말한다. "우리의 제도들은 더 이상 아무짝에도 쓸모없는 것이 되어버렸다. 이 점에 대해서는 모두의 의견이 일치한다. 그럼에도 이는 제도 탓이 아니라 **우리** 탓이다. 우리가 제도들의 발전에 초석이 되는 본능들을 모두 상실했을 때부터, 우리는 보편적인 차원에서 제도 자체를 상실하기 시작했다. 왜냐하면 제도들은 더 이상 **우리**를 필요로 하지 않기 때문이다."[7] 이러한 자기-해체적인 효과가 발생하는 이유는 현대사회를 지배하는 제도들이—정당, 국회, 국가 등이—생명/삶과 직접적으로 관계하지 못할 뿐 아니라, 이러한 격차로 인해 생성되는 공허함 속으로 스스로 빠져 들어가는 성향을 지녔기 때문이다. 하지만 이러한 상황은 어떤 정치적 입장을 잘못 선택했기 때문에 발생하는 것이 아니다. 여기서 관건이 되는 것은—거꾸로—제도들의 생명-정치적이지 **않은** 존재방식, 다시 말해 '생명정치'를 구성하는 두 용어를 분리시키는 형태로, 정치에서 생명bios을 빼앗고 생명에서 근원적인 정치성 혹은 고유의 구축적인 힘 자체를 빼앗는 방식이다.

3. 바로 여기서—이러한 부정성이 수긍으로 전복되는 지점에서—니체가 말하는 '위대한 정치'의 긍정적인 의미가 부각된다. "'위대한 정치'가 다른 모든 문제에 앞서 가장 중요하게 생각하는 것은 생리학이다. 위대한 정치는 인류를 하나의 전체로 훈육하길 원하며, 종족과 민족과 개개인의 위상을 [...] 이들이 내부에 지닌 삶의 확실성을 기준으로 가늠한다. 위대한 정치는 기생적이고 퇴행적인 모든 것에 가차 없이 종지부를 찍는다."[8] 이 문장에서 가장 문제적인 "기생적이고 퇴행적인" 병리학적 현상을 상세히 검토하기에 앞서 이 부분의 다소 복합적인 의미를 간략하게나마 살펴

보자. 주지하다시피 니체가 모든 형태의 관념주의 사상을 거부하는 대신 전적으로 선호하는 것이 생리학이라면, 이러한 측면에서 우리가 잊지 말아야 할 것은 니체가 다윈의 사상이 강렬한 영향력을 행사하던 문화권과 무엇보다도 언어권에 속해 있었다는 사실이다. 물론 다윈과 니체 사이에는 커다란 차이점들이 있고 이에 대해서는 앞으로 자세히 살펴볼 기회를 가질 것이다.[9] 하지만 관건은 이것만이 아니다. 니체가 말하려는 것은—적어도 근현대적 정치 어휘의 돌이킬 수 없는 위기와 일치하는 어느 순간을 기점으로—기존의 제도들을 보존하는 데에만 집중하지 않는 유일한 정치란 다름 아닌 '인류'의 관점에서, 아울러 또 다른 생물들과의 유사성 혹은 차이점을 기반으로 인류를 정의해야 할 유동적인 경계의 관점에서 '생명/삶'의 문제를 해결하는 데 주목하는 정치라는 것이다. 한편으로는 현대 개인주의의 전제와 완전히 반대되는 각도에서, 니체가 '탁월함'을 특징으로 내세우며 칭송하는 '개인' 역시 개인이 상대적으로 부각되기 위해 필요로 하는 대규모의 종족—사회적인 무리를 배경으로만 사유될 수 있다. 물론 이러한 관점 자체는 니체 자신이 펼쳐놓은 문제에 대한 충분한 답변이 되지 못한다. 니체는 사실 오늘날에 와서야 우리가 그 의미의 놀라운 확장성과 양가적인 효과를 가늠할 수 있는 아이디어를 제시했다. 다시 말해 관건은 '인류'가 처음부터 불변하는 형태로 주어진 존재가 아니며, 좋은 쪽으로든 나쁜 쪽으로든, 우리가 아직은 개념적인 차원에서 정확히 파악하기 힘든 유형으로—여하튼 우리에게는 절대적인 위험과 포기할 수 없는 도전을 동시에 의미하는 유형으로—발전할 수 있는 잠재력을 지녔다는 생각이다. 니체는 이렇게 말한다.

"중국인들이 나무로 할 줄 알았던—한쪽에선 장미가 피고 다른 한쪽에선 배가 열리도록 만드는—것을 우리가 인간에게 적용하지 말아야 할 이유는 무엇인가? 예를 들어 지금까지 무한히 느리고 서툴게 진행되어온 **인간의** 자연적인 **선별** 과정은 이제 인간들이 좌우할 수 있게 될 것이다."[10] 여기서 니체가 인간을 식물과 가축에 비유하는 특이한 방식에 문제를 제기하는 대신 주목해야 할 것은 니체의 어떤 무르익지 않은 선견지명, 즉 머지않은 미래에 다름 아닌 비인간적인 것과—동물 또는 무기물과—인간적인 것의 경계가 점진적으로 변화하는 가운데 '인류'를 새롭게 정의하는 영역에서 정치적 대조 또는 대립이 이루어지리라는 생각이다.

한편으로는 몸을 열등한 것으로 폄하하는 자들의 입장을 거부하며 니체가 몸에 부여하는 핵심적인 역할도 생명정치적인 어휘의 구체성specificità과—아울러 종specie의 의미와—관련지어 관찰할 필요가 있다. 물론 여기서도 정신주의적이거나 추상적으로 이성적인 철학 전통에 대해 니체가 취하는 복잡한 비판적 태도를 발견할 수 있다. 이성이—영혼처럼—사실상 몸을 유일한 표현으로 지닌 유기체의 일부에 불과하다는 견해는 당연히 전통 형이상학의 핵심적인 범주들을 탈구축하는 과정에 적잖은 영향을 끼친다. 하지만 "몸을 실마리로" 유럽의 역사 전체를 재해석한다는 것은 구체적으로 생명정치적인 어휘 바깥에서는 결코 이해될 수 없는 차원의 일이다. 물론 생리학 용어들을 정치적인 차원에서 사용하는 경우가 전무했던 것은 아니다. 그럼에도 불구하고, 니체의 글이 절대적으로 새로운 면을 지녔다고 볼 수 있는 이유는 그가 국가와 몸의 관계를 고대와 근대에 활용되던 전통적인 비유 혹은 환유의 차원에서 실질적인 현실의 차원으로 옮겨왔기 때문이다. 니체의 입장에서 유일하게 가능한 정치는 몸**의**, 몸에 **대한**, 몸을 **통한** 정치뿐이다. 바로 이러한 관점에서, 생리학이야말로—니체의 저작에서 심리학과 결코 분리되지 않는 이 분야야말로—정치의 내용 그 자체라고 말할 수 있다. 생리학이야말로 정치의 박동하는 몸이다. 하지만 이러한 해석이 지닌 고유의 의미를 완전히 파악하기 위해서는 이를 또 다른 측면에서, 다시 말해 단순히 정치의 생리학적인 성향에만 주목할 것이 아니라 생리학의 정치적 특징이라는 측면에서 살펴보아야 한다. 몸이 정치의 질료라면, 정치는—당연히 니체가 이 표현에 부여하는 의미대로—몸의 '형식'이다. 바로 이 '형식'이—어떤 식으로든 형식화되지 않은, 따라서 '삶의 형식'이 아닌 생명/삶은 존재하지 않기에—하이데거가 정확히 포착했던 대로, 니체의 철학을 모든 유형의 생물학적 결정주의로부터 벗어날 수 있도록 해주는 요소다.[11] 이는 단순히 모든 유형의 '몸' 개념이 일종의 철학적 방향성을 배경으로 전제하기 때문만이 아니라 무엇보다도 몸 자체가 정치적 원칙에 따라—즉 실존의 궁극적일 뿐 아니라 원천적인 차원으로서의 '투쟁'이라는 원칙에 따라—구축되기 때문이다. 이 투쟁은 '자신'의 바깥에서 또 다른 몸들을 향해 벌어지지만 동시에 '자신'의 내부에서 몸을 구성하는 요소들 간의 멈출 수 없는 분쟁의 형태로 벌어진다. 즉자적 존재이기에 앞서, 몸은 언제나 무언가와, 즉 스스로와도 **맞서**는 존재다. 바로 그런 의미에서 니체는 "전쟁보다 평화를 높이 평가하는 모든 철학은 [...] 몸에 대한 **오해**"[12]에 불과하다고 말한다. 왜냐하면 특유의 지속적인 불안정 상태에서, 몸은 이를 구성하는 힘들 사이에서 벌어지는 분쟁의 언제나 일시적인 결과에 지나지 않기 때문이다.

니체가 몸의 개념을 정립하는 데 루Wilhelm Roux, 마이어Robert von Mayer, 리보Théodule-Armand Ribot 같은 동시대 학자들의 생물학과 의학 이론이 지대한 영향을 끼쳤다는 것은 익히 알려진 사실이다.[13] 여기서 우리가 주목해야 할 것은 니체가 이들 모두의 이론에서 몸은 특정 힘들의 산물이며 이 힘들 역시 언제나 잠재적인 분쟁 관계에 놓여 있다는 이중의 원리를 도출해냈다는 점이다.[14] 몸은 연장된 사물이나 실체 또는 질료가 아니라 이러한 분쟁의 실질적인 장소일 뿐 아니라 때에 따라 분쟁의 결과로 나타나는 지배나 종속, 위계나 저항의 조건들이 주어지는 장소다. 바로 여기서, 니체가 정의하는 '생명/삶'의 본질적으로 정치적인—다시 말해 생명정치적인—의미론이 유래한다.

생명/삶은 경쟁 상태에 놓인 다양한 **힘**들이 불평등한 방식으로 성장하며 **정립되는 과정**의 지속적인 형식으로 정의할 수 있다. 그런 의미에서 '복종'에도 저항이 들어 있다. 고유의 힘은 결코 사라지는 것이 아니다. 이와 마찬가지로 '명령'에도 상대의 절대적인 힘이 타도되거나 흡수되거나 해제되지 않는다는 사실에 대한 인정이 들어 있다. '명령'과 '복종'은 투쟁의 상호보완적인 형식이다.[15]

이는 다름 아닌 경쟁자들 개개인의 힘이 결코 절대적이지 않으며, 심지어는 일시적으로 힘을 잃은 듯 보이는 사람도 언제나 자신의 남은 힘을 발휘하기 위한 방법을 어떤 식으로든 찾아내기 때문이다. 전투는 끝나지 않는다. 전투는 누군가의 결정적인 승리로 끝나는 것도, 무조건적 항복으로 끝나는 것도 아니다. '몸'의 지평에는 하나가 전체를 지배하는 '주권'도, 다수 간의 '평등성'도 존재하지 않는다. 모두가 그저 서로 이기기 위한 경쟁에 끊임없이 몰두할 뿐이다. 근현대의 정치철학에 대한 니체의 지칠 줄 모르는 비판은 바로 이러한 전제와 직결된다. 개인의 몸 내부에서 전개되는 전투가 그 자체로 무한한 것이라면, 여하튼 투쟁이야말로 생명/삶의 형식 그 자체이기에 어느 누구도 투쟁의 원리에서 벗어날 수 없다면, 투쟁의 무력화를 통해서만 민중의 생존을 보장하는 체제가 과연 어떻게 실현될 수 있겠는가? 근현대의 정치를 실현불가능하게 만드는 것은 다름 아닌 '생명/삶'과 '분쟁'이 분리되는 현상, 혹은 분쟁을 폐지함으로써 생명을 보존하겠다는 생각이다. 니체 철학의 심장은 바로 이러한 관념에 대한 항변 속에, 혹은 '생명'과 '정치'를 끝없는 투쟁의 형식으로 결합하는 가혹하면서도 뿌리 깊은 고리를 부각시키려는 극단적인 시도 속에 있다.

2. 항력

1. 사실은 이러한 기본적인 관찰만으로도 니체가 생명정치라는 용어를 고안하지 않았을 뿐, 푸코가 뒤이어 정의하고 자율적으로 발전시킨 생명정치의 경로 전체를 앞서 예견했다는 점이 분명하게 드러난다. 예를 들어 사회-정치역학적인 움직임의 기원이자 종착역으로 간주되는 몸의 핵심적인 역할을 비롯해 법-제도적인 구도의 형성 과정에서 투쟁과 전쟁이 맡는 정초적인 역할과 권력 행사에 필요한 저항 세력의 반대급부적인 기능에 이르기까지 푸코의 거의 모든 범주가 니체의 개념어들 속에 씨앗의 형태로 실재한다고 말할 수 있다. 니체는 자신의 저작 전체를 결산하는 의미로 쓴 글에서 이렇게 적는다. "그리고 '전쟁'이 있다. [...] 적수**일 수 있다는** 것, 적수라는 것, 벌써 이것이 강한 본성을 전제하고, 어떤 경우에든 자연적으로 강한 모든 존재에 고유한 특성일 것이다. 그는 저항을 필요로 한다. 따라서 저항을 **찾는다. 공격적인 파토스**는 필연적으로 강한 힘의 일부다. 복수심과 원한이 필연적으로 약한 힘

의 일부인 것처럼."[16] 이 문장과 함께 우리는 니체가 푸코의 생명정치 이론화 작업을 예비하는 것으로 그치지 않고 어떤 의미에서는 뛰어넘는, 달리 말하자면 도입부에서 언급했던 근본적으로 이율배반적인 성격을 해결하는 데 기여할 수 있는 개념적 조합이 부각되기 때문에 푸코의 생명정치 이론 자체가 더욱 견고해진다고 볼 수 있는 논제의 구도 속으로 진입하게 된다. 내가 말하려는 것은 니체의 생명철학이 지닌 가장 중요한 특징으로 꼽아야 할 면역의 패러다임이다. 니체에 따르면, 현실은 어떤 최종적인 결과에 도달한다는 것이 불가능한 분쟁 상태에서 끊임없이 경쟁하는 일련의 상반되는 힘들로 구성된다. 이는 굴복하는 힘도 언제든지 지배하는 힘을 제한할 수 있을 뿐 아니라 때로는 스스로에게 유리하도록 힘의 향방을 전복시킬 수 있는 잠재력을 지녔기 때문이다.

하지만 니체의 텍스트에서 이처럼 체계적인 형태로 제시되는 묘사의 중요한 특징은 그 어조가 전혀 중립적이지 않으며 오히려 결정적으로 비판적이라는 데 있다. 왜냐하면 힘겨루기를 양적 차원에서 객관적으로 정의한 다음에는 질적 차원의 평가가 이루어지기 때문이다. 한 마디로 말하자면, 여기서 관건이 되는 '상반되는 힘들'은 결코 동등한 유형의 힘들이 아니다. 그렇다면 이는 특정 단계에서 과연 어떤 힘들이 확장되고 어떤 힘들이 축소되는가라는 문제를 결코 등한시해서는 안 된다는 것을 의미한다. 아니, 바로 이러한 정황에 좌우되는 것이 니체가 말하는 '건강', 다시 말해 다양한 힘들 간의 다툼을 토대로 구축되는 '전체'의 복합적인 전개 과정이다. 여기에는 창조하는 힘이 있는 반면 파괴하는 힘이 있고, 성장하는 힘과 함께 퇴화하는 힘이, 자극하는 힘 곁에 무력화하는 힘이 있다. 하지만 이러한 논리의 진정한 특징은 이 힘들 간의 가장 의미 있는 구분이 이들의 파괴적이거나 구축적인 결과의 형태로 나타나는 것이 아니라, 이들의 원천적인 성격과 직결되는 보다 뿌리 깊은 차이를 통해 드러난다는 점이다. 바로 이러한 측면과 직결되는 것이 '면역화'다. 관건은 단순히 면역화의 객관적 중요성이 아니라, 니체가 면역화에 명백히 부정적인 의미를 부여하며 홉스적인 면역화의 긍정적인 의미론과 대척하는 입장을 고수한다는 점이다. 이러한 해석적 차이 혹은 경로 이탈은 면역화가 생명/삶에 대해 행사하는 보존적이고 구조적인—홉스뿐만 아니라 니체 역시 인정하는—**역할**의 차원에서 일어나는 것이 아니라, 오히려 면역화가 기원과의 관계에서 차지하는 시간-논리적인 **위치**의 차원에서 발생한다. 최대한 간략하게 말하자면, 홉스의 입장에서는 무엇보다 먼저 대두되는 것이 면역화의 필요성이다. 면역화는 두려움에 사로잡힌 인간들의 활동을 종용하는 최초의 열정에 가깝다. 반면에 니체의 경우 면역화는 다름 아닌 '힘에의 의지'가 구축하는 훨씬 더 원천적인 추진력의 부차적인 요소에 불과하다. 물론 생명/삶의 보존 요구가 사라지는 것은 아니다. 만약 그렇다면 가능한 모든 성장과 확장의 주체도 함께 사라지고 말 것이다. 하지만 니체는 보존conservatio을 중시하는 근대의 모든 철학과 대조적으로, '보존'을 그가 가장 중요한 명령으로 간주하는 '발전'에 종속시킨다. '보존'은 '발전'의 단순한 결과에 불과하다. 니체에 따르면 "생리학자들은 '보존 본능'이 유기체적 존재의 가장 핵심적인 본능이라는 생각을 재고해야 할 것이다. 살아 생존하는 것은 무엇보다도 자신의 힘을 **해소**하려고 노력한다. '보존'은 단지 이 노력의 결과들 가운데 하나일 뿐이다."[17]

이 문장에 커다란 중요성을 부여하는 니체는 결국 이 논제를 다름 아닌 모든 전통과 단절이 이루어지는 지점에 위치시킨다. 아니, 니체는 오히려 이를 어떻게 보면 자신과—심지어는 이런 관점에서조차—가장 닮은꼴이었던 철학자 스피노자에 맞서 반론을 제기하는 데 활용한다. "폐결핵을 앓았던" 스피노자를 언급하며 니체는 이렇게 말한다. "스스로의 생명을 보존하려는 의지는 사실 **힘의 확장**을 추구하는 가운데 빈번히 자기보존 성향 자체를 오히려 문제 삼고 희생시킬 줄 아는 삶의 기본적이고 진정한 본능이 위축되어 극단적으로 고통스러워하는 상태의 표현에 불과하다."[18] 니체의 의도는 앞의 인용문보다 이 문장에서 훨씬 더 분명하게 드러난다. 여기서 자기보존은 부차적인 문제이자 '힘에의 의지'의 산물로 간주될 뿐 아니라 그 자체가 모순인 본능으로 간주된다. 이는 힘을 추구하는 유기적인 생명체의 성향 자체가 어떤 한계도, 경계도, 일말의 제재도 견디지 못하고 오히려 이를 끊임없이 위반하고 뛰어넘으며 초월하려 하기 때문이다. 유기적인 생명체의 강화는 일종의 소용돌이 또는 불꽃처럼 모든 보호 장벽과 모든 미세한 격막과 모든 규정의 여백마저 허물고 불태우며 나아간다. 그것은 '다른' 것을 관통하고 '나뉜' 것을 끌어들여 결국에는 흡수하고 일체화하는 식으로 길에서 만나는 모든 것을 집어삼킨다. 생명/삶은 단순히 눈앞의 모든 장애물을 초월하는 기량만 지닌 것이 아니라, 본질적인 차원에서 타자, 그리고 궁극적으로는 자기 자신의 초월 그 자체로 정의된다. "생명/삶 자체가 이 비밀을 내게 털어놓았다. 차라투스트라는 이렇게 말한다. '보라. 나는 나 자신의 끊임없는, 필연적 초월이다.'"[19] 이 시점에서 니체의 담론은 점점 더 극단적인 방향으로 나아가 결국 정반대되는 것을 강렬하게 자기-탈구축적인 움직임 안으로 끌어들이는 단계에 이른다. 자신의 정체를 자기의 초월 자체와 일치시킨다는 것은 곧 생명/삶이 더 이상 '자기 안에' 머물지 않고 언제나 '자기 바깥으로' 스스로를 투영한다는 뜻이다. 하지만 그렇다면, 자기 바깥으로 스스로를 밀어내거나 자기 안으로 고유의 바깥을 끌어들인다는 것은 곧 생명/삶이 끊임없이 변화할 뿐 아니라 스스로를 그 자체로 부정해야 한다는 뜻이기도 하다. 삶의 완전한 실현은 삶 자체와 삶을 부정하는 무언가의 접촉을 끝내 강요하는 외향성의 형성 과정 혹은 외면화를 통해서만 이루어질 수 있다. 이 과정에서 생명/삶은 어쩔 수 없이 단순히 생명/삶이라고는 볼 수 없는—생명/삶만은 아닌 동시에 생명/삶이 전부는 아닌—무언가로 변한다. 생명/삶 이상인 동시에 그것과 다른 무언가로, 그러니까 '생명/삶'을 안정적이고 불변하는 무언가로 이해하면, 결국에는 생명/삶이 **아닌** 것으로 변하는 것이다. 이 과정의 이율배반적인 성격을 의식한 니체는 이렇게 말한다. "실존이란 그저 끊임없는 '~이었음', 다시 말해 스스로를 부정하고 소모하고 스스로와 모순을 일으키며 살아가는 것에 불과하다."[20] 결과적으로 니체는『선악의 저편』에서 "생명/삶은 본질적으로 소유화, 침해, 제압, 강압, 고유한 형식의 강요이자 체화 또는 가장 절제된 경우에도 일종의 착취에 가깝다"[21]라고 적은 뒤 두 페이지가 채 지나지 않아 이렇게 말한다. 생명/삶은 **동시에** "무엇보다도 충만함과 넘쳐흐르는 힘의 느낌, 지극한 행복과 베풀며 나누고자 하는 풍요로움의 의식이다."[22]

2.   니체의 담론을 이처럼 서로 상반되는 방향으로 몰아가는 긴장 혹은 개념적 양극성의 기저에는 이 시점에서 해명해야 할 하나의 전제가 자리 잡고 있다. 또다시 근현대 인류학의 지배적인 패러다임을 거부하며—아울러 다윈의 '생존을 위한 투쟁' 개념과도 다른 차원에서—니체는 롤프w. H. Rolph[23]의 생물학 이론을 토대로 이렇게 주장한다. "자연을 **지배하는** 것은 궁핍이 아니라 풍요이며 터무니없을 정도로 과도한 낭비다."[24] 생명/삶은 초기의 부족함이 아니라 오히려 과도함을 기점으로 진화한다. 바로 여기서 생명력 특유의 양면성이 비롯된다. 인간의 생명력은 한편으로는 만나는 모든 것을 제압하고 체화하는 성향을 지녔지만, 다른 한편으로는 자신의 취득 욕망을 완전히 충족시킨 뒤에 자기 바깥으로 뛰쳐나가 고유의 차고 넘치는 자산뿐만 아니라 자기 자신마저 빠르게 탕진할—니체가 '선사의 미덕'이라고 부른 것에 빠져들—위기에 봉착한다. 이미 여기서 니체의 담론을 지탱하는 무시무시한 이중적 기반의 윤곽을 엿볼 수 있다. 스스로에게 내맡겨진 생명/삶은 온갖 제재에서 벗어나 무엇이든, 심지어는 자기 자신마저 파괴할 수 있는 방향으로 나아가며 결국에는 자신의 주변과 내부에 파고들어 만든 소용돌이 속으로 스스로 빨려 들어갈 위험에 처한다. 이처럼 자기-파괴적인 일탈을 어떤 자연적인 결핍으로, 또는 원래 완전했던 상태를 망가트린 일종의 결함 정도로 이해하는 것은 잘못이다. 이 일탈은 어떤 우발적인 사건, 또는 어느 시점에선가 생명/삶의 울타리 바깥으로 튀어나오는—혹은 내부로 파고드는—돌출 현상이 아니라 생명/삶 자체의 구축적인 특성이다. 생명/삶은 심연으로 추락하지 않는다. 생명/삶 자체가 심연이기 때문에 스스

로를 향해 추락할 위험이 있을 뿐이다. 게다가 이 위험은 어떤 특정 순간에 사건의 형태로 일어날 수 있는 유형이 아니라 생명/삶의 기원에서부터 존재하는 위험이다. 이는 이 심연 자체가 모든 확고한 정체와 그것의 고유한 기원 사이에 끼어들어 정체성을 모호하게 만드는 일종의 틈새와 다를 바 없기 때문이다. 니체가 '생명/삶-으로-존재하기'의 밑바닥에서—혹은 원천에서—계보학적으로 추적했던 것이 바로 '기원'의 비-기원적인 성격이다. 우리는 이 심연의 틈새 또는 **과잉에 의한 결핍**에 부합하는 이미지 혹은 개념적 형상이 니체의 초기 저작에 빈번히 등장하는 범주들 가운데 하나라는 것을 확인할 수 있다. 이 형상은 다름 아닌 '디오니소스'다. 디오니소스적인 것은 절대적인, 혹은 해제된 형태의 생명/삶, 즉 모든 종류의 전제에서 떨어져 나와 원천적인 흐름에 방기된 형태의 생명/삶을 가리킨다. 달리 말하자면, 그 자체로는 표상될 수 없는 순수한 실재가 디오니소스다. 왜냐하면 형식 없이 지속적으로 변화하며 끊임없이 초월하기 때문이다. 디오니소스적인 것은 무엇보다도 내부적인 한계를 초월하고 실체들, 종류들, 유형들 간의 모든 분리 원칙과 식별 원리를 초월한다. 하지만 동시에 외부적인 한계, 즉 고유의 범주적인 틀 역시 뛰어넘는다. 그렇다면 이처럼 정형화의 틀에서 빠져나갈 뿐 아니라 가장 강력한 비정형화의 움직임으로 이해해야 할 '디오니소스'는 어떻게 정형화할 수 있는가? 모든 정체성을 무너트리며 결과적으로 모든 차이점까지—아무 것도 보유하지 않고 모든 고유성을 끝없이 탈고유화하며 모든 내면을 외면화하는 어떤 무한한 환유metonimia의 전염을 통해—지워버리는 것을 어떻게 차별화할 수 있는가? 우리는 디오니소스적인 것에서—이를 생명/삶 전체의 비-기원적인 차원으로 간주할 때—
공통적인 **의무**munus에 고유한 의미론적 양면성의 온갖 흔적 혹은
전조를 발견할 수 있다. 예를 들어, 디오니소스적인 것은 개인적
인 한계의 헌신적 폐지인 동시에 자기와 타자를 감염하고 파괴하
는 힘일 뿐 아니라 문자 그대로 '결함'을 뜻하는 동시에 비유적으
로 '폭력'을 뜻하는 'delinquere/위반'이고, 순수한 관계지만 주체들
의 부재 혹은 붕괴가 특징인 관계, 즉 주체 없는 관계다.

바로 이러한 의미론적 표류 현상에 맞서—다시 말해 '자기'로
가득 찬 무아지경적인 삶의 심장 내부에서 펼쳐지는 허무주의에
맞서—일반적인 차원의 면역화가 시작된다. 이 면역화는 본질적
으로 서구 문명 전체와 일치하지만, 면역화가 가장 중요한 특징으
로 부각되는 시대는 다름 아닌 근현대다. 니체에 따르면 "유럽의
민주화는 근현대의 사유를 구축하는 어마어마한 **예방 대책** 사슬의
한 고리를 이루는 듯 보인다."[25] 니체는 면역화의 절대적인 중요성
을 가장 먼저 깨달았을 뿐 아니라 생성 단계에서 내부적인 구도에
이르기까지 면역화의 역사 전체를 재구성한 최초의 철학자다. 물
론 홉스나 토크빌 같은 철학자들도 우선적으로는 폭력적인 죽음
에 대한 두려움에서, 뒤이어 개개인의 충동이 야기하는 폭력에 대
한 보호의 요구에서 면역화 현상이 부각된다는 점에 주목한 바 있
다. 하지만 니체의 관점이 이전 또는 이후 세대 철학자들의 진단
에 비해 절대적으로 특별한 이유는 무엇보다도 면역의 패러다임
을 근원적인 차원의 생물학적 모체로 환원시켰기 때문이고, 아울
러 이 패러다임의 부정적인 변증관계를 비판적으로 재구성할 줄
알았기 때문이다. 특히 첫 번째 특징과 관련하여, 니체는 지식의

모든 내용이 표면적으로 진리를 모색하는 데 소용되는 것처럼 보일 뿐 사실은 생명/삶의 실질적인 보존 기능으로 환원된다고 보았다. 그는 심지어 진리를 허위로—오늘날 우리가 이데올로기라고 부르기도 하는 거짓으로—간주했다. 생명/삶의 잠재적으로 무한한 확장 현상과 사실상 일치하는 [이 무한함에서 직접 비롯되는] 원천적인 의미-단절 현상으로부터 우리를 보호하는 데 가장 어울리는 것이 바로 진리라는 이름의 기만이라고 본 것이다.²⁶ 이와 동일한 이야기가 논리적인 범주에도—예를 들어 동일률, 인과율, 비모순율에도—그대로 적용된다. 이 원리들은 모두 보다 안정적인 생존에 필요한 일종의 생명-논리적인 구조로 환원된다. 다시 말해 이 원리들은 우리의 존재를 삶의 가장 견디기 힘든 영역에서 벗어나게 하는 데, 혹은 기원도 결말도 없는 세계에서 앞을 내다보며 방향을 설정하기 위한 최소한의 조건을 창출하는 데 소용된다. 생명/삶을 끊임없이 생명/삶 너머로 몰아가며 강화하는 동시에 황폐하게 하는 공통의 무누스munus에 맞서 장벽, 경계, 제방을 쌓아올리는 데 쓰이는 것이다. 본질적으로 **우리 자신과 다를 바 없는** 그 소용돌이에 맞서, 그러니까 디오니소스적인 것의 초-개인적인 폭발과 이 폭발에서 비롯되는 전염에 맞서 이성적으로 구축되는 것이 바로 면역 장치다. 다시 말해 이성은 흩어진 의미와 사라진 경계를 재구성하고 **바깥**의 힘이 텅 비워낸 공간을 다시 채워 넣는 데 필요한 장치들을 구축한다. 그런 식으로 **바깥**을 다시 내부로 끌어들여야만—혹은 적어도 무력화해야만—하기 때문이다. 더 나아가 이성은 열린 세계마저 그것의 측량-불가능성, 이해-불가능성, 예측-불가능성 같은 가장 무시무시한 결과들을 예방하는 차원에서 제한하고 억제해야 한다. 바로 여기에 우선적으로 소용되었던 것이 아폴론적인 식별의 원리다. 뒤이어 소크라테스의 요법을 기점으로 그리스도교-부르주아 문명사회는 더욱더 강렬하고 예외적인 형태의 복원 의지를 실현하기 위해 생성과 변화의 흐름을 가로막고 변신의 위험에 대처하며 예측과 예방의 '요새'를 구축해왔다.[27]

3.   이처럼 지식의 역할이 마취 혹은 예방에 있다면 권력도 동일한 역할을 수행한다. 법률 제도와 정치 제도는 물론 상호 정당화 논리 속에서 강화되는 이 제도들과 함께 도덕과 종교의 규율들도 이와 동일한 역할을 수행한다. 제도들 역시—아니, 무엇보다도 제도들이—시원적 두려움에서 탄생한다. 하지만 이 두려움에 항상 우선하는 것이 바로 원천적인 '힘에의 의지'다. 이 '의지'가 인간을 동물들은 모르는 족쇄로 꼼짝달싹하지 못하게 만든다. "몇 십만 년 동안 인간이 지극히 고도화된 방식으로 공포에 접근할 줄 아는 동물이었다는 점을 감안하면"[28] 이 공포를 다스릴 수 있는 유일한 방법은 무조건적 긍정의 본능 속에 내재하는 잠재적인 폭발의 위험으로부터 인류를 보호해야 할 거대한 면역 장벽을 구축하는 것뿐이었으리라는 점이 분명해진다. 일찍이 고대 그리스 시대부터 인간들이 만든 제도의 "원천적인 발전 계기는, 인간 내면의 **폭발성 질료**로부터 서로를 보호할 목적으로 예방차원에서 취한 보호 조치"[29]에 있었다. 이 폭발을 방지해야 할 임무가 무엇보다도 국가에 주어졌다는 점은 분명하다. 근대 정치철학이 일찍이 주목했던 대로, 방치할 경우 치명적일 수밖에 없는 개인들 간의 분쟁상황을 다스리기 위한 유일한 방편은 다름 아닌 국가다. 그럼에도 불구하고,

바로 이 지점에서 니체는 이러한 논리를 동일한 해석의 바깥에 위치시킬 뿐 아니라 이와 전적으로 상반되는 지점에 위치시키는, 이론적 패러다임의 전환을 시도한다. 물론 니체의 입장에서도 "국가는 개개인의 상호 보호를 위한 현명한 제도다." 하지만 그는 곧이어 이렇게 말한다. "국가가 지나치게 고귀해지면, 개인은 결국 국가에 의해 약해질 뿐 아니라 무의미해진다. 다시 말해 국가의 근본 목적인 개인이 가장 철저한 방식으로 무효화되는 것이다."[30] 이 문장에서 주목해야 할 것은 당연히 국가의 보호 효과가 아니라 좀 더 일반적인 차원의 면역화 논리에 대한 니체의 복합적인 평가다. 니체는 근대 인류학의 본질적으로 '긍정적인' 면역화 논리를 완전히 전복시켜, 면역화는 병/악으로부터 보호하지만 자기모순적인 형태를 취하면서 원래 물리치려고 했던 것보다 더 큰 규모의 병/악을 생산한다는 점에 주목한다. 이러한 상황은 면역화를 통한 보완이 기존의 실존 구도를 압도할 정도로 비대하게 이루어져 결과적으로 또 다른, 훨씬 더 치명적인 불균형을 조장할 때 발생한다. 결국에는 국가도 원래 자유롭게 해방하고자 했던 개개인을 또다시 압제적인 복종의 형태로 획일화하기에 이르고 모든 형태의 진리 역시 오류나 유해한 미신을 수정하는 데 필수적인 요소임에도 불구하고 생명체의 활동적인 흐름을 가로막을 수밖에 없는 또 다른, 훨씬 더 압제적인 형태의 의미론적 장애물을 생산하기에 이른다. 뭐랄까 '국가'와 '진리'가 모두 면역 장치들을 통해 확보했던 안정성과 지속성은, 그런 식으로 장려하고자 했던 혁신과 발전을 오히려 금기시하기에 이른다. 유기체의 잠재적인 해체를 저지하려면 성장 자체를 멈추게 해야 하고 생명을 침체 상태와 불모지로 몰아넣어야 하기 때문이다. 니체가 도덕, 종교, 형이상학을 치료약인 동시에 질병으로 규정하는 것도 바로 이 때문이다. 더 나아가 이 질병은 이를 물리치기 위한 치료약보다 훨씬 더 강력한 질병이다. 왜냐하면 바로 이 치료약의 사용에서 비롯되었기 때문이다. 니체에 따르면 "인간의 가장 큰 질병은 그가 지녔던 질병들과의 전투에서 탄생했다. 치료약인 듯 보이던 것들은—장기적인 차원에서—애초에 제거해야 했던 질병보다 훨씬 더 고약한 무언가의 발생을 초래했다."[31]

이 시점에서 니체는 면역화의 추이 전체를 재구성할 수 있는 단계에 도달한다. 면역화는 막아야 [부정해야] 할 힘에서 유래한다는 점이 특징이기 때문에 언제나 이차적이며 동일한 힘에 좌우된다. 부정적인 힘을 부정하는 것이 면역이다. 적어도 그렇다고 [생명을 부정한다고] 보는 힘을 부정하는 것이다. 하지만 바로 그런 이유에서, 폐기하려고 하는 부정성의 언어를 사용할 수밖에 없는 처지에 놓인다. 면역은 잠재적으로 강력한 병/악을 예방하는 차원에서 실질적인 병/악을 생산하고 과잉을 결핍으로 대체하며 꽉 찬 것을 텅 빈 것으로, 더한 것을 덜한 것으로 교체한다. 그런 식으로, 긍정하는 것을 부정하며 결국에는 오로지 긍정의 부정만을 긍정하기에 이른다. 니체가 그의 핵심 개념 가운데 하나인 '원한'으로 설명하려는 것이 바로 이러한 유형의 문제다. 니체의 입장에서 '원한'은 생명/삶의 근본적으로 긍정적인 힘과 상충되는 모든 형태의 저항 혹은 복수의 감정과 일치한다. "수천 년 동안 인류를 지배해온 것이 바로 복수 본능이다. 결국에는 형이상학, 심리학, 역사학, 그리고 무엇보다도 도덕이 이러한 본능을 특징으로 지니게 되었다. 인간은 그의 생각이 미치는 곳이면 어디서든, 따라서 사물에도 이 '복수'라는 병균을 접목시켰다."³² 면역의 패러다임이 지닌 반–현실적 논리를 이보다 더 깊이 파고든 문장은 니체의 텍스트에서 찾아보기 어려울 것이다. 여기서 면역의 패러다임은 분명히 문명화 과정 전체를 특징짓는 힘으로 간주되지만 이는 단지 약함도 힘이라는, 즉 '힘에의 의지'가 퇴보한 형태의 퇴폐적인 힘이라는 의미에서다. 빈번히 일어나는 일이지만, 우리가 이러한 현상을 완전하게는 의식하지 못한다면, 그 이유는 '의식'이라는 것 자체가—다른 모든 인지 기능과 마찬가지로—니체가 말하는 문명화 과정의 산물이기 때문이다. 하지만 보다 중요한 것은 이러한 힘이 발휘되는 방식, 좀 더 정확히 말하자면 무언가에 대한 **반응**으로만 실행되는 방식이다. 의학적 차원의 면역 과정과 마찬가지로, 이 힘도 사회공동체적 몸 안에 항원을 투입하고 이 항원이 항체들을 활성화해 보호 임무를 수행하도록 만든다. 하지만 결과적으로 예방차원에서 감염되는 유기체의 원초적인 힘은 약해지기 마련이다. 면역은 그런 식으로 원래 살리고자 했던 생명 자체를 죽음의 위험에 빠트리고, 생명을 생명에 맞서 사용할 뿐 아니라 죽음을 매개로 죽음을 다스린다. '금욕주의자 사제' 또는 영혼의 목자가 병든 양떼를 위해 하는 일도 이와 동일한 메커니즘을 따른다. 니체에 따르면 "그가 치료제와 진통제를 지녔다는 것은 의심의 여지가 없다. 하지만 치료자가 되기 위해, 그는 상처부터 주어야 한다. 다시 말해 상처에서 비롯된 고통을 완화하는 **동시에 독을 상처에 바른다.**"³³ 이는 약해지기 않기 위해 스스로의 강함을 지키려는 힘이라기보다는 오히려 강한 힘을 내부에서부터 소진시켜 빨아먹는 약한 힘이다. 들뢰즈가 주목했던 것처럼,[34] 무언가에 대해 **반응**하는 힘은 분해와 이탈의 형태를 취한다. 능동적인 힘을 분해한 뒤 고유화하고 원래의 방향에서 이탈하도록 만드는 것이다. 하지만 반응하는 힘은 그런 식으로 이미 소진된 힘을 체화하기 때문에 스스로의 반응 능력마저 상실한다. 이 힘은 끊임없이 반응하지만 쇠약해진 형태로만 대응하기 때문에, 반응 자체를 어떤 응답 행위가 아니라 행위 없는 응답, 혹은 순수하게 상상적인 행위로 만들어버린다. 그런 식으로, 방어 본능을 지닌—개인적이거나 집단적인—유기체 내부에 둥지를 틀고 유기체를 몰락의 단계로 인도한다. 능동적인 힘을 파괴한 만큼 대등한 힘을 발휘하려면 독이 묻은 창으로 고유의 내부를 겨냥할 수밖에 없기 때문에, 결국에는 스스로를 파괴하기에 이르는 것이다.

3. 이중 부정

1. 결국 우리가 주목하게 되는 것은 내부적으로 상당히 복잡한 형태를 지닌 패러다임의 윤곽이다. 한편으로는 강한 힘과 약한 힘이 서로 우위를 다투면서 뒤섞이는 현상과 함께, 어떤 안정적 거리두기도 허락하지 않는 매듭이 형성된다. 예를 들어 원래 강했던 힘이 약해질 때 정반대되는 형상으로 전복되듯, 원래 약했던 힘도 어느 시점에선가 강한 면모를 보이면서 지배력을 확보한다. 물론 이것이 전부는 아니다. 심지어는 어떤 동일한 요소가 누군가에게는 강한 것으로, 다른 누군가에게는 약한 것으로 다가오는 상황이 발생한다. 이것이 바로 그리스도교에서, 좀 더 일반적으로는 종교에서 일어난 현상이다. 종교는 다수를 상대로 소수의 지배를 강요하기 위한 도구로 사용된다. 결국에는 소수의 강화와 다수의 약화라는 결과를 가져올 수밖에 없었던 것이 종교다. 하지만 반대로 종교는 다수의 입장에서 스스로의 상대적인 가치를 다시 증명하며 소수를 자신들의 소용돌이 속으로 끌어내릴 수 있는 수단으로 쓰이

기도 한다. 이와 유사한 이야기를 예술과 음악에도 적용할 수 있다. '미적estetico'이라는 용어의 어원적 의미를 기준으로 관찰하면, 예술은 우리의 감각에 대한 강력한 '자극제'에 가깝다. 하지만 예술은—낭만주의에서 바그너에 이르는 음악이 그랬듯이—존재의 고통을 완화하기 위한 일종의 예리한 '마취제an-estetico'로도 쓰인다. 법-정치적 제도들에 대한 니체의 이중적인, 혹은 양가적인 해석도 이와 크게 다르지 않다. 예를 들어 국가는 어떤 측면에서 관찰하면 파괴적인 분쟁 상황을 막아야 할 일종의 보루로 간주할 수 있지만 또 다른 측면에서 관찰하면 생동적인 에너지의 완전한 표출을 가로막는 일종의 금기 메커니즘이기도 하다. 그리고 보면 사실은 문명화 과정 전체가 다름 아닌 생명/삶을 용이하게 하기도 하고 약화하기도 하는 상호-이율배반적인 결과들을 수반한다. 니체는 역사마저도 무언가 유용하면서 유해한 것으로 이해했다. 간략하게 말하자면, 인간은 살면서—다양한 상황에서뿐만 아니라 때로는 동일한 상황에서조차—무언가와 함께 이와는 정반대되는 것을 필요로 한다. 역사와 함께 비-역사적인 것을, 진실과 함께 거짓을, 기억과 함께 망각을, 건강과 함께 질병을 필요로 하는 것이다. 이러한 유형의 양극성은 모두 다름 아닌 아폴론적인 것과 디오니소스적인 것의 변증관계로 소급된다. 이러한 평가의 양가적이거나 심지어 아포리아적인 성격은 사실 주어진 현상을 바라보는 관점의 변화무쌍함과 동일한 현상이 발생하는 언제나 우발적인 상황에서 비롯된다. 하지만 좀 더 깊이 살펴보면 이러한 모호함의 뿌리는, 면역화가 모든 유기체의 생존에 필수적인 요소임에도 불구하고 유기체의 변화를 가로막고 생물학적 성장을 방해하기 때문에 유해하다는 사실의 구조적인 모순에서 발견된다. 더 나아가 이러한 모순이 발생하는 이유는, 니체가 반복해서 강조했던 것처럼, '보존'과 '성장'이 어떤 파기할 수 없는 매듭으로 묶여 있음에도 불구하고—그러니까 무엇이든 생명이 보존되지 않으면 성장조차할 수 없다는 명백한 사실에도 불구하고—'힘에의 의지'라는 보다 결정적인 차원에서는 서로 상충되는 양상을 보이기 때문이다. 니체는 실제로 "발전의 속도를 가속화하는 데 관여하는 유용성이 이미 이루어진 발전을 최대한 확고히 정립하고 지속하는 데 쓰이는 것과는 다른 차원의 유용성"[35]이라는 점을 밝힐 뿐 아니라 "개인의 **존속**에 유리한 것은 그의 강력한 힘과 화려한 광채를 발휘하는 데 불리할 수 있고, 이는 개인을 보존하는 것이 그를 붙들고 그의 발전을 방해할 수 있기 때문이다"[36]라고 말한다. 니체에 따르면, '발전'은 '존속'이 전제되어야만 가능하지만 '존속'은 '발전'을 늦추거나 방해할 수 있다. '보존'은 '확장'에 내재되어 있지만 '확장'은 '보존'을 위태롭게 만든다. 바로 이 지점에서 니체의 관점이 지닌 필연적으로 비극적인 성격이 드러나기 시작한다. 이는 일련의 결과가 일관적인 방식으로는 표면적인 원인으로 환원될 수 없기 때문이기도 하지만 무엇보다도 원인과 결과 사이에 진정한 이율배반의 메커니즘이 형성되기 때문이다. 이 메커니즘에 따르면, 특정 힘의 생존 계획은 그것의 강화 계획과 상충된다. 생존으로 만족할 경우 힘은 약해지고 역류하며—니체의 핵심 용어가 되어버린 표현대로—**퇴화**한다. 다시 말해 힘의 생성에 역행하는 방향으로 움직인다. 하지만 그렇다면 유기체의 생동적인 확장을 위해서는 유기체가 존속을 멈춰야만, 혹은 적어도 죽음에 도전해야 한다는 모순적인 결론을 내려야 하나?

2. 니체가 당면했던 것이 바로 이러한 극단적인 질문 혹은 개념적 갈림길이다. 저술 과정에서, 때로는 동일한 글 속에서도 니체는 이 질문에 두 가지 유형의 답변을 제시한다. 이 답변들은 종종 중첩되기도 하고 때로는 타협이 불가능할 정도로 뚜렷하게 분리되는 양상을 보인다. 그리고 모든 문제는 대부분 다윈의 진화론 혹은 적어도 니체가—항상 옳았던 것은 아니지만—진화론으로 간주하던 것에 대한 그의 까다로운 입장과 함께 논의된다. 어떤 시원적 결함이 인간들을 생존 경쟁에 몰아넣고 결국 가장 뛰어난 유형이 선택받는 방향으로 이끈다는 생각 자체를 니체는 받아들이지 않았다. 그는 이러한 '진보적인' 해석 자체를 전복시켜 생명/삶의 기원을 과잉과 낭비의 차원에서 해석하며 선별에 의한 보완 메커니즘이 아니라 '힘에의 의지'에 내재하는 분쟁이 일련의 불연속적 증가와 감소 현상을 주도하는 상이한 구도를 제시한다.

물론 니체의 입장에서도 어떤 진화론적 선택 형식이—예를 들어 일부의 퇴화와 일부의 증식을 수반하는 형식이—존재하지 않는 것은 아니다. 하지만 이러한 변화는 다윈이—적어도 니체가 스펜서를 통해 이해한 다윈이—기대한 것처럼 강하고 우월한 자들에게 유리하도록 일어나는 것이 아니라 약하고 열등한 자들에게 유리한 형태로 일어난다. 니체는 이렇게 말한다. "내가 인간의 원대한 운명을 관찰하면서 놀랄 수밖에 없는 것은 오늘날 다윈과 그의 학파가 보거나 보기 **원하는** 것과는 언제나 반대되는 것만 내 눈에 들어온다는 사실이다. 다윈이 보는 것은 가장 강하고 훌륭한 조건을 갖춘 이들에게 유리하도록 전개되는 자연선택, 종의 진보 같은 것들이다. 하지만 사실은 이와 정확히 반대되는 것들, 예를 들어 행복이 말살되거나 가장 뛰어난 이들이 쓸모없어지는 경우, 평균적이거나 심지어는 **평균 이하**인 유형이 불가피하게 승리하는 경우 등을 오히려 피부로 느낄 수 있다."[37] 이러한 질적 저하 현상이 일어나는 원인은 한편으로는 뛰어난 인물들이 소수인 반면 열등한 자들의 수가 월등하게 많은 현실에서, 다른 한편으로는 이 다수 계층이 소수 계층에 맞서기 위해 실행하는 전략이 조직적이라는 사실에서 발견된다. 두려움에 사로잡힌 약자들이 도처에 널린 위협 요소로부터 스스로를 지키려는 성향이 강하고 또 그런 식으로 성장을 꾀하는 반면 강자들은 목숨을 걸고 끊임없이 모험에 뛰어들며 스스로의 생명을 사멸의 위험에 노출시킨다. 결국 실질적으로 진행되는 것은 '퇴화'라는 점이 분명해진다. 게다가 퇴화는 이를 막기 위해 활용되는 해결책 역시 퇴화에 기여하기 때문에 더욱더 빠르게 진행된다. 결국 이 해결책은 고쳐야 할 질병과 한통속이거나 질병이 지닌 것과 동일한 독으로 만들어진 치료약에 가깝다. 이것이 바로 니체가 데카당스[38]와 숙명적으로 결합시킨 면역화의 변증관계다. 이 변증관계에 니체는—무엇보다도 그의 후기 저작에서—'허무주의'라는 이름을 부여했다. 허무주의가 허무적인 이유는 그 안에 스스로를 극복하기 위해 활용하는 도구들이 포함되어 있고 그 기점이 바로 '면역화'이기 때문이다. 바로 그런 이유에서 허무주의는 개념적인 차원에서도 극복될 수 없다는 것이 드러난다. 그리고 이는 근현대가 구축적인 차원에서 부정적인 면역화의 어휘 외에 또 다른 어휘를 알지 못하기 때문이다.

니체조차도 이러한 압제적인 상황에서 벗어나지 못한다. 이러한 관점에서는 니체를 허무주의의 영역에—혹은 적어도 경선에—묶어두는 하이데거의 입장을 그다지 틀렸다고 보기 어렵다. 아니, 니체의 철학이 고수하는 핵심적인 방향을 고려할 때 니체는 오히려 허무주의에 아주 깊이 연루되어 있다고 봐야 한다. 물론 유기체를 강화하기보다는 더욱더 쇠약하게 만드는 퇴폐적인 성격의 퇴화 과정에 니체가 맞서 싸우려 했다는 것은 사실이다. 이는 개체발생적인 차원에서든 계통발생적인 차원에서든 일종의 의미 지평으로 기능하는 '살아남기 위한 투쟁'을 니체가 '힘에의 의지'로 대체하려 했다는 사실에서 분명하게 드러난다. 그럼에도 불구하고 이처럼 그가 면역화를 부정한다는 사실 자체가 그를—적어도 이러한 차원의 니체를—면역화의 재충전 메커니즘 내부로 끌어들인다. 면역의 메커니즘에 내재하는 부정성을 부정하기 때문에 니체는 어쩔 수 없이 면역의 부정적인 어휘에 사로잡힌다. 자신의 관점을 긍정적인 차원에서 표명하기보다는 반대되는 것을 부정할 뿐이기에, 부정하려던 것에 종속된 상태로 남는 것이다. 모든 역반응의 논리에서처럼—다시 말해 니체의 구조적으로 부정적인 분석을 거쳐 그토록 효과적으로 탈-구축된 모든 역반응의 논리에서—근대의 면역화에 대한 니체의 비판 역시 그의 비판에 논리적으로 선행하는 무언가에 대한 대응에 불과하다. 니체가 해독제를 마련하기 위한 과정의 기점으로 삼은 '퇴화Entartung'의 개념도 본질적으로는 부정적인 구도를 지녔다. 퇴화는 생성과 정반대되는 것 혹은 스스로를 향해 수그러드는 퇴폐적인 형태의 생성이다. 항원 반응에서처럼, 퇴화는 긍정적 표명이 아니라 부정의 부정이다.

니체가 면역의 신드롬과 싸우기 위해 노력하면 할수록 더욱더 오염과 전염의 논리로 빠져드는 것은 결코 우연이 아니다. 순수함, 완전함, 완벽함 같은 주제들은 모두—니체가 자전적인 차원의 글을 쓸 때 이 주제들을 집요하게 반복하는 것도 이 때문인데—담론의 진정한 '시작'이라고 봐야 할 전염성 불순물에 대해 명백하게 역반응적인, 다시 말해 이중적으로 부정적인 어조를 지닌다. 니체는 이렇게 말한다. "나 자신의 극단적인 온전함이야말로 나의 생존 조건이다. 나는 오염된 상황에 처하는 순간 죽을 것이다. 나의 습관은 언제나 물 또는 어떤 완벽하게 투명하고 빛나는 질료 안에 끊임없이 몸을 담그고 마음대로 휘저으며 헤엄치는 것이었다. [...] 나의 『차라투스트라는 이렇게 말했다』 전체가 사실은 고독에 대한, 혹은—나를 이해한 사람은 알겠지만—순수에 대한 송가다."[39] 더 나아가, 니체는 퇴화 자체를 순수한 것이 불순한 것에 전염되는 상황의 원인인 동시에 결과로 이해한다. 바로 이 불순한 요소들의 전염이 긍정적인 힘의 잠재력을 빼앗으며 병든 영역 전체로 확장된다. 그래서 니체는 데카당스와 싸우기 위해 노려야 할 것은 무찌르기 어려운 질병 자체가 아니라 다름 아닌 전염의 최전방이라고 선언한다. "데카당스 자체는 싸울 **수 있는** 상대가 아니다. 절대적으로 필수적이며 모든 시대와 민족에 고유한 것이 데카당스다. 우리가 전력을 다해 막아야 할 것은 유기체의 건강한 부분들이 전염되는 상황이다."[40]

3. 그렇다면 이 시점에서 빼놓을 수 없는 것은 이러한 비판적 면역화가 취하기에 이르는 초-면역적인 방향이다. 과잉보호를 피하

려면, 다시 말해 약자들의 집단이 집요하게 물고 늘어지는 자기 보존 성향과 거리를 두기 위해서는 무엇보다도 이들의 전염을 막아야 하고, 이들이 이미 쌓아놓은 것보다 훨씬 더 견고해서 침투가 불가능한 장벽을 세워 올려야 한다. 이때 요구되는 것은 건강한 부분과 병든 부분의 완전한 분리다. 니체에 따르면 "생명/삶 자체는 유기체의 건강한 부분과 병든 부분 간의 어떤 연대의식도, 어떤 '권리의 평등성'도 인정하지 않는다. 병든 것은 **잘라내야** 한다. 아니면 전체가 죽기 때문이다."[41] 물론 여기서 생리학적인 것과 병리학적인 것의 생물학적 대립 또는 구분은 분명한 사회적 의미를 지닌다. 실제로 니체는 서로 이질적인 계층들, 특히 주인 종족과 노예 종족 간의 엄격한 분리 구도가 유지되거나 더욱더 엄격해져야 한다는 점을 이곳저곳에서 강조했고, 이러한 특징은 그가 인도의 근접불가능한 계층을 칭송하는 곳에서 분명하게 드러난다. 하지만 여기서 우리가 주목해야 할 것은 오히려 이러한 관점에서 분명하게 드러나는 니체와 근대 정치철학 간의 범주적인 충돌이다. 민주주의적 보편주의와 자유주의적 개인주의를 대변하는 '동등한 인간homo aequalis'에 맞서 니체는 근대 이전 세계의 '위계적 인간homo ierarchicus'을 제시한다. 이는 니체가 이끄는 이러한 방향의 담론이 복고적이고 수정주의적이라는 점을 분명하게 보여준다. 실제로 니체가 불랭빌리에Henri de Boulainvilliers를 인용하며 지지하는 문장들은 반–근대적인 방향으로 고정되어 있다. 푸코가 생명정치를 논하면서 불랭빌리에를 자주 언급하는 것은 결코 우연이 아니다. 불랭빌리에는 '주권'과 **나뉠 수 없는 단일** '국가'의 논리를 비판하며, 서로 이질적인 계층과 종족들의 절대적인 분리를 처음으로 주장했던 인물들 가운데 하나다. 니체의 인종차별주의가 일반적인 유형인지 개별적인 유형인지, 다시 말해 상이한 종족들을 차별화하는 쪽으로 기울어지는지 아니면 특정 국가 내부에서 이루어져야 할 어떤 구분을 요구하는지는 우리가 결정할 수 있는 문제가 아니다. 왜냐하면 니체의 담론 자체가 문맥과 정황에 따라 한 차원에서 다른 차원으로 끊임없이 이동하기 때문이다. 반면에 우리가—개념적인 구도의 차원에서—주목해야 할 것은 시원적 풍요의 논리와 명백하게 모순되는 특징, 즉 제로섬 이론에서처럼 일부의 상승이 또 다른 일부의 추락과 정확하게 비례하는 상황이다. 니체는 이렇게 말한다. "훌륭하고 건강한 귀족 체제의 본질은 [...] **이 체제를 사랑하기 때문에** 불구, 노예, 도구로까지 전락해 억압당하고 처참해져야만 하는 수많은 인간의 희생을 아무런 양심의 가책 없이 받아들인다는 것이다."[42]

물론 이러한 입장을 당시에 니체만 고수했던 것은 아니다.[43] 이러한 측면이 강조되었던 경우들은 보수주의 사상에서뿐만 아니라 심지어 자유주의 진영에서도—식민지화와 인종차별주의의 착취에 굴복해야 했던 비유럽 민족의 운명이라는 문제에서—발견된다. 반면에 우리가 다루고 있는 논제의 관점에서 니체의 입장이 특별히 중요한 이유는 그가 유지하는 강렬하게 생명정치적인 어조 때문이다. 이처럼 누군가가 필연적으로 내려와야만 또 다른 누군가가 올라갈 수 있는 희생제의적인 방식으로 균형이 유지되는 상황에서 관건이 되는 것은 단순히 권력, 특권 또는 노동이 아니라 생명/삶 그 자체다. 생물학적 실체의 차원에서 상승을 기대할 수 있으려면, 생명/삶을 스스로와 싸우도록 만드는 냉철한 차별화의 상처를 받아들여야만 한다. 달리—좀 더 극단적으로—말하자면, 일부의 삶-아닌-삶을 밑거름으로 또 다른 일부의 진정한 삶이 실현된다. "산다는 것은 무엇을 뜻하는가? 그것은 죽고 싶어 하는 무언가를 자기 바깥으로 끊임없이 몰아내는 것과 같다."[44] 이는 곧 생명/삶이 죽음의 전염 위협으로부터 스스로를 보호하는 차원에 머물지 않고 오히려 죽음 자체를 스스로의 상대적인 재생 메커니즘으로 활용한다는 것을 의미한다. 바로 이 지점에서, 니체의 '위대한 정치'에 관한 인용문에 포함되었던 내용, 즉 기생적이고 퇴행적인 종족의 제거에 관한 이야기가 지닌 비극적인 성격이 고스란히 드러난다. 여기서 주목해야 할 것은 예를 들어 관건이 불치의 인간들에게 약을 주지 말자는 이야기인지 아니면 이들을 곧장 제거하자는 이야기인지, 혹은 생물학적으로 열등한 인간들에게 생식을 금하자는 이야기인지 아니면 깊이 병든 이들에게 자살을 권하자는 이야기인지 등의 문제가 모두 19세기의 우생학에서 20세기의 절멸 수용소에 이르는 공포 전시장의 특별히 잔인한 일부로 해석될 수 있다는 점이다. 나는 앞서 인용한 것과 유사한 니체의 문장이나 표현을 비유로 간주하거나 문학적인 차원에서 해석하려는 성향에서 벗어나야 한다는 입장에 동의한다. 왜냐하면 니체의 이러한 의견은 그가 롬브로소Cesare Lombroso, 르 봉Gustave Le Bon, 에머슨Ralph Waldo Emerson, 라푸즈Georges Lapouge, 굼플로비치Ludwig Gumplowicz 같은 저자들과 공유하는 내용이기도 하기 때문이다. 이들은 모두 인간의 삶 자체가 소수의 쾌락, 지식, 권력이 다수의 고통, 노역, 심지어는 죽음에 좌우될 수밖에 없도록 만드는 냉혹한 경계에 의해 분리되어 있다고 보았다. 하지만 여전히 해결해야 할 과제가 있다면 그것은 오히려 니체의 생명정치를 이와 정반대되는 죽음정치의 면전으로 몰아가는 내부적인 논리를 재구성하는 데 있다.

4.   내가 받는 인상은 니체의 생명정치가 실제로는 니체 자신이—또 다른 관점에서 생명정치와 명백히 모순되는 결과를 가져오며—비판했던 면역화의 의미론과 오히려 밀접하게 연관되어 있다는 것이다. 이러한 모순의 진원지를 우리는 두 종류의 상반되는 해석이 교차되는 지점에서, 즉 인간의 존재를 생물학적으로만 해석하려는 성향과 이와 정반대되는 관조적인 차원에서만, 그러니까 분명히 생명/삶의 차원으로도 환원되는 것을 본질적으로만, 혹은 순수한 정화의 관점에서만 해석하려는 성향이 교차되는 곳에서 발견할 수 있다. 좀 더 정확히 말하자면, 니체의 생명정치가 지닌 모순의 진원지는 첫 번째 해석의 기능이 두 번째 해석의 달성을 목표로 활용되는 지점에서 발견된다. 상황은 마치 니체의 사유가 서로 상반되는 두 방향으로 나아가다가 결국에는 동일한 목표를 향해 한 곳으로 모여드는 것처럼 전개된다. 한편으로는—앞서 살펴본 것처럼—신학-철학적 전통이 '영혼'이란 이름으로 정의해온 것의 형이상학적 구도를 신체의 생물학적 논리로 환원하는 작업이, 다른 한편으로는 신체를 자연적 퇴화 현상에서 벗어날 수 있도록 인위적 재생을 통해 신체 고유의 시원적 본질로 환원하는 작업이 이루어진다. 이를테면 강제적으로라도 조에zoé의 영역에 들어와야만 비오스bíos는 스스로를 자신 바깥으로 몰아세우는 무언가가 될 수 있다. 놀랍게도 니체는 이러한 모순적인 경로의 열

쇠를 다름 아닌 플라톤의 철학을 탈-구축하며 발견했다. 니체는 형이상학적 플라톤을—다시 말해 '영혼'과 '육체'의 구분과 대립을—'생명정치적인' 플라톤으로 대체한다. 니체가 진정한 의미에서 플라톤적인 공화국은 기준미달인 생명/삶들의 제거를 통해 실현될 "천재들의 국가"라고 주장할 수 있었던 것도 바로 이 때문이다. 플라톤이 세운 계획의 중심에는 이른바 "파수꾼 종족"의 혈통을 순수하게 유지해야 할 뿐 아니라 이 종족에 힘입어 "인류라는 집단" 전체를 퇴화의 전염으로부터 구해내야 한다는 요구가 자리 잡고 있었다. 플라톤의 이러한 해석에 죽음정치의 상흔이 남아 있다는 점은 이미 언급한 바 있고 앞으로 보다 분명히 살펴보겠지만, 이러한 해석의 정당성 여부를 떠나 우리가 다루고 있는 논제의 관점에서 보다 중요한 것은 플라톤의 견해에 함축되어 있는 강렬하게 면역적인 성향이다. 여기서는 퇴화의 방지 해결책이 단순히 생성의 어떤 총체적인 차원에서, 아울러 시원적 조건의 복구 또는 순수하고 완전하며 영속적인 것의 완전한 회귀를 통해서만 모색되는 것이 아니라, 이러한 복구 혹은 회복의 물리적이고 정신적인—물리적**이기에** 정신적인—과정 자체가 전적으로 부정성의 체화에 좌우된다. 간단히 말하자면 이 과정은, 살 가치가 없다고 보는 인간들을 죽음으로 몰아넣을 뿐 아니라 생존자들마저 이들의 원천적인 동물적 차원으로 몰아넣는 움직임에 좌우된다. 니체가—인본주의 문화에 맞서—'사육Züchtung'이나 '길들이기Zähmung' 같은 용어들의 엄밀하게 동물학적 의미를 강조할 때 주장하는 것은 인간의 생동적인 잠재력이 사실상 '인간'은 본질적으로 인간의 내부에서 **아직은** 인간이 **아닌** 것 또는 **더 이상은** 인간이 **아닌** 것에 깊이 종속되어 있기 때문에 주어진다는 것이다. 다시 말해 인간은, 인간적인 것의 '시원적 힘'인 동시에 '구체적 부정'인 무언가에 좌우된다. 바로 그런 이유에서—니체에 따르면—인간은 동물이나 식물원의 식물에 적용되는 것과 동일한 선별 과정을 수용할 때에만 기나긴 퇴화 현상으로 인해 소모되어 왔던 자가-생성 능력을 회복할 수 있다.

이렇게 생명정치적인 차원으로 전복된 형태의 플라톤주의는 실제로 모렐Benedict-Augustin Morel 같은—다음 장에서 상세히 살펴보게 될—학자들의 퇴화 이론과 만나 지독히도 파괴적인 결과를 빚어내기에 이른다. 따라서 바로 **이** 니체를 한편으로는 19세기의 사회-다윈주의적인 허무주의를 절정에 올려놓은 인물로, 다른 한편으로는 20세기에 비극적인 향연의 형태로 전개될 우생학적 행동주의로 넘어오는 단계에서 개념적 전이의 중재자 역할을 한 인물로 간주하는 것이 결코 틀린 견해는 아니다.[45] 니체의 이데올로기적 관찰을 지탱하는 축은 골턴Francis Galton의 범죄 병리학과 에스피나Alfred Espinas[46]나 슈나이더Georg Heinrich Schneider[47] 같은 저자들의 동물 사회학이 수렴되는 지점에서 구체적으로 드러난다. 범죄 행위의 원인이 어떤 개인적인 선택과 무관하고 범죄의 뿌리가 생물학적 구성에서, 그러니까 범죄를 저지른 자의 유전적 유산에서 발견된다면, 분명해지는 것은 처벌이 필연적으로 **예방적인** 동시에 **최종적인** 성격을 띠게 된다는 사실이다. 달리 말하자면, 처벌은 특정 개인에게 적용되는 것이 아니라 원흉으로 간주해야 할 뿐 아니라 끊지 않는 이상 후세대까지 이어질 수밖에 없는 유전적 족보 전체에 적용된다. 하지만 정신질환과 범죄의 이러한 일차적인 중첩은 또 다른, 훨씬 더 극단적인 중첩으로, 즉 인간과 동물의 중첩으로 이어진다. 인간이 생물학적 결정 체계에 좌우된다는 점을 부인하기 어려워지는 순간부터, 인간은 얼마든지 본연의 동물적인 근원으로 환원될 수 있다. 달리 말하자면, 인간은 그가 문명화라고 부를 뿐 사실상 퇴화의 연속에 지나지 않았던 왜곡 성향과 퇴폐주의를 기반으로 이 동물적인 근원에서 벗어났다는 환영에 빠져 있었을 뿐이다. 이러한 관점은 홉스에서 유래하는 '늑대 인간'의—즉 동종에 대한 호전적 성향을 가리키는 동물적 메타포의—차원을 훌쩍 뛰어넘는다. 문자 그대로 읽으면, '늑대–인간'은 사실 일종의 우월한 유형임에도 불구하고 그를 에워싼 또 다른 유형의 열등한 동물들이 그를 내부에서부터 갉아먹는 상황에서 벗어나지 못하는 자를 가리킬 뿐이다. 이 열등한 동물들은 그의 피를 빨아먹고 그런 식으로 오염된 피를 다른 이들에게도 전달하는 머릿니, 간균, 기생충들이다. 문제는 이 생물학적인biologico 동시에 **결과적으로** 정치적인politico '위험'을 막을 수 있는 유일한 [니체의] 대응책이 똑같이 생명정치bio-politica적이지만, 변증적인 면역화의 허무주의적 완성과 함께 죽음을 가져오는 만큼 정확하게 전복된 의미의 생명정치라는 데 있다. 이 경우에도 관건은 퇴화의 부정에서 오는 생성, 살생에서 오는 생명이다. 니체는 이렇게 말한다.

> 병자는 사회의 기생충이다. 어떤 경우에는, 가능한 한 오래 산다는 것 자체가 꼴사나운 일이다. [...] 높은 곳을 바라보는 생명/삶의 지고한 관심이 요구하는 바에 따라, 퇴행적인 생명/삶을 무시하고 무자비하게 제거해야 하는 모든 영역, 예를 들어 번식의 권

리, 탄생의 권리, 살아갈 권리 등의 영역에 대한 의사들의 새로운
책임의식을 창출해야 한다.[48]

4. 인간 이후

1. 그럼에도 이것이 니체의 유일한 혹은 마지막 답변이라고
는 보기 어렵다. 물론 니체의 담론이 결론과 의미의 차원에서 이론
의 여지가 없는 방향으로 나아간 만큼 그의 표현들이 20세기 우생
학의 가장 파괴적인 결과와 범주적으로 무관하다는 점을 증명하
기는 거의 불가능하다. 하지만 니체의 표현들은, 우생학으로는 환
원되지 않을 뿐 아니라 근원적인 영감의 차원에서 전적으로 상반
되는 또 다른 관점과 함께 관찰할 필요가 있다. 이 상이한 두 의미
론 간의 내부적인 차이를 발견하기 위해 주목해야 할 것은 생물학
적 데카당스를 '퇴화'로도 정의하고 '수동적 니힐리즘'으로도 정의
하는 니체의 태도다. 이 니체는 도대체 어떻게 대해야 하나? 그를
검거해야 하나? 아니면 자제하도록 만들어야 하나? 니체 자신이
활성화했고 결국에는 퇴화의 원흉으로 드러난 면역 장치와 동일
하면서도 상반되는 장치들을 통해 그를 진정시켜야 하나? 아니면
반대로 니체가 자신의 계획을 완성하도록 부추겨서 자멸하도록

만들어야 하나? 그러니까, 전염의 확산에 맞서 더욱더 두터운 보호 장벽을 쌓아 올려야 하나, 아니면 니체의 중재로 기존의 낡은 유기적 균형을 해체하고 이를 기회로 새로운 형태발생 구도를 구축해야 하나? 계층과 종족들 간의 구분과 경계의 선을 더욱더 견고하게 구축해서 일부의 폭력적인 제압이 또 다른 일부의 생물학적 발달에 기여하도록 만들어야 하나, 아니면 바로 이 두 계층 간의 차이에서 어떤 공통적인 성장의 생산적인 에너지를 찾아야 하나?

앞서 인용한 니체의 문장에서 우리가 확인할 수 있었던 것은 이 질문들에 대한 니체의 첫 번째 답변, 즉 그의 이데올로기적 전제와 죽음정치적인 결과의 차원에서 이해해야 할 답변이다. 그렇다면 이제 주목해야 할 것은 니체가 또 다른 답변을 제시하기 위해—이 두 유형의 답변 사이에 어떤 연대기적 연속성을 부여하기 어렵지만—어느 시점에선가 첫 번째 답변과 중첩되면서도 상반되는 방향으로 나아가기 시작했다는 점이다. 이 방향을 지탱하는 아이디어는, 어떤 식으로든 미래에 이루어져야 할 일의 실현을 가속화해야만 새로운 긍정의 힘에 자리를 마련할 수 있다는 것이다. 이 외의 선택 사항들은—복원적인, 보상적인, 저항적인 방식들은—모두 처음보다 훨씬 더 심각한 침체 현상을 가져올 뿐이다. 니체에 따르면 "오늘날에도 여전히 만사가 **게처럼 거꾸로 걸으며** 퇴보하는 모습을 꿈꾸는 정당들이 남아 있다. 하지만 그 누구에게도 게가 될 자유는 주어지지 않는다. 그것은 아무짝에도 쓸모없는 일이다. 우리는 앞으로 나아가야 한다. 이를테면 **데카당스 안에서 한 걸음 한 걸음 더 앞으로** 나아가야 한다. [...] 발전을 **늦추는** 것만큼은 가능하다. 그리고 이와 더불어 퇴화 자체를 막고 그 흐름을 축적시켜 더욱더 격렬하고 **갑작스러운** 것으로 만드는 것만큼은 가능하다. 그 이상은 불가능하다."[49] 이러한 표현 속에 함축되어 있는—아울러 '영원 회귀'의 개념과도 결코 무관하지 않은—관점은, 하향 포물선의 기울기가 점점 더 증가할 때 포물선은 정상으로 올라오기 위해 기점이 되었던 곳을 주기적으로 지나간다는 것이다. 바로 이러한 관점을 토대로 니체는 자신이 근대 면역화의 퇴폐적인 결과에 맞서 직접 제기했던 초-면역화 기계를 스스로 탈-구축하기 시작한다. 그런 식으로 방어와 절제의 전략을 대체하기 위해 등장시키는 것이 활성화와 왕성한 족쇄풀기의 전략이다. 힘 자체는—역반응의 힘도—멈출 수 없다는 것이 니체의 생각이다. 유일하게 할 수 있는 일이라곤 힘이 스스로를 겨냥하도록 방향을 꺾는 것뿐이다. 실제로 넘쳐흐르는 힘의 모든 부정성은 스스로를 부정할 수밖에 없는 숙명에 처한다. 눈앞에 나타나는 모든 것을 파괴한 다음에는 고유의 부정성과 맞서 싸울 수밖에 없기 때문에 결국 긍정으로 전복되는 것이다. 들뢰즈가 정확하게 지적했던 대로, 이 과정의 기원에는 니체의 어떤 은폐된 변증법적 성향 또는 일종의 전복된 헤겔주의가 있는 것이 아니라 오히려 변증 메커니즘으로부터의 결정적인 일탈이 있다. 니체의 긍정은 어떤 이중 부정의 종합적인 결과가 아니라 부정 자체를 스스로 제거할 때 실현되는 긍정적인 힘들의 해방이다. 면역적인 차원의 거부반응이—니체가 '역반응'이라고 부르는 것이—너무 강렬해져 원래 이를 활성화했던 항체들마저 공격하는 단계에 이르면, 낡은 틀의 붕괴는 불가피해진다.

물론 이러한 관점은 퇴화의 '돌이킬 수 없는' 성격에 관한 설명과 모순을 일으키는 듯 보이고, 이러한 인상은 완전히 틀렸다고 보기 어렵다. 하지만 이는 정반대되는 논리마저 수용할 수 있을 만큼 예리한 관찰력이 없을 때에만 부각되는 모순이다. 니체가 현실의 객관성에 대한 모든 유형의 신뢰와 거리가 먼 철학자라는 점을 감안하면, 여기서 관건이 되는 것은 문제의 **결과**가 아닌 **관점**이다. 달리 말하자면, 니체가 면역 패러다임의 자가–탈–구축 과정을 이론화하는 작업이 그의 우생학적 견해와도 상반되는 각도에서 이루어진 것은 그의 생동주의 기획이 미진해졌거나 그가 퇴화론 가설을 포기했기 때문이 아니다. 여기서 관건이 되는 것은 건강과 질병 간의 생명철학적인 관계가 아니라 건강과 질병의 상이한 개념들, 여하튼 이들의 본질적인 관계다. 니체의 사유에서 이처럼 복합적인 굴절을 통해 **사라지는** 것이 있다면, 그것은 선과 악의 절대적 구분이라는 형이상학적 전제에 따라 건강과 질병을 완전히 상반된 형태로 구분하는 경계다. 바로 그런 의미에서 니체는 이렇게 말한다. "건강 그 자체는 존재하지 않는다. 건강을 이런 식으로 정의하려는 모든 시도는 비참하게 실패로 돌아가고 말았다. [...] 무수히 많은 유형의 육체적 건강이 존재한다. [...] 우리의 의료인들을 위해, 정상적인 건강이라는 개념뿐만 아니라 정상적인 식이요법, 질병의 정상적인 경과라는 개념도 모두 사라져야 한다."[50] 따라서 완벽한 건강의 기준을 추상적으로 정의하는 것이 불가능하다면, 또 일련의 법칙이 건강의 개념을 결정짓는 것이 아니라 다름 아닌 건강이 언제나 복수적이고 반복이 가능한 형태로 고유의 법칙들을 창출해낸다면, 더군다나 모두가 건강에 대해 제각기 다른 생각들을 지녔다면 사실은 질병에 대한 일반적인 정의도 불가능하다는 결론을 내려야 한다. 이는 건강이 무엇인지 모르면 질병의 개념을 확실하게 정의하는 것도 불가능하다는 단순한 논리적 이유 때문만이 아니라, 생물학적인 차원에서도 건강과 질병이 단순히 서로를 배제하는 것으로 그치지 않는 훨씬 더 복잡한 관계에 놓여 있기 때문이다. 질병은 뭐랄까 건강의 정반대일 뿐 아니라 건강의 전제, 건강의 길, 건강의 중재자다. 다름 아닌 질병에서 건강이 유래하며, 건강은 질병을 고유의 포기할 수 없는 구성 요소로 간직한다. 진정한 의미에서 건강은 질병을 포함하지—이해하고 체화하지—않는 이상 존재하지 않는다. 니체는 이렇게 말한다. "끝으로 큰 문제가 여전히 열린 상태로 남아 있다. 그것은 우리가 과연 질병 **없이 살아갈** 수 있는가, 우리가 지닌 기량의 발전을 위해서라도 질병이 필요한 것은 아닌가, 특히 앎과 자의식에 대한 우리의 갈증이 건강한 영혼만큼이나 병든 영혼을 필요로 하는 것은 아닌가라는 문제, 간단히 말해 건강만을 예외적으로 중시하는 의견이 사실은 일종의 편견이나 비굴함, 혹은 세련된 야만과 후진성의 잔재는 아닌가라는 문제다."51

2. 건강이 이처럼 건강의 정반대인 질병과 스스로를 견주거나 관찰할 줄 모른다고 지적하는 니체의 이 '건강에의 의지' 비판에서 관건이 되는 것은 생명과 이에 끊임없이 도전하는 위험의 관계다. 이 도전을 두 세력 간의 대결 또는 분쟁으로, 예를 들어 침략과 정복을 목표로 포위하며 위협하는 외부의 적과 침략으로부터 스스로를 보호해야 하는 도시 간의 분쟁으로 이해하는 것은 잘못이다. 물론 이러한 분쟁의 이미지가 니체의 담론 속에 깊이 숨어 있는

논리와 결코 무관한 것은 아니다. 이 점은 그의 글이 지닌 명백하게 우생학적인 측면에서 분명하게 드러난다. 하지만—앞서 살펴보았듯이—우생학이 이러한 분쟁의 문제를 전부 설명해주는 것은 아니다. 아니, 어떻게 보면 니체의 글이 지닌 탁월한 충격 효과는 오히려 또 다른 논쟁적 궤도로 우생학 자체를 가로질러 모순적으로 만드는 데 있다. 이 궤도는 우생학의 맞은편이 아니라 내부에서 발견된다. 결과적으로 부각되는 것은 [생명과 위협의] **대척** 관계를 토대로 전개되는 **중첩**의 구도다. 우리는 이 중첩의 논리적 경로들을 모두 이들의 순차적인 **계승**뿐만 아니라 동시적인 **공존**의 차원에서 살펴볼 필요가 있다. 앞서 언급한 것처럼, 니체는 근대의 면역 장치들을 비판하지만 이들을 부정하는 것이 아니라 면역의 문제를 제도적인 차원에서 실질적인 삶의 차원으로 옮겨오며 비판한다. 의미의 과잉 또는 분산으로부터 보호해야 할 것은 더 이상 형식적인 차원의 정치 질서가 아니라 전체적인 차원의 종적 생존이다. 여기서 종의 생존 가능성은—진보하는 퇴화의 계통발생적인 구도 안에서—이미 퇴화한 이들의 무리가 야기하는 전염의 위협에도 계속해서 완전한 형태를 유지하는 생명/삶들의 영역을 어떻게 고립시키고 울타리로 보호하느냐는 문제에, 심지어는 후자의 생존을 위한 전자의 맬서스주의적인 제거 방책에 좌우된다. 물론 이러한 예방 조치들은 니체적인 어휘의 일차적인—초–면역적인 혹은 죽음정치적인—지층을 구성하는 요소에 불과하다. 바로 이 첫 번째 영역에서 벗어나 또 다른 방향으로 나아가며 어떤 상이한 해석을 가능케 하는 두 번째 범주적 의미론이 전자와 병행하는 형태로 등장한다. 두 번째 의미론은 기존의 범주들, 예를 들어

'건강'이나 '질병'의 재검토가 아니라 의미의 확장을 통해 이 범주들을 이들의 논리적 천적과 직접 접촉하게 만들면서 고유의 확고부동했던 벽을 무너트린다. 이러한 차원에서 관찰하면, 위험은—생물학적 위험도—더 이상 포위된 도시의 메타포에서처럼 외부에서 쳐들어오는 적이 아니라 오히려 내부에서 박동하는 힘 그 자체에 가깝다. 바로 그런 이유에서—니체에 따르면—"그리스인들이 가진 것이라곤 억센 건강뿐이었다. 질병도 **힘**만 있다면 신처럼 숭배하는 것이 이들이 비밀이었다."⁵³ 그리고 이와 동일한 이유에서 "위대한 건강이란 소유할 뿐 아니라 끊임없이 쟁취하고 또 쟁취해야만 하는 것이다. 왜냐하면 계속해서 희생되고 또 희생시켜야만 하는 것이 건강이니까." 그래서 "위험천만하리만큼 건강하고 계속해서 건강을 회복하는"이란 표현은 건강이 스스로에게 맞서는 듯 보이는 질병을 반드시 거쳐야 한다는 것을 의미한다. 건강은 건강이 스스로를 극복하도록 밀어붙이는 치명적 위험과 고스란히 일치한다. 다시 말해 질병은 건강이 끊임없이 고유의 법칙들을 개선하고 고유의 위상을 전복시켜 재창출하게 만든다. 그런 식으로 기존의 우생학적 전략을 지배하던 공격과 방어의 논리가 폭발적으로 강화되는 가운데 결국 일종의 전복이 이루어진다. 다시 말해 건강이 더 이상 질병과 떨어질 수 없는 것이라면, 아울러 질병이 건강의 일부라면, 개인적이거나 사회적인 신체들을 보호막이나 위계질서의 차원에서 견고한 울타리로 분류하는 것은 더 이상 불가능하다. 이 시점에서 면역학적 의미론은 고스란히 어떤 모순에 봉착한 것처럼, 혹은 오히려 면역의 의미를 강화하는 동시에 뒤바꾸고, 인정하는 동시에 해체한다는 의미에서 보다 효율적으로 재해석된 것처럼 보인다.

『인간적인, 너무나 인간적인』에서 '퇴화를 거쳐 고귀해지기'라는 제목의 문단을 살펴보면 우리가 재구성한 논리의 궤도 전체가 간략하고 함축적으로 묘사되어 있는 것을 발견할 수 있다. 니체의 이야기는 삶의 동등한 조건과 동일한 신앙을 공유하는 이들의 공동체를 중심으로 전개된다. 공동체 구성원들의 생명을 위협하는 요소는 어떤 외부적인 위협이 아니라 오히려 공동체를 안정적으로 유지하면 할수록 혁신의 가능성도 줄어들게 만드는 공동체 내부의 안정성 그 자체다. 간단히 말하자면, 공동체를 잠재적 위험으로부터 보호하기 위한 예방조치 자체가 공동체를 위협하는 가장 커다란 위험으로 대두된다. 일단 면역화가 이루어지면 공동체는 더 이상 위험에 노출되지 않지만, 바로 그런 이유에서 외부와의 관계를 통해 성장할 수 있는 모든 가능성마저 차단되고 결국에는 스스로의 내부에 갇히는 상황이 벌어진다. 완벽한 건강을 추구하는 우생학적 예방 규칙을 따르기 때문에, 퇴화를 피하려다가 결국에는 고유의 자가 생성 기량마저 상실하기에 이르는 것이다. 이를테면 발전의 조건을 창출하지 못하기 때문에 결국에는 스스로 수그러들 수밖에 없는 상황에 처한다. 이러한 퇴보 성향에서 공동체를 구하는 것은 자기보존 신드롬으로부터 훨씬 더 자유로운 유형의 개인, 즉 새로운 것을 실험하는 성향은 더 강하지만 바로 그런 이유에서 생물학적으로 더 약한 유형의 개인들이다. 이들은 자신이 소유하는 자산과 자신의 생명력마저 기꺼이 나누어줄 수 있는 아량을 지녔지만, 그런 식으로 언젠가는 스스로를 위험에 빠트릴 뿐 아니라 자신의 상처가 모두에게 전염되는 순간 공동체 전체를 위기로 몰아넣는다. 그럼에도 불구하고 바로 이 지점에서—이 극단적인 위험 지대에서—퇴화와 혁신 간의 생산적인 조화 가능성이 나타난다. 니체에 따르면 "상처가 생겨 약해진 바로 그 지점에서 새로운 무언가가 공동체 전체에 **접종**된다. 반면에 공동체의 힘도 이 새로운 무언가를 피 속에 받아들여 동화시킬 수 있을 만큼 충분히 강해야 한다. 퇴화하는 존재들은 진보가 이루어져야 하는 곳이라면 어디서든 지극히 중요한 의미를 지닌다."[55] 이는 한때 퇴화의 전염으로부터 건강한 종족과 개인을 보호하기 위해 전력을 다해 투쟁했던 니체의 입장에서는 실로 대단한 반전일 수밖에 없는 문장이다. 하지만 이 글은—앞서 언급한 것처럼—면역의 패러다임과 거리두기로 이해할 것이 아니라 면역성과 정반대되는 공통성의 수용으로, 다시 말해 자기-파괴적인 나눔의 형식 또는 **코무니타스**의 수용으로 이해해야 한다. 이러한 의미론적 중첩 현상의 단서는 니체가 사용하는 표현에서, 정확히 말해 면역학적 어휘와 공동체적 어휘가 수렴되는 지점에서 발견된다. 내가 말하려는 것은 '새로운 것'과 '오염'이 일치하게 되는 정황뿐만 아니라 그것의 '접종'에서 '고귀한' 결과들이 탄생하게 되는 정황이다. 공동체적 몸의 경우에든 개인적인 몸의 경우에든 "교육자는 그에게 상처를 주거나 운명이 그에게 주는 상처를 활용해야 한다. 그런 식으로 고통과 요구가 탄생할 때, 상처받은 지점에 무언가 새롭고 고귀한 것이 접종된다. 그의 본성 전체가 이를 받아들여 열매를 맺을 때 고귀함을 느끼게 할 것이다."[56]

이 문장에서 사용된 것이 다름 아닌 면역학적 어휘, 접종의 어휘라는 점은 분명하다. 니체가 묘사하는 것은 일종의 요새로 만들고자 하는 개별적이거나 집단적인 유기체에 극소량의 바이러스가 투입되는 상황이다. 하지만 니체의 설명을 뒷받침하는 논리는 정체성의 보존이나 단순한 생존을 추구하는 차원이 아니라 오히려 혁신과 변화를 추구하는 차원에 고정되어 있다. 이 두 차원의 차이점과 어느 한 차원이 다른 차원으로 미끄러져 들어가는 현상은 다름 아닌 '부정성'과의 관계를 이해하고 무엇보다도 '부정성'을 정의하는 방식에서 발견된다. 니체가 권고하는 것은 결코 항체를 활성화해야 할 항원의 접종이나 면역체계의 방어 장치들을 더욱더 견고히 보완해야 할 항체의 접종이 아니다. 다시 말해, 대단위의 부정성으로 흘러들어가는 길을 막기 위해 예방차원에서 활용해야 할 소단위의 부정성이 아니다. 이 모든 것은 니체가 역반응에 불과하다고 비판하는 변증적인 과정의 일부에 불과다. 니체가 이에 맞서 제기하는 것은 기존의 관점에서 병/악에 불과하던 것을—고통, 예기치 못한 사건, 위험 등을—실존의 가장 강렬한 특징으로 간주하며 긍정적으로 수용하는 방식이다. 이런 식으로 부정성은 더 이상 부정되지 않고—제압되거나 거부되거나 제거되지 않고—그 자체로 인정된다. 다시 말해 부정성은, 생명/삶 자체를 빨아들이는 동시에 강화하는 문제적인 영역으로 생명/삶을 끊임없이 몰아넣고 궁지에 빠트리지만 그럼에도 불구하고, 아니 바로 그런 이유에서 삶의 본질적인 부분으로 수용된다. 니체는 철학마저—환영의 체계를 구축하는 데 기여할 뿐 이를 스스로 포기하고 열린 바다로 나아갈 줄 아는 철학의 역할 자체를—일종의 의도적인 중독에, 다시 말해 더 이상 어머니 수호신이 아니라, 견디기 힘든 모순의 고통스러운 파괴력을 경험하지 않고서는 그 얼굴을 직접 바라볼 수 없는 메두사에 비유한다. 그런 의미에서 진정한 철학자는 "자신을 끊임없이 궁지로 몰아넣는다."[57] 왜냐하면 삶의 진실이, 삶 자체를 끊임없이 추월하는 무언가에, 달리 말하자면 좀 더 편리하고 기분 좋은 진실의 이름으로 지배하거나 중화하거나 전적으로 내면화하는 것이 불가능한 어떤 '바깥'에 있다고 보기 때문이다.

3. 우리가 스스로를 보호하기 위해 끊임없이 숨어드는 곳이 면역체계라면, 이 면역체계의 '바깥'을 '공동체'라는 이름으로 부를 수 있을까? 바타유Georges Bataille가 이와 정반대 방향으로 전개되던 해석적 표류 현상에 맞서 과감하게 시도했던 것처럼?[58] 여기서 내가 내부적인 모순의 단층과 단계를 모두 재구성하며 추적한 철학의 내용을 굳이 전면에 내세울 필요 없이 니체의 몇몇 텍스트들만 살펴보아도 이 질문에 대한 조심스럽지만 긍정적인 답변을 제시할 수 있다. 니체의 텍스트들 중에는 예를 들어 그의 '선사' 개념을—이른바 "선사의 미덕"[59]을—중심으로 수렴되는 만큼 '힘에의 의지'를 그저 소유와 축적의 관점에서만 해석하는 관점에 대해 오히려 탈구축적인 효과를 발휘하는 글들이 있고, 또 멀리 있거나 거리가 먼 이들, 심지어는 적들에게까지 확장되는 "별들의 우정"[60]에 관한 몽상적인 문장들이 있다. 당연히 이것이 전부는 아니다. 니체의 번뜩이는 몇몇 단상들은 불현 듯, 잠시나마, 서구문명의 기원에 우리가 여전히 풀지 못한 매듭의 형태로 존속하며 여전히 일종의 수수께끼로 남아 있는 hospes(환대)와 hostis(적대)의 뿌리 깊은 결속 관계를 조명할 수 있도록 도와준다. 우리가 이 모든 것을 관찰할 때 곧장 도달하게 되는 곳은 임무니타스immunitas의 상극일

뿐 아니라—좀 더 복합적인 관점에서—중심이자 불타오르는 핵심이기도 한 공통의 무누스munus, 즉 코무니타스commmunitas의 의미론적 경계다. 이 영역에 좀 더 깊이 파고들어가기 위해서는 '선사'의 의미론에, 아울러 '적과의 우정'에 주목할 필요가 있다. 하지만 이는 인류학적 관점이나 윤리적인 차원이 아니라—다시 말해, 니체의 어휘와 본질적으로 무관하고 전적으로 이질적인 모든 '이타주의' 수사학의 윤리적인 차원이 아니라—오히려 근본적으로 존재론적인 차원에서 다루어야 할 문제다. 달리 말하자면, 니체의 텍스트에서 선사는 '나와 다른' 인간에게 여는 마음이 아니라 오히려 모든 인간이 '타자로 간주하는' 혹은 모든 인간과 '다른' 존재에게 여는 마음에 가깝다. 바로 여기서 니체는, 결코 막을 내렸다고 볼 수 없는 인본주의 전통이 인간에게 그의 가장 고유하고 본질적인 특성 가운데 하나로 부여해온 자가–소속 방식을 '다르게' 만들어버린다. 이 전통적인 방식에 맞서, 니체의 텍스트는 우리에게 인간은 그가 자신의 존재와 일치한다고 믿는 인간이 아직은, 더 이상은, 아울러 어떤 경우에도 아니라는 사실을 상기시킨다. 인간의 존재는 자기 자신의 정체 저편에—아니면 이편에—있다. 아니, 그 자체로는 어떤 '존재'도 아니며 오히려 어떤 '생성'에, 그러니까 내부에 어떤 상이한 과거의 흔적과 전례 없는 미래의 예시를 함께 지닌 생성의 움직임에 가깝다. 이러한 개념적 전이의 중심에 바로 '변신'이라는 주제가 있다. 평범한 인간이 언제나 새로운 보존 장치들을 구축하고 가능한 한 오래 사는 데에만 전념하기 때문에 더디게 성장하는 반면, 초인Übermensch은—이 표현을 어떤 식으로 이해하든 간에—고갈되지 않는 변신의 잠재력이 특징인 존재다. 인간은 문자 그대로 자신 '바깥'에 머문다. 다시 말해, 인간-그-자체의 공간은 더 이상 아닌—한 번도 그런 적이 없는—곳에 머무는 것이다. 어디서 무엇이 될 것인가를 아는 일은 그리 중요하지 않다. 왜냐하면 인간을 특징짓는 것은 변화하기, 지나가기, 고유의 자리topos를 초월하기이기 때문이다. 물론 그의 삶이 형태를 지니지 않는 것은—'삶의 형태'가 아닌 것은—아니다. 하지만 관건은 그 자체로 변화하는 형태, 즉 어떤 이질성에 의해 나뉘는 동시에 배가되는 새로운 형태를 향해 끊임없이 나아가는 움직임이다.

바로 그런 의미에서 초개인주의자 니체는 '분리되지 않은individuo' 인간 '개인individuo'은 존재하지 않는다고 말한다. 왜냐하면 '개인'이라는 말 자체가 세상에 오는 그의 탄생 경로 자체와, 다시 말해 **"둘은 하나에서, 하나는 둘에서"**[61] 태어난다는 유전 원리와 모순되기 때문이다. '탄생', '출산', '임신' 등이 니체 철학의 가장 상징적인 이미지를 구성하는 것은 결코 우연이 아니다. 이 이미지 자체의 특징을 니체는 '분만'의 고통으로 해석한다. 이야기가 이런 식으로 전개되는 이유는, '탄생'만큼 분명하게 '선사'라는—얼마든지 단순한 비유나 전통적인 상호주체주의 해석으로 그칠 수도 있는—주제를 생물학적 차원으로 환원하는 것도 없기 때문이다. '분만'은 단순히 생명의 선사라기보다는 오히려 한 생명이 둘로 나뉘는 실질적인 장소에 가깝다. 다시 말해 한 생명이 자기보존의 면역 논리와 철저하게 모순되는 방향으로 나아가며 자기 자신과의 괴리를 수용하는 장소인 것이다. 모든 전제된 형태의 내재화에 맞서, '분만'은 몸을 분리에 노출시키고, 마치 안의 바깥인 듯, 내부의 외부인 듯, 면역성의 공통성인 듯 항상 몸 자체를 가로지르는 괴리 현상에 노출시킨다. 이는 개인적인 차원뿐만 아니라 집단적인 차원의 몸에도 해당되는 이야기다. 집단의 몸을 위협하고 침투하며 혼종으로 만드는 것은 당연히 외부적일 뿐 아니라 내부적인 이질성이다. 이 이야기는 아울러 민족éthnos과 종족ghénos에 적용되고, 모든 유형의 우생학적 환영에도 불구하고 그 자체로는 결코 순수하지 않은[62] '혈통'에만 적용되는 것이 아니라 '종'에도 적용된다. 바로 이 '종'에 맞서, 아니, 본질적으로는 다른 모든 종과의 차별화를 위해서만 '인류'라는 이름으로 정의되는 것에 맞서, 니체는 면역화 패러다임을 이와 정반대되는 것으로 탈-구축하거나 환원하는 작업에 더욱더 깊이 몰두할 뿐 아니라 이를 더욱더 멀리 밀고 나아간다. 물론이다. 니체가 인류와 동물적인 영역을 중첩시키는 입장은 여러 방식으로 해석되어 왔고 해석될 수 있다. 니체가 사용하는 "맹수" 혹은 "사육용 동물" 같은 불길한 표현들이 사회적 다원주의의 가장 공격적이고 결정주의적인 성향으로 이어질 수밖에 없는 어조와 울림을 지녔다는 것은 의심의 여지가 없다. 하지만 니체가 시도하는 인간의 동물화에는 분명히 무언가 다른 것이, 이를테면 머나먼 동물적 과거에 주목하기보다는 인류의 미래를 가리키는 듯 보이는 무언가가 있다. 니체의 텍스트에서 동물은 결코 인간이 빛을 향해 나아가며 벗어나야 했던 암울한 심연 또는 바위 얼굴로 해석되지 않는다. 동물은 오히려 '인간 이후'의 숙명과—초인을 뜻하는 Über-mensch를 '이후의 인간'으로도 이해할 수 있다는 차원에서—직결된다. 니체에게 동물은 인간의 과거라기보다는 인간의 미래에 가깝다. 좀 더 정확히 말하자면 동물은, 과거와 미래의 관계 자체를 앞서 등장했던 어떤 형태로도 환원될 수 없게 만드는 불연속적 경로다. 니체가 말하는 동물의 숙명이 수수께끼처럼—인간을 **통해**—힘과 지혜에 있어 동물을 초월하는 자와 연결되는 것은 결코 우연이 아니다. 다시 말해 동물은, 인간이 속한 '종'의 의미를 더 이상 인본주의적이거나 인류학적인 차원이 아니라 인류-기술적이고 생명-공학적인 차원에서 다시 정의할 수 있는 누군가를 가리킨다. "어떤 신도 우리를 보살피지 않고 어떤 도덕 법칙도 영원하지 않다는—인류는 무신론적으로 비도덕적이라는—학설에서 도출되어야 할 근본적인 변화는 무엇인가? 우리는 결국 동물이라는 말인가? 우리의 삶은 여정에 불과하다는 말인가? 우린 책임이 없는 존재란 말인가? 현자와 동물이 서로 가까워져 어떤 새로운 유형을 만들어낼 것이다!" 물론 이 새로운 "유형"은 그것이 무엇이든, 어떤 종류이든 간에 결정되지 않은 상태로 남아 있다. 니체뿐만 아니라 모두에게도. 하지만 그는 분명히 우리가 일종의 문턱에 도달해 있고, 이를 넘어서는 순간 이제껏 우리가 '인간'이라고 불러왔던 것이 고유의 '종'과 상이한 관계에 들어서게 되리라는 것을 알아차린다. 아니, 이 문턱을 넘어서면 '종' 자체는 우리가 알고 있던 것과 판이하게 다른 생명정치, 다시 말해 인간의 삶에만 관여하는 것이 아니라 인간의 삶 바깥, 삶과는 다른 것, 삶 이후에도 관여하는 생명정치의 객체가—그리고 주체가—될 것이다. 니체의 텍스트에서 인간의 동물화에 각인되어 있는 것이 바로—위험천만하게 배치되고 중첩되어 있는—이 두 지표, 삶과 삶 바깥이다. 동물화는 **죽음**을 중심으로 펼쳐지는 생명정치의 참여 지점인 동시에 생명을 중심으로 펼쳐지는—그 윤곽을 가까스로 알아볼 수 있는—새로운 생명정치의 지평이다.

주

1 K. Löwith, *Der europäische Nihilismus* (1939), Stuttgart 1983 [trad. it *Il nichilismo europeo*, C. Galli편, Roma-Bari 1999, p. 49].

2 G. Bataille, *Nietzsche et les Fascistes*, in «Acéphale», n. 2, 1937 [trad. it. *Nietzsche e i fascisti*, in *La congiura sacra*, R. Esposito, M. Galletti편, Torino 1997, p. 16].

3 M. Foucault, Nietzsche, *la généalogie, l'histoire*, in *Dits et Écrits*, vol. II [trad. it. *Nietzsche, la genealogia, la storia*, in *Il discorso, la storia, la verità*, pp. 43-64].

4 F. Nietzsche, *Genealogia della morale* (*Zur Genealogie der Moral*), in *Opere*, vol. VI, 2, p. 286.

5 F. Nietzsche, *Frammenti postumi, 1885-87*, in *Opere*, vol. VIII, 1, p. 139.

6 F. Nietzsche, *Ecce homo*, in *Opere*, vol. VI, 3, p. 360.

7 F. Nietzsche, *Crepuscolo degli idoli*, p. 139.

8 F. Nietzsche, *Frammenti postumi, 1888-89*, in *Opere*, vol. VIII, 3, p. 408.

9 니체와 다윈주의의 복잡한 관계, 그리고 보다 일반적인 차원에서 니체와 생물학의 관계에 대해서는 이하의 저서들 참조. E. Blondel, *Nietzsche, le corps et la culture*, Paris 1986; Th. H. Brobjer, *Darwinismus, in Nietzsche-Handbuch*, Stuttgart-Weimar 2000; B. Stiegler, *Nietzsche et la biologie*, Paris 2001; G. Moore, *Nietzsche, Biology and Methaphor*, Cambridge 2002; A. Orsucci, *Dalla biologia cellulare alle scienze dello spirito*, Bologna 1992.

10 F. Nietzsche, *Frammenti postumi*, 1881-82, in *Opere*, vol. V, 2, pp. 432-33.

11 M. Heidegger, *Nietzsche*, Pfullingen 1961 [trad. it. *Nietzsche*, F. Volpi편, Milano 1994].

12 F. Nietzsche, *La gaia scienza* (*Die fröhliche Wissenschaft*), in *Opere*, vol. V, 2, p. 18.

13 이 점에 대해서는 무엇보다도 보데이의 중요한 책『개개인의 운명』에서 니체를 다룬 4장 참조. R. Bodei, *Destini personali. L'età della colonizzazione delle coscienze*, Milano 2002, pp. 83-116; 이 외에도 I. Haaz, *Les conceptions du corps chez Ribot et Nietzsche*, Paris 2003 참조.

14 그런 의미에서 니체에게 가장 중요했던 참고서는 분명히 빌헬름 루의 저서다. W. Roux, *Der Kampf der Theile im Organismus*, Leipzig 1881. 이들의 관계에 대해서는 W. Müllerlauter, *Der Organismus als innere Kampf. Der Einfluss von Wilhelm Roux auf Friedrich Nietzsche*, in «Nietzsche Studien», VII, 1978, pp. 89-223 참조.

15 F. Nietzsche, *Frammenti postumi, 1884-85*, in *Opere*, vol. VII, 3, p. 238.

16 F. Nietzsche, *Ecce homo*, pp. 281-82.

17 F. Nietzsche, *Frammenti postumi, 1885-87*, pp. 77-78.

18 F. Nietzsche, *La gaia scienza*, p. 252.

19 F. Nietzsche, *Così parlò Zarathustra* (*Also sprach Zarathustra*), in *Opere*, vol. VI, 1,

p. 139.

20 F. Nietzsche, *Considerazioni inattuali* (*Unzeitgemäße Betrachtungen*), in *Opere*, vol. III, 1, p. 263.

21 F. Nietzsche, *Al di là del bene e del male* (*Jenseits von Gut und Böse*), in *Opere*, vol. VI, 2, p. 177.

22 같은 책, p. 179.

23 W. H. Rolph, *Biologische Probleme zugleich als Versuch zur Entwicklung einer rationalen Ethik*, Leipzig 1882.

24 F. Nietzsche, *La gaia scienza*, p. 253.

25 F. Nietzsche, *Umano, troppo umano*, I (*Menschliches, Allzumenschliches*), in *Opere*, vol. IV, 2, p. 241.

26 U. Galimberti, *Gli equivoci dell'anima*, Milano 1987.

27 F. Nietzsche, *Su verità e menzogna in senso extramorale* (*Über Wahrheit und Lüge im aussermoralischen Sinne*), in *Opere*, vol. III, 2, p. 369.

28 F. Nietzsche, *Umano, troppo umano*, I, p. 134.

29 F. Nietzsche, *Il crepuscolo degli idoli*, p. 157.

30 F. Nietzsche, *Umano, troppo umano*, I, p. 169.

31 F. Nietzsche, *Aurora. Pensieri sui pregiudizi morali* (*Morgenröthe. Gedanken über die moralischen Vorurtheile*), in *Opere*, vol. V, 1, p. 42.

32 F. Nietzsche, *Frammenti postumi*, 1888-89, p. 214.

33 F. Nietzsche, *Genealogia della morale*, p. 330.

34 G. Deleuze, *Nietzsche et la philosophie*, Paris 1962 [trad. it. *Nietzsche e la filosofia*, Torino 2002].

35 F. Nietzsche, *Frammenti postumi*, 1885-87, p. 283.

36 같은 책, p. 289.

37 F. Nietzsche, *Frammenti postumi*, 1888-89, p. 93.

38 니체의 '데카당스'에 대해서는 G. Campioni, Nietzsche, *Taine et la décadence*, in *Nietzsche. Cent ans de réception française*, J. Le Rider편, Saint-Denis 1999, pp. 31-61 참조.

39 F. Nietzsche, *Ecce homo*, pp. 283-84.

40 F. Nietzsche, *Frammenti postumi*, 1888-89, p. 217.

41 같은 책, p. 377.

42 F. Nietzsche, *Al di là del bene e del male*, p. 176.

43 논란의 여지가 있지만 중요한 저서, 로수르도의 『니체, 귀족적 반항아』 참조. D. Losurdo, *Nietzsche, il ribelle aristocratico*, Torino 2002.

44 F. Nietzsche, *La gaia scienza*, p. 60

45 이러한 측면을 다룬 의미심장한 저서 A. Tille, *Von Darwin bis Nietzsche. Ein Buch Entwicklungsethik*, Leipzig 1895 참조.

46 A. Espinas, *Des sociétés animales. Étude de psychologie comparée*, Paris 1877.

47 니체의 서재에는 에스피나의 저서들은 물론 다음과 같은 슈나이더의 책들이 꽂혀 있었다. *Der thierische Wille. Systematische Darstellung und Erklärung*, Leipzig 1880, *Der menschliche Wille von Standpunkte der neueren Entwicklungstheorien*, Berlin 1882.

48 F. Nietzsche, *Crepuscolo degli idoli*, p. 132.

49 같은 책, p. 143.

50 F. Nietzsche, *La gaia scienza*, pp. 146-47.

51 같은 책, p. 147.

52 이러한 관점에 대해서는 M. Vozza, *Esistenza e interpretazione. Nietzsche oltre Heidegger*, Roma 2001 참조. 질병의 메타포에 대해서는 P. Wotling, *Nietzsche et le problème de la civilisation*, Paris 1995, pp. 111이하 참조.

53 F. Nietzsche, *Umano, troppo umano*, I, p. 147.

54 F. Nietzsche, *La gaia scienza*, pp. 307-8.

55 F. Nietzsche, *Umano, troppo umano*, I, p. 161.

56 같은 책, p. 162.

57 F. Nietzsche, *Al di là del bene e del male*, p. 108.

58 G. Bataille, *Sur Nietzsche, in Œuvres Complètes*, Paris 1973, vol. VI [trad. it. *Su Nietzsche*, Milano 1970, pp. 41-42].

59 F. Semerari, *Il predone, il barbaro, il giardiniere*, Bari 2000, pp. 145 sgg.

60 이를 주제를 심도 있게 다룬 M. Cacciari, *L'arcipelago*, pp. 135-54 참조.

61 F. Nietzsche, *Frammenti postumi, 1984-85*, p. 317.

62 F. Nietzsche, *Aurora*, p. 177.

63 F. Nietzsche, *Frammenti postumi, 1881-82*, p. 348.

IV. 죽음정치(게노스 사이클)

1. 재활

1. 나치즘을 생명정치적인 관점에서 해석한 최초의 철학자는 미셸 푸코[1]다. 수많은 학자들의 해석과는 달리, 푸코의 해석이 지닌 힘은 그가 유지하는 모든 근현대적 정치 범주와의 상대적인 거리에서 발견된다. 나치즘은 어떤 인과 관계에 의해 지속되는 역사의 일부로 간주될 수 없을 돌발 사건에 가깝다. 왜냐하면 형태와 여파의 차원에서 전례를 찾아볼 수 없는 이율배반적인 모순을 역사 속으로 끌어들였기 때문이다. 이 모순은 간략하게 하나의 원칙으로 요약된다. 이 원칙에 따르면, 생명/삶은 오직 죽음이라는 고리의 점진적인 확장을 통해서만 보호와 발전을 기대할 수 있다. 바로 이러한 원칙을 기준으로, 원래는 서로 상반되는 양상을 보이던 주권의 패러다임과 생명정치의 패러다임이 어느 시점에선가 하나를 다른 하나의 전복이자 보완으로 만드는 특이한 형태의 무분별한 지대로 빨려 들어가기 시작한다. 푸코가 이러한 중첩 과정의 매개 혹은 도구로 인지하는 것이 바로 인종차별주의다. 일단 생명–권력

이 행사되는 영역으로 도입되고 나면, 이 도구는 일종의 이중적인 기능을 수행한다. 첫 번째가 어떤 생물학적 연속체계continuum 내부에서 계속 살아가야 하는 이들과 죽음으로 몰아넣어야 하는 이들의 분리를 조장하는 기능이라면, 보다 본질적이라고 봐야 할 두 번째는 후자의 죽음이 전자의 보다 안락한 생존을 좌우한다는 의미에서 이 두 진영 간의 직접적인 비례 관계를 정립하는 기능이다. 하지만 이것이 전부는 아니다. 나치즘의 근본적으로 치명적인 논리를 좀 더 분명하게 파악하기 위해 주목해야 할 또 다른 측면이 있다. 사람들이 흔히 상상하는 것과는 달리, 나치즘은 죽음을 명할 수 있는 절대적인 힘을 독재체제처럼 한 사람의 수장에게 맡긴 것이 아니라 사회공동체적 몸 전체에 동등히 배분했다. 달리 말하자면, 나치즘이 도입한 절대적으로 새로운 요소는 각자가—직접적으로든 간접적으로든—타자 가운데 누구라도 합법적으로 살해할 수 있는 체제를 만들었다는 데 있다. 하지만 여기에는 어떤 결과가 뒤따르기 마련이다. 이처럼 죽음 자체가 메커니즘 전체의 발전 동력이라면 이는 곧 죽음의 생산이 점점 더 대규모로 확산될 수밖에 없다는 것을 의미한다. 죽음의 생산은 먼저 외부의 적을 상대로, 뒤이어 내부의 적을, 그리고 끝내는—히틀러가 독일인들에게 내린 마지막 명령이 '자살'이었다는 점에서 확인할 수 있듯이—고유의 민족 자체를 상대로 이루어졌다. 결과적으로 실현된 것은 타살과 자살의 절대적인 일치다. 바로 이 점이 나치즘에 대한 모든 전통적인 해석을 무의미하게 만드는 요소다.

물론 이러한 푸코의 해석이 그 자체로 만족스러운 것은 아니다. 앞서 언급한 것처럼 푸코의 관점은 근대의 개념적 어휘와 불연속적인 세계를 정립하는 데 집중되어 있다. 그럼에도 불구하고, 나치즘과 이전 시대의 역사를 가장 명확하게 분리시켜야할 다름 아닌 '생명정치'가 결국에는 두 시대의 재접촉을 주선하는 매체 역할을 한다. 푸코에 따르면 "모든 것을 떠나, 나치즘은 18세기를 기점으로 정립되기 시작한 권력의 새로운 메커니즘이 발작의 형태로 발전한 것에 불과하다."[2] 물론 나치즘은 생명정치에 고유한 강압적인 힘의 극대화에 주력하다가 결국 근대의 생명정치를 죽음정치적인 차원으로 전복시킨다. 하지만 나치즘은 다름 아닌 나치가 무너트린 것처럼 보이던 것과 동일한 의미론 내부에 머문다. 달리 말하자면, 나치즘의 뿌리는 나치가 완전히 벗어난 듯 보이던 지대와 동일한 곳에 박혀 있다. 푸코의 해석에 따르면, 상황은 마치 단절 자체가 보다 뿌리 깊은 연속성에 종속되어 결국에는 단절의 분명했던 윤곽이 지워지는 것처럼 전개된다. "나치즘은 주권자의 생사결정권과 생명-권력의 메커니즘 사이에서 벌어지던 게임을 그저 발작의 단계로까지 발전시켰을 뿐이다. 반면에 이 게임은 모든 국가가 고유의 기능을 발휘하는 과정에 실질적인 형태로 기재되어 있다."[3] 푸코는 이러한 주장을 확실한 증거 없이 펼치지만, 그가 제시하는 비교의 내용이 유효하다는 것만큼은 부인하기 어렵다. 나치즘은 고유의 뚜렷한 특징들을 지녔음에도 불구하고 몇몇 근대 정치체제들과 동일한 생명정치 방식을 공유한다. 특히 나치즘과 공산주의의—다시 말해 인종차별주의라는 모체로 환원될 뿐 아니라 이의 전제인 생명-권력의 개념으로도 환원되는 공산주의와 나치즘의—유사성은 다른 체제들에 비해 훨씬 더 강렬하게 부각된다. 그렇다면 우리는 푸코의 기본적인 해석을 뒷받침하던 불연속적 관점에서 이미 벗어나 있는 셈이다. 상황은 마치 연접한 형태의 발전 경로들이 부각됨에 따라 전체적인 구도의 보편적인 성격이 나치라는 역사적 사건의 특이한 성격보다 우세해지는 것처럼 전개된다. 이러한 상황은 근대의 역사를 관찰하는 수직적인 차원에서든, 공산주의 체제를 관찰하는 수평적인 차원에서든 변하지 않는다. 따라서 공산주의 역시 모종의 생명정치적인 특징을 지녔고, 공산주의와 나치즘 모두 이러한 특징을 바로 이전 시대의 역사로부터 물려받았다는 것이 분명하다면, 푸코가 자신의 분석에 부여했던 불연속성의 힘은 줄어들기—혹은 얄팍해지기—마련이다.[4]

2. 하지만 다름 아닌 공산주의와의 비교를 통해—공산주의가 전체주의[5]라는 거추장스러운 범주에서 활성화된 만큼—나치즘의 생명정치가 지닌 절대적으로 특수한 성격이 부각된다. 공산주의 체제가 공산주의만의 전형적인 특징들을 지녔음에도 불구하고 본질적으로는 근대의—근대 문화의 논리와 역동적인 발전과 표류 현상의—산물인 반면, 나치즘은 이와 근본적으로 다른 유형의 체제일 뿐 아니라 근대의 극단적 발달이 아닌 분해에서 비롯되었다. 공산주의가 전통 철학들 가운데 하나를—안타깝게도 격화된 형태로—'실현'했다고 말할 수 있는 반면, 나치즘에 대해서는 동일한 평가를 내리는 것이 불가능하다. 하지만 이러한 분석만으로는 부족하다. 이 반쪽짜리 진실은 다음과 같은 사실로 보완되어야 한다. 나치즘은 철학의 실현이 아니며 그럴 수도 없다. 왜냐하면 이미 **생물학**의 실현이기 때문이다. 공산주의에서 초월적 이상은 역사였고, 주체는 계급, 어휘는 경제였던 반면, 나치즘에서 초

월적 이상은 생명, 주체는 인종, 어휘는 생물학이었다. 물론 공산주의자도 자신이 어떤 정확한 과학적 사고를 기반으로 행동한다고 믿었지만, 오직 나치만이 과학을 인종과 동물의 비교 생물학과 동일한 것으로 간주했다. 바로 그런 이유에서, "민족사회주의(나치즘)는 다름 아닌 실용 생물학이다"[6]라는 루돌프 헤스Rudolph Hess의 주장은 문자 그대로 이해할 필요가 있다. 물론 이러한 표현을 가장 먼저 사용한 인물은 유전학자 렌츠Fritz Lenz다. 바우어Erwin Baur, 피셔Eugen Fischer와 함께 집필한 유명한 매뉴얼 『인종위생 Rassenhygiene』에서, 렌츠는—나치즘이 다름 아닌 생물학이라는 맥락에서—히틀러를 "위대한 독일 의사"로, 다시 말해 "역사주의를 굴복시키고 순수하게 생물학적인 가치를 중시하는 단계로 나아가기 위한 마지막 일보를 내딛을 수"[7] 있는 인물로 정의했다. 이와 상당히 유사한 어조로 루돌프 람Rudolph Ramm도 또 다른 유명한 의학 저서에서 이렇게 표현했다. "어떤 유형의 정치 철학이나 정당 프로그램과도 달리, 민족사회주의는 인간의 자연사와 생물학에 동의한다."[8]

우리는 이처럼 철학에 맞서 생물학에 호소하는 입장의 전적으로 특이한 성격을 항상 염두에 두어야 한다. 왜냐하면 이러한 입장이 단순히 과거 일반과의 단절뿐만 아니라 근대 생명정치 자체와 단절이 이루어지는 지점의 지표 역할을 하기 때문이다. 물론 정치가 생물학적 메타포를 아주 오래전부터 활용해온 것은 사실이다. 예를 들어 '국가-신체'의 비유를 기점으로, 아울러 푸코가 분명하게 보여주었듯이 18세기를 기점으로 생명/삶의 문제가 점점 더 정치와 뒤섞이는 방향으로 나아간 것은 사실이다. 하지만 이 모든 것은 언제나 일련의 언어적, 개념적, 제도적 중재를 통해 이루어진 반면 나치즘에서는 이러한 중재 자체가 완전히 사라진다. 달리 말하자면 정치와 생물학 사이의 모든 격막이 무너진다. 원래는 생명/삶의 메타포에 불과하던 것이 나치즘에서는 하나의 현실로 나타난다. 물론 이 메타포의 현실화는 정치권력이 생물학자들의 손에 넘어갔다는 뜻이 아니라 정치인들이 생물학적 과정을 일종의 이데올로기적 행동 원리로 간주하기 시작했다는 것을 의미한다. 이러한 관점에서는 어떤 단순한 도구화에 대해 이야기한다는 것이 불가능하다. 달리 말하자면 나치즘은 당대의 생물-의학적 연구 성과를 단순히 정치적 정당화의 도구로만 활용했던 것이 아니다. 나치 정권이 원했던 것은 '생물학과 다를 바 없는' 형태의 통치체제, 즉 전례를 찾아볼 수 없는 '생물주의'를 내세우는 것이었다. 나치가 파리를 점령했을 때 라이터Hans Reiter가 나치의 이름을 내세워 "이처럼 생물학적인 관점의 사고방식이 서서히 민족 모두의 사고방식으로 발전해야" 한다고 주장하면서 그 이유를 민족의 입장에서는 "나라의 생물학적 몸"9 자체가, 즉 그 "실체"가 중요하기 때문이라고 설파했을 때, 그는 자신이 무언가 근대적 범주 안에서는 한 번도 존재한 적이 없는 체제의 이름으로 말한다는 것을 분명히 의식하고 있었다. 나치 체제에서 활동했던 또 다른 이데올로기적-생물학자의 의견에서도 이와 유사한 어조를 발견할 수 있다. "우리는 새로운 시대의 도래를 마주하고 있다. [...] 인간은 생명체가 개인적으로나 집단적으로 어떤 법칙들에 의해 형성된다는 점을 스스로 인지한다. 민족사회주의 국가는—민중과 국가가 안녕을 요구하는 만큼—힘이 닿는 대로 인류의 생성에 관여할 권리를 스스로에게 부여했다."[10]

3.   하지만 생물학에 국한되는 한 아주 일반적인 차원의 담론에서 벗어날 수 없기 때문에, 문제의 핵심에 좀 더 가까이 다가서기 위해서는 다름 아닌 의학에 주목할 할 필요가 있다. 주지하다시피 나치 체제에서 의사들은 특별한 역할을 맡아 수행했다. 물론 의사들의 협조가 죽음정치의 형태로 이루어졌던 경우는 다른 곳에서도 발견되는 것이 사실이다. 예를 들어 스탈린의 소련 연방 체제를 거부하던 이들에게 정신질환 진단을 내린 의사들의 역할이 그랬고, 진주만 공격 후에 미국의 전쟁 포로들을 대상으로 생체 해부를 실시한 일본 의사들의 역할도 마찬가지였다. 하지만 독일에서 일어난 사태는 이러한 유형의 '협조'에 불과했다고 보기 어렵다. 여기서 내가 다루려는 것은 단순히 인간을 일종의 '실험동물'로 취급하거나 전쟁 현장에서 곧장 병원으로 옮겨온 시신들을 해부용으로 사용했던 저명한 독일 의사들의 개별적인 경우가 아니라, 집단 살해의 모든 단계에 처음부터 끝까지 관여했던 독일 의사들의 직접적인 참여라는 문제다. 예를 들어 '안락사 프로그램 T4'의 이른바 "자비로운" 죽음을 받아들여야 할 아이들과 성인들의 식별 과정을 관할했던 것도 의사들이었고 살해행위를 계속해서 '안락사'라고 정의하며 이를 전쟁포로들에게까지 확장 적용했던 것도, 결국에는 "아우슈비츠의 위대한 테라피아" 과정을 시작 단계에서부터 마지막 순간까지—수용소 진입로에서의 선별 작업, 가스 살포, 사망자 발표, 시체의 금니 추출, 화장 감독 등에 이르기까지—모두 관할했던 것도 의사들이었다. 간략히 말하자면, 대량 살상의 어

떤 절차도 의사들의 통제에서 벗어난 것은 없었다. 독일제국 사무국의 '안락사 분과 II'를 이끌던 브라크Victor Brack의 정확한 보고에 따르면, 희생자들의 심장에 페놀을 주사하거나 독가스 튜브를 열 수 있는 권한은 오로지 의사들에게만 주어졌다. 최종적인 권한이 SS의 장화를 신고 있었다면, 최고의 권한은 의사들의 흰색 가운을 입고 있었다. 독가스 치클론-비Zyklon-B를 아우슈비츠로 실어 나르던 차량은 적십자사의 트럭이었고 마우트하우젠 강제수용소의 입구에는 '청소와 건강'이라는 문구가 쓰여 있었다. 한편으로는 벨제크와 소비보르, 트레블링카에 가스실을 만든 것도 '안락사 프로그램Euthanasie Programm'의 담당 의사였다.

물론 이 모든 것은 이미 널리 알려져 있고, 살상에 책임을 져야 했던 의사들의 재판 기록을 통해 문서화되어 있다. 하지만 피해의 엄청난 심각성에 비해 처벌이 터무니없이 미약했다는 사실에서 확인할 수 있는 것은 근본적인 문제가 의사들 개개인의 책임을 확인하는 것이라기보다는 오히려 나치의 이데올로기와 정치활동에 참여했던 의학계의 복합적인 역할을 정의하는 문제라는 것이다. 다른 어떤 분야의 전문인들보다도 훨씬 더 무조건적으로 나치에 동조했던 이들이 의사들이었던 이유는 무엇인가? 상상을 초월하는 규모로 확장된 생사여탈권이 다름 아닌 의사들에게 주어졌던 것은 무엇 때문인가? 왜 하필이면 의사들에게 왕의 지휘봉을, 그리고 무엇보다도 제사장의 경전을 쥐어줬나? 레오나르도 콘티Leonardo Conti에 앞서 '독일제국 의료계의 총통Reichsärzteführer'으로 불리던 게라르트 바그너Gehrard Wagner가 의사는 "다시 제사장이 되고, 의사-제사장으로 되돌아올"[11] 것이라고 천명했을 때, 사실은 누구를 살리고 누구를 죽여야 하는지 판단할 수 있는 권한이 그에게, 오로지 자신에게만 있다는 점을 강조한 것에 불과하다. 달리 말하자면, 가치 있는 생명이 무엇인지 정의할 수 있는, 여하튼 무엇을 기준으로 생명을 정당하게 묵살할 수 있는지 결정할 수 있는 사람은 단 한 명, 자신뿐이라고 천명한 것이다. 아우슈비츠에 독가스 치클론-비를 들여온 요아힘 므루고프스키Joachim Mrugowsky 는 놀랍게도 19세기의 저명한 의사 후펠란트Christoph Wilhelm Hufeland의 『의학 윤리Das ärztliche Ethos』를 인용하면서 자신의 활동을 "의사의 신성한 과제" 또는 "생명의 신성한 불꽃을 지키는 제사장"[12] 같은 표현으로 설명했다. 이 새로운 생명-정치-신학 또는 동물-정치-신학의 주인 없는 땅에서, 독일의 의사들은 수천 년이 지나, 오랜 숙적 유대인들을 드디어 마음대로 집어삼키기 위해 되돌아온 바알의 위대한 제사장들이나 다름없었다.

4. 널리 알려진 바와 같이 독일제국은 나라에 봉사하는 의사들을 교수직이나 영예로만 보상하지 않고 이들에게 무언가 훨씬 더 실질적인 것을 제공했다. 레오나르도 콘티가 하인리히 힘러 Heinlich Himmler의 직속으로 힘러 외에는 누구도 간섭할 수 없는 위치에까지 오를 수 있었다면, '안락사' 정책을 맡아 추진했던 외과의사 카를 브란트Karl Brandt는 나치 체제에서 가장 강력한 힘을 지닌 권력자들 가운데 한 명이었다. 모두의 생명과 죽음을 결정할 수 있는 무한한 권력을 행사하는 가운데 그를 좌우할 수 있는 인물은 오로지 최고 지도자 히틀러뿐이었다. 이름프리트 에베를Irmfried Eberl이 고작 32세의 나이에 트레블링카의 수용소장으

로 임명되었던 경우도 예외는 아니다. 그렇다면 이는 독일의 모든 의사가, 아니 적어도 나치즘에 동조했던 의사들은 모두 흰색 가운을 걸친 도살자들에 불과했다는 뜻인가? 물론 그렇게 생각하면 편리 하겠지만, 실제로 정황은 그렇게 흘러가지 않았다. 당시에 독일은 세계에서 의학의 수준이 가장 높은 나라들 가운데 하나였다. 미국에서 발암 연구의 아버지로 불리는 독일계 의학자 빌헬름 훼퍼Wilhelm Hueper가 나치 체제에서 과학-교육부 장관으로 활동했던 베른하르트 루스트Bernhard Rust에게 "새로운 독일"로 돌아와 일할 것을 권유했다는 사실만으로도 당시 독일의 의학 수준이 얼마나 높았는지 충분히 짐작할 수 있다. 나치들은 암과의 전쟁에 임하면서 석면, 농약, 염료의 사용과 흡연을 제한하고 완전식품과 채식을 장려할 뿐 아니라 암을 유발하는 엑스레이에 주의할 것을 강조하며 대대적인 암-퇴치 운동을 벌였다. 심지어는 다하우Dachau에서도 수용소의 연기가 솟아오르는 동안 유기농 꿀을 생산했다. 그러고 보면 히틀러도 연기를 싫어했을 뿐 아니라 채식주의자인 동시에 동물애호가였고, 소소한 위생 문제에 집착하는 성향을 가지고 있었다.[13]

그렇다면 이 모든 것은 무엇을 의미하는가? 여기서 주목해야 할 것은 이처럼 예방치료에 집착하는 성향과 이 치료의 의미가 각인되어 있는 죽음정치의 구도 사이에 어떤 모순 관계뿐만 아니라 뿌리 깊은 연관성이 존재한다는 점이다. 달리 말하자면, 독일의 의사들은 다름 아닌 독일이라는 몸의 건강에 대한 과도한 염려만을 기반으로 독일이라는 살의—구체적으로 외과적인 의미에서—절개 수술에 달려들었다고 볼 수 있다. 역설적으로 보일 수 있겠지만, 독일의 의사들은 치료라는 고유의 과제를 달성하기 위해, 공공의 건강에 불필요하거나 해가 된다고 판단하는 이들의 도살자가 되기를 자처했다. 이러한 관점에서, 종족학살이 윤리의 부재에서 비롯된 것이 아니라 오히려 정반대되는 방향으로 흘러간 퇴폐적인 의학 윤리에서 비롯되었다는 학자들의 견해는 틀렸다고 보기 어렵다.[14] 독일에서 '의사'를 '왕'이나 '제사장'에 비유하기 전에 "생명의 전사"[15]라는 영웅적인 형상에 비유했던 것은 결코 우연이 아니다. 동부전선을 위협하던 소련의 병사들은 독일의 천적이기에 앞서 "생명의 천적"에 가까웠다. 그렇다면 이 시점에서, 나치즘의 생명–의학적인 관점에는 '치료'와 '살상'의 경계가 빠져 있다는 결론을 내릴 수 있을 것이다. 하지만, 이것만으로는 부족하다. 왜냐하면 '치료'와 '살상'은 어떤 동일한 기획의 양면이라는 점에, 즉 어느 하나가 다른 하나의 필수적인 실행 조건으로 기능한다는 점에 주목해야 하기 때문이다. 달리 말하자면, 상황은 가능한 많은 사람을 살해해야만 '진정한 독일'을 대변하는 이들이 건강을 회복될 수 있다는 식으로 전개되었다는 점에 주목해야 한다. 따라서 몇몇 의사들의 입장에서는 자신들이 심지어 히포크라테스의 선서를—환자에게는 어떤 식으로든 해를 끼치지 않는다는 원칙을—형식적인 차원이 아니라 실질적인 차원에서 몸소 실천한다고 굳게 믿었다는 것이 전혀 이상하게 들리지 않는다. 단지 이 경우에는 특정 개인이 아니라 독일 민족 전체가 병자로 간주된다는 점이 문제일 뿐이다. 정확히 말하자면 민족을 치료하기 위해, 민족의 건강을 위협하는 이들 모두의 죽음을 요구했다는 것이 문제다. 그런 의미에서 우리는 앞서 제시했던 가정, 즉 나치즘의 초월적 이상은 죽음이 아니라 생명이었으리라는 가정을 지지할 수밖에 없는 입장에 놓인다. 단지 생명을 살리기 위한 유일한 약이 역설적이게도 죽음의 형태로 드러났을 뿐이다. 베를린의 벙커에서 전송된 전보 71이 총통의 명령을 전달하는 순간, 다시 말해 너무 연약한 실체임이 드러난 독일 민족의 생존 조건을 모두 파괴하라는 히틀러의 명령이 전달되는 순간 불현듯 분명해졌던 것이 있다. 그것은 바로 나치의 이율배반성이 지닌 한계, 즉 몇몇 소수의 생명이, 궁극적으로는 일인의 생명이 오로지 모두의 죽음을 통해서만 허용되는 상황의 모순이다.

5. 이 시점에서 다시 살펴봐야 할 것은 우리가 처음에 제기했던 질문이다. 왜 나치즘은—과거와 오늘날의 모든 권력 형태와 달리—생명정치적인 살해의 유혹을 그토록 극단적인 실천의 형태로 발전시켰나? 왜 나치즘은—오로지 나치즘만—생명과 죽음의 비율을 후자에 유리하도록 전복시켜 결국에는 스스로의 파멸을 초래했나? 이 질문에 대한 나의 답변은 이 경우에도 면역화의 범주로 환원된다. 왜냐하면 면역화라는 범주만이 생명을 보호하는 성향과 이를 강렬하게 부정하는 성향의 치명적인 매듭을 있는 그대로 명확하게 보여주기 때문이다. 면역화는 아울러 보호 장치가 지나치게 공격적인 성향을 드러낼 때, 보호해야 할 몸 자체와 맞서 싸우다가 결국에는 폭발하기에 이르는 최종적인 상황을 자가면역질환이라는 형상으로 표상하는 것이 가능한 범주이기도 하다. 면역화가 나치즘의 특수성을 설명하는 데 가장 적합한 해석의 열쇠라는 점은 나치가 독일 민족을 보호하기 위해 맞서 싸워야

했던 병/악의 특성, 즉 관건은 단순한 질병이 아니라 전염성 질병이었다는 사실을 통해서도 분명하게 드러난다. 나치가 어떤 대가를 치러서라도 막으려 했던 것은 우월한 존재들을 위협하는 열등한 존재들의 열등성 전염이었다. 나치는 유대인들과의 사투를 마치, 원래는 건강한 몸과 피를 지닌 독일제국 내부로 침투해 들어와 모두의 생명과 국가의 통일성을 위협하는 세균과의 전쟁인 것처럼 선전했다. 널리 알려진 바와 같이, 독일제국의 이데올로기 추종자들은 그들이 적으로 간주하던 종족과 무엇보다도 유대인들을 묘사할 때 일련의 전염병 용어들, 예를 들어 '균', '박테리아', '기생충', '바이러스', '미생물' 같은 용어들을 사용했다. 안드레이 카민스키Andrzej Kaminski가 전하는 바에 따르면, 심지어 독일에 상주하던 소련 사람들도 이와 유사한 용어로 불렸다.[16] 물론 유대인들을 일종의 기생충으로 간주하는 성향은 오랜 반유대주의 역사에서도 발견되는 특징이다. 하지만 나치 독일의 경우 이러한 유형의 비유는 상당히 다른 의미를 지닌다. 상황은 마치—이 경우에도—한때는 그저 혐오스러운 비유에 불과하던 것이 구체적인 현실로 뒤바뀌는 것처럼 전개된다. 나치의 입장에서, 유대인들은 기생충과 **닮았**거나 박테리아**처럼** 행동했던 것이 아니다. 이들이 **곧** 기생충이었기 때문이다. 유대인들이 기생충 취급을 받았던 것도 전적으로 이 때문이다. 그런 의미에서, 엄밀히 말하자면 나치즘은 '생명정치'가 아니라 오히려 인간-동물을 대상으로 실행된 이른바 '동물정치'였다. 따라서 유대인 학살을 가리키기 위해 사용해야 할 바른 용어가 있다면 그것은 신성한 차원의 '홀로코스트'가 아니라 오히려 정확히 벌레, 쥐, 기생충 등을 퇴치할 때 사용하는 '박멸'일 것이다. 이는 곧 '사회 살균Soziale Desinfektion'을 의미한다. 아우슈비츠 수용소의 세면대 위에는 'Ein Laus, dein Tod(한 마리의 기생충은 곧 당신의 죽음)'이라는 표어가, 그 옆에는 'Nach dem Abort, vor dem Essen, Hände waschen, nicht vergessen(화장실을 다녀온 뒤, 식사하기 전에 잊지 말고 손을 씻어라)'라는 문구가 적혀 있었다.[17]

그렇다면 힘러가 하리코프의 SS 부대 앞에서 했던 다음과 같은 발언은 문자 그대로 이해할 필요가 있다. "반유대주의는 살균과도 같다. 기생충을 멀리하는 것은 이데올로기의 문제가 아니라 청소의 문제다."[18] 심지어는 히틀러도 훨씬 더 뚜렷하게 면역학적인 용어들을 사용하며 이렇게 말한다. "유대인이라는 바이러스의 발견은 이 세계의 가장 위대한 혁명들 가운데 하나다. 오늘날 우리가 치르고 있는 전투는 사실 지난 세기에 파스퇴르와 코흐 사이에서 벌어졌던 것과 다르지 않다. [...] 우리의 건강은 유대인을 제거해야만 회복할 수 있을 것이다."[19] 이처럼 구체적으로 병균학적인 관점과 단순히 인종차별주의적인 표현 사이에는 커다란 차이가 있다. 사실은 유대인 퇴치라는 궁극의 과제가 고스란히 이와 같은 생물-면역학적 특징을 지니고 있었다. 절멸수용소에서 샤워 튜브를 통한 독가스 살포의 본질적인 목적은 '살균'이었다. 단지 사실은 유대인이 곧 멀리해야 할 병균이었기 때문에, 유대인을 살균한다는 것 자체가 아이러니하게도 무의미했을 뿐이다. 그럼에도 인간과 병균을 동일시하는 성향은 결국 바르샤바처럼 감염이 이미 확산된 [유대인들이 가장 많이 모여 살던] 지역에 일부러 게토를 건설하게 되는 상황으로 이어졌고, 그런 식으로 유대인들은—이를테면 이미 실현된 예언의 형태로—독일인들이 게토를 건설하면서 막겠다고 선포했던 것과 동일한 질병의 희생자가 되기에 이른다. 달리 말하자면 게토의 건설과 함께 유대인들은 **실질적인** 감염자가 되어버렸고, 결국 전염의 확산을 유발할 수 있는 위험한 존재로 전락했다.[20] 의사들의 입장에서 유대인을 절멸해야 할 충분한 이유가 있다고 보게 된 것도 바로 이 때문이었다.

2. 퇴화

1. 나치즘의 자가-면역적인 발작 증세들 가운데 하나인 살해의 일반화가 독일 민족의 재활ri-generazione 도구로 인지되었던 것은 사실이다. 하지만 재활 자체가 필요해진 것은 생명력의 감소를 조장하는 어떤 퇴화de-generazione 현상이 먼저 일어났기 때문이다. 1930년대 중반에 널리 읽힌 『국민의 위기Volk in Gefahr』[21] 나 『민족의 나락Völker am Abgrund』[22] 같은 책들의 제목을 살펴보면, 이러한 퇴화 현상의 흔적을 분명히 확인할 수 있다. 퇴화의 확산에서 비롯되는 위험으로부터 서구 세계를 구하는 것이 바로 독일의 과제였다. 우리가 니체를 다루면서 만나기도 했던 이 '퇴화degenerazione'라는 범주가 나치의 이데올로기적 기계 안에서 차지하는 중요성을 어떤 식으로든 과소평가하는 것은 피해야 한다. 왜냐하면 다름 아닌 이 '퇴화'의 범주를 개념적 매개로 나치의 생명정치가, 당대의 철학, 법률, 보건 문화를 지배하던 [퇴화의] 담론을 계승하는 체제, 아니 사실상 완성하는 체제로 부각될 수 있었기 때문이다. '퇴

화'는 원래 무언가의 일부를 차지하는 특정 요소의 결핍을 전체적인 차원의 손실로 환산하는 개념이었지만, 시간이 흐르고 여기에 점점 더 부정적 의미가 가미되면서 결국에는—구체적으로 생물학적인 의미를 지녔음에도 불구하고—'데카당스', '저하', '악화' 같은 표현들의 유의어로 간주되기 시작했다.[23] 예를 들어, 뷔퐁Buffon의 입장에서 '퇴화'는 여전히 어떤 유기체가 그것이 속한 종의 일반적인 특성에서 미세하게 벗어나며 일으키는 단순한 환경적 변화를—라마르크Lamarck가 다름 아닌 '성공적 적응'으로 간주하던 것을—의미했던 반면, 『퇴화론Traité des dégénérescences』의 저자 모렐Benedict-Augustin Morel[24]은 이 개념을 명백하게 정신-병리학적인 방향으로 발전시켰다. 이처럼 원래의 의미에서 멀어지는 현상이 일어난 이유는 단순히 연구 분야가 해부학에서 생물-인류학으로 특화되었기 때문만이 아니라, 무엇보다도 고정적인 형태의 의미론이 역동적인 형태의 의미론으로 전환되었기 때문이다. 간단히 말하자면, 퇴화 현상은 특정 사실이라기보다는 분해의 **과정**에 가까웠다. 유독한 요소의 섭취에서 비롯된 만큼 생명을 불과 몇 세대 후에 불모의 단계로, 결국에는 멸종의 위기로 몰아넣을 수 있는 것이 퇴화 현상이었다. 19세기 말에서 20세기 초 사이에 출간된 수많은 관련 저서들은 모두—어느 정도 차이가 있을 뿐—이와 유사한 논제들을 다루며 사실상 동일한 도식을 반복한다. 이 저서들의 주된 논지에 따르면, 퇴화한 자는 생존을 위한 투쟁에서 어렵게 살아남은 만큼 물리적으로나 심리적으로 깊은 상처를 지닌 인간이며, 그의 상처는 세대를 거쳐 급격히 악화될 수밖에 없는 숙명을 지녔다. 19세기 말에 마냥Valentin Magnan과 르그랭Paul-Maurice

Legrain이 동일한 주제를 치료학의 영역에 도입했을 때, '퇴화'의 개념은 이미 고유의 본질적인 특징들을 토대로 정의되는 단계에 도달해 있었다.

> 퇴화는, 가장 가까운 세대와 비교할 때 심리-물리적 저항력이 본질적으로 약화되었을 뿐 아니라 생존을 위한 유전적 투쟁의 생물학적 조건을 불완전한 형태로밖에는 형성하지 못하는 존재의 병적 상태를 가리킨다. 영구적 상처로 변환되는 이러한 약화 현상은, 재활이 이루어지는 몇몇 경우를 제외하면, 본질적으로 진행형이다. 약화는 정도의 차이가 있을 뿐 빠르게 종의 절멸로 이어진다.[25]

물론 '퇴화'라는 범주가 나치의 생명정치로 전이되기까지는 이탈리아의 범죄 인류학이나 프랑스의 유전상속 이론, 또는 인종 차별주의적인 차원에서 완전히 전복된 유형의 멘델 유전학 등 다양한 분야의 문화적 중재가 필요했던 것이 사실이다. 하지만 핵심적인 특징들은 모두 '퇴화'의 범주 안에 이미 포함되어 있었다. 대표적인 예는 병리학과 중첩되는 '비정상성'이다. 퇴화된 인간의 특징은 무엇보다도 그가 정상적인 규칙성과는 거리가 멀다는 점이다. 일찍이 모렐은 퇴화된 인간이 "정상적인 유형으로부터"[26] 벗어난다는 표현을 사용했고, 세르지Giuseppe Sergi는 "그의 행동양식에서 어떤 불변하는 규칙성을 찾는다는 것은 불가능하다"[27]고 보았다. 그렇다면 이 '규칙성'은 도대체 어떻게 이해해야 하나? 기본적으로 '규칙성'은 어떤 생물학적 유형의 특징에 가깝다. 그러니까 특정 유기체가 지닌 잠재적인 성장의 물리적일 뿐 아니라 심리적인 기량에 가깝다. 반면에 퇴화는— 랭키스터Edwin Ray Lankester 의 설명에 따르면—"삶의 복합적인 조건과 변화에 적응할 줄 아는 유기체의 능력이 점점 더 감소하는 형태의 점진적인 구조 변형으로 정의될 수 있다."[28] 하지만 머지않아 이러한 '규칙성'의 정의는 서서히 형태발생의 차원에서 인류학적 차원으로 확대되기 시작한다. 결국 생물학적 비정상성은 보다 보편적인 비정상성의 징후에 불과한 것으로 간주되고, 퇴화의 주체는 동종의 또 다른 개개인과 고정적으로 차별화된 영역에 머문다. 이러한 첫 번째 범주적 전이에 뒤이어, 비정상성이 동종의 영역에서 '인간'의 범주 자체를 벗어나는 두 번째 전이가 일어난다. 퇴화된 인간을 비-정상인으로 규정한다는 것은 곧 그를 '인간'의 범주에 완전히는 속하지 않는 어떤 무분별한 지대로 밀어낸다는 것을 의미한다. 혹은 반대로 '인간'의 범주를 확장시켜 '인간'이 부정된 형태마저, 즉 '비-인간' 혹은 '인간-짐승'을 '인간' 안에 포함시킨다는 뜻이다. 여기서 '배타적 포함'의 기능을 수행하는 것은 다름 아닌 롬브로소Cesare Lombroso 의 '격세유전' 개념이다. 가능한 모든 퇴화 과정을 포괄하는 듯 보이는 이 '격세유전' 개념은 일종의 생명-역사적인 차원의 시대착오, 즉 인류의 진화 방향을 거꾸로 전복시켜 결국 동물의 진화로 환원시키는 장치에 가깝다.[29] 퇴화는 인간 안에서 꿈틀거리며 솟아오르는 어떤 동물적인 요소와도 같다. 순수하게 동물도, 순수하게 인간도 아닌 무언가가 정확하게 둘의 모순적 조합에서 비롯된 존재의 형태로 부상하기 때문에, 달리 말하자면 두 종류의 종, 시기, 유기체가 모순적으로 공존하기 때문에 페르소나의 단일성을, 따라서 법적 주체성을 형성하는 단계에 결코 도달하지 못하는 것이 바로 퇴화된 인간이다. 점점 더 많은 수의 특수한 사회적 범주들, 예를 들어 알콜 중독자, 매독 환자, 동성연애자, 매춘부, 비만증 환자, 심지어는 도시 노동자 같은 범주들까지 퇴화된 유형으로 간주하는 성향이야말로 이러한 생물학적 규칙과 법-정치적 규칙 간의 무절제한 교환 현상, 즉 어떤 생물학적 특징의 사회적 결과인 것처럼 보이는 것이 사실은 기본적인 정치적 선택의 생물학적 표상에 불과한 정황의 지표라고 볼 수 있다.

2. 이처럼 생물학과 법적 권리 간의 부적절한 교환이 가장 분명하게 일어난 분야는 유전상속 이론이다. 대표적인 예는 모렐의 논문과 거의 같은 시기에 같은 출판사에서 출간된 뤼카Prosper Lucas 의 『신경계의 건강상태와 질병상태에서의 자연적 유전상속에 관하여Traité de l'hérédité naturelle dans les états de santé et de maladie du système nerveux』[30]와 거의 20년 뒤에 출판된 리보Théodule Ribot의 『유전상속의 현상, 법칙, 원인, 결과에 관한 심리학적 연구L'hérédité. Étude psychologique sur ses phénomènes, ses lois, ses causes, ses conséquences』[31]다. 이 논문들의, 그리고 이와 유사한 형태로 뒤이어 출간된 여러 텍스트들의 공통점은 개인의 관점을 족보의 관점으로 대체하는 성향, 즉 근대적인 차원에서 결정과 권리의 주체로 간주되는 '개인'의 관점을 개인은 일종의 최종 단계로만 간주하는 '족보'의 관점으로 대체하는 성향이다. 형제들 간의 유대 혹은 경쟁이라는 수평적인 관계가 자유-민주주의 사회의 전형적인 특징 가운데 하나라면 이를 대체하며 등장한 것이 바로 아들들

을 아버지나 선조들과 연관시키는 수직적인 관계다. 이 수직적인 관계의 차원에서—평등주의 성향으로 무장한 교육학이나 사회학 이론의 주장과는 달리—개인들 간의 차이는 극복하기 어려운 것으로 나타난다. 이는 신체적인 특징뿐만 아니라 정신적인 특징까지 모두 예정된 형태로, 다시 말해 개인의 의지나 교육을 통해서는 뒤바꿀 수 없는 생물학적 한계 안에서 주어지기 때문이다. 유전상속에서 비롯되는 모든 비정상적 현상 역시 개인의 기량이나 행운처럼 어떤 피할 수 없는 숙명의 얼굴을 지녔다. 그런 의미에서 그 누구도 스스로의 울타리를 벗어나지 못한다. 다시 말해 자신과 자신의 [생물학적] 과거를 하나로 묶는 사슬에서 벗어나 그 누구에게도 속하지 않는 자신만의 삶을 선택한다는 것은 불가능하다. 상황은 마치 죽은 자가 산자를 움켜쥐고 고유의 궤도 안에 붙들어두는 것처럼 전개된다. 아페르Eugène Apert 박사에 따르면 "유전상속이 세상을 지배한다. 산 자들은 활동하지만 이들 안에서 정작 말하는 것은 죽은 자들이다. 산 자를 산 자로 만드는 것은 곧 죽은 자들이다. 우리 안에서 사는 것은 우리의 선조들이다."³² 생명/삶은 그것에 고유한 모든 것을 앞서 결정짓는 무언가의 결과에 지나지 않는다. 이러한 측면을 명확하게 보여주는 대표적인 예는 롬브로소의 '타고난 범죄자'다. 고대의 신화가 남긴 교훈대로, 아버지들의 죄는 언제나 자식들이 물려받는다. 다름 아닌 신화를 기반으로 출발했기 때문에, 법적 권리는 고유의 전개 과정을 이 최초의 법칙, 즉 뿌리가 피와 생물학에 있기 때문에 다른 어떤 법칙보다도 강력한 이 시원적 법칙을 기준으로 발전시킬 수밖에 없다. 뤼카의 정의에 따르면, 생물학적 유산은 "일종의 **법칙**이자 **힘**이며 **사실**이다."³³

좀 더 정확히 말하자면, 생물학적 유산은 **사실**의 거부할 수 없는 **힘**을 지닌 **법칙**, 고유의 사실성과 고스란히 일치하는 법칙이다.

바로 이 지점에서, 노모스nómos와 비오스bíos 간의 관계가 전복되는 현상이 일어난다. 다시 말해, 실제로는 결과인 것이 마치 원인인 것처럼, 원인은 결과인 것처럼 제시된다. 피쇼André Pichot가 주목했던 대로, 정치-법률적인 차원의 '유산' 개념은 언뜻 생물학적 차원의 '유산'을 바탕으로 성립되는 듯 보이지만 사실은 후자의 밑바탕이 되는 개념이다.[34] 그리고 보면 유산을 뜻하는 라틴어 hereditas도 '죽는 순간 후손에게 돌아가는 자산' 외에는 또 다른 의미를 지니지 않는다. 이 용어는 1820년이 되어서야—비유의 차원에서—생물학적 특징들의 유전적 전이라는 영역에 적용되기 시작한다. 우리는 이러한 사실의 근거를, 상속에 의존하던 과거의 고전적 군주제가 피의 족보('푸른 피blue blood')를 중시했음에도 불구하고 실제로는 유전적 차원의 유산 개념이 아니라 오히려 특정한 사회 구조에 상응하는 법적 원칙을 기반으로 정립되어 있었다는 점에서 발견할 수 있다. 사실은 왕족 계승의 의무를 정당화하는 것도 생물학적 차원의 명분이라기보다는 오히려 왕들의 신성한 권리라는 신학적 차원의 논리였다. 이러한 방식은 자연법과 실정법이 등장한 후에 세속화되기 시작했다. 하지만 이 과정에서 형성된 상이한 차원의—칼뱅주의에서 파생된—전통이 재차 제기했던 관점, 즉 개개인에게 적용되는 신성한 예정론에도 주목할 필요가 있다. 여기서 분명히 해 두어야 할 것은, 다윈 이후의 유전상속 이론이 정확하게 이 두 궤도가 이율배반적인 방식으로 수렴되는 지점에 위치한다는 사실이다. 달리 말하자면, 유전상속 이론은 한편으로는 귀족주의적인 차원의 왕족 계승 전통을 완전히 세속화하는 데 기여했지만 다른 한편으로는 생명정치적인 차원에서 예정론의 교리를 재생하는 데에도 기여했다. 발생학자 바이스만 August Weismann이 생식질plasma germinal 이론을 정의하면서 결과적으로 구축했던 것은 특이한 형태의 '생물학적 칼뱅주의' 혹은 '신학적 생물학주의', 즉 생명을 지닌 존재의 운명은 고스란히 예정되어 있다는 생각이다. 물론 여기서 간과하지 말아야 할 것은 전통적인 예정론과의 차이점이다. '신학적 생물학주의'의 경우 불멸하는 것은 더 이상 **영혼**이 아니라 유전상속을 통해 불변하는 형태로 전달되는 **피**다.

바로 이러한 유형의 논리가 '퇴화'의 이론에 접목되어 결국에는 퇴화론 자체의 전제로 제시되기에 이른다. 결과적으로 부각된 것은 퇴화가 다름 아닌 유전적 특징들의 상속을 통해 확산된다는 생각이다. 하지만 여기서 벌써 첫 번째 문제점이 드러난다. 유전적으로 상속받은 피가—생식질의 신학-생물학적 원칙에 따라—불변한다면, 상속 과정에서 유기체의 퇴화 현상이 급속히 증폭하는 이유는, 그래서 불모와 계통의 절멸이라는 결과로 이어지는 이유는 무엇인가? 게다가—또 다른 측면에서—이러한 절멸이 어차피 불과 몇 세대를 거치는 사이에 일어날 수밖에 없는 현상이라면, 굳이 퇴화의 확산을 두려워해야 할 이유는 무엇인가? 이 질문들에 대한 답변을 좌우하는 개념은 다름 아닌 '전염'이다. 퇴화의 병적 요소들은 동일한 몸 내부에서 연관성을 지닌 일련의 질병들을 통해 환유적인 방식으로 확산될 뿐 아니라, 한 몸에서 다른 몸으로도 확산된다. 퇴화는—이렇게도 말할 수 있을 텐데—언제나 퇴화–

조장적인 성격을 지녔다. 퇴화는 강화된 형태로 재생될 뿐 아니라 안에서 바깥으로, 바깥에서 안으로 확장된다. 아니, 이러한 전염성 이야말로—내부적인 변화와 외부적인 전이가 지닌 전염의 잠재력이야말로—퇴화의 가장 핵심적인 특징이다. 정확히 말하자면, 퇴화는 유전성과 전염성을 **동시에** 지녔다. 퇴화의 전염은 상속의 수직적인 차원에서 일어날 뿐 아니라 사회적 소통의 수평적인 차원에서도 일어난다. 그러나 문제를 일으키는 것은 바로 이러한 공존 상황이다. 바이스만의 법칙대로 생식질이 불변하는 요소라면, 이는 곧 전염이 일어날 수 없다는 것을 의미한다. 반면에 퇴화의 확장 이론대로 생식질이 전염의 매개체라면, 이는 생식질의 유전적 구조가 불변성과는 거리가 멀다는 것을 의미한다. 이러한 논리적 난점은 결국 전염성—예를 들어 결핵이나 매독 같은—질병과 유전성 질병을 쉽사리 분간하지 못하는 흥미로운 상황을 조장했지만, 한편으로는 이러한 정황을 은폐하는 데 기여하며 일종의 중립적인 논제, 즉 전염을 유발하는 특징 자체가 유전적일 수 있다는 논리가 대두되었다. 달리 말하자면, 외부적인 전염은 내부적인 유산의 논리로, 내부적인 유산은 외부적인 전염의 논리로 정당화했던 셈이다. 퇴화가 유전상속을 통해 확산되든 전염을 통해 확산되든, 중요한 것은 확산을 막을 수 있는 면역 장치를 구축하는 일이었다. 이러한 요구는 머지않아 독일의 저명한 대학교수 피셔Eugen Fischer와 페어슈어Otmar Freiherr von Verschuer가 각각 상이한 종족 그룹들의 혈액과 일란성쌍둥이의 유전계통을 연구하는 단계로 이어졌고, 뒤이어 이를 조합하는 작업이 요제프 멩겔레Josef Mengele에 의해 다름 아닌 아우슈비츠의 실험실에서 이루어졌다.

3.   그렇다면 이는 정말 피할 수 없는 결과였나? 이러한 결과가 퇴화라는 범주의 논리 자체에 내제되어 있었다고 봐야 하나? 이 질문에 전적으로 긍정적인 답변을 내놓기는 어렵다. 퇴화가 분명하게 면역적인 특성을 지녔다는 점은 퇴화의 명백하게 역반응적인 성향에서 확인할 수 있는 부분이다. 하지만 역반응이 필연적으로 역행을 의미하는 것은 아니다. 무엇보다도 가톨릭 우파의 대변인들뿐만 아니라 사회주의나 진보주의 진영의 저자들까지도 퇴화의 범주에 관심을 기울였다는 것은 간과하기 어려운 사실이다. 실제로 이들이 지닌 공통점은 퇴화라는 병적 현상이 단순히 진보의 보이지 않는 여백이라기보다는 오히려 진보 자체의 산물이라는 관점이었다. 퇴화 이론의 탄생 시기가 프랑스 혁명 직후, 다시 말해 사회의 가장 취약한 계층으로부터 사회를 보호해야 할 필요성이 대두되면서 자연선택 개념이 신빙성을 잃기 시작했을 때였다는 것은 결코 우연이 아니다. 이러한 보호 요구에서 계급주의적이고 심지어 인종차별주의적인 성향을 발견하기란 그리 어려운 일이 아니다. 물론 이것이 전부는 아니다. 왜냐하면 퇴화의 개념을 정반대되는 방향으로 이끈 또 다른 유형의 관점들이 있기 때문이다. 무엇보다도 과거의 단순한 자연선택 단계로 되돌아가는 것이 불가능할 뿐 아니라 일련의 인위적인 조치에 의존할 필요가 있다고 확신하는 관점이 있다. 더 나아가, 퇴화 현상의 확산이 거의 모든 사회 영역과 분야에서 전폭적으로 이루어지리라고 보는 관점이 있다. 이때 퇴화는 어느 한 부위에서 탄생해 결국에는 전체를 지배하는 현상으로 간주된다. 뭐랄까, 퇴화는 열등한 계층들 사이에서뿐만 아니라 우수한 계층들 사이에서도 끊임없이 확산되

는 일종의 세계적인 질병에 가깝다. 결과적으로는 다름 아닌 현대화—산업화에서 도시화에 이르는—과정과의 밀접한 연관성이 퇴화의 개념을 부르주아 및 지식인 계층의 운명과 결속시켰다고 볼 수 있다.

널리 알려진 바와 같이, 롬브로소Cesare Lombroso가 일찍이 강조했던 것들 가운데 하나는 천재성과 광기의 신비로운 동시에 소름끼치는 연관성이었다. 롬브로소에 따르면, 천재성은 평균적인 규칙성에서 일탈한 만큼 퇴행적 신경증의 한 세련된 유형에 불과하다. 물론 퇴화 현상을 지적 영역으로 끌어들이는 데 가장 크게 기여한 인물은 막스 노르다우Max Nordau라는 필명으로 활동했던 헝가리아의 유대인 의사 시몬 막시밀리안 쥐트펠트Simon Maximilian Südfeld다. 그의 저서에서는 라파엘-전파, 고답파, 니체주의자, 졸라주의자, 입센주의자 등이 모두 퇴화Entartung의 범주에 포함될 뿐 아니라 유형적인 차원에서 "자신들의 불건전한 본능을 충족시키기 위해 펜이나 붓보다는 살인자의 칼이나 폭발전문가의 다이너마이트를 사용하는 이들"[35]로 분류된다. 여기서 이러한 종류의 평가와 나치가 퇴폐적 예술에 기울이게 될 집요한 관심 간의 유사성을 간과하기는 어려워 보인다. 하지만 우리가 정작 주목해야 할 것은 근현대의 예술 전체가 퇴폐적이라면 거꾸로 '퇴화' 자체의 신경계 또한 미학적이라는 사실이다. 이는 퇴폐주의decadentismo라는 범주에 이미 포함되어 있는 전제이기도 하다.

그렇다면 퇴화가 단순히 부정적이기만 한 개념은 아니라는 사실에도—다시 말해 퇴화의 '감소'라는 지표가 또 다른 관점에서는 얼마든지 '증대'로도 해석될 수 있다는 점에—주목할 필요가 있다. 이를 가장 분명하게 보여주는 텍스트는, 모두의 견해와 정반대되는 방향으로 나아간 듯 보이지만 퇴화의 개념에 원래 내포되어 있는 요소를 구체적으로 설명하는『퇴화의 이점들 I vantaggi della degenerazione』이다. 이 책의 저자 지나 롬브로소Gina Ferrero Lombroso는 "동물 안에서는, 진보적인 특징과 퇴화적인 특징, 진화와 퇴화를 명확하게 구분하는 경계선이 없다"[36]라고 전제한 뒤 "오늘날 흔히 퇴화적이라고 말하는 현상들 가운데 상당수가 오히려 진화의 징후는 아닌지, 인간의 신체가 생존하기 위해 형성해온 적응력에 해가 되기는커녕 오히려 유용한 것은 아닌지"[37] 살펴봐야 한다고 주장한다. 하지만 이러한 문제를 제기하는 것으로 그치지 않고 지나 롬브로소는 퇴화의 범주를 면역의 패러다임 내부에, 그것도 아주 특별한 곳에 위치시킨다. 가장 근본적인 차원의 '니체'에게 그랬듯이, 지나 롬브로소의 입장에서도 면역의 패러다임을 특징짓는 것은 단순히 어떤 배제 혹은 퇴치의 차원을 뛰어넘어 상이한 것, 기이한 것, 비정상적인 것을 현실의 혁신과 변화에 기여하는 힘으로 간주하며 오히려 수용하고 적절히 활용하는 움직임이다. "겪었던 질병으로부터 얻은 면역성"이라는 구체적인 표현을 사용하면서 지나 롬브로소는 이런 결론을 내린다.

> ... 진보가 신성한 빛을 발하도록 만드는 것은 다름 아닌 퇴화한 인간들이다. 진화와 문명화의 기능이 바로 이들에게 주어진다. 발효를 추진하는 박테리아처럼, 이들의 역할은 수명을 다한 관습과 제도들을 해체하고 재구성하며 인간사회라는 극도로 복합적인 유기체의 질료를 교체하는 데 있다.[38]

4. 이 인용문은 '퇴화'라는 범주의 전모를 비롯해 이율배반적인 성격을 고스란히 드러낸다. 여기서 '퇴화'는 생명체의 생물학적 불변성과 지속적인 변화를 동시에, 고정성과 함께 유동성을, 정체성과 함께 변신을, 수확과 함께 파종을 수반한다. 자연과 역사, 보존과 혁신, 면역화immunizzazione와 소통comunicazione이 중첩되는 선상에 가로놓인 상태에서 '퇴화'는 마치 스스로에게 반발하듯 정반대되는 형태로 전복되었다가 다시 원상태를 회복하기 위해 초기의 궤도로 되돌아온다. 이처럼 오락가락하는 퇴화의 궤도는 일부에서 전부로, 그리고 다시 전부에서 일부를 향해 움직인다. 그것은 문명 세계 전체를 수용할 수 있을 만큼 드넓게 개방되었다가도 어느 시점에선가 고유의 희생양을 중심으로 폐쇄되며, 결국에는 희생양을 건강한 유형으로부터 완전히 분리시켜 숙명적인 배제와 절멸의 나락으로 몰아넣는다. 이 특이한 의미론적 순환의 중요성에 주목했던 이들은 이론 분야의 학자들이 아니라 오히려 예술 분야의 문인들이었다.[39] 예를 들어 에밀 졸라의 연작 소설『루공-마카르Rougon-Macquart』, 입센의 희극들, 이탈리아 소설가 데 로베르토Federico De Roberto의『총독들 I viceré』, 마스트리아니Francesco Mastriani의『구더기들 I vermi』등은 '퇴화'의 상당히 수준 높은 문학적 실험실을 구성하는 작품들이다. 하지만 앞서 언급한 의미론적 폐쇄회로의 전모는 무엇보다도 불과 10년 사이에 앞을 다투어 출간된 3편의 유명한 소설에서 극명하게 드러난다. 이 소설들은 스티븐슨의『지킬 박사와 하이드씨』, 와일드의『도리안 그레이의 초상』, 스토커의『드라큘라』다. 이 작품들은 빛과 그림자, 건강과 질병, 정상적인 것과 비정상적인 것이 서로 중첩되다가 서서히 분

리되는 경로를 밟는다. 모든 것은 당대의 사회가 앓았던 퇴화의 신드롬을 아주 세밀한 부분까지—낙후한 동시에 매혹적인 대도시의 모습, 피에 대한 광적인 집착, 의사와 괴물 간의 사투를—묘사하는 서사 구도를 토대로 전개된다.

이 소설들이 지닌 공통점은 주인공들의 입장과 저자들이 은폐하는 동시에 의도적으로 노출시키는 현실 간의 간극이 점점 더 벌어지는 정황을 바탕으로 전개된다는 점이다. 주인공이 자신의 내부에서 진행되는 퇴화 현상으로부터 벗어나기 위해 이를 자아 바깥으로 투영하면 할수록 그는 더욱더 자신을 집어삼킬 듯 달려드는 죽음의 과잉 위협에 노출된다. 먼저 스티븐슨의 소설에서 법의학자 지킬 박사는 자신의 가장 열악한 부분으로부터 스스로를 보호하기 위해 '또 다른 자아'를 생화학적인 방식으로 창조해 면역화를 시도한다. 그는 이렇게 말한다. "적어도 나는 그런 식으로 모든 측면에서 보호된다고 느꼈기에, 나 자신의 위치가 내게 제공하는 그 희한한 면역성을 활용하기로 했다."[40] 하지만 이 이질적인 피조물은 머지않아 창조자의 손아귀에서 벗어나 자신의 몸을 되찾는다. 그는 '타자'지만 '나'에게서 태어났고 그런 의미에서 '나'에게 되돌아올 수밖에 없는 숙명을 지녔다. 어떤 '그',[41] 어떤 '동물',[42] 어떤 '짐승'[43]에 가깝지만 그를 외면하는 것은 불가능하다. 왜냐하면 이제는 '자아'와 고스란히 일치하며 자아의 '몸', 자아의 '피', 자아의 '살'과 하나를 이루는 존재이기 때문이다. "바로 이것이 해결해야 할 문제 전체의 가장 두려운 측면이었다. [...] 그를 통해 모습을 드러내려는 공포가 자신의 페르소나와 밀접하게 연관되어 있다는, 심지어는 자신의 아내보다 더 가깝고 눈보다도 더 내밀하며 살

속에 깊이 파고들어와 있어서 그가 속삭이는 소리와 되살아나려고 발버둥치는 움직임을 피부로 느낄 뿐 아니라 생명의 주인 노릇을 할 수 있을 만큼 위협적이라는 것을 느꼈기 때문이다."⁴⁴ 해독제의 양을 점점 더 늘려가며 제어하고 억누르고 길들였음에도 불구하고, 이 흉측스러운 괴물은—다시 말해 동일한 주체의 흉측스러운 이면은—결국 자신을 지배하려는 주인을 압도하며 그를 오히려 자신의 소용돌이 안으로 몰아넣는다. 결국 퇴화한 인간은 그 누구도 아닌 지킬 박사 자신이며 박사의 그림자인 동시에 궁극적인 진실이다. 이 퇴화한 존재의 행보를 막을 수 있는 유일한 길은 그를 죽이는 것뿐이다. 하지만 이는 곧 '그'와 언제나 동일했던 '자아'마저 함께 죽인다는 것을 의미한다.

반면에 두 번째 작품 와일드의 소설에서 강조되는 것은 자아와 타자의 불일치다. 와일드의 '또 다른 자아'는 지킬 박사의 경우처럼 주체의 몸 내부에 머무는 것이 아니라, 실물을 투영하는 동시에 배반하는 초상화를 통해 '객관화'된다. 주인공 대신 퇴화하는 것이 바로 이 초상화다. 주인공이 퇴폐적인 행위를 저지를 때마다 그의 초상화는 조금씩 늙어간다. 현실 세계와의—주인공이 겪는 본질적인 변화와의—거리를 상징하는 것이 바로 그가 모두의 시선을 차단하기 위해 초상화에 씌워놓은 천이다. 주인공 대신 그의 이미지만 퇴화하고, 그런 식으로 병/악의 이미지가 주인공의 자아 바깥으로 투영되기 때문에 이 퇴화가 주인공의 불멸성을 보장한다는 것이 이 이야기의 골자다. 하지만 이 경우에도 이중화는 근본적인 문제를 해결하지 못한다. 메커니즘이 무너지는 순간 그려진 이미지가 다시 주인공의 얼굴을 움켜쥐기 때문이다. 그림으로 형상화된 퇴화는 사실상 주인공의 퇴화다. "굳게 닫힌 그의 방, 그가 어린 시절 많은 시간을 보냈던 그곳에서, 자신의 손으로 직접 걸어 놓았던 그 무시무시한 초상화의 변화무쌍한 모습들이 이제 그의 존재가 겪은 진정한 퇴화 현상을 적나라하게 보여준다."[45] 주인공이 이 초상화의 "살아 숨 쉬는 흉측스러운 영혼"[46]에 최후의 일격을 가하는 순간 그가 정작 찌른 것은—이미 이미지 속의 괴물로 변해버린—자기 자신이다. "심장에 칼이 박혀 죽은"[47] 채 쓰러져 있는 것은 초상화가 아닌 주인공이다. 죽음을 살해하겠다는 인간의 자가-면역적인 꿈은 다시 한 번 환영에 불과하다는 것이 드러난다. 죽음의 살해는 살해자 자신의 죽음으로 전복되기 마련이다.

세 번째 소설 『드라큘라』와 함께 현실과 문학의—신화적으로 묘사된 현실의—비율은 완전히 후자에 유리한 쪽으로 기울어진다. 이 소설이 보여주는 것은 질병으로부터의 절대적인 면역화 프로젝트 안에서 벌어지는 선과 악의 정면충돌이다. 여기서 악령은 그를 창조한 두뇌 바깥으로 투영된다. 그는 퇴화된 인간의 모든 특징을 한 몸에 지닌 존재다. 그래서 더 이상 인간 안의 타자가 아니라 인간 밖의 타자다. 그는 늑대인 동시에 박쥐, 흡혈귀, 무엇보다도 **전염의 화신**이다. 타자의 피로 살아갈 뿐 아니라 수많은 희생자들의 몸으로 부활하며 번식하는 것이 드라큘라다. 나중에 출간되는 인종차별주의자들의 위생 매뉴얼에서처럼, 그가 저지르는 범죄의 본질은 오염된 피의 생물학적 전염에 있다. 그는 전염 자체를—트란실바니아를—런던의 주택가로 가져왔고, 그런 식으로 타자를 동일자에 중첩시켜 동일자를 타자로 만든 인물이다. 이 소설과 현대 퇴화이론 간의 유사성이 거의 절대적이라는 점은 소설 속에서도 퇴화이론가들의 이름이 직접 인용된다는 사실을 통해 분명하게 드러난다. "드라큘라 백작은 범죄자이며 범죄자 부류에 속한다. 노르다우와 롬브로소도 그를 이렇게 분류할 것이다."[48] 퇴화된 인간처럼 드라큘라도 실제로는 인간이 아니라 그저 인간의 모습을 하고 있을 뿐이다. 뚜렷한 이미지가 없는 그는 끊임없이 변신한다. 그는 어떤 유형이 아니라 모든 유형을 거부하는 반-유형이다. 그는 '아닌' 세계에 속한다. 더 이상 살아 있는 것도 아니고, 무엇보다도 "죽은 것이 아닌" 그는 생명과 죽음 모두에게 거부당해 결코 닫히지 않을 심연으로 끝없이 밀려나는 존재다. 그는 '이미-죽은', '반쯤-죽은', '죽어서-사는' 인간이다. 50년 뒤 팔뚝에 노란별을 달고 나타날 또 다른 뱀파이어들을 지칭하는 데 이와 똑같은 표현들이 쓰이게 된다. 그를 죽이기 위해 머리를 자르고 심장에 말뚝을 박는 절차는 뒤이어 수백만의 퇴화된 인간들에게 고스란히 확장 적용되는, 이른바 '구원에 필요한' 죽음의 특징을 지닌다. "한때-인간-이었던"[49] 자, 그 "영혼 없는 살"[50], 그 "더러운 것"[51]의 생명에 종지부를 찍는다는 것은 곧 그에게 위협받는 이들뿐만 아니라 그 자신을 자유롭게 하고, 그에게서 비롯된—그리고 그 안에 품고 있을 뿐 실행에 옮기지 못하는—죽음의 세계로 되돌려 보낸다는 것을 의미한다. "지금은 죽지-않은 이 소녀가 정말 죽은 상태로 휴식을 취하게 될 때 비로소 우리가 사랑하는 이 불쌍한 소녀의 영혼은 다시 자유로워질 것이다. [...] 바로 그런 이유에서, 그녀를 자유롭게 할 일격을 가하는 손은 축복받은 손이 될 것이다."[52]

3. 우생학

1. 이러한 문학적 환각을 실제로 현실화해야 한다는 생각에 시달리다 결국 이를 일종의 과제로 받아들였던 이들은 20세기 초에 '정화'라는 명분을 내세워 서양 세계 전체를 화염 속으로 몰아넣은 우생학의 지지자들이었다(이를 거부했던 진영은 가톨릭교회와 소련의 리센코주의뿐이다).[53] 퇴화 이론과—퇴화 내부의 상처 및 이율배반성과—비교하면, 우생학은 퇴화의 한 결과인 동시에 퇴화의 복합성이 아주 간결하게 축약된 형태라는 점을 확인할 수 있다. 따라서 표면적으로는 우생학이 당연한 결론만 내리는 것처럼 보인다. 이를테면 문명화된 민족이 서서히 퇴화할 수밖에 없는 상황에 노출되어 있을 경우 이 민족을 살릴 수 있는 유일한 방법은 진행 중인 흐름의 방향을 전복시키는 것뿐이다. 결과적으로 생성 generazione의 움직임 자체를 퇴화적인degenerativo 병/악의 영향권에서 도려내 좋은 것, 건강한 것, 완벽한 것의 지평으로 끌어들여야 한다는 요구가 대두된다. 이러한 재건 의도를 즉각적으로 보

여주는 것이 바로 de-generazione[퇴화]의 부정 접두사 de를 eu-genetica[우생학]의 긍정 접두사 eu로 대체하는 전략이다. 하지만 이러한 단순한 변화의 관점만으로는 설명하기 어려운 이중적인 전환 현상에도 주목할 필요가 있다. 처음에는 사실상 묘사에 불과하던 것들이—퇴화의 의미론을 구축하던 표현들이—일종의 지시 사항으로 전환된다. 다시 말해 원래는 어떤 사실이나 과정에 불과하던 것이 우생학과 함께 일종의 기획으로, 조치 프로그램으로 변한다. 바로 그런 이유에서, 결국에는 또 다른 유형의 전환이 다름 아닌 자연적인 영역에서 인위적인 영역으로 이루어진다. 퇴화가 어떤 자연적인 현상, 즉 비오스의 영역에 고스란히 내재하는 현상인 반면 우생학 기획은 기술적인 성격을 지닌다. 생명/삶에 적용되는 것은 사실이지만, 우생학적 기술은 자연적인 발달에 변형을 가하는 형태로 적용된다. 물론 우생학적 담론이 실제로 수정하겠다고 선포했던 것은 자연 그 자체가 아니라 자연의 흐름에 부정적인 영향을 끼치는 일련의 요소들, 예를 들면 자연에 맡기더라도 자연선택에 의해 제거되기 마련이지만 여하튼 악영향을 끼치는 열등한 인간들, 혹은 개개인을 보호하는 데 소용되지만 생물학적 차원에서 부적절한 사회 제도나 관행들이었다. 이와 관련된 모든 문서에서 다양한 형태로 되풀이되던 논제는 인위적 선택의 유일한 목적이, 인본주의적인 유형의 보완 메커니즘으로 인해 미약해지거나 왜곡된 자연선택을 복원하는 데 있다는 것이었다. 하지만 사실은 이처럼 자연의 질서를 인위적으로 재구성하겠다는 생각 자체가 문제를 일으킨다. 어떻게 해야 '인위적으로' 자연을 복원할 수 있나? 달리 말하자면, 어떻게 해야 자연을 파괴하지 않고 인위적인 요소를 자연에 적용할 수 있나? 유일한 방법은 예방조치 차원에서 '자연'의 개념을 인위적인 자연 복원 모델에 상응하도록 만들고, 이 모델에 부합하지 않는 요소들은 모두 비자연적인 것으로 간주해 폐기하는 것뿐이다. 하지만 바로 이 지점에서 얼굴을 드러내며 되돌아오는 것이 애초에 무력화하고자 했던 부정성이다. 뭐랄까 특정 게노스[종족]의 우월성을 주장하는 것은 그것의 내부에서 우월성을 방해하며 부정하는 요소들 자체를 부정하는 것과 다르지 않다. 사실은 우생학 개념을 최초로 정식화한 프랜시스 골턴Francis Galton의 저서에서부터, 종의 향상이 목적인 '긍정적 우생학'과 유해한 표본들의 확산 방지가 목적인 '부정적 우생학'이 언제나 함께 다루어졌던 것도 바로 그런 이유에서였다고 볼 수 있다. 어떻게 보면 열등한 지체들이 제거되고 남은 여백이 있어야만 우월한 종의 새로운 성장 공간을 마련할 수 있었을 것이다.

그렇다면 이 시점에서 우리가 주목해야 할 것은, 이러한 범주적 전이의 중간 단계를 구성하는 '인종 위생'의 개념이다. 이 개념은 단순히 독일의 우생학을 표상한다기보다는 오히려 우생학의 본질적인 신경구조를 그대로 드러내는 특징에 가깝다. 당시에 진행되던 범주적 변화를 가늠하는 데 유용한 단서가 되는 저서들 가운데 하나는 샬마이어Wilhelm Schallmayer의 『국가적 생명의 성장 과정에서 일어나는 유전상속과 유전선택: 첨단의 생물학에 기초한 사회적, 과학적 연구』[54]다. 샬마이어가 몇 년 앞서 출간한 또 다른 저서의 주제가 문명화된 국가의 퇴화였다는 점을 감안하면, 독일의 정치학 전체가 실제로는 생물학적 방향으로 흘러가고 있었음을 확인할 수 있다.[55] 물론 샬마이어의 저서가 아리아족의 인종차별주의와 무관한 것은 사실이다. 이 문제와 직접적인 연관성을 지닌 저서는 같은 해에 출판된 볼트만Ludwig Woltmann의 『정치 인류학Politische Anthropologie』[56]이다. 하지만 오히려 인종차별주의와 무관했기 때문에 한층 더 중요해진 것이 살마이어가 활성화한 생명정치적인 방향전환이다. 좌파-민주주의 진영에서 제시하던 모든 유형의 사회 개혁 이론들을 제치고 훨씬 더 중요한 것으로 부각되었던 것이 바로 나라의 힘은 무엇보다도 국가 구성원들의 생물학적 건강과 직결된다는 관점이다. 그리고 이는 국가의 입장에서 가장 강한 이들의 성장을 장려하는 동시에 가장 약한 이들의 성장을 예방하는 것이 무엇보다 중요하다는 것을 의미했다. 나라의 몸을 지키려면 우선적으로 몸의 병든 부위를 제거할 필요가 있었다. 일찍이 플뢰츠Alfred Ploetz도 다름 아닌 『인종 위생Rassenhygiene』[57]이라는 제목의 유명한 매뉴얼에서 이러한 변화를 이해하는 데 필요한 해석적 관점을 제시한 바 있다. 플뢰츠에 따르면, '인종'과 '생명/삶'은 유의어다. 왜냐하면 후자를 위협하는 악성 바이러스에 맞서 전자가 후자의 면역화를 주도하기 때문이다. 이는 곧 오염성 바이러스와 세포들 간의 전투에서 살아남은 생명들을 이제는 나라가 모든 유형의 전염으로부터 보호해야 한다는 것을 의미했다. '인종 위생'은 미래 세대의 생물학적 질을 떨어트릴 수 있는 병적 요소들을 예방하거나 제거하기 위한 면역학적 치료법에 가까웠다.

2. 사실은 이런 식으로 '정치'의 개념에—적어도 이 용어가 지닌 현대적인 의미에—근본적인 변화가 일어났다. 이 시기에 '정치'가

머무는 곳은—골턴의 저서에서처럼, 그리고 피어슨Karl Pearson의 생체인증biometrics 이론에서는 더욱더 분명하게—수학이나 경제학, 생물학 같은 분야들 간의 틈새에 가까웠다. 이는 국가 기관들의 정치적 선택을 좌우하는 것이 다름 아닌 인간의 생산 능력과 수익의 엄밀한 계산이었기 때문이다. 바로 이러한 관점에서 국민들의 생물학적 특성을 기준으로 국가가 보유하는 생물학적 자본의 양적 환산이 가능했기 때문에, 결과적으로는 국민들을 차별화된 가치 영역으로 세분하는 것이 가능했던 것이다. 하지만 이 '가치'를 경제적인 차원에서만 해석하는 것은 잘못이다. 물론 영국과 스칸디나비아에서는 경제적 관점이 사실상 우세했던 것으로 나타나지만, 독일에서의 상황은 그렇지 않았다. 물론 독일에서도 지출과 수익의 비율에 관한 언급이 전혀 없었던 것은 아니지만 이러한 요소들은 언제나 인간이 영위하는 생명/삶 자체의 유형과 직결되는 보다 깊은 차원의 차이에 종속되어 있었다. 간단히 말하자면, 인간이 그의 경제능력을 기준으로 평가되는 것이 아니라 오히려 경제능력이 이를 발휘하는 인간의 유형을 기준으로 평가되었던 것이다. 이러한 정황은 왜 인류학이 독일에서 그토록 놀라운 발전을 이루어낼 수 있었는지, 왜 1800년대 말에 시작된 연구가 절정에 달하는 1930~40년대에 독일의 인류학자들 80% 이상이 나치당 소속이었는지 이해하는 데 도움을 준다. 드 라푸즈Vacher de Lapouge가 그의 『인종과 사회 계층. 인류-사회학 에세이Race et milieu social. Essais d'Anthroposociologie』에서 다음과 같이 단언한 것은 결코 우연이 아니다. "세균학이 의학 분야에서 일으켰던 것과 동일한 혁명을 이제는 인류학이 정치학 분야에서 일으키고 있다."[58] 실제로 관건은 사회-경제적인 파급효과가 아니라 오히려 이러한 현상의 설명-논리적 전제가 되는 '인류'의 개념, 즉 인간을 복합적인 동시에 내부적인 한계의 차원에서 정의하는 문제였다.

기본적으로는 동종[인류] 내부에서 인종들 간의 차별화가— 우월하거나 열등한 인종, 순수하거나 그렇지 못한 혈통의 차이를 강조하며—먼저 이루어진다. 이를 표면적으로나마 뒷받침하고 정당화했던 것이 바로 당시에 히츠펠트Ludwik Hirszfeld와 란트슈타이너Karl Landsteiner가 발견한 혈액형의 다양성이다. 이러한 관점에서 인류ánthropos는 어떤 단일한 종을 표상한다기보다는 근본적으로 상이한 생물유형들이—우월한 인간(아리아족)에서 반-인간antihuman(유대인), 중급-인간(지중해인)에서 하급-인간(슬라브족)에 이르는 다양한 유형이—담긴 일종의 그릇에 가깝다.[59] 하지만 이 일차적인 차별화보다 더 중요한 것은 인종이라는 울타리 내부에서 이루어지는 분류와 외부에서 또 다른 종들과의 비교를 통해 이루어지는 분류 간의 관계다. 독일의 인류학이 한편으로는 동물학과, 다른 한편으로는 식물학과 밀접한 관계를 유지하며 발전한 것도 사실은 다른 종들과의 비교를 중시했기 때문이다. 이러한 관점에서 '인간'은 좀 더 포괄적이고, 여러 질적 단계에서 식물과 동물까지 포함하는 궤도 안에 머문다. 물론 이것이 전부라면 우리는 여전히 고전적인 진화론의 울타리 안에 남아 있는 셈이다. 하지만 이를 불가능하게 만드는 새로운 요소가 있다. 그것은 시간이 흐르면서 점점 더 분명해진 상이한 종들 간의 중첩 현상, 다시 말해 특정 종을 또 다른 종의 외부인 동시에 내부로 간주하는 관점이다. 바로 여기서 어떤 이중적인 결과가 교차하며 발생한다. 한편에서는 인종의 특정 유형들이 동물과 식물의 '카탈로그'에 투영되는 현상이, 다른 한편에서는 인종의 범주가 특정 동물과 식물의 유형들을 체화하는 현상이 일어났다. 특히 이 두 번째 현상은 인류학이라는 학문이 큰 인기를 끌었던 이유가 무엇인지 설명해줄 뿐 아니라, 이러한 현상에 주목하지 않으면 이해하기 어려운 또 다른 정황을 포착할 수 있도록 도와준다. 여기서 주목해야 할 것은 바로 나치즘이 아이러니하게도 인간성humanitas이라는 범주를 결코 포기한 적이 없을 뿐 아니라 이 범주에 오히려 극단적인 규율의 성격을 부여했다는 사실이다. 다시 말해, 사람들이 흔히 이야기하는 것처럼 인간을 '동물화'한 것이 아니라 오히려 동물을 '인간화'하고 그런 식으로 '인류'의 범주를 확장시켜 그 안에 종적으로 열등한 '동물'까지 끌어들였던 것이다.[60] 나치의 박해와 극단적인 폭력의 피해자였던 유대인은 결코 단순한 '동물'이었다고 보기 어렵다. 왜냐하면 세계에서 가장 고도화된 법체계를 갖춘 독일에서 '동물'은 그 자체로 존중과 보호의 대상이었기 때문이다. 유대인은 오히려 동물-인간, 즉 '동물 속의 인간'이자 '인간 속의 동물'에 가까웠다. 사실은 이러한 관점에서 관찰해야만 다음과 같이 비극적인 동시에 역설적인 정황을 이해할 수 있다. 아이러니하게도 한편에서는 인간의 몸이 과연 고도 12000미터의 압력에 견딜 수 있는지, 혹은 얼음물에 잠수한 상태에서 얼마나 견딜 수 있는지 관찰하는 지그문트 라셔Sigmund Rascher의 잔혹한 생체실험이 이루어진 반면, 다른 한편에서는 이미 1933년 11월에—그러니까 생체실험이 이루어지기 불과 몇 년 전에—동물들에 대한 모든 유형의, 특히 추위와 더위 및 병균과 관련된 잔혹 행위를 모두 금하는 법령이 발표된 상태였다. 그렇다면 이는—특히 나치가 자신들의 법을 언제나 지나치게 열성적으로 존중했던 만큼—강제수용소에 갇혔던 이들이 **단순히** '동물'에 불과했을 경우 오히려 얼마든지 살아남을 수 있었다는 것을 의미한다. 또 다른 예를 들어보자. 힘러는 1937년 1월 독일군 장교들 앞에서 자신의 심경을 이렇게 표현한 바 있다. "최근에 나는 한 72세의 노인이 맞이하는 73번째 범죄를 목격한 적이 있다. 이런 인간을 동물 취급한다는 것은 동물들에 대한 모욕이다. 동물들은 그런 식으로 행동하지 않는다."[61] 그렇다면 이제 괴링의 경우도 그리 놀랄 만한 것은 못 된다. 괴링은 1933년 8월 "동물 실험에서 일어나는 혐오스러운 고문과 고통"의 종말을 고하며 "여전히 동물들을 영혼 없는 물건처럼 다룰 수 있다고 생각하는 이들은"[62] 모두 강제수용소로 보내버리겠다고 선언했다.

3.   갈런드 앨런Garland E. Allen이 주목했던 대로, 20세기 초에 어느 나라보다 높은 수준에 도달했던 미국의 우생학은 사실 농경 분야에서 시작되었다.[63] 실제로 미국 최초의 우생학 협회는 '미국 사육 협회American Breeders Association'와 '미네소타 농사시험장Minnesota Agricultural Station', 그리고 '코넬 농사학교' 간의 협력 관계에서 탄생했다. 미국 우생학의 아버지로 알려진 찰스 대븐포트Charles B. Davenport[64]도 처음에는 농업회사를 경영하는 데 주력했고 이를 시카고 대학 동물학과의 감독하에 운영하며 멘델의 이론을 가축에 적용하려고 노력했다. 뒤이어 워싱턴 카네기 재단의 경제적 지원을 받아 식물들의 선별 기준과 접목 방식을 연구했고 드디어 1910년에 해리먼과 록펠러 가문이 제공하는 자금

으로 콜드 스프링 하버Cold Spring Harbor에 새로운 '우생학 실험실 Eugenics Records Office'을 설립했다. 바로 이 실험실이 뒤이어 인간의 유전상속을 연구하는 기관으로 발전하게 된다. 이러한 시도들이 지속적으로 이루어졌다는 사실은 뒤이어 우생학적으로 정립되는 인간과 동식물 간의 긴밀한 연관성을 감안할 때 여러모로 중요한 의미를 지닌다. 한편으로는 이러한 맥락에서 발행되기 시작한 계간지들, 예를 들어 American Breeders' Magazine, The Journal of Heredity, Eugenical News 등도 연구 결과를 발표할 때 닭이나 돼지의 유형 선별과 인간의 유형 선별을 특별히 구분하지 않는 것이 일반적이었다. 당시에 이 신생 학문의 열렬한 지지자들이 제기하던 의문은 어떤 농부 또는 사육자가 특정 채소나 가축의 생식을 향상시킬 수 있고 어떤 결함의 상속을 가로막을 수 있다면 똑같은 방법을 인간에게도 적용하지 말아야 할 이유는 과연 무엇인가라는 것이었다. 프랑스의 우생학 협회 부회장을 역임했고 1913년에 노벨상을 수상한 샤를 리셰Charles Richet도 일찍이 1892년에 이렇게 예견한 바 있다. "머지않아 토끼와 닭의 유형을 완성한 것으로는 만족하지 않고 인간을 완성하려 달려들 것이다."[65] 뒤이어 나치 제국의 식품농무장관 발터 다레Walther Darré가 힘러에게 "이제는 식물들의 접목이나 가축의 사육보다는 인간에게 관심을 기울여야 할 때"[66]라고 조언한 순간, 리셰의 예언은 완벽하게 성취된 셈이었다. 그리고 보면 각각 1917년과 1918년에 일 년 간격으로 출판된 부아제Maurice Boigey의 『인간 사육L'élevage humain』[67]과 비네-상글레Charles Binet-Sanglé의 『인간 사육장Le haras humain』[68] 제목에만 주목해도 인류학적 담론이 동물학적 담론으로 전이되는 일반적인 현상의—혹은 앞서 언급한 것처럼, 이들의 완전한 중첩 현상의—
의미가 무엇이었는지 분명하게 확인할 수 있다. 발렌티노Charles-
Louis Valentino의 어조는 좀 더 직접적이었다. "우리는 우리가 일
종의 동물이라는 사실을 냉정하게 받아들여야 한다. 사람들이 인
종의 퇴화를 비판하는 만큼, 우리의 종적 향상을 위해 몇 가지 사
육 원리를 적용하고 수태를 규율화해야 할 필요가 있다."[69] 바로 이
러한 차원에서 드 라푸즈도 "종족의 영속을 책임질 수 있는 모든
여성의 수태를 위해 [...] 절대적으로 완벽한 소수 남성들의 그룹"[70]
을 그의 '사회적 선별Sélections sociales' 계획에 포함시킨 바 있다.
하지만 시카르 드 플로졸Justin Sicard de Plauzoles이 "인간의 동물
적 기술"[71]이라고 부르던 것을 가장 충실하게 구현한 것은 아마도
힘러가 1935년에 설립한 기관 '생명의 샘Lebensborn'일 것이다. 이
는 아리아족의 완벽한 표본을 생산하기 위해 독일 혈통의 아이들
수천 명을 강제로 낳게 한 뒤 가족에게서 빼앗아 국가 차원에서
관리하는 프로젝트였다.

　　이러한 유형의 '긍정적 우생학'이 생명의 '원천'에 주목한 반면
'부정적 우생학'은 전자에 어떤 필수적인 조건처럼 제기되어 동일
한 영역에서 활성화되는 양상을 보였다. 물론 부정적 우생학은 퇴
화 성향이 전염될 수 있는 이민이나 결혼 같은 경로들을 모두 차단
할 목적으로 인종적 균일성 유지에 필요한 파격적인 규율들을 적용
했다. 하지만 당대의 한 이탈리아 우생학자가 주목했던 대로[72], 우생
학의 "생물-사회학적 여파를 감안할 때 [...] 가장 큰 비중을 차지
하는 것"은 단종수술이었다. 한편으로는 격리 조치도 개인적 자유
를 제한하는 조치라기보다는 번식의 가능성 자체를 제거하는 조

치 또는 일종의 원거리 단종 조치에 가까웠다. 실제로 일군의 '정신박약자'들에게 단종과 격리 중 하나를 선택할 수 있는 기회가 주어졌던 것은 결코 우연이 아니다. 단종수술은 가장 근원적인 차원의 면역화다. 왜냐하면 본질적인 차원에서 뿌리를 건드리고, 생명의 소통이 시작되는 가장 원천적인 지점을 건드리기 때문이다. 단종 조치는 생명/삶을 그것의 궤도에서 어느 한 순간에—살해의 경우처럼—정지시키는 것이 아니라 오히려 생명이 솟아오르는 지점에서 정지시킨다. 그런 식으로 생성을 가로막고 생명이 생명을 줄 수 없도록 만들면서 생명을 앞서 빼앗는다. 퇴화의 최종적인 결과가 단종이라는 점을 감안하면, 다름 아닌 단종을 매개로 퇴화를 방지하겠다는 생각 자체는 모순적으로 다가온다. 하지만 그럼에도 불구하고 이러한 모순이, 이 부정성의 부정적인 이중화가 수용되는 이유는 오로지 이 모순 자체가 면역화 논리의 일부일 뿐 아니라 오히려 기반이기 때문이다. 바로 그런 이유에서 우생학자들은 단종수술을 결코 포기하지 않았고 나치는 이를 생물학적-살상논리의 깃발로 활용했다. 물론 일찍이 1865년부터 미국 텍사스에서 범죄자들을 거세해온 것은 사실이지만, 당시에는 일종의 처벌에 불과하던 것이 우생학적 강박관념의 확산과 함께 무언가 다른 것으로 변한다. 그것은 다름 아닌 정치공동체적 몸이 고유의 자가보존 기능을 망가트릴지도 모를 구성원들 모두로부터 면역되어야 한다는 원리다. 예를 들어 미국 버지니아 주에서 모친처럼 정신박약자 판명을 받은 캐리 벅Carrie Buck이라는 소녀는 법정의 불임수술 명령에 불복하며 지방법원, 상소법원, 연방법원을 거쳐 상소를 이어갔지만 결국 수술을 피하는 데 실패했다. 캐리는 연방법원의 불임수술 명령이 '어느 누구도 생명과 자유 또는 재산을 정당한 재판 없이 빼앗길 수 없다'고 규정하는 수정 헌법 제14조에 위배된다고 항변했지만 그녀의 주장은 끝내 받아들여지지 않았다. 재판을 주재했던 판사 홈스Oliver Wendell Holmes가 소녀의 요청을 거부하면서 밝힌 우생학적 견해에 따르면 "퇴화한 인간의 후손들을 범죄자로 간주해 사형선고를 내리거나 정신박약자라는 이유로 굶겨 죽이는 대신, 명백하게 부적합한 이들의 번식을 사회가 예방할 수 있다면, 온 세상을 위해 훨씬 나은 선택이 될 것이다. 예방접종의 의무화를 뒷받침하는 원리의 보편성만으로도 나팔관 제거를 합리화할 수 있다. [...] 저능아는 3대로 충분하다."[73] 캐리는 '불쌍한 백인 쓰레기poor white trash'로 불리며 수술대에 올랐다. 또 다른 8300명의 시민들처럼.

4. 우생학의 '일차적' 면역 장치가 단종수술이라면 '마지막'—즉 '최후의'—면역 장치는 다름 아닌 안락사다. 정반대되는 것으로 완전히 전복된 차원의 생명정치적인 어휘 내부에서, '좋은' 탄생에—즉 가로막은-탄생까지 포함된 탄생에—상응하는 것은 당연히 '좋은' 죽음일 수밖에 없다. 최근 들어 학자들은 법학자 카를 빈딩Karl Binding과 정신의학자 알프레트 호헤Alfred Hoche가 1920년에 출간한 『살 가치가 없는 생명/삶의 파괴 허용Die Freigabe der Vernichtung lebensunwerten Lebens』에 주목한 바 있다.[74] 물론 이 저서는 언뜻 전적으로 새로운 개념을 소개하는 듯 보이지만 사실은—적어도 독일에서만큼은—결코 간과할 수 없는 또 다른 저서를 기점으로 이미 시작된 변천 과정의 결과에 불과하다. 이 저서는 아돌

프 요스트Adolph Jost의 『죽을 권리Das Recht auf den Tod』[75]다. 위의 책보다 25년이나 앞서 출간된 이 저서에서 저자가 처음으로 도입한 '가치 없는 생명/삶negativen Lebenswert'의 개념이 가리키던 것은 불치의 병에 걸렸을 때 삶을 멈출 권리였다. 하지만 한 가지 특이한 점은—특히 영미 계열의 우생학과 다른 점은—이러한 권리 개념의 위치가 서서히 개인의 영역에서 국가의 영역으로 이동한다는 것이다. 전자가 죽음을 **수용할** 권리-의무만을 지니는 반면 후자만이 죽음을 **부여할** 권리를 지닌다. 여기서 관건이 되는 것은, 정치공동체적 몸의 총체적인 건강이 최우선인 만큼 이 목적에 부합하지 않는 개인의 생명/삶은 중단될 수 있어야 한다는 관점이다. 요스트에 따르면 이는 이미 전쟁터에서 벌어지는 일이기도 하다. 전쟁이 벌어지면 공동선을 위해 병사들 개개인의 삶을 희생시킬 권리가 국가에 주어진다. 요스트의 관점은 전통적으로 항상 언급되어 왔던 내용을 다루고 있지만 결코 간과할 수 없는 새로운 요소를 품고 있다. 주목해야 할 것은, 의학적 살해가 전쟁의 범주 안에 도입되는 것이 아니라 다름 아닌 전쟁의 개념이 안락사를 인정하는 생물-의학적 관점 내부에 기재된다는 점이다.

여하튼 이러한 구도에 비해, 빈딩과 호혜의 저서는 결코 가볍게 볼 수 없는 범주적 변화를 가져왔다. 이들은 불치의 환자들뿐만 아니라 저능아들과 기형아들까지 안락사의 잠재적 대상으로 포함시켜 범위를 확장시켰고, 논제의 구도에도 변화를 일으켰다. 다시 말해 여기서 주목해야 할 것은 이 두 저자가 대변하는 법학과 생물학이 더욱더 긴밀하게 조합되어 어느 하나가 다른 하나의 형식적인 정당화 논리로만 제시되는 것이 아니라 내용 자체로도 인지된다는 점이다. 이들의 이야기는 죽을 권리-의무가 주권적 결정에 의해 '위에서 아래로' 시민들에게 내려오는 것이 아니라 마치 시민들의 생물학적 구성 자체에서 솟아나는 것처럼 전개된다. 왜냐하면 죽음을 받아들일 수 있으려면 그것이 생명/삶의 '부정'이라기보다는 오히려 자연적인 '결과'인 것처럼 보여야 하기 때문이다. 그런 식으로, 빈딩이 안락사에 기꺼이 동의할 능력이 없는 이들에게 동의를 요청하는 복잡한 과정을 만들어 안락사 전문의들의 법적 위상을 보장하는 데 주력했다면, 호헤는 복잡하기 이를 데 없는 법리적 문제들을 뛰어넘어 순수하게 생물학적인 기준을 제시하는 데 몰두했다. 호헤에 따르면, 그 '죽음'이 법적으로 이론의 여지가 없는 것은 어떤 고차원적이고 집단적인 필요성에 의해 정당화되기 때문이 아니라 안락사가 필요할 정도의 '죽음'에 직면한 사람은 **이미** 죽은 것과 다를 바 없었기 때문이다. 이처럼 완전히 사는 것도, 완전히 죽은 것도 아닌 이들의 상황을 최대한 정확하게 수식하기 위해 고심한 흔적이 역력해 보이는 "반-인", "부패한 인간", "정신적으로 죽은", "텅 빈 인간 껍질(Leere-Menschenhülsen)", "짐이 되는 존재(Ballastexistenzen)" 같은 표현들의 역할은, 죽음이 이들에게 외부에서 오지 않고 처음부터 이들이 영위하던 삶의 일부였다는 것을, 좀 더 정확히 말하자면 **존재**의 일부였다는 것을 증명하는 데 있다. 왜냐하면 생명을 스스로에게서 빼앗을 때 결과적으로 남는 것이 바로 이 존재esistenza*이기 때문이다. 죽음이 지배하는

---

* 존재, 실존을 뜻하는 exsistentia는 ex와 sistentia의 합성어이며 문자 그대로 '자기가 아닌 ~에게 머물다'는 뜻으로 고유의 존재가 아닌 또 다른 누군가에 종속되어 있는 존재, 혹은 자기 '바깥'의 존재를 가리킨다.

삶은 그저 살에, 생명 없는 존재에 불과하다. 이 '생명 없는 존재 Dasein ohne Leben'는 실제로 나치의 안락사 프로그램 T4의 관리자들을 교육하기 위해 상영하던 다큐멘터리의 제목이었다. 한편으로는 히틀러도 분명한 가치위계에 따라 '존재'와 '생명'을 상반되는 것으로 이해했다. "존재를 존재 그 자체가 아니면 이해하지 못하는 일종의 죽은 메커니즘에서 [벗어나] 어떤 고차원적 관념에 봉사하겠다는 목표를 예외적으로 추구하는, 생동적인 유기체가 형성되어야 한다."[76] 존재 그 자체로서의 존재, 단순하기만 한 존재는 죽은 생명/삶 혹은 사는 죽음에 불과하다. 그것은 몸 없는 살에 지나지 않는다. 빈딩과 호헤가 책 제목으로 사용한 '살 가치가 없는 생명/삶'이라는 표현 속의 의미론적 분쟁 상황을 해소하려면 '생명/삶'의 자리에 '존재'를 집어넣는 것으로 충분하다. 계산은 완벽하게 맞아떨어진다. 살 가치가 없는 생명/삶이란 곧 생명이 없는 존재, 즉 벌거벗은 존재로 추락한 생명/삶을 가리킨다.

'존재'와 '생명' 사이에서 발견되는 가치의 틈새는 '인간성 humanitas' 개념의 이분화 현상에서도 분명히 나타난다. 주지하다시피, 독일 인류학은 이 '인간성' 개념에 여러 가지 유형의 질적 평가 기준을 도입했다. 결과적으로 의미론적 범위가 지나치게 넓어진 이 개념은 어쩔 수 없이 원래는 이 범주에 속하지 않을 뿐 아니라 이 범주 자체를 본질적인 차원에서 부정하는 무언가를 고유의 내부로 끌어들이기에 이른다. 물론 인간의 유형이 다양해진 만큼 이들을 어떤 규율적인 관점에서 대하는 자의 태도에도 이에 상응하는 차별화가 요구되었던 것이 사실이다. 상이한 유형의 인간들을 획일적으로 대하는 것이 윤리적으로는 비인간적이었기 때문이다. 이러한 관점에서 빈딩과 호헤도 "과장된 인간성 개념"과 "생명/삶 그 자체의 가치를 과대평가하는 성향"[77]에서 벗어나야 한다고 경고한 바 있다. 하지만 문제는 또 다른 이들이 이에 반대하며 제기했던 상이하고 보다 **고차원적인** 인간성 개념이, 열등한 인간들의 비생산성으로 인해 지친 공동체적 몸에만 적용되지 않고 직접적으로 **열등한 인간들에게까지** 적용되었다는 데 있다. 프로그램 T4가 한창 진행 중이었을 때 렌츠가 다음과 같이 천명하며 사용했던 '인간성'이라는 표현의 의미도 바로 이런 차원에서 이해해야 한다. "오늘날 회자되고 있는 이른바 '안락사'는 [...] 마치 유전상속의 보존에 절대적으로 필요한 요소인 것처럼 오해하기 십상이다. 나는 이러한 오해를 피하고 싶다. 관건은 오히려 '인간성'의 문제이기 때문이다."[78] 한편으로는 렌츠의 주장도 이미 오래전에 활성화된 논리를 완성된 형태로 표현한 것에 지나지 않는다. 안락사가 이른바 '은혜로운 죽음', '박애적인 죽음' 혹은 '자비로운 죽음'으로 불리게 된 것은 **희생자** 자체를 살해의 **수혜자**로 만드는 개념적 전복의 결과에 불과하다. 이탈리아의 우생학자 모르셀리Enrico Morselli에 따르면, 자비로움을 뜻하는 용어 misericordia는 한때 죽어가는 사람의 고통을 덜어줄 목적으로 그의 목숨을 끊을 때 사용하던 '짧은 칼'을 가리키던 말이다.[79] 병/악이 '탄생'에서, 다시 말해 자연의 의지에 반해 '태어났다'는 사실에서 비롯된 만큼, 병자를 '인간-이하'의 질환에서 구할 수 있는 유일한 방법은 그를 억압하는 부적절한 삶에서 그를 해방하기 위해 '죽음'으로 되돌려 보내는 것뿐이었다. 빈딩과 호헤의 책이 나온 다음 곧장 출판된 관련 저서의 제목이 『고통으로부터의 인류 해방Die Erlösung der Menschheit vom

Elend』[80]이었다는 것은 결코 우연이 아니다. 다큐멘터리 영화「생명 없는 존재」가 결론 단계에서 제시했던 모토도 "치료가 불가능한 이들을 해방하라"였다. 실제로는 안락사가 국가적인 차원에서 실행된 적이 없는 프랑스에서도, 비네-상글레는『죽는 기술L'art de mourir』에서 가스에 의한 최종적인 해방 전에 모르핀을 주사해 죽음의 수혜자를 어떤 "지복"[81]의 첫 단계로 인도해야 한다고 주장했고, 노벨상 수상자 리셰는 신생아들이 안락사로 죽더라도 고통을 느끼지 않으며 만약 사고능력을 갖추었다 하더라도 신체적 결함의 당혹스러움을 겪지 않도록 도와준 이들에게 오히려 감사할 것이라고 주장했다.[82] 한편으로는 이들에 앞서 앙투안 윌름Antoine Wylm도 이렇게 예고한 바 있다.

> ... 이와 유사한 존재들, 의식적이고 진정한 의미에서 인간적인 삶을 영위할 수 없는 이들에게는 삶보다 죽음이 오히려 덜 고통스러운 것이다. 물론 사람들이 내 이야기를 경청할 가능성이 적다는 것은 잘 알고 있다. 내가 윤리적일 뿐 아니라 옳다고 생각하는 '안락사'에 사람들은 비이성적일 뿐 아니라 가장 유아적인 감성으로 자유분방하게 수많은 이유를 늘어놓으며 반대할 것이다. 그러니 적절한 시기가 오기를 기다리자.[83]

4. 종족학살

1. 그 순간이 온 것은 1939년 초에 히틀러가 신임하던 의사 카를 브란트와 독일제국 사무국의 수장 필립 보울러Philipp Bouhler에게 유아들의 안락사 실행 임무가 주어졌을 때다. 이들의 과제는 '심각한 유전병', 예를 들어 다운 증후군, 소두증, 수두증, 뇌성마비, 돌연변이 등이 의심되는 3살 이하 유아들의 안락사를 추진하는 것이었다. 이 계획은 먼저 「유산Das Erbe」, 「과거의 희생자Opfer der Vergangenheit」, 「나는 고소한다Ich klage an」처럼 병든 소아들의 처참한 삶을 다룬 일련의 영상물들을 널리 배포하는 세심한 준비 과정을 거쳐 실행되었다. 이러한 조치가 이루어진 것은 사실 팔과 다리가 하나씩 없고 앞을 못 보는 크나우어Knauer라는 아이의 안락사 요청을 히틀러가 먼저 수락한 것이 계기가 되었기 때문이다. 총독의 '은사'가 내려지자마자, 유전과 가족력에 의한 심각한 질병 상태를 과학적으로 조사하기 위한 위원회가 한스 헤펠만Hans Hefelmann의—당연한 처사였겠지만, 의과가 아닌 농경경제학

과를 졸업한 인물의—감독하에 조직되었을 뿐 아니라 "특수 소아과", 심지어는 "요양치료 기구" 같은 명칭으로 불리는 일련의 살상 기관들이 설립되었다. 나치는 이곳에서 베로날 또는 치명적인 분량의 모르핀이나 스코플라민을 주입하는 식으로 수많은 아이들을 살해했다. 같은 해 10월부터 안락사를 추진하는 법령은 베를린 티어가르텐Tiergarten 4번가의 약자인 'T4'라는 명칭의 프로그램으로 성인들에게까지 확장 적용되기 시작했다. 이 법령의 발표 날짜가 뒤늦게 9월 1일로 앞당겨진 것은 2차 세계대전이 시작된 날과 직접적인 연관성이 있다는 점을 부각시키기 위해서였다. 이는 나치즘의 죽음정치적인 성향을 명백하게 보여주는 단서일 뿐 아니라 현대 전쟁의 생명정치적인 성격을 함께 드러내는 특징이기도 하다. 왜냐하면 오로지 전쟁에서만 '치유를' 목적으로—자기 민족의 생존을 위해—살상을 저지르기 때문이다. 안락사 프로그램은 한편 독일군 부대들이 동유럽을 점령하며 동쪽으로 이동함에 따라 지리적으로도 확장되었다. 독일의 하트하임, 조넨슈타인, 그라페네크, 베른부르크, 브란덴부르크, 하다머에 있던 안락사 기관들은 1940년과 1941년 사이에 폴란드의 헤움노, 벨제크, 소비보르, 트레블링카 수용소가 더해지면서 6곳에서 10곳으로 늘어났다. "특수 조치"라는 이름으로 불리던 안락사 정책은 그러는 사이에 전쟁포로들에게까지 확장되었고, 의사들이 집행하던 프로그램 T4는 이른바 '14f13 작전'으로 대체되었다. '14f13'는 살해해야 할 이들을 분류할 때 감사단이 사용하던 암호다. 이 작전은 본질적으로 의학적인 관점에서 실행되었지만 이를 직접 관리하는 이들은 SS였다. 어떻게 보면 안락사 정책은 14f13 작전을 거치면서 진정한 집단살해 단계로 발전했고, 나치는 1월 20일 하이드리히Reinhard Heydrich 가 소집한 반제Wannsee 회의에서 유대인의 체계적 절멸이 목적인 이른바 유대인 문제의 최종 해결책을 채택했다.

이를 다름 아닌 '종족학살(genocidio)'이라고 부른다. 이 용어 는 1944년 예일 대학의 국제법 교수 렘킨Raphael Lemkin이 처음 고 안했을 때부터[84] 수많은 의혹과 논쟁을 불러일으켰다.[85] 그리스어 어근 '게노스ghénos'[종족]와 라틴어 어미 '치다cida[살해]'의 합성 어이기에 혼종이라고 봐야 할 이 용어는 머지않아 이와 유사하지 만 동일하지는 않은 '민족학살etnocidio'이나 '반인도적 범죄' 같은 개념어들과 분간할 수 없는 형태로 뒤섞이고 말았다. 종족ghénos의 집단 살해가 민족éthnos의 집단 살해와 다른 점은 대체 무엇인가? 살해자들의 입장에서 '종족'을 대하는 것과 '민족'을 대하는 것은 매한가지인가? 종족학살이라는 범죄와 인류 전체가 대상인 학살 사이에는 과연 무슨 관계가 있는가? 이러한 유형의 질문에 함축 되어 있는 난점은 용어 사용의 차원에서뿐만 아니라 역사적인 평 가의 차원에서도 나타난다. 종족학살의 주체가 국가일 수밖에 없 고 모든 국가가 고유한 법률의 제정 주체라는 점을 감안하면, 종족 학살을 실행한 국가가 스스로 저지른 범죄를 직접 법률적으로 정 의하기는 어려울 것이다. 이점을 분명히 한 상태에서 살펴봐야 할 것은—대부분의 학자들이 동의하는 바와 같이—종족학살에 대 한 논의가 이루어지려면 최소한 다음과 같은 조건이 충족되어야 한다는 점이다. 1) 주권 국가의 입장에서 균일한 성격을 지닌 특정 인간 집단의 절멸 의사를 밝혀야 한다. 2) 이 국가가 의도하는 절 멸이 잠재적으로 총체적이어야, 다시 말해 해당 집단의 구성원 전부를 대상으로 간주해야 한다. 3) 해당 집단의 절멸이 어떤 경제적이거나 정치적인 차원이 아니라 생물학적 구성 자체의 차원에서 이루어져야 한다. 여기서 분명해지는 것은 나치가 실행에 옮긴 유대인 종족학살이 이 세 가지 기준을 모두 충족한다는 점이다. 하지만 유대인 종족학살의 특수성은 또 다른 곳에서, 즉 의학의—빈번히 언급했던—상징적이면서도 실질적인 역할에 주목할 때 발견된다. 관건이 되는 것은 의학이 처음부터 **절멸에 부여했던 치료의 목적**이다. 유대인 종족학살의 집행자들이 굳게 믿었던 것은 특정 종족의 절멸만이 독일 민족의 치유를 보장하리라는 것이었다. 종족학살이 진행 중이었을 당시의 상황을 가리키며 나치가 '회복'을 뜻하는 Genesung이라는 용어를 사용했다는 사실에서 극명하게 부각되는 것은 '퇴화', '재활', '종족학살'이 구축하는 하나의 단일한 논리적 의미 사슬이다. 나치의 논리는 '종족학살'을 통해서만 '재활'이 '퇴화'를 극복할 수 있다는 것이었다.

이러한 관점에 동의하는 학자들 대부분이—노골적으로든 함축적으로든—강조하는 것은 나치즘의 생명정치적인 특징, 즉 '생명'과 '정치' 간의 상호수반 관계가 점점 더 긴밀해진 상황이 결국에는 '생명'의 이분화, 즉 살아야 하는 이들과 죽어야 하는 이들을 법적으로 구분하게 되는 결과로 이어졌다는 점이다. 이러한 상황을 면역화의 관점에서 관찰할 때 부각되는 또 하나의 특징은 나치의 치료전략이 취한 동종요법적인 성향이다. 나치가 죽음을 무릅쓰고 퇴치하고자 했던 질병은 사실 **죽음** 자체에 불과하다. 나치가 죽이려고 했던 것은 유대인의—그리고 유대인과 유사한 모든 인간 유형의—**생명**이 아니라 그 생명이 품고 있던 **죽음**이다. 다시 말해 유전적으로 전달되는 어떤 원천적이며 치유가 불가능한 퇴화 증상에서 벗어나지 못할 숙명에 처했기 때문에 이미 죽은 셈이었던 생명을 **완전히** 죽이려 했던 것이다. 죽음에 물든 생명의 위협적인 전염으로부터 수단과 방법을 가리지 않고 독일 민족을 보호하는 것이 궁극의 목표였고, 이 목표를 달성할 수 있는 유일한 길은 '부정성의 활동'을 앞당기는 것, 다시 말해 죽음에 이미 헌정된 생명을 완전한 죽음으로 서둘러 인도해야 할 '자연적인' 혹은 '신성한' 과제를 고유의 임무로 받아들이는 것뿐이었다. 이때 죽음은 **치료의 대상인 동시에 도구, 병인 동시에 약**이었다. 이는 왜 망자 숭배가 나치의 짧은 역사 전체를 지배했는지 설명해 준다. 선택받은 민족 독일을 위협하는 치명적 전염에 저항할 수 있는 힘은 오로지 죽은 선조들에게서만 올 수 있었다. 그들을 통해서만, 독일과 서방의 땅에서 독버섯처럼 자라나는 그 이상한 죽음에 '정화하는' 죽음을 선사할 용기가 후손들에게 주어질 수 있었다. SS가 독일 민족의 운명과 본성에 어울리는 거룩한 임무를 수행하면서 다짐했던 것이 바로 이 '죽음의 정화'다. 생명 안에 있는 죽음 앞에서는—그것이 바로 퇴화였기에—생명을 죽음의 신성한 불로 달구면서 대응할 필요가 있었다. 생명의 형태를 취하면서 모든 공간에 스며들던 바로 그 죽음을 죽여야만 했다. 숨어서 기어다니는 이 죽음을 막을 수 있는 것은 독일의 영웅들이 대대로 물려온 **위대한 죽음**의 구원뿐이었다. 그런 식으로 죽음은 치명적 전염의 씨앗인 동시에 면역 장치로, 무찔러야 할 적인 동시에 활성화해야 할 보호 장치로 변신했다. 나치즘은 결국 이러한 이중의 죽음 속에—죽음의 무한한 배가 경로 안에—갇혀 산산이 부서지고 말았다. 고유의 면역 장치를 극대화하면서 동일한 장치의 포로가 되었기 때문이다. 어떤 개인적이거나 집단적인 유기체가 죽음의 위협에서 완전히 벗어날 수 있는 유일한 길은 죽음뿐이다. 결국에는 히틀러가 자살하기 전에 독일 민족에게 요구했던 것도 바로 이러한 형태의 죽음이었다.

2. 이것이 나치즘의 역사에서 일반적으로 발견되는 살생의 논리였다면, 이 논리가 결정적으로 실행되는 경로는, 다시 말해 핵심적인 면역 장치들은 과연 어떤 것이었나? 내가 발견한 것은 본질적으로 세 가지다. 첫 번째 장치는 **생명/삶의 절대적인 규율화**다. 바로 이 장치를 통해 역사상 처음으로 면역성의 두 의미론적 방향, 즉 생물학적 방향과 법적 방향의 완전한 중첩이 다름 아닌 노모스[법률]의 생물화와 비오스[생명]의 법률화가 동시에 진행되는 과정을 거쳐 이루어진다. 널리 알려진 바와 같이, 당시에는 개인적이고 집단적인 경험의 거의 모든 영역에서 생물학과 의학이 지대한 영향력을 행사했다. 일찍이 빌헬름 시대와 바이마르 공화국 시절부터 높은 사회적 위치와 특권을 누려왔던 독일의 의사들은 점점 더 많은 권력을 행사하며 심지어는 다른 분야의 전문가들에게 주어지던 역할까지 도맡아 수행하기 시작했다. 의사들은 특히 법정에서 자신들의 목소리를 높였고 제재나 압제 조치를 실행하는 과정에서 법관들과 협력하거나 어떤 경우에는 이들보다 더 큰 영향력을 발휘했다. 예를 들어 단종수술을 받아야 할 개인들을 선별하는 과정에서 판결 심의위는—상소재판소에서처럼—판사 한 명과 두 명의 의사로 구성되어 있었다. 종족 간의 불균형 또는 차이

와 사회적 일탈이 관건인—사실상 울타리가 없는—영역에서 법적 판단을 요하는 범주들이 늘어나면 늘어날수록 의사들의 권력은—인류학자나 심리학자들의 권력과 병행해—점점 더 증가하는 추세를 보였다. 더군다나 독일인의 시민권과 "독일 민족의 피와 영예"를 보호하기 위한 뉘른베르크의 반유대주의 법령이 발표되었을 때 의학 박사들의 기세는 한층 더 높아질 수밖에 없었다. 결국 안락사 계획이 시작되고 강제수용소가 활성화되었을 때 독일의 의사들은 앞서 언급했던 '생명과 죽음'의 사제가 되어 있었다. 하지만 이러한 법률의 생물학화에만 몰두하다가 동일한 메달의 이면을 간과하는 실수는 범하지 말아야 한다. 다시 말해, 거꾸로 의학의 법적—여하튼 정치적인—제어가 점점 더 심화되는 현상에도 주목할 필요가 있다. 독일의 의사들은 공무 집행인으로 변하면 변할수록 자율성을 상실했다. 왜냐하면 이들도 결국에는 행정부 소속이었고 행정부의 명령을 따라야 했기 때문이다. 뭐랄까 당시에 분명히 변하고 있던 것은 환자와 의사와 국가 간의 관계다. 환자와 의사의 관계가 소원해진 반면 의사와 국가의 관계는 돈독해졌다. 치료가, 그리고 이에 앞서 진단이 더 이상 사적이라고 볼 수 없는 공적 기능으로 변하는 순간 의사가 책임져야 할 대상은 환자가 아닌 국가였고, 심지어는 환자의 건강상태에 대한 정보의 유일한 보유 주체도 의사가 아닌 국가였다. 상황은 마치 주체의 역할이 환자에게서—이제는 더 이상 치료의 대상이 아니라 단순한 생물학적 정의의 대상으로 전락한 만큼—의사로, 그리고 의사에게서 국가기관으로 전이되는 것처럼 전개되었다.[86] 1935년 뉘른베르크의 인종차별주의 법령을 준비한 이들이 1년 전인 1934년 법령의 경우처럼 전문적인 법률가들이 아니라 정치인들이었다는 사실은 이러한 점진적 전이 현상의 실체를 더욱더 분명하게 보여준다. 그리고 보면 유전적 질병에 관한 일련의 조치를 취하는 데에는 여전히 의사들의 학문적인 평가가 필요했던 반면, 인종차별주의적인 조치는 전적으로 독단적인 판단하에, 이를테면 국민 내부에서 발견되는 생물학적 차이점들을 **관찰**하기보다는 오히려 무에서 **창조**해내는 식으로 이루어졌다. 의사들의 임무는 사실상 정치적인 맥락에서 결정된 사항들, 따라서 나치 독일의 새로운 법률 체계에 따라 법으로 번역되어야 할 사항들을 정당화하는 데 필요한 서명을 기입하는 것뿐이었다. 그런 식으로, 법학의 전유물이었던 영역의 생물학화와 균형을 유지하며 이에 상응하는 생물학적 영역의 정치적 법률화가 이루어졌다.[87] 나치적인 생명정치의 본질을 포착하기 위해서는 이 두 현상 간의 복잡한 매듭을 시야에서 놓치지 말아야 한다. 상황은 마치 의학의 권력과 정치-법학의 권력이 번갈아 부각될 뿐 우선순위를 다투며 행사되다가 결국에는 완전히 중첩되는 단계에 도달하는 것처럼 전개된다. 결과적으로 다름 아닌 '생명'의 우선순위를 절대화하려는 의도가 생명이 '정치'에 절대적으로 종속되는 상황을 촉발한다.

이러한 키아스마*의 징후가 가장 뚜렷하게 드러나는 예는 강

---

* 키아스마chiasma. 원래 생물학에서는 염색체의 부분교환이 일어나는 접촉부위, 수사학에서는 서로 상반되는 의미의 교차 방식을 가리키지만, 저자가 제시하는 철학적인 맥락에서—특히 메를로퐁티의 철학에서—키아스마는 인식의 주체와 객체, 발화와 청취, 능동성과 수동성의 교환이 모호한 형태로 일어나는 지점이나 이들 사이의 교환 가능성을 가리킨다.

제수용소와 절멸수용소다. '절멸'을 뜻하는 sterminio라는 단어 자체가 '경계 바깥으로 몰아내다'는 뜻의 exterminare에서 유래한 만큼 '추방'한다는 의미로 환원되듯이, '제거'를 뜻하는 eliminizione도 로마인들이 limes라고 부르던 '울타리' 너머로 쫓아내는 행위를 암시한다. 수용소의 구조적인 모순은 바로 이 '바깥' 혹은 '너머'를 사실은 '내부'로 '집중 수용'시켜 어떤 탈출도 불가능하게 만든다는 데 있다. 폐쇄된 형태의 감옥과는 달리 '열려' 있었기 때문에, 수용소는 오히려 완벽하게 폐쇄된 형태를 유지했다. 어떤 의미에서는, 다름 아닌 외부를 내부화해야 하는 만큼, 개방상태에 의해 폐쇄되었다고도 볼 수 있다. 이제 이러한 상황의 명백한 모순은 사실, 수용소에서 생명의 지평과 전적으로 정치화된 법적 지평 간의 차이가 완전히 사라지고 무분별해지는 현상의 결과에 지나지 않는다. '생명'의 어떤 형식적인 차원이 아니라 '생명' 그 자체를 직접 거머쥘 때, 법적 권리는 법 자체를 절대화하는 동시에 무효화하는 무언가의 이름으로 행사될 수밖에 없다. 일반적인 견해와는 달리 나치는 법을 단순히 파괴한 것이 아니라 오히려 확장시켰고, 그 이유는 법의 한계를 분명히 초월하는 것마저 법 내부에 포함시키기 위해서였다. 법을 생물학적 영역에서 도출했다고 주장하면서 나치는 생명의 영역 전체를 규율의 명령에 위탁하고 말았다. 강제수용소는 분명히 법의 공간이 아니지만 단순한 독단의 장소도 아니다. 강제수용소는 오히려 독단이 합법적으로 변하고 법 자체가 독단적으로 변하는 모순적인 공간이다. 실질적인 구성의 차원에서, 나치의 수용소는 면역적인 '부정'의 가장 극단적인 형태를 보여준다. 이는 단순히 격리, 단종수술, 안락사 같은 과정들을 이 수용소가 결정적인 방식으로 통합했기 때문만이 아니라, '죽음'을 뛰어넘을 지도 모를 모든 것을 앞당겨 활용했기 때문이다. 아직 저지르지 않은 범죄의 주체들, 여하튼 기존의 법체계를 기준으로는 판결이 불가능한 범죄자들을 감금하기 위해 만들어진 강제수용소는—다하우의 수용소 정문에 쓰여 있던 대로—다름 아닌 '예방 차원의 감금'(Schutzhaftlager) 장소였다. 앞당겨 감금되던 것은, 다시 말해 고스란히 해제되던 것은 생명 그 자체였다. 그런 식으로 죽음으로부터의 모든 탈출구를 가로막는 법적 전제에 생명을 종속시켰던 것이다.

3. 나치의 두 번째 면역 장치는 **몸의 이중 봉쇄**, 즉 몸의 봉쇄의 봉쇄다. 레비나스Emmanuel Levinas는 이를 '우리의 몸과 우리 자신의 절대적인 일치'로 정의한 바 있다. 이 경우에는 그리스도교적 관점과 달리—그리고 또 다른 각도에서 데카르트적 관점과도 달리—'나'와 '몸'의 모든 이원론이 자취를 감춘다. '나'와 '몸'은 어떤 구분도 허락하지 않는 형태로 하나가 된다. '몸'은 '나'의 단순한 물리적 '장소'일 뿐 아니라 '본질'로 간주된다. 그런 의미에서 레비나스처럼 이렇게 말하는 것이 가능해진다. "생물적인 것은 그것의 전적으로 숙명적인 성격과 함께 정신적인 삶의 **대상**이 될 뿐 아니라—이를 훌쩍 뛰어넘어—삶의 **심장**이 된다."[88] 주지하다시피 이러한 관점이 정립되는 과정에서 결정적인 역할을 했던 것은 생식질의 상속 이론과 결과적으로 부각된 정신신체적인 유산의 상속 이론이다. 이에 따르면 인간은 고스란히 자신이 물려받은 과거의 유산에 의해 정의되며, 이 유산도 세대가 교체되는 가운데 그대로

재생된다. 레비나스의 표현대로, 이 경우에 인간은 고유의 생물학적 존재에 '사슬로 묶이거나(enchaînement) 얽매인다(être rivé).' 이 표현들이 강조하는 것은 벗어나기가 불가능한 속박의 거의 물질적인 의미다.[89] 이러한 유형의 속박 앞에서 취해야 할 현명한 자세는 속박을 느슨하게 하려고 애쓰기보다는 오히려 일종의 운명인 동시에 과제로 받아들이는 것이다. 이는 물론 이 운명을 감면의 가능성이 없는 형벌처럼 받아들이는 이들에게도, 혹은 동일한 운명에서 원래 표명하고자 했던 우월성의 단서를 읽는 이들에게도 해당되는 이야기다. 여하튼 관건은 벗어날 길이 없는 원래부터 '자연적인' 틀에 '적응'하는 일이다. 바로 이점이 내가 '이중 봉쇄'라는 표현으로 가리키고자 했던 부분이다. 나치즘은 생물학적 현실을 궁극적인 진리로 받아들였다. 왜냐하면 그것이 최초의 진리였고, 이 진리를 토대로 각자의 생명/삶이 앞으로 계속 나아갈 것인지 아니면 멈출 것인지 선택해야 했기 때문이다.

이는 물론 생물학적 현실이 절대적인 유물론으로 귀결되었다는 것을 의미하지 않는다. 절대적인 성격의 유물론은 오히려 근본주의적인 성향을 띤 다윈주의 진화론의 형태로 나타났다. 이러한 진화론을 선호하는 경향은 분명히 실재했지만, 여기에는 이와 항상 공존하며 상황을 복잡하게 만들던 또 다른 성향, 예를 들어 로젠베르크Alfred Rosenberg의 입장이 대변하던 일종의 '정신적' 인종차별주의라는 것이 존재했다. 이 두 성향은 모순을 일으키기는커녕 정확하게 앞서 언급했던 '일치'의 차원을 처음부터 어떤 접합지점으로 공유하고 있었다. 실제로 나치즘의 이론가들은 어느 누구도 우리가 흔히 '영혼' 또는 '정신'이라고 부르는 것을 부인하지 않았다. 단지 이 '영혼'을 어떤 초월적 세계를 향해 몸이 열리는 지점으로 이해하는 대신 몸의 또 다른, 더욱더 확고한 봉쇄의 매개로 인지했을 뿐이다. 이러한 관점에서 바라본 영혼은 몸의 몸, 신체적 봉쇄의 봉쇄에 가깝다. 다시 말해 우리를 주관적인 관점에서까지 몸의 객관적 속박 메커니즘 안에 가두는 것이 영혼이다. 영혼은 몸이 스스로와 절대적으로 일치하게 되는 지점이며 모든 내부적인 틈새의 소진이자 모든 유형의 초월 불가능성 그 자체다.[90] 그런 의미에서 관건은 결코 비오스bíos가 조에zoé로, 혹은 '벌거벗은 존재'로 환원되는 현상이 아니다. 나치는 사실 이 '벌거벗은 존재' 대신 언제나 생명/삶의—정신적이기도 한—충만함을 더 중시했다. 관건은 오히려 조에의 정신화와 정신의 생물학화가 중첩되는 현상이다.[91] 이런 식의 중첩 현상은 결국 '인종'이라는 이름으로 귀결된다. 이 이름으로 몸의 정신적인 성격과 정신의 생물학적 성격이 함께 구축된다. 다시 말해 바로 이 이름이, '몸'과 '자신'의 일치를 토대로 형성되는 정체에 개인적인 탄생과 죽음의 한계를 뛰어넘는 의미를 부여한다. "불멸하는 것은, 의심스럽고 아마도 상상의 산물에 불과할 영혼이 아니라 신체 혹은 생식질이다"[92]라는 드 라푸즈의 주장은 뒤이어 나치가 활성화하게 될 내용을 앞서 예견한 것에 불과하다. 이러한 유형의 생물-신통기bio-teogonia가 가장 완성된 형태로 정의된 텍스트는 아마도 페르슈어Verschuer의 우생학과 종적 상속 이론 매뉴얼일 것이다. 페르슈어는 결코 과거의 독일이나 오늘날의 민주주의 사회에서처럼 국민을 시민들의 총합으로, 다시 말해 특정 국가의 영토에 사는 개인들의 총합으로 이해하지 않았다.

... 국가사회주의[나치] 민족 국가에서 우리는 '국민' 혹은 '민족'이라는 말을 어떤 정신적이고 생물학적인 통일체로 이해한다. [...] 독일 국민들이 모여 구축하는 것은 선조들과의 거대한 공동체, 즉 같은 피를 공유한 이들의 연대다. 국민의 이러한 생물학적 통일성이야말로 전체적인 성격의 유기적 구조를 지닌 민족 공동체의 토대를 이룬다. 이 공동체의 부분들은 다양하지만 적어도 어떤 동일한 전체를 구축하는 구성 요소들이다.[93]

여기서 주목해야 할 것은 나치즘이 고유의 면역 장치 중심에 위치시킨 봉쇄 메커니즘, 즉 '자기'를 '몸' 안에 가두는 메커니즘 자체의 '배가' 또는 '확장'이다. '자기'를 스스로의 '몸' 안에 체화하는 여전히 개인적인 차원의 첫 번째 봉쇄에 이어 두 번째 단계에서 개개인이 독일 민족의 유기적 총체에, 즉 독일의 모든 신체적 구성원으로 구축되는 더 큰 몸 안에 체화되는 현상이 일어난다. 이 두 번째 체화만이 첫 번째 체화에 정신적으로 고유한 가치를—몸의 생물학적 현실과 상반되지 않고 오히려 이를 근거로 생성되는 가치를—부여한다. 더 나아가, 개개인의 몸을 전부 독일 공동체의 단일한 몸 안에서 수평적으로 연결하는 것도 다름 아닌 상속 유산의 수직적인 계보, 즉 "한 세대에서 다른 세대로 강물처럼 흘러 내려오는"[94] 계보다. 이 단계에 이를 때에만—이 삼중적인 체화의 생명정치적인 교차 지점에 도달해야만—모든 독일인의 '몸'은 완전히 '자기'에게 적응한다. 즉 '자기'를 살의 단순한 질료나 삶 없는 존재로 인지하는 것이 아니라 본질적인 형태의 차원에서 생명/삶의 기원이 되는 인종적 실체의 '육화'로 인지하는 것이다. 물론 여기에는 이 인종적 실체에 속하지 않는, 그리고 바로 그런 이유에서 발전에 방해되는 모든 것을 '자기' 바깥으로 추방할 수 있을 정도의 힘을 지녀야 한다는 조건이 전제된다. 이 '추방'은 첫 번째 봉쇄에 숙명적으로 뒤따르는 파괴적인 결과이기도 하다. 페르슈어는 이런 결론을 내린다. "이러한 '민족' 개념에서 출발하면 민중적 정치는 **종족의 몸을 보호하는** 정치, 즉 건강한 [유전적] 유산의 유지와 향상을 꾀하고 **병든 요소들을 제거**하며 민족에 고유한 인종적 성격을 보존하기 위해 노력하는 정치가 될 것이다."[95] 그렇다면 이러한 개념적 구도에서는 종족학살을 일종의 정신적인 요구로 간주하는 것이 틀렸다고 보기도 어려워진다. 오염된 부분의 절개를 통해서만 종족의 몸이 '자기'의 신체적 봉쇄를 근원적인 차원에서 실행할 수 있고 또 이 봉쇄를 통해 구성원들 각자의 몸이 '자기'의 봉쇄를 실천할 수 있었을 것이다. 베를린의 벽보에는 이렇게 적혀 있었다. "Dein Körper gehört dem Führer/ 당신의 몸은 총독에게 속한다." 나치당 의사 클라인Fritz Klein은 그의 행위와 히포크라테스 선서를 어떻게 조합할 수 있겠냐는 질문에 이렇게 대응했다. "나는 의사이고 당연히 생명의 보존을 기원한다. 다름 아닌 인간의 생명을 존중하기 때문에 병든 몸에서 암적 요소를 제거하려는 것이다. 유대인은 인류의 몸 안에 들어 있는 암적 요소다."[96] '자신'으로 꽉 찬 독일 '민중의 몸Volkerkörper'은 살의 곪은 부위를 끊임없이 **비워내지** 않고서는 숨을 쉴 수조차 없었다. 아마도 바로 그런 이유에서 나치의 한 의사는 아우슈비츠를 '세상의 항문anus mundi'[97]으로 정의했을 것이다.

4. 나치즘의 세 번째 면역 장치는 **예방 차원의 출생 제재**다. 생명만 지우는 것이 아니라 태어날 수 있는 가능성마저 지우는 것이 목표였던 셈이다. "나치의 생물주의 의학에서 핵심은 단종수술이었다"[98]라는 견해도 바로 이러한 극단적인 의미에서 이해할 필요가 있다. 관건은 단순한 양적 차원의 문제가 아니다. 물론 1933년 7월에서 전쟁 발발 시점에 이르는 시기에만 여러 가지 이유로 30만 명 이상이 단종수술을 받았고 피해자들의 수는 뒤이어 5년간 기하급수적으로 늘어났다. 하지만 이것만이 문제는 아니다. 여기서 주목해야 할 것은, 이러한 조치가 이루어지는 가운데 상식적인 차원을 훌쩍 뛰어넘었음에도 불구하고 사람들이 그 의미를 정확하게는 이해하지 못했던 나치의 과도한 행보다. 무엇보다도 나치는 이 엄청난 수치를 오히려 정책이 제한적으로만 적용되었기 때문에 이상적인 단계에는 한참 못 미치는 결과로 이해했다. 렌츠는 독일 민족 전체의 대략 3분의 1이 단종수술을 받아야 한다고 주장했다. 그 순간이 오기를 기다려야 했지만 시간을 낭비할 수는 없었기에, 1934년 9월 건강상 문제가 있는 부모들을 대상으로 낙태의 의무화 법안을 통과시켰고, 1935년 6월에는 동성애자들을 대상으로 단종수술을 의무화하기로, 1936년 2월에는 36세 이상의 여성들을 대상으로 엑스레이 단종수술을 감행하기로 결정했다. 이처럼 극단적인 방법들은 나치의 의사들에게 특별한 영감을 주었던 것으로 보인다. 단종 정책이 전쟁포로들에게까지 확장되자 결국에는 보건 정책 차원에서—다시 말해 죽음정치적인 차원에서—가장 빠르고 경제적인 수술 방식을 발견하기 위한 일종의 치열한 전투가 벌어졌다. 한편에서는 프로게스테론 테스트를 고안해낸

저명한 산부인과 의사 클라우베르크Carl Clauberg가 나팔관의 폐쇄 방식 연구에 모든 열정을 쏟아 부었고, 다른 한편에서는 브라크 Viktor Brack와 슈만Horst Schumann이 단종수술의 엑스레이 적용 방식을 연구했다. 이들의 연구는 모두 수많은 여성의 극단적인 고통과 죽음이라는 결과로 이어졌다. 실험은 남성과 여성의 특별한 구분 없이 진행되었지만 단종 정책의 주요 피해자는 여성들이었다. 여성들은 수적으로도 대략 60%였고, 무엇보다도 여성의 경우 사망률이 90%에 달했다. 여성들이 절개수술 실험 대상으로 선택되는 기준도 이루 말할 수 없이 다양했고 때로는 서로 모순되는 양상을 보였다. 어떤 여성은 남편이 정신병자였기 때문에, 어떤 여성은 반대로 결혼을 하지 않은 엄마였기 때문에 수술대에 올랐다. 게다가 지능이 평균 이하인 여성들에게는 정상적인 나팔관 폐쇄 시술 대신 자궁 절개 수술을 적용했다. 위협을 느낀 몇몇 여성들이 단종 정책에 반대하며 이른바 '반항성 임신'으로 맞섰을 때 나치는 임신 6개월까지 낙태를 의무화해버렸다. 강제수용소에서 임신의 대가는 즉각 사살이었다. 이 모든 것을 어떤 우연의 산물로 보거나 일반적인 종족학살 메커니즘의 일부로 보는 것은 이 사건들의 본질적인 의미를 무시하는 것과 다를 바 없다. 단종수술에 관한 법안을 통과시킨 것이 사실상 나치가 권력을 거머쥐자마자 취한 최초의 법적 조치였고 태아들이 안락사의 첫 번째 희생양이었다는 점을 감안하면 나치의 의도가 생명을 씨앗에서부터, 혹은 탄생 단계의 생명을 공격하는 것이었음이 분명해진다. 하지만 이로써 문제의 전모를 완전히 파악했다고 보기는 어렵다. 우리가 다루고 있는 문제의 복합성은, 바로 이러한 죽음정치적인 조치들이 실제로는 독일에서 인구증대를 목표로 출생률 향상 캠페인이 한창 전개되던 시기에 이루어졌다는 독특한 정황에서 발견된다.[99] 정말 특이한 것은 출생을 장려하는 대규모의 경제적 지원이 이루어지는 가운데 자발적 낙태가—지극히 당연하게—종족을 배신하는 생물학적 범죄로 간주되었다는 사실이다. 그렇다면 이 명백한 모순은 어떻게 해석해야 하나? 생명의 생산 경로와 중단 경로의 공존 상태에는 어떤 의미를 부여해야 하나? '탄생'은 나치의 입장에서 대체 무엇이었나? '탄생'을 '죽음'과 **직접** 연결하는 경로는 무엇인가? 이 질문에 대한 첫 번째 답변은 나치즘이 몇 번에 걸쳐 구분을 시도했던 '재활rigenerazione'과 '번식procreazione' 간의 관계에서 발견된다. '재활'이 공개적으로 공유되던 우생학적 원칙들을 바탕으로 활성화하고 어떤 식으로든 장려해야 하는 범주였던 반면, '번식'은 자연적이고 예측이 불가능한 만큼 국가 차원에서 엄격하게 제어해야 하는 범주였다. 그렇다면 이는 곧 나치즘이 '탄생'이라는 생물학적 현상을 무시하기는커녕 오히려 절대적으로 중요시했다는 것을 의미한다. 단지 '탄생'을 정치적 명령에 직접적으로 종속시키는 방법을 택했을 뿐이다. 바로 여기서 우리가 잘 알고 있는 생명정치적인 교환이 이루어진다. 나치 제국에서 '탄생'은 그 내부에 각인되어 있는 종족의 유전적 유산을 기반으로 시민의 위상을 결정짓는 요소였다. 여기에 적용되었던 것이 일종의 어원론적인 원칙, 즉 '탄생nascita'과 '국가nazione' 사이에는 직접적인 연관성이 있다는 원칙이다. 나치 체제에서만큼 종족의 피를 지닌 시민들의 자연적 탄생이 강렬하게 국가 자체의 뿌리로 간주된 적은 없었다. 하지만 이 경우에도 기원인 듯 보이던 것은 권력의 산물에 가까웠다는 점이 드러난다. 왜냐하면 사실은 '탄생'이 인간이라는 생명체의 정치적 역할을 결정지었던 것이 아니라 오히려 인종-정치적 구도 안에 각인되는 생명체의 위치가 '탄생'의 가치를 **앞당겨** 결정지었기 때문이다. 이 '탄생'이 나치의 생명정치적인 울타리 안으로 받아들일만한 것일 경우에는 생명의 양육을 장려하지만 그러지 못할 경우에는 빛을 보기 전에 미리 제거하려 했던 것이다.[100] 하지만 이러한 조치마저도 뒤이어 무차별한 절멸 정책이 현실화되었을 때에는 터무니없이 부족한 것으로 드러났다. 탄생을 가로막거나 생명을 제거하는 것만으로는 부족했던 것이다. 나치는 이 두 방법을 중첩시키는, 다시 말해 '탄생' 자체를 죽이는 방향으로 나아갔다. 생명을 말살하는 것은 사실 아무것도 아니기에, 생명의 생성 경로 자체를 그것의 흔적까지 지우면서 무효화할 필요가 있었다. 바로 그런 의미에서 아렌트는 이렇게 말한다. "절멸수용소에 감금된 이들은 산 자들의 세계에서는 태어난 적이 없는 사람과도 같았다. 어느 누구도 이들이 아직 살아 있는지 또는 이미 죽었는지 알지 못했다."[101] 이들은 그저 존재하지 않았을 뿐이다. 바로 그런 이유에서, 논리적으로는 하루에도 수천 번씩 살해당할 수 있었지만 자살만큼은 금지되어 있었다. 이들의 영혼 없는 몸은 주권자의 소유였다. 그런 의미에서 나치–생명정치적인 주권은 죽음을 명할 수 있는 권한이라기보다는 생명을 사전에 빼앗을 수 있는 권한에 가까웠다.

주

1   M. Foucault, *'Bisogna difendere la società'*, pp. 224 이하.

2   같은 책, p. 224.

3   같은 책, p. 225.

4   이와 같은 견해를 고수하는 A. Brossat의 *L'épreuve du désastre. Le xx siècle et les camps*, Paris 1996, pp. 141 이하 참조.

5   전체주의와 철학의 관계를 체계적으로 설명한 저서 S. Forti, *Il totalitarismo*, Roma-Bari 2001 참조.

6   R. J. Lifton, *The Nazi Doctors*, New York 1986 [trad. it. *I medici nazisti*, Milano 2003, p. 51].

7   E. Baur, E. Fischer, F. Lenz, *Grundriss der menschlichen Erblichkeitslehre und Rassenhygiene*, München 1931, pp. 417-18.

8   R. Ramm, *Ärtzliche Rechts und Standeskunde. Der Arzt als Gesundheitserzieher*, Berlin 1943, p. 156.

9   Aa.vv., *État et santé*, Paris 1942(«Cahiers de l'Institut Allemand»)에 실린 이하의 논문들 참조. H. Reiter, *La biologie dans la gestion de l'État*; L. Conti, *L'organisation de la santé publique du Reich pendant la guerre*; F. von Verschuer, *L'image héréditaire de l'homme*; E. Fischer, *Le problème de la race et la législation raciale allemande*; A. Scheunert, *La recherche et l'étude des vitamines au service de l'alimentation nationale*.

10 H. Weinert, *Biologische Grundlagen für Rassenkunde und Rassenhygiene*, Stuttgart 1934.

11 B. Müller-Hill, *Tödliche Wissenschaft. Die Aussonderung von Juden, Zigeunern und Geisteskranken 1933-45*, Hamburg 1984 [trad. it. *Scienza di morte. L'eliminazione degli Ebrei, degli Zigani e dei malati di mente*, Pisa 1989, p. 107].

12 J. Mrugowsky, *Einleitung*, in Ch. W. Hufeland, *Das ärztliche Ethos*, München-Berlin 1939, pp. 14-15; R. J. Lifton, *I medici nazisti*, p. 52.

13 R. N. Proctor, *The Nazi War on Cancer*, Princeton 1999 [trad. it. *La guerra di Hitler al cancro*, Milano 2000].

14 앞서 인용한 Lifton의 저서 외에도, 이러한 관점에서 중요한 연구서 R. de Franco, *In nome di Ippocrate. Dall'«olocausto medico» nazista all'etica della sperimentazione contemporanea*, Milano 2001 참조.

15 K. Blome, *Arzt im Kampf: Erlebnisse und Gedanken*, Leipzig 1942.

16 A. Kaminski, *Konzentrationslager 1896 bis heute. Geschichte, Funktion, Typologie*, München-Zürich 1990 [trad. it. *I campi di concentramento dal 1896 a oggi*, Torino 1997, pp. 84-85].

17 P. Levi, *Se questo è un uomo*, Torino 1976, p. 46.

18 A. Kaminski, *I campi di concentramento dal 1896 a oggi*, p. 94.

19 A. Hitler, *Libres propos sur la guerre et la paix recueillis sur l'ordre de Martin Bormann*, Paris 1952, vol. I, p. 321 (1942년 2월 22일).

20 Ch. R. Browning, *The Path to Genocide*, Cambridge 1992 [trad. it. *Verso il genocidio*, Milano 1998, pp. 153-54].

21 Otto Helmut, *Volk in Gefahr: Der Geburtenrückgang und seine Folgen für Deutschlands Zukunft*, München 1934.

22 Friedrich Burgdörfer, *Völker am Abgrund*, München 1936.

23 '퇴화' 개념의 변천사에 대해서는 이하의 저서들 참조. G. Genil-Perrin, *Histoire des origines et de l'évolution de l'idée de dégénérescence en médecine mentale*, Paris 1913; R. D. Walter, *What Became a Degenerate? A Brief History of a Concept*, in «Journal of the History of Medicine and the Allied Sciences», XI, 1956, pp. 422-29.

24 B-A. Morel, *Traité des dégénérescences physiques, intellectuelles et morales de l'espèce humaine*, Paris 1857.

25 Valentin Magnan, Paul-Maurice Legrain, *Les dégénérés, état mental et syndromes épisodiques*, Paris 1895, p. 79.

26 B-A. Morel, *Traité des dégénérescences*, p. 5.

27 G. Sergi, *Le degenerazioni umane*, Milano 1889, p. 42.

28 E. R. Lankester, *Degeneration. A Chapter in Darwinism*, London 1880, p. 58.

29 이탈리아의 퇴화 이론 연구에 대해서는 이하의 저서들 참조. A. Berlini, *L'ossessione della degenerazione. Ideologie e pratiche dell'eugenetica*, Ist. Orientale di Napoli, 1999-2000; M. Donzelli 편 *La biologia: parametro epistemologico del xix secolo*, Napoli 2003.

30 P. Lucas, *Traité philosophique et physiologique de l'hérédité naturelle*, 2 voll., Paris 1847-50.

31 Th. Ribot, *L'hérédité. Étude psychologique sur ses phénomènes, ses lois, ses causes, ses conséquences*, Paris 1873. Ribot에 대해서는 R. Bodei, *Destini personali*, pp. 65 이하 참조.

32 Eugène Apert, *L'hérédité morbide*, Paris 1919, p. 1.

33 P. Lucas, *Traité*, p. 5.

34 A. Pichot, *La société pure. De Darwin à Hitler*, Paris 2000, pp. 80-85.

35 M. Nordau, *Entartung*, 2 voll., Berlin 1893 [trad. it. *Degenerazione*, Milano 1893-1894, vol. I, p. xii].

36 G. Lombroso, *I vantaggi della degenerazione*, Torino 1904, p. 56.

37 같은 책, p. 114.

38 같은 책, p. 185.

39 이 주제의 문학적 표현들에 대한 논의는 피크의 지침을 토대로 발전시켰다. D.

Pick, *Faces of Degeneration. A European Disorder, 1848-1918*, Cambridge 1989, pp. 155-75. '퇴화'의 개념에 대해서는 J. E. Chamberlin, S. L. Gilman 편, *Degeneration. The Dark Side of Progress*, New York 1985 참조.

40 R. L. Stevenson, *The Strange Case of Dr. Jekyll and Mr. Hyde* (1886), Harmondsworth 1984 [trad. it. *Il dottor Jekyll e Mr. Hide*, Milano 1991, p. 92].

41 같은 책, p. 102.

42 같은 책, p. 100.

43 같은 책, p. 103.

44 같은 책, p. 104.

45 O. Wilde, *The Picture of Dorian Gray* (1890), Harmondsworth 1982 [trad. it. *Il ritratto di Dorian Gray*, Milano 1982, pp. 182-83].

46 같은 책, p. 268.

47 같은 책, p. 269.

48 B. Stoker, *Dracula* (1897), Oxford 1983 [trad. it. *Dracula*, Milano 1988, p. 396].

49 같은 책, p. 284.

50 같은 책, p. 255.

51 같은 곳.

52 같은 책, p. 256.

53 20세기 초반에 실행된 우생학적 조치와 제도들에 대한 상세한 보고서 M.-T. Nisot, *La question eugénique dans les divers pays*, 2 voll., Bruxelles 1927-29 참조.

54 W. Schallmayer, *Vererbung und Auslese im Lebenslauf der Völker: eine staatswissenschaftliche Studie auf Grund der neueren Biologie*, Jena 1903.

55 W. Schallmayer, *Über die drohende physische Entartung der Culturvölker*, Neuwied 1895.

56 L. Woltmann, *Politische Anthropologie: eine Untersuchung über den Einfluss der Descendenztheorie auf der Lehre von der politischen Entwicklung der Völker*, Leipzig 1903.

57 A. Ploetz, *Die Tüchtigkeit unserer Rasse und der Schutz der Schwachen: ein Versuch über Rassenhygiene und ihr Verhältnis zu den humanen Idealen, besonders zum Socialismus*, Berlin 1895.

58 G. Vacher de Lapouge, *Race et milieu social. Essais d'Anthroposociologie*, Paris 1909, p. 169.

59 이하의 저서에 실린 일련의 논문들 참조. M. B. Adams편, *The Wellborn Science. Eugenics in Germany, France, Brazil and Russia*, Oxford 1990.

60 앞서 언급했던 대로 큰 행운을 누렸던 에스피나의 책 참조. A. Espinas, *Des sociétés animales*, Paris 1877. 우리의 논의를 위해 가장 중요한 부분은 아마도 도입 부분에서 공생적인 유형과 상호부조적인 유형으로 구분되는 기생충과 길들이기를 다루는 pp. 13-60일 것이다.

61 J. Kotek, P. Rigoulot, *Le siècle des camps*, Paris 2000 [trad. it. *Il secolo dei campi*, Milano 2001, p. 237].

62 R. N. Proctor, *La guerra di Hitler al cancro*, p. 151.

60 G. E. Allen, *Chevaux de course et chevaux de trait. Métaphores et analogies agricoles dans l'eugénisme américain 1910-1940*, in J.-L. Fischer, W. H. Schneider편, *Histoire de la génétique. Pratiques, techniques et théories*, Paris 1990, pp. 83-98.

64 C. B. Davenport, *Heredity in Relation to Eugenics*, New York 1911.

65 C. Richet, *Dans cent ans*, in «La Revue scientifique», 12 marzo 1892, p. 329.

66 R. J. Lifton, *I medici nazisti*, p. 365.

67 M. Boigey, *L'élevage humain*, Paris 1917.

68 C. Binet-Sanglé, *Le haras humain*, Paris 1918.

69 C. Valentino, *Le secret professionel en médecine*, Paris 1903, p. 28. 앞서 언급한 저자들 모두와 이들의 저서에 대해서는 상당히 유용한 A. Carol, *Histoire de l'eugénisme en France*, Paris 1995 참조. 나 역시 곳곳에서 이 책의 지침을 따랐다.

70 G. Vacher de Lapouge, *Sélections sociales*, Paris 1896, pp. 472-73.

71 J. Sicard de Plauzoles, *Principes d'hygiène*, Paris 1927.

72 A. Zuccarelli, *Il problema capitale dell'«Eugenica»*, Nocera Inferiore 1924, p. 2.

73 A. Santosuosso, *Corpo e libertà. Una storia tra diritto e scienza*, Milano 2001, pp. 105-6. 미국의 생명정치와 나치 독일의 밀접한 관계에 대해서는 S. Küll, *The Nazi Connection: Eugenics, American Racism and German National-Socialism*, New York 1994 참조.

74 K. Binding, A. Hoche, *Die Freigabe der Vernichtung lebensunwerten Lebens: ihr Mass und ihre Form*, Leipzig 1920.

75 A. Jost, *Das Recht auf den Tod: sociale Studie*, Göttingen 1895.

76 R. J. Lifton, *I medici nazisti*, p. 33.

77 A. Hoche, *Ärztliche Bemerkungen*, in *Die Freigabe*, pp. 61-62.

78 B. Müller-Hill, *Scienza di morte*, p. 52.

79 E. Morselli, *L'uccisione pietosa*, Torino 1928, p. 17. 모르셀리의 책은 빈딩과 호혜의 논제들을 적절히 수정한 것에 가깝다.

80 Ernst Mann [Gerhard Hofmann의 가명], *Die Erlösung der Menschheit vom Elend*, Weimar 1922.

81 C. Binet-Sanglé, *L'art de mourir. Défense et technique du suicide secondé*, Paris 1919.

82 C. Richet, *Sélections sociales*, p. 168.

83 A. Wylm, *La morale sexuelle*, Paris 1907, p. 280.

84 R. Lemkin, *Axis Rule in Occupied Europe* (1944), Washington 1994.

85 이와 관련된 문헌들은 상당히 방대하지만, 기본적으로 *Genocide. A Critical Bibliography Review*, 2 voll. (London 1988, 1991)과 Y. Ternon, *L'état criminel*, Paris 1995 [trad. it. *Lo Stato criminale. I genocidi del xx secolo*, Milano 1997] 참조.

86 A. Carol, *Histoire de l'eugénisme en France*, pp. 145 이하 참조.

87 P. Weindling, Health, Race and German Politics between National Unification and Nazism 1870-1945. 이 책에는 빌헬름 시대에서 나치에 이르기 까지 독일의 '의학'과 '정치'의 관계에 대한 상당량의 소중한 정보들이 실려 있다. 이 외에도 M. Pollak, *Une politique scientifique: le concours de l'anthropologie, de la biologie et du droit*, in aa.vv., *La politique nazie d'extermination*, F. Bédarida편, Paris 1989, pp. 75-99 참조.

88 E. Levinas, *Quelques réflexions sur la philosophie de l'hitlérisme* (1934), Paris 1997. 이 책에 실린 M. Abensour의 중요한 해제도 함께 참조. [trad. it. *Alcune riflessioni sulla filosofia dell'hitlerismo*, Macerata 1996. 조르조 아감벤의 서문(p. 31) 함께 참조].

89 '탈출 불가능성'을 주제로 다룬 E. Levinas, *De l'évasion* (Paris 1982) 참조. 동일 한 주제를 다루었음에도 주목받지 못한 E. Brieux의 희극 작품 『탈출L'évasion』 (Paris 1906)도 참조. 이 작품에서 유전병의 치료는 불가능하다는 의견이 제기되 었다가 반대에 부딪히게 되는 정황이 연출된다.

90 이 '체화'의 변증관계에 대해서는 C. Lefort, *L'image du corps et le totalitarisme*, in Lefort, *L'invention démocratique*, Paris 1994 [trad. it. *L'immagine del corpo e il totalitarismo*, in *La filosofia di fronte all'estremo*, S. Forti편, Torino 2004, pp. 159-76].

91 생물학적 몸의 정신화와 정신의 생물학화가 동시에 전개되는 이중적 과정이 바 로 나치 생명정치의 핵심이다. 이에 대해서는, 전시에 Alfred Fabre-Luce가 엮어 출판한 선집 『*Anthologie de la nouvelle Europe*』(Paris 1942)에서 *Politique biologique* 라는 제목의 장 참조. 이 선집에는 Gobineau, Chamberlain, Barrès, Rostand, Renan, Maurras, Hitler 등의 글이 실려 있다.

92 G. Vacher de Lapouge, *Les sélections sociales*, p. 306; A. Pichot, *La société pure*, pp. 124 이하.

93 페르슈어의 매뉴얼 *Leitfaden der Rassenhygiene* (Leipzig 1941)의 내용은 프랑스어 번역본 *Manuel d'eugénique et hérédité humaine* (Paris 1943, p. 114)에서 인용했다.

94 같은 곳.

95 같은 책, p. 115.

96 R. J. Lifton, *I medici nazisti*, pp. 31-32.

97 같은 책, p. 201.

98 같은 책, p. 47.

99 G. Bock, *Il nazionalsocialismo: politiche di genere e vita delle donne*, in aa.vv., *Storia delle donne in Occidente. Il Novecento*, Roma-Bari 1992, pp. 176-212. 같은 저자의 *Zwangssterilisation im Nazionalsozialismus. Studien zur Rassenpolitik und Frauenpolitik* (Opladen 1986)도 참조. 나치 체제의 '여성들'에 대해서는 C. Koonz, *Mothers in the Fatherland. Women, the Family and the Nazi Politics* (New York 1987) 참조.

100 여성의 번식력을 다룬 책으로 '인종과 종족은 개인 위에 있다'라는 나치의 모토

와 함께 시작되는 *Fruchtbarkeit und Gesundheit der Frau* (Königsberg 1938)에서 저자 Hermann Stieve는 여성의 가치란 자궁의 상태를 기준으로 평가되어야 한다고 주장했다. 자신의 논제를 증명하기 위해 그는 개인적인 실험을 통해 자궁이 지속적인 성폭력에 얼마나 견디는지 관찰한 바 있다. 이에 대해서는 E. Klee, *Auschwitz. Die NS-Medizin und ihre Opfer* (Frankfurt am Main 1997) 세 번째 장 참조.

101 H. Arendt, *The Origins of Totalitarianism*, New York 1966 [trad. it. *Le origini del totalitarismo*, Milano 1996, p. 608].

V. 비오스의 철학

1. 나치즘 이후의 철학

1. 나치즘이라는 이름으로 역사상 가장 무시무시한 형태의 생명정치가 실현되었다는 사실에서 생명정치가 자멸의 운명을 공유했다는 결론을 내리기는 어렵다. 사람들이 상상하는 것과는 달리, 나치즘의 종말은 어떤 식으로든 생명정치의 종말을 의미하지 않는다. 생명정치의 종말을 가정한다는 것은 곧 근대에 뿌리를 둔 생명정치의 기나긴 생성 과정과 지평의 방대함을 무시하거나 과소평가한다는 것을 의미한다. 생명정치를 나치즘의 산물로 볼 것이 아니라 오히려 나치즘을 아주 특별한 형태의 생명정치가 낳은 극단적이고 퇴폐적인 결과로 봐야 한다. 이를 가장 분명하게 증언하는 것은 나치의 몰락 이후 오늘날까지의 역사다. 이 시기에 생명과 정치 간의 직접적인 관계는 느슨해졌다기보다는 오히려 지속적으로 증가한 것이 분명하다. 공공이 관심을 기울이는 문제들 가운데—물론 공공의 관심사와 사적인 관심사의 구분이 점점 더 불가능해지고 있다는 점까지 감안해서—생명bios과의 뿌리 깊은, 혹은 빈

번히 즉각적으로 부각되는 연관성 바깥에서 해석될 수 있는 문제
는 찾아보기 어렵다.[1] 민족과 국가 간의 관계에서 민족적인 요소가
점점 더 중요해지는 현상을 비롯해 건강의 문제가 생산-경제 체계
의 지표로 기능하며 핵심적인 역할을 수행하는 정황이나 대부분
의 정당이 공공의 질서를 가장 중요한 문제로 간주하는 성향 등을
감안할 때, 모든 영역에서 기록되고 있는 것은 정치가 순수한 생
명/삶의 문제에 집중하며 생물학적 영역과 밀착되는 경향이다. 노
동이 개개인의 신체적, 의식적, 감성적 영역으로까지 침투하는 현
상, 정치 활동이 가장 먼저 국가 내-외부의 경찰 활동으로 전환되
는 현상, 모든 법적 정체성을 잃고 오로지 생존만이 관건인 상태로
추락한 남성 및 여성 이민자들의 수가 끝없이 증가하는 현상 등은
새로운 정세의 가장 눈에 띄는 특징들에 불과하다.[2] 한편으로는 생
명을 위협하는 비상사태나 범죄에 대응하며 법률을 제정하는 관
행이 일반화되면서 규칙과 예외가 점점 더 무분별해지는 상황에
주목하면, 현대사회의 특징이 더욱더 분명하게 생명정치적인 방
향으로 기울어지고 있다는 점을 확인할 수 있다. 생명을 위협하는
테러에 맞서 가동되는 과도한 안보 체계가 모든 통치 전략의 축으
로 기능한다는 점은 그 자체로 오늘날의 변화를 가늠하기 위한 척
도가 된다. 이러한 각도에서 관찰하면, 일찍이 근대 후기에 시작된
'생물학적인 것의 정치화'에 대응하며 오늘날 못지않게 강렬한 방
식으로 대두되는 것은 다름 아닌 '정치적인 것의 생물학화'다. 후
자를 거쳐 결국에는 생명/삶의 번식 및 보존이 보편적 정당성을
갖춘 유일한 기획으로 간주되기에 이른다.
　　그렇다면 이러한 관점에서는 단순히 나치가 허망하게―물

론 결코 반복되어서는 안 될 형태로—독일 바깥으로까지 확장시키려 했던 바로 그 '생명정치'의 세계화 성향뿐만 아니라 무엇보다도 생명정치의 구체적으로 면역적인 성격, 좀 더 정확히 말해 자가면역적인 성격을 보편화하는 성향에 주목하지 않을 수 없다. 생물학적 생명/삶의 보존 문제가, 한때는 내무와 외무로—물론 지금은 중첩되어 안도 바깥도 없는 단일한 '세계'의 신체로 통합되었지만—명확하게 구분되던 정치적 문제들을 확연하게 지배하는 범주로 부상했다는 점은 생명정치가 면역화와 절대적으로 일치하게 되는 단계에 도달했다는 사실을 놀랍도록 뚜렷하게 보여준다. 이러한 방향으로 전개된 변화의 최종 단계를 장식했던 것이 바로 나치즘의 몰락에 이어 반세기 만에 일어난 소련 공산주의의 자멸이다. 상황은 마치 스스로를 여전히 최후의, 그리고 가장 완성된 형태의 역사철학으로 간주하던 것이 무너지자마자, 생명/삶이—생명의 보호 혹은 부정을 위한 투쟁이—세상에서 유일한 정치적 의미 지평이 되어버린 것처럼 전개되었다.[3] 냉전 시기의 면역 장치가 여전히 상호적인 공포의 생산을 매개로, 다시 말해 서로에게 언제나 위협적이지만 억제가 가능하기 때문에 실제로는 결코 일어나지 않는 파멸을 매개로 작동했었다면, 오늘날의 면역 장치는—적어도 2001년 9.11 테러 이후로는—적대자들 모두가 실질적인 폭력을 행사해야만 고유의 기능을 발휘한다. '예방 전쟁'의 개념이나 계획은 현대의 생명정치가 시도하는 자가면역적인 단속의 가장 날카로운 측면을 보여준다. 다시 말해 예방 전쟁에서—즉 전쟁을 **피하기 위한** 전쟁이라는 자가-반박적인 형상에서—면역 과정의 부정성은 스스로를 매개로 배가되고, 결국에는 상황 전체를 지배하기에 이른다. 달리 말하자면, 전쟁은 더 이상 세계적 공존 상태의 언제나 가능한 붕괴가 아니라 오히려 유일한 현실로 간주된다. 여기서 중요한 것은 단순히 이런 식으로 적대국들 간에— 물론 전쟁의 동기와 책임의 차원에서 분명한 차이가 있음에도 불구하고—형성되는 대칭성뿐만 아니라 이들의 행동이 필연적으로 촉발하는 이율배반적인 결과다. 다시 말해, 피하려고 시도하는 것과 동일한 위험을 기하급수적으로 배가하게 되는 상황, 혹은 위험을 최소화하려고 사용하는 도구들이 동일한 위험을 어쩔 수 없이 더욱더 강화된 형태로 재생하게 되는 상황이다. 심각하게 악화된 자가면역질환의 경우에서처럼, 오늘날 진행 중인 지구촌 분쟁의 경우에도 과잉 방어의 악영향으로 인해 지키려던 몸 자체가 오히려 분쟁을 활성화하고 더욱더 강화하게 되는 결과를 낳는다. 이에 뒤따르는 것은 전쟁과 평화, 공격과 방어, 생명과 죽음처럼 정반대되는 것들이 절대적으로 일치하게 되고 이들 사이에서 모든 차별화의 틈새가 곧장 소모되는 상황이다. 오늘날 인간의 생명을 위협하는 가장 무시무시한 위험이—혹은 적어도 그렇게 감지되는 것이—다름 아닌 생물 테러라는 사실은 정확하게, 더 이상 죽음만 생명을 위협하는 것이 아니라 생명 자체가 죽음의 가장 치명적인 도구로 활용된다는 것을 의미한다. 가미가제란 무엇인가? 타자를 향해—물론 그의 생명을 앗아갈 목적으로—떨어지는 한 조각의 생명이 아니라면 또 무엇이겠는가?

2.　이러한 상황을 목도하며 현대 철학이 취한 입장은 무엇인가? 생명정치가 20세기의 한복판에서 열어젖힌 문제들, 그리고 오늘

날에도 여전히 또 다른, 하지만 결코 약화되었다고 볼 수 없는 형태로 부각되는 문제들—문자 그대로 생명과 죽음이 관건인 문제들—앞에서 철학이 제시한 답변은 무엇이었나? 가장 일반적인 것은 분명히 문제를 제거하거나 심지어는 무시하자는 입장이었다. 물론 실제로는 나치즘의 붕괴와 함께, 나치를 특징짓던 범주들마저 나치가 탄생한 지옥으로 돌려보내야 한다고 생각한 것이 전부였다. 대다수가 기대했던 것은—1930~40년대에 그토록 치명적인 형태로 통합되었던—'정치'와 '생명'의 간극이 벌어져 그곳에, 한때 중재 기능을 발휘하며 근대적인 질서의 구축과 유지를 가능케 했던 제도와 개념의 체계가 재건되리라는 것이었다. 당시의 토론에서—오늘날에도 여전히 힘겹게 지속되고 있듯이—논의되던 것은 새로운 국가-초월적 주인공들의 등장으로 인해 미약해진 주권국가 체제의 회귀를 기대해야 하는가, 아니면—홉스에서 유래하는 오래된 유형 분석적 구도를 유지하되 칸트의 세계시민주의적인 어조도 가미해서—법적 권리의 논리를 국제 관계의 영역 전체로 확장해야 하는가라는 문제였다. 하지만 사람들은 뒤이어 이러한 모델들이 더 이상 현실에 적용될 수 없을 뿐 아니라 현실의 어떤 구체적인 모습으로도 환원되지 않고 변화를 설명하는 데 필요한 개념적인 도구조차 제공하지 못한다는 점을 깨달았다. 이는 무엇보다도 주권의 권력과 개인의 권리처럼 실제로는 상호기능적인 범주들을 계속해서 대립시키는 관점이 합리적이지 못했기 때문이다. 이 범주들은 처음부터 서로의 발전에 기여하는 기능을 수행했다. 어떤 식으로든 권리의 존중을 명령하는 국가 또는 제국의 주권 권력 없이는 법적 권리가 주어질 수 없듯이 어떤 형태로든 권리법적 기반을 지니지 않는 주권도 존재하지 않는다. 예를 들어 미국이라는 국가-제국이 다름 아닌 인권의 이름으로 막강한 주권 권력의 행사를 정당화하는 것은 결코 우연이 아니다. 하지만 좀 더 일반적인 차원에서, 앞서 언급한 모델들이 부적절한 것은 역사를 거슬러 올라가는 것이 불가능하다는 아주 단순한 이유 때문이다. 구체적으로 말하자면, 이전 시대를 상대로 나치즘이 일종의 경계 혹은 문턱을—공산주의보다도 더—두텁게 구축한 만큼 과거의 개념적 어휘들을 갱신해서 재차 제안하는 것이 불가능해졌기 때문이다. 이 역사적인 동시에 인식론적인 문턱을 기점으로, 생명정치는 더 이상 피할 수 없는 문제가 되었다. 생명정치는 히틀러의 독일이 취했던 죽음정치적인 형태를 전복시킬 수 있고 또 전복시켜야 하지만 이를 뛰어넘어 근대로 거슬러 올라가는 것은 불가능하다. 이는 생명정치가 아이러니하게도 다름 아닌 근대에서—방식과 강도에 있어서 독일과는 상이한 형태로—유래했기 때문이다.

한나 아렌트는 생명정치의 이러한 근대적 뿌리에 일찍부터 주목했던 철학자다. 단지 생명정치를, 그것의 타당성과 심지어는 의미론적 정당성마저 거부하는 관점에서 해석했을 뿐이다. 근대를 정치가 활성화된 시대로 보는 일반적인 관점과 정반대되는 입장에서, 아렌트는 근대를 탈정치화라는 결과로 환원시켰을 뿐 아니라 탈정치화 자체를 새로이 부상한 생명/삶의 범주가 그리스적 공동체-세계의 범주를 대체했기 때문에 일어난 현상으로 이해했다. 이 과정에서 결정적인 역할을 한 것이 다름 아닌 그리스도교다. 개인의 삶을 신성한 것으로—물론 천상의 세계와 은밀히 관계하며—간주하는 관점은 사실상 역사상 처음으로 그리스도교를 통해 정립된다. 아렌트에 따르면, 근대를 기점으로 그리스도교가 세속화되고 무게 중심이 천상에서 지상의 세계로 옮겨오자마자 관점이 뒤바뀌고 생물학적 생존이 지고한 가치로 간주되기에 이른다. 과거에는 "고대의 정치공동체적 몸과 중세의 개인적인 삶이 불멸하는 요소였지만" 이제 "불멸하는 것은 오로지 생명 자체, 즉 인류의 생장 과정이다."⁴ 하지만 공통의 세계에 대한 그리스적 관심을 버리고 다름 아닌 '생명의 보존'을 더 중시하는 근대적인 성향 때문에 시작된 것이—아렌트에 따르면—바로 탈-정치화 과정이고, 물질적인 충족을 위한 노동이 인간 행위의 가장 지배적인 형식이 되는 순간 탈-정치화는 절정에 달한다.

> [이 순간부터] 개인의 삶을 종의 삶과 조합하는 데 인간의 고차원적인 기량은 조금도 요구되지 않는다. 개인의 삶이 생장 과정의 일부가 된 만큼, 필요한 것은 일하면서 자신과 가족의 생존을 보장하는 것뿐이다. 자연과 생명의 신진대사에 소용되지 않아 불필요해진 것들도 결국에는 무의미하며 단지 인간의 삶이 동물과는 달리 특별하다는 차원에서만 정당화된다.⁵

이러한 변화는 머지않아 푸코가 생명정치적인 관점에서 정의하게 될 과정, 즉 개개인의 생명이 종의 생명에 일부로 포함될 뿐 아니라 상이한 가치 영역에서 일종의 내부적인 틈새들을 통해 차별화되는 과정과 정확하게 일치한다. 하지만 바로 이 지점에서 아렌트의 담론은 푸코가 취한 것과는 상이하고 이질적인 방향으로 나아간다.⁶ 왜냐하면 아렌트의 입장에서는 '생명'의 문제가 근대 세계의 무대에 등장한 순간이 '정치'가 노동과 생산의 이중적인 압박을 이기지 못하고 뒤로 물러서는 순간과 일치하는 만큼 '생명정치'라는 용어 자체가—한편으로는 마르크스의 '경제정치'도—전적으로 무의미해지기 때문이다. 정치 활동이 원칙적인 차원에서 생물학적 생명/삶의 영역과 공존할 수 없는 이질적인 요소라면, 사실상 생명-정치적인 경험은—정확히 말해 생명과 정치가 교차되는 지점에서의 경험은—주어질 수 없다고 봐야 한다. 하지만 아렌트의 이러한 결론은, 정치 형식이란 그리스적 폴리스pólis의 경험으로 환원될 수 있을 때에만 타당하다는 검증되지 않은 전제를 기반으로, 아울러 아렌트가 아무런 분석 없이 시도한 그리스적 고유성(ídion)과 공통성(koinón)의—사적인 영역과 공적인 영역의—패러다임적인 구분을 토대로 이루어진다. 생명정치에 관한 아렌트의 논리에서 맹점이 발견되는 것도 이 때문이다. 아렌트에 따르면, 올바른 정치가 이루어지는 곳에서는 생명/삶의 확장을 위한 의미 있는 공간이 열릴 수 없고, 생명/삶의 질료성이 확장되는 곳에서는 무언가 정치적 행위라고 부를 수 있는 것이 이루어질 수 없다.

3. 이러한 문제가 발생하는 이유는 사실 아렌트가 생명/삶의 범주를 깊이 사유하지 않았고 '생명'과 '정치'의 관계를 철학적으로 해석하지 못했기 때문이다. 이 점이 특별히 놀라운 이유는 아렌트가 '전체주의' 개념을 어느 누구보다도 깊이 연구한 철학자였기 때문이다. 하지만 어쩌면 바로 그런 이유에서, 레비나스Emmanuel Levinas가 이른바 '히틀러주의 철학'이라고 불렀던 것의 특수성을

볼 수 없거나 놓쳤던 것인지도 모른다. 그러고 보면 그리스 정치학의 영향이 뚜렷하게 남아 있는 정치철학적 관점에서 출발했기 때문에 아렌트의 입장에서는 나치의 생명정치 체제 안으로 침투해 들어가는 것이 결코 쉽지 않았을 것이다. 하지만 문제의 핵심은 사실 일반적인 차원의 정치철학과 생명정치 사이에 어떤 직접적인 연관성도 주어질 수 없다는 데 있다. 그리고 이는 아렌트의 경우에만 해당되는 문제가 아니다. 고유의 생명주의에 집착했던 나치즘은 고전적 정치사상 앞에서 일종의 벙어리에 가까웠다. 독일에서 전통적인 정치사상과의 철학적 비교를 실제로—함축적인 형태로나마, 그리고 빈번히 소극적인 자세로—시도한 유일한 인물이 하이데거 같은 근본적으로 비정치적 사상가였다는 것은 결코 우연이 아니다. 하지만 하이데거가 이를 시도할 수 있었던—나치즘이 세계사에 펼쳐놓은 문제를 전복된 형태로 고찰할 수 있었던—것은 어떤 의미에서는 동일한 전제에서, 즉 '철학의 종말'이라는 관점에서 출발했기 때문이다. 달리 말하자면 철학이, '존재', '세계', '생명' 같은 이름으로는 부를 수 있지만 주체와 객체, 특수성과 보편성, 경험적 세계와 초월적 세계 같은 근대적 범주로는 더 이상 설명할 수 없는 무언가에 대한 사유로 변신하는 정황에서 출발했기 때문이다. 하이데거가 1946년, 개인적으로도 가장 암울했던 시기에 『인본주의에 관한 서신』을 집필하면서 주목했던 것이 바로 이 문제다. 나치의 죽음정치가 열어젖힌 심연에서 하이데거가 발견하려고 했던 것은 '동일한 영역에서' 죽음정치에 맞설 수 있는 차원의 답변이었다. 달리 말하자면, 하이데거의 의도는 나치의 죽음정치를 사실상 막지 못한, 혹은 심지어 준비하는 데 기여한 인본주의 어휘에 의존하지 않고 죽음정치에 대응하는 것이었다. '기술'에 대한 그의 모든 관찰뿐만 아니라 전통 철학이 때에 따라 '주체', '의식', '인간'이라는 이름으로 불러왔던 것을 존재론적으로 해석하려는 그의 노력이 전부 이러한 방향으로 전개된다. 하이데거의 성찰은 허무의 힘에 동등한 수준으로 맞서야 할 필요성에 부응한다. "인본주의가 인간의 인간성humanitas을 충분히 높은 단계에서 사유하지 않은 이상, **인본주의에 맞서**"[7] 생각할 필요가 있다는 하이데거의 말도 바로 이러한 맥락에서 이해해야 한다. 이와 동일한 관점에서, 하이데거는 "세계사의 현시점과" 일관성을 유지하되 "단순히 '인간'이라기보다는 인간의 '본성'에 주목하는, 아울러 본성뿐만 아니라 훨씬 더 시원적인 차원에서, 존재한다는 사실 자체로 인해 결정되는 인간 본질의 본연적인 측면에 주목하는"[8] 성찰이 필요하다고 말한다.

　한편으로는, 하이데거가 전쟁이 끝나고 나치가 몰락하기 이전부터 인간의 본성에 대한 성찰을 시작했고, 나치즘의 등극과 함께 제기된 생명bíos의 문제에 속수무책이었던 마르크스주의, 실존주의, 자유주의의—여하튼 인본주의적인—언어에서 벗어난 성찰을 시도했다는 점에도 주목할 필요가 있다. 일찍이 1920년대 초에 프라이부르크에서 순차적으로 사도 바울, 아우구스티누스, 아리스토텔레스의 텍스트를 인용하며 다루었던 하이데거의 '사실적인 삶faktisches Leben'이라는 주제 연구 전체가 실제로는 생명/삶의 우선적이고 구체적인 경험을 어떤 이론적인 범주의 잣대 아래 두려는 성향에서, 혹은 의식 주체의 초월성을 토대로 객관화의 범주 아래 두려는 성향에서 분명하게 벗어나 있었다.[9] 이러한 특징은 폭발적인 영향력을 발휘하며 고전적 도식들을 모두 무의미하게 만들었고 결국에는 당시에 딜타이, 리케르트, 베르그송 등이 발전시킨 '생-철학'의 결과들을 훌쩍 뛰어넘어 다름 아닌 '생명'과 '철학' 간의 균형은 물론 이 용어들을 결속하는 관계 자체를 무너트렸다. 간략하게 결론적으로 말하자면, 사실적인 삶은—또는 삶의 사실성은—전통적인 차원의 철학적 탐구를 통해서는 포착될 수 없을 뿐 아니라 철학과 정반대되는 지점에 머문다. 물론 이는 '생명'과 '철학'의 두 지평이 서로 교차될 수 없다거나 삶의 경험 자체가 철학적 질문에 대해 닫혀 있다는, 혹은 최악의 경우 비이성적인 흐름에 방치되어 있다는 것을 의미하지 않으며, 오히려 철학이 생명/삶을 정의하는 영역이라기보다는 생명/삶이 철학 자체의 가장 기본적인 뿌리라는 것을 의미한다.

> [철학적] 범주들은 발명되었거나 자체적으로 어떤 논리적 체계를 갖춘 도식들이 아니다. 이 범주들은 오히려 원천적인 방식으로 **삶 자체 안에**, 다시 말해 삶을 '형성하며' 실재한다. 이 범주들이 지닌 고유의 접근 방식은 삶 자체에 이질적이거나 삶에 부가되는 형식이 아니라 오히려 삶이 스스로에게 관여하는 기본적인 방식에 가깝다.[10]

이처럼 생명/삶이 사실상 어떤 범주적[철학적] 전제에도 좌우되지 않는 만큼 여기서 주목하지 않을 수 없는 것은, 대략 10년 뒤에 생명주의가 모든 형태의 철학에 맞서 철퇴로 기용하게 될 즉각적인 원칙으로서의 **생명**bios과 하이데거가 제안하는 관점 간의—

당연히 간접적이고 부분적이며 차별화된 형태의─유사성이다. 물론 그렇다고 해서 하이데거의 사유를 나치의 생명정치가 열어젖힌 문제점과 구분할 수 있는 가능성이 전혀 없는 것은 아니다. 왜냐하면 하이데거가 말하는 '사실적인 삶'처럼 고유의 실질적인 차원과 고스란히 일치하고 고유의 존재 방식에 즉각적으로 상응하는 형태의 삶에서는 생명bios의 메아리만 울려 퍼지는 것이 아니라, 생명에 대한 정치적 해석의 가능성 내지 유혹 역시 주어지기 때문이다. 달리 말하자면 이는 적어도 부정적인 형태로 실재하는 가능성이다. 생명/삶의 사실성이─즉 하이데거가 『존재와 시간』에서 '현존재Dasein'라고 부르는 것이─어떤 식으로든 앞서 정해진 형태의 모든 철학적 구도에서 벗어나는 만큼 외부적인 요구에 응답해야 할 아무런 의무도 지니지 **않는다면**, 이는 곧 어떤 방식으로 존재해야 하는지를 결정할 수 있는 주체는 생명/삶뿐이라는 것을 의미한다. 그렇다면 스스로에 대해 결정을 내릴 수 있고 심지어는 이러한 **결정 자체**와도 다를 바 없는 '생명/삶' 내지 '현존재'가 본질적으로는 정치적인 방식을 취할 수밖에 없다는 것이 분명하지 않은가? 본연의 방식으로 존재할 수 있는 힘이 현존재의 실질적인 가능성을 어떤 식으로든 초월할 수 없다는 것이 분명하다면, 아울러 현존재의 자가-결정이 스스로에게 절대적으로 내재적이라면 이러한 정황이야말로 '생명'과 '정치'를 동일한 개념적 틀 안에서 사유할 수 있는 가능성을 열어젖힌다. 바로 그런 의미에서, 하이데거의 사유는─물론 전적으로 비정치적이고 어떤 형태의 정치철학으로도 환원될 수 없는 성격을 지녔음에도 오히려─20세기 전반에 생명정치와의 철학적 대조를 감당할 수 있는 유일한 철학이었다고 볼 수 있다.

4.   하지만 하이데거가 생명정치의 문제에 관여했다는 것은 그가 생명정치의 어휘를 활용했다거나 전제를—생명/삶이 세계-내-존재에서 가장 우선시 되어야 한다는 관점을—수용했다는 뜻이 아니다. 하이데거는 오히려 생명정치와 전적으로 상반된 관점을 표명한다. 그의 입장에서, 생명/삶의 생물학적 범주는 세계를 사유할 수 있는 가능성의 기점이 되지 못한다. 그가 주목하는 것은 정반대되는 정황이다. 삶이라는 현상이 언제나, 우리가 흔히 '세계'라고 부르는 것 '안에서' 그것을 '위해' 그것과 '함께' 살아가는 삶의 형태로 결정된다면, 다음과 같은 결론을 내려야 한다. 생명/삶이 세계의 근본이라기보다는 오히려 "세계가, '삶'이라는 현상에 내재하며 각인되어 있는 근본적인 의미 범주다."[11] 하이데거에 따르면, 세계는 어떤 그릇이나 단순한 주변 환경이 아니라 삶의 의미론적 내용 그 자체다. 그것은 우리가 삶에 다가설 수 있는 유일한 조건이자 기점, 즉 우리의 존재론적 지평이다. 바로 그런 의미에서 하이데거의 사유는 아렌트처럼 생명의 영역과 세계의 영역이—세계를 공통된 행위의 공적인 공간으로 이해할 때—근본적으로 상반된다고 보는 이들의 입장과도 다르고, 세계를 생명/삶의 생물학적 전개 공간으로 축약시켜 바라보는 이들의 입장과도 다르다. 하이데거의 사유에 각인되어 있는 내부적인 경로들을 굳이 상세하게 살펴보지 않더라도, 일반적인 차원에서 이 경로들이 지닌 기본적인 성향은 오히려 '사실적인 삶'을 생물학과 관련된 모든 영역에서 도려내려는 것이었다고 볼 수 있다. 하이데거에 따르면 "생명/

삶의 생물학적 개념들은 처음부터 한쪽으로 미뤄둬야 한다. 어떤 의미 있는 계기들을 마련하는 것처럼 보일 때조차도, 이 개념들은 불필요한 짐이 될 뿐이다. 이는 생물학적 차원에서 어떤 의미를 포착하는 것이, 생명/삶으로서의 현존재에 대한 이해가 예지적인 차원에서 이루어질 때에만 가능할 뿐 아니라, 이러한 이해가 본질적으로는 근대의 생물학보다 훨씬 더 오래된 것이기 때문이다."[12] 하이데거가 「형이상학의 기본 개념」에 관한 강의를 진행하면서 1929-30년 학기 내내 '생명체의 현상'이라는 주제를 집중적으로 다루었을 때에도 생물학에 대한 그의 불신, 혹은 그가 강조하던 범주적 차이는 조금도 줄어들지 않았다. 물론 하이데거와 당대의 대표적인 생물학자들 사이에 접촉이 전혀 없었던 것은 아니다. 이는 그가 드리쉬Hans Drieschm, 웅거러Emil Ungerer, 루Wilhelm Roux, 특히 윅스퀼Jacob von Uexküll 같은 학자들의 의견을 빈번히 인용했을 뿐 아니라, 졸리콘Zollikon 세미나를 다름 아닌 일군의 의학자들과 함께 진행했다는 점에서 분명히 확인할 수 있는 사실이다. 하지만 바로 이 세미나의 초안을 살펴보면, 철학과 생물학 양 진영에서 상호적인 관심을 표명했을 뿐 실제로는 이들 간의 소통이 특별히 어려웠을 뿐 아니라 본질적으로 상이한 개념적 어휘들을 두고 진정한 범주적 오해가 있었으리라는 점을 확인할 수 있다. 세미나에 참여했던 의학자 보스Medard Boss가—두 분야의 의미 체계를 조합하는 복잡한 작업에 집요히 매달렸음에도 불구하고—인정할 수밖에 없었듯이 "세미나의 이러한 상황은 때때로 어떤 화성인이 지구인들과의 첫 만남에서 대화를 나누려는 것 같은 인상을 주곤 했다."[13]

무엇 때문이었나? 하이데거의 어휘와 이를 적극적으로 수용하려했던 의학자나 생물학자들의 어휘 사이에서 발견되는 이 번역불가능성은 어떻게 해석해야 하나? 그리고 무엇보다도 이 번역불가능성이 우리가 다루고 있는 문제의 차원에서 암시하는 것은 무엇인가? 나치의 생명정치를 특징짓는 요소가 '존재'의 범주보다 '생명'의 범주를 전적으로 우선시하는 구도였고 나치가 원칙적으로든 실제로든 죽을 운명에 처한 이들을 '생명 없는 존재'라는 표현으로 정의할 수 있었다는 점을 감안하면, 생물주의에 대한 하이데거의 비판에는 나치즘에 전적으로 반대하는 그의 입장이 어떤 형태로든 이미 예시되어 있었다고 봐도 크게 틀리지 않는다. 20세기를 대표하는 철학자 하이데거가 활용했던 용어들과 죽음의 도매상 나치가 활용했던 용어들 사이에 뿌리 깊은 차이가 있다는 점을 감안하면, 분명히 나치가 정립한 우선순위는 하이데거에 의해 전복된다고 볼 수 있다. 나치의 입장에서는 '생명'이 고유의 생물학적 완전성에 의해 고양되고 '존재'에 결함이 있었던 반면, 하이데거의 입장에서는 오히려 '생명'에 결함이 있고 '존재'는 열린 세계에서 가능한 유일한 실재 방식이었다. 더 나아가, 생물학적으로만 정의되는 '생명/삶'은—하이데거에 따르면—현존재Dasein의 특성을 지니지 않을 뿐 아니라 현존재의 지평과 비교될 수 없는 상이한 차원에 머물며 현존재에서는 오로지 부정적인 방식으로만 추론될 수 있다. 다시 말해 현존재가 아니라는 식으로만, 예를 들어 '오로지 생명Nur Lebenden'인 것, '무언가 그저 살아–있을–뿐인 etwas wie Nur-noch-leben' 것으로만 정의될 수 있다.

'생명/삶'은 일종의 특별한 존재 방식이지만 이에 접근하는 것은 본질적으로 현존재 안에서만 가능하다. '생명/삶'의 존재론은 오로지 부정적인 방식의 해석을 토대로만 가능해진다. 여기서 결정되는 것은 언제나 '좀 더 살기만' 하는 무언가다. 다시 말해 '살기'는 어떤 '단순한 실재'에 머물지도 않고 '현존재'의 단계에 도달하지도 못한다. 한편으로는 '현존재'도 존재론적으로는 결코 '살기'로 정의될 수 없다. 다시 말해 존재론적으로 부정형인(indeterminato) '살기'에 무언가를 덧붙이는 식으로는 정의될 수 없는 것이다.[14]

물론 나치의 생명정치와 하이데거 간의 이러한 **조화로운 대척 관계**는 여기서 끝나지 않는다. 하이데거와 나치 모두의 입장에서 '생명'과 '존재'는 **배타적 수용**의 관계로 결속되어 있고—다시 말해 어느 하나가 다른 하나에 미치지 못한다는 사실을 기준으로 정의되고—아울러 하이데거와 나치의 경우 모두 [생명과 존재의] 차별적 대조가 죽음의 경험을 토대로 이루어진다. 하지만 바로 이 지점에서 두 관점은 결정적으로 분리되어 서로 다른 방향으로 나아간다. 나치의 죽음정치가 생물학적 힘을 모두 상실한—따라서 그저 단순한 '존재'에 불과한 것으로 전락한—'생명'의 **숙명**이기에 앞서 **전제**를 표상하는 반면, 하이데거의 입장에서 죽음은 벌거벗은 '생명'과 대별되는 '존재'의 고유한 존재 방식에 가깝다. 물론 벌거벗은 생명도 언젠가는 죽기 마련이지만 그것은 아무런 의미가 없는 죽음, 다시 말해 어떤 진정한 죽음(sterben)이 아니라 그저 살기를 그만두는(verenden) 죽음에 지나지 않는다. 바로 그런 이유에서, 살아 있을 뿐인 단순한 생명체는 '죽는' 존재로 정의하기 어렵다. '죽는' 존재는 죽음을 삶의 단순한 마감으로 이해하지 않고 처음부터 자신의 삶에 의미를 부여하는 요소로 경험한다. 바로 이 지점에서 나치의 생명정치와 하이데거의 관계가 지닌 이율배반적인 성격이 그대로 드러난다. 먼저 나치의 생명정치에서는 생명-권력의 주권적 구조가 모든 생명/삶을 죽음이라는 잣대에 종속시킬 수 있는 잠재력의 형태로 주어지는 반면, 하이데거의 입장에서는 바로 죽음에 대한 의식 자체가 존재를 언제나 단순한 생명 저 너머에 있는 무언가로 만드는 일종의 원천적인 정치 형식에 가깝다.

5. 나치의 생명정치와 하이데거 철학 간의 거리가 가장 멀어지는 지점은 '동물'이라는 특별한 생명체에 관한 연구에서 발견된다. 이 경우에도 출발선에서 제기해야 할 것은 어떻게 보면 공통적인 차원의 질문, 즉 동물은 무엇인가라는 것뿐만 아니라 동물이 인간 세계와의 관계에서 어떤 위상을 차지하는가라는 문제다. 우리는 다윈의 진화론과 퇴화 이론이 교차되는 지점에서 탄생한 사유 전통이 절정에 이르렀을 때 나치즘이 이 질문에 어떤 답변을 제시했는지 알고 있다. 나치즘의 입장에서 동물은 단순히 인간과 다른 종일 뿐 아니라 인간의 비–인간적인 부분이다. 다시 말해, 인류가 스스로를 깊이 관찰하며 죽을 수밖에 없는 것과 계속 살아남아야 하는 것을 내면적으로 구분하는 가운데 스스로를 차별화하면서 구축하는 차원의 삶과는 달리 이 삶의 어떤 고대적인 단계 혹은 불모지로 간주되는 것이 바로 동물이다. 하지만 하이데거는 일찍이 『존재와 시간』에서부터, 아울러 『형이상학의 근본개념들』과 『철학에의 기여』에 이르는 연구 과정에서 더욱더 구체적인 방식으로,

정반대되는 경로를 밟는다.[15] '동물성'이라는 문제는 현존재Dasein의 영역과 단순한 생명체의 영역 간에 이미 정립되어 있는 관계의 어떤 특별히 중요한 측면에 지나지 않는다. 단순한 생명체의 특징을 동물의 특징과 대등한 것으로 간주할 때, 현존재의 방식으로 존재하는 인간과의 차이는 더욱더 분명해진다. 하이데거의 유명한 삼분법에 따르면 동물은 '세계가 부족한(weltarm)' 존재로 정의되는 반면 돌은 '세계가 없는(weltlos)', 인간은 '세계를 형성하는(weltbildend)' 존재로 정의된다. 하이데거의 삼분법은 사실 인간의 경험과 동물 간의 좁힐 수 없는 거리를 강조하기 위한 방식에 지나지 않는다. 나치가 이론화했을 뿐 아니라 실행하기까지 한 '인간의 동물화'에 맞서, 하이데거는 인간을 동물성의 지평으로부터 멀리 떨어진 곳에 위치시킨다. '인간'을 '동물'과 너무나 다른 존재로 이해하는 하이데거는 자신의 입장과 정반대되는 부정적 형태가 아니면 동물의 조건을 개념화하지조차 못한다. 그의 '세계가 부족하다'는 표현은 인간을 포함한 모든 생명체의 공통된 본성에 참여하는 정도가 저조하다는 뜻이 아니라 인간과 동물 사이에 어떤 연관성도 상정할 수 없게 만드는 장벽이 가로놓여 있다는 것을 의미한다. 오랫동안 인간을 **이성적 동물**animal rationale로—'언어능력을 갖춘 동물zôon lógon échon'이라는 고전적 표현을 기준으로, 로고스의 카리스마를 부여해 고귀해진 동물로—간주해온 전통적 견해와는 달리, 하이데거의 입장에서 인간은 '동물이 **아닌**' 존재이며, 동물도 '인간이 **아닌**' 생명체다. 인간과 동물 사이에서 유사성, 근접성, 공통분모를—심지어는 권태의 실존적 차원에서—발견하려는 끝없는 노력에도 불구하고, 이 두 영역은 소통-불가능한 우주로 남는다. 하이데거가 『인본주의에 관한 서신』에서 사용한 다음과 같은 표현도 바로 이러한 관점에서 이해할 필요가 있다. "우리에게는 신성한 것의 본질이 생명체들의 이질성보다 좀 더 친근하게 느껴진다. 어떤 멀리 있는 본질이 한층 더 가까워 보이고, 멀리 있음에도 불구하고 동물과의 신체적 친족 관계보다는 우리의 실존적 본질에 더 가깝다고 느끼는 것이다. 동물성에 관한 한 우리는 그것의 난해함만 가까스로 상상할 뿐이다."[16]

하지만 바로 이러한 유형의 표현들이 한편으로는 하이데거의 사유를 나치즘의 죽음정치적인 표류 현상으로부터 보호하면서도 다른 한편으로는 전적으로 다른 차원의 관점에서 그를 다시 인본주의 내부로—하이데거가 심혈을 기울여 멀어지려고 했던 세계로—끌어들일 위험이 있다. 물론 하이데거의 사유 전체가 존재론적인 방향으로 흘러갔기 때문에 그의 철학을 인간중심적인 차원에서 재해석하는 것은 불가능하지만, 문제는 그래서 어떤 인간본성 개념도—그 자체로 고려할 수 있는, 혹은 인간이 수호해야 할 '존재'로부터 자유로울 수 있는 어떤 인간 개념도—사실상 정립될 수 없다는 데 있다. 그렇다면 여기서 주목해야 할 것은 바로 이러한 **인간**의 탈-중심화 혹은 **존재**의 재-중심화가 사실은 처음에 '생명bios'의 의미론과 필연적으로 결속된 듯 보이던 "사실적인 삶"이라는 동기로부터 하이데거의 철학이 점점 더 멀어지게 되는 정황과 일맥상통한다는 점이다. 상황은 마치 생명/삶을 '철학의 종말'이라는 틀 안에서, 혹은 '철학의 종말'을 생명/삶의 사실성 속에서 사유하려는 애초의 노력이 시간이 흐르면서 역효과를 일으켜 연구 대상 자체를 서서히 사라지게 만든 것처럼 전개되었다고 볼 수 있다. 극단적으로 복잡한 문제인 만큼 가능한 한 간략하게 요약해 본다는 의미에서, 이렇게도 말할 수 있다. 하이데거가 '인간'과 '동물' 사이에 부여한 절대적인 격차는 그의 철학을 생명bios의 지평에서 점점 더 분명하게 멀어지도록 만든 격차와 동일하다.[17] 그렇다면 결국에는 바로 이 격차가 '생명'을 다름 아닌 비-철학에, 아니 1930년대에 안타깝게도 생명의 가장 즉각적인 정치화의 형태로 실현된 반-철학에 떠맡기게 될 위험을 안고 있었던 셈이다. 이 시점에서 하이데거가 이 반-철학의 유혹에—아주 잠깐이었다 하더라도—빠질 수 있었다는 사실은 일반적인 관점을 포기하고 보다 복합적인 차원에서 이해할 필요가 있다. 하이데거가 길을 잃었던 것은 나치즘이 제기했던 생명적인 동시에 살생적인 문제와 너무 가까웠기 때문이 아니라 너무 멀었기 때문이다. 고귀한 실존과 생물학적 생명 간의 관계를 다루면서, 생명bios의 그 자체로 정치적인 차원에—지나치게 관여했기 때문이 아니라—충분히 들어서지 못했기 때문에, 결국에는 나치처럼 '생명'을 산산조각내더라도 끝까지 정치화하겠다고 작정했던 이들의 손에 모든 것을 내맡겼던 셈이다. 생명정치의 블랙박스는 하이데거 곁에서조차 여전히 굳게 닫힌 상태로 남아 있었다.

2. 살

1. 생명정치의 블랙박스를 열어젖히려면 나치즘의 의미론에 가까이 다가서는 것만으로는, 혹은 외부에서 접근하는 것만으로는 부족하다. 여기에는 무언가가 더, 이를테면 나치즘 내부로 파고들어가 생명-죽음정치적인 전제들을 하나씩 개별적으로 전복시키는 작업이 필요하다. 내가 특별히 중요하다고 생각하는 것은 앞 장의 끝부분에서 검토했던 세 가지 장치, 즉 **몸의 이중 봉쇄, 예방 차원의 출생 제재, 생명/삶의 규율화**다. 하지만 이 장치들을, 그것도 내부에서 뒤엎는다는 것은 정확하게 무슨 뜻인가? 여기서 시도해야 하는 것은 바로 이 장치들을 지탱하는 세 가지 범주 '생명', '신체', '탄생'의 면역 논리, 즉 자기부정적인 **임무니타스**의 논리를 **코무니타스**의 가장 원천적이고 강렬한 의미에 열린 방향으로 전복시키는 것이다. 사실은 이런 식으로만—이러한 방향으로 진척된 현대철학의 성찰들이 교차되고 긴장을 유발하는 지점에서만—간신히 '긍정적인' 생명정치의 기초적인 윤곽을 그려보는 것이 가능해

진다. 이 생명정치는 더 이상 '생명이 대상인' 정치가 아니라 '생명의' 정치가 되어야 한다. 다시 말해 이미 구축되고 해제되어 있는 근대-정치적 범주들을 생명/삶에 억지로 중첩시킬 것이 아니라, 고유의 복합성과 구체적인 측면에 모두 주목할 줄 아는 생명/삶의 혁신적인 힘을 다름 아닌 정치에 각인시키는 방향으로 나아가야 한다. 이러한 관점에서 '생명/삶-의-형태'라는 것은—정확히 말해, 나치의 생명정치가 생명/삶을 절대시하며 모든 문화적 특성과 함께 제외시켰던 것은—생명의 정치화라기보다는 오히려 정치의 생명체화라는 의미로 이해할 필요가 있다. 단지 이 두 움직임이 결국에는 단일한 의미론적 구도로 수렴되는 성향을 지녔을 뿐이다.

여하튼 가장 먼저 주목해야 할 것은 몸의 **이중 봉쇄** 장치다. 나치즘의 관점에서 이는 주체를 고유의 몸에 속박하는 장치일 뿐 아니라 이 몸을 독일의 민족 공동체라는 더 큰 몸 안으로 끌어들여 체화하는 장치였다. 이 두 번째 체화, 즉 몸의 일부가 아니라고 판단되는 모든 것을 가장 근원적인 방식으로 파괴하기 때문에 '예외적인' 체화만이 첫 번째 체화에 정신적인 실체를 부여하고, 바로 이 정신적인 요소가 '몸'과 '자기'의 절대적인 일치를 가치화하기에 이른다. 물론 이 강력한 이데올로기는 애초에 이처럼 발작적인 결과를 얼마든지 낳을 수 있는 형태로 주어진 생명정치 체계의 일부를 차지하는 요소였다. 하지만 그럼에도 불구하고 이 이데올로기적 요소를 지탱하는 것이 사실은 훨씬 더 방대하고 더 오래된 의미론적 구도라는 점을 간과하기 어렵다. 다시 말해, 이 이데올로기를 뒷받침하는 것은 '정치공동체적 몸'이라는 고전적 메타포에서—좀 더 일반적으로는 '몸'과 '정치'의 연관성에서—파생된 의미론적 패턴이다. 여기서 주목해야 할 것은 매번 '몸'을 '정치'적인 차원에서 사유하거나 '정치'를 '몸'의 관점에서 사유할 때마다 언제나 면역의 단락회로가 형성되어 '정치공동체적 몸'이 고유의 외부에 저항하며 자신을 자기 안에 봉쇄하는 현상이 일어났다는 점이다. 이는 봉쇄 조치와 직결되는 정치적 입장들의 다양한 차이와도 무관하게, 예를 들어 좌파인가 우파인가, 반항적인가 혁명적인가, 군주제인가 공화국인가라는 문제와는 무관하게 일어났던 현상이다. 이러한 입장들이 지닌 공통점은, 다시 말해 관건이 절대주의적이고 홉스적인 계통의 정치이든 민주주의적이고 루소적인 계통의 정치이든 간에 이들이 공유하는 특징은, 다름 아닌 공동체의 구성원 개개인이 어떤 **전제된** 통합체에 결속되는 유기적인 형태를 모델로 취한다는 점이다. '정치공동체적 몸'을 개개인의 수많은 개별적 의지들이 이루어낸 동의의 결과 또는 어떤 단일한 보편적 의지의 결과로 이해하는 계약주의 이론에서도 이 '몸'은 사실 결과가 아니라 전제에, 즉 이러한 이론적 정의 자체의 조건에 가깝다. 공동체의 지체들이 정치적 유기체의 총체적인 자기보존을 목적으로 하나의 단일한 형상 안에서 뭉칠 수 있고 또 그래야만 한다고 생각하는 이유는 이들이 어떤 단일한 몸에 이미 각인되어 있다고 보기 때문이다. 전체의 파편화에 기여하는 모든 유형의 자율주의와 개인주의 운동이 이러한 보편적 체화 과정을 때에 따라 반박하며 위협했음에도 불구하고, 이 체화의 논리는 실제로 민족 국가들이 형성되고 발전하는 과정에서 현격한 우위를 점했다. 이러한 상황이 종결되는 것은 현대의 정치적 범주들이 고유의 면역 장치를 통한 생명의 부정적 보호 기능을 생산적으로 수행하는 단계에 이르

렀을 때 일어나는 일이다.[18]

　뒤이어 이러한 메커니즘마저 마비되기 시작했을 때, 다시 말해 면역화 요구의 급증 현상이 현대 면역장치의 한계점을 초과하는 단계에 도달했을 때, 다름 아닌 전체주의가—특히 나치즘이—몸의 자기 봉쇄 장치를 또 다른 형태로 생산해내기에 이른다. 이러한 변화는 이중의 경로를 거쳐, 그러니까 한편으로는 정치적 정체성과 인종-생물학적 정체성의 절대적인 일치를 꾀하면서, 다른 한편으로는 국가적인 몸 내부에 '안'과 '바깥', 즉 보존해야 할 생명과 파괴해야 할 생명의 차별화 논리를 체화하면서 이루어졌다. 그런 식으로 '몸'의 면역화는—개인적인 몸과 집단적인 몸이 서로에게 기여하며 서로의 내부에 존재하는 구도에서—먼저 외부를 상대로, 그리고 이를 뛰어넘어 스스로의 범람 내지 탈주 경로를 막기 위해 이루어진다. 이 범람과 탈주의 경로를 차단하는 것이 바로 몸의 자기 봉쇄 장치, 즉 이미 절대적인 생물학적 실체로 간주되던 것에 어떤 정신적인 차원 내지 핵심적인 의미를 부과하는 장치다. 이처럼 '생명'을 정치적 차원으로—혹은 '정신'을 생물학적 차원으로—모든 중재를 거부하며 전환하는 것이 바로 '정치공동체적 몸'이라는 개념의 기능이다. 달리 말하자면 이 개념의 기능은 사실상 외부적인 것과 대척하기에 앞서 무엇보다도 이러한 생물-정신적인 전환에 부적절하다고 판단되는 '스스로의-일부'에 맞서는 것이었다. 앞서 살펴본 바와 같이, 나치가 이 '천박한' 실체에—이중의 신체적 범주화에 저항하는 만큼 비열했던 실체에—부여했던 첫 번째 이름은 '존재'다. '생명 없는 존재'란 개인의 몸을 집단의 몸과 종족적인 차원에서 통합해야 할 인종적 특성이 없는 모든 것을 가리키는 표현이었다. 하지만 이러한 관점에서 가장 의미심장한 용어는 아마도 '살chair'일 것이다. 왜냐하면 어떤 식으로든 몸에 내재하지만 몸에서 달아나는 듯 보이고, 바로 그런 이유에서 추방되기 때문이다. '생명 없는 존재'는 '몸과 일치하지 않는 살'에 가깝다. 몸의 일부이거나 지대, 지체일 뿐이기에 몸과 완전히는 일치하지 않는, 그래서 몸의 경계를 뛰어넘고 봉쇄 장치에서 벗어나는 것이 '살'이다.

2. '살'의 개념을 철학적으로 이론화한 20세기 사상가는 다름 아닌 메를로퐁티다. 물론 그의 철학에서 생명정치적인 사유의 어떤 구체적인 특징이나 비오스의 어떤 신경구조 같은 것이라도 발견할 수 있다고 보는 견해는 정도에서 벗어난 것이 분명하다. 왜냐하면 메를로퐁티의 철학적 연구 영역이 본질적으로는 현상학이었기 때문이다.[19] 하지만 여기서 주목해야 할 것은 그럼에도 불구하고 '살'이라는 주제가 이러한 범주적인 경계 자체를 뛰어넘어 우리가 하이데거의 '사실적인 삶'이라는 주제를 다루면서 설정했던 방향으로 나아가는 양상을 보인다는 점이다. 살의 지평도, 하이데거의 경우에서처럼 전통 철학을 '비-철학'과의 문제적인 긴장 관계 속으로 몰아넣는 단절이 이루어질 때 열리기 시작한다. 메를로퐁티가 다름 아닌 「철학과 비-철학, 헤겔을 기점으로」라는 제목의 글에서 "철학이 곧 세계가 되어야"[20] 한다고 말할 때 드러나는 것은 그의 사유가 이미 전혀 다른 차원의 개념적 궤도에 진입했고, 그 안에서는 철학의 어휘 전체가 철학 고유의 축을 중심으로 완전히 전복되는 움직임을 보인다는 점이다. 이하의 문장도 이처럼 근본적인 차

원에서 이해할 필요가 있다. "우리가 '살'이라고 부르는 것, 내부에서 일하는 이 물질은 어떤 철학적 이름도 지니지 않는다."[21] 이는 어떤 철학도 '살'이라는 그 무차별한 지층으로 거슬러 올라갈 방법을 찾지 못했기 때문이다. 무차별하지만 바로 그런 이유에서 차별화에 노출되어 있는 이 지층에서는 '몸'의 개념 자체가 봉쇄되기는커녕 오히려 부동의 이질적인 형태로 팽출되어 있다. 그렇다면 이는 곧 '살'의 문제가 어떤 경계에 각인되어 있으며, 이 지점에서는 사유가 모든 유형의 자기지시적인 형태에서 벗어나기 때문에, 철학적 질문의 단일한 주체이자 객체로 간주되어야 할 '동시적인 형태'에 대한 어떤 직접적인 관찰이 가능해진다는 것을 의미한다. 이러한 관점에서, '살'이라는 주제는 일종의 징후 해석으로 이어진다. 이 해석이 메를로퐁티 자신의 의도마저 훌쩍 뛰어넘는 잠재력을 지녔다면, 이는 이러한 차원의 해석이 어떤 식으로든 메를로퐁티가 하이데거조차 도달하지 못한 경지의 독창적인 어휘로 열어젖힌 질문들의 세계 내부에 뿌리를 두고 있기 때문이다. 메를로퐁티와 하이데거의 비교를 — 한편으로는 부적절하기 때문에 — 굳이 시도하지 않더라도, 하이데거가 비오스의 분석과 관련하여 도달하게 되는 맹점이 '살'이라는 개념과의 부적절했거나 이루어지지 않은 만남에서 비롯된다는 것만큼은 분명하다.

이와 관련하여 디디에 프랑크Didier Franck는 하이데거가 '살'을 깊이 관찰한 적이 없다는 점에 주목한 바 있다. 왜냐하면 '살'은 구축적인 차원에서 공간적인 범주이고 하이데거가 존재를 설명하면서 활용한 시간적인 차원으로는 환원되지 않기 때문이다.[22] 여하튼 정확하게 이 지점에서, 메를로퐁티는 어떤 상이한 관찰 각도를 도입한다. 그의 관찰은 하이데거라기보다는 오히려 후설의 철학으로 환원되는 철학 체계와 의미론을 기점으로 시작된다. 실제로 메를로퐁티는 '느끼는 것'과 '느껴진 것' 간의 환원 가능성이라는 주제뿐만 아니라 고유한 몸의 '전제된' 정체성을 숙명적으로 강화하는 타자와의 관계성 역시 후설의 철학에서 도출해냈다. 하지만 『보이는 것과 보이지 않는 것Le visible et l'invisible』에서 그는 이렇게 말한다. "나의 몸은 세계의 살과 동일한 살로 만들어졌다(그것은 일종의 감지된 살이다). 그뿐 아니라 세계도 내 몸의 살을 공유한다."[23] 이 문장은 메를로퐁티가 이런 식으로 현상학뿐만 아니라 실존적인 분석을 훌쩍 뛰어넘는 의미론적 영역에 도달해 있음을 보여준다.[24] 세계가 이처럼 몸이 자신을 인지하는 곳, 즉 자신이 자기와의 일치를 방해하는 차이점들의 영향에 좌우되는 존재라는 점을 깨닫는 의미 지평이라면, 이는 후설의 초월주의뿐만 아니라 '존재'와 생명'을 구분하는 하이데거적인 이분법 역시 극복되었다는 것을 의미한다. 하이데거의 입장에서 '비오스'는 그의 근본존재론을 특징짓는 존재 방식들 가운데 어느 것과도 일치하지 않는 요소였지만, 메를로퐁티의 입장에서는 바로 살아 있는 '살'이 '존재'와 '세계' 간의 관계를 조직적으로 구축하는 범주다. 이러한 관점에서, '살'의 공간성은 시간적인 차원의 복원을 가로막는 것이 아니라 오히려 정확하게 시간과 공간의 접촉 지점을 구성한다.

역사 철학에 맞서 [...] 일단 지리학적 철학이라기보다는 어떤 구조의 철학으로, 다시 말해 사실은 역사보다 지리학과의 접촉을 통해 훨씬 수월하게 구축되는 철학으로 대응할 필요가 있다. [...]

실제로 문제의 핵심은 역사와 초월적 지리학의—'역사적'이지도 '지리학적'이지도 않은—접합 지점을 포착하는 데 있다. 다시 말해, 내가 '보이는 것'과 '살'의 분석을 통해 발견한 그 '공간과도 다를 바 없는' 시간, 그 '시간과도 다를 바 없는' 공간, 혹은 역사적 경과와 역사의 거의 지리학적인 기재를 가능케 하는, 시간과 공간의 동시적인 근원건립(Urstiftung) 지점을 포착하는 데 있다.[25]

그렇다면 세계와 역사의 이러한 '살'적 교차를 일종의 세계화로 해석하는 것은 과연 가능한가? 이 질문에 전적으로 긍정적인 답변을 제시하는 것은 분명히 신중하지 못한—적어도 메를로퐁티의 연구 과정 내부에서는 성립되지 않는 만큼 부적절한—처사일 것이다. 하지만 실제로는 메를로퐁티가 '몸'과 '세계'의 관계를 이론적으로 정립하는 데 가장 크게 기여한 철학자라는 사실을 부인하기도 쉽지 않다. 더군다나 메를로퐁티는 몸이 세계의 차원으로까지 확장되는 현상, 혹은 세계를 하나의 단일한 몸으로 형상화하려는 노력이 '정치공동체적 몸'이라는 아이디어 자체를—이 몸의 현대적인 방향에서든 전체주의적인 방향에서든—산산이 무너트리게 되리라는 점도 누구보다 앞서 깨달았던 인물이다. 메를로퐁티에 따르면, 이 몸이 무너지는 이유는 무엇보다도 자신의 몸 바깥에 더 이상 아무 것도 지니지 않는, 다시 말해 고유의 외부와 고스란히 일치하는 상태의 몸은 몸처럼 보이지 않기 때문이다. 이 '몸'은 오히려 나치 생명주의의 무시무시한 면역 장치 가운데 하나였던 '자가-정체성-확립' 과정을 거쳐 배가되기에 이른다. 그렇다면 '세계의 살'은—메를로퐁티뿐만 아니라 우리의 입장에서도—

이러한 배가 현상의 종결과 전복을 상징한다. '세계의 살'은—뚜렷한 정체성을 지닌 어떤 통일적인 형상으로는 환원될 수 없는 파편들이 기준인 만큼—**모두**와 **각자**가 지닌 몸의 이분화를 의미한다. 왜냐하면 "[...] 이 두 가지 이분화가, 다시 말해 내 몸의 두 파편 사이에 세계가 끼어드는 이분화와 모든 사물의—즉 세계의—두 파편 사이에 내 몸이 끼어드는 이분화가 가능하기 때문이다."[26] 여기서 "사물"이 몸과 세계 간의 잠재적인 교량으로 간주되고, 이 문장이 뒤이어 결코 "인류학적이지 않은" 관점에 대한 언급으로 발전한다는 사실을 감안하면, 메를로퐁티의 설명은 하이데거와 상반되는 의견을 빗대어 표명하는 전략에 가깝다. 왜냐하면 인류학과 분명한 거리를 두기 위해 간접적으로나마 하이데거의 존재론을 끌어들이다가 다시 멀어지며, 모든 형태의 생명만—동물과 인간만—탐구의 객체/주체로 수용하는 것이 아니라 하이데거의 '현존재Dasein'로는 접근이 불가능한 "세계가 부족한 사물"까지 수용하는 방향으로 나아갔기 때문이다.[27] 그런 식으로 "동물이 우리의 감각적인 삶에 참여하는 방식과 우리의 감각적인 삶이 동물성에 참여하는 방식"을 암시하며 메를로퐁티는 우리 시대의 가장 파괴적인 상상계에 하이데거보다 더 깊이 침투해 들어갔고 상대적으로 충격 효과가 더 큰 표현들을 고안해냈다.[28] 결과적으로 '세계의 살'에 인류를 동물과 통합하는 경계뿐만 아니라 생명체를 비-생명체와 조합하는 틈새까지 기재함으로써 메를로퐁티는 부정적 생명정치를—즉 20세기에 인간을 동물화하며 생명을 비-생명의 나락으로까지 끌어내린 생명정치를—간접적으로나마 탈구축하기에 이른다.

3. 1950년대에 메를로퐁티가 제기한 이 '살'의 테마가 뒤이어 현대철학자들의 논의에서 어떤 식으로든 배제되었을 뿐 아니라[29] 관심을 기울일 것으로 예상했던 저자들에 의해 차가운 대접은 물론 의혹의 대상으로까지 주목받았다는 것은 놀라운 일이다. 예를 들어 리오타르는 몸과 세계 사이에 머무는 살의 키아스마에 대해 논의한다는 것 자체가 사건의 발생과 함께 닫혀버릴 일종의 "박식한 살의 철학"으로 전락할 위험이 있다고 보았고,[30] 들뢰즈는 '첨단의' 현상학이 제안하는 이 "희한한 살-주의"를 자신이 "감각의 논리"로 정의한 것에서 벗어나는 경로이자 "경건한 동시에 육감적인 개념, 관능성과 종교성이 뒤섞여 있는 형태"로 해석했다.[31] 한편 독일어 Leib(생명)를 프랑스어 chair(살)로 옮겨 쓰는 상황에 대해 당혹감을 표명했던 데리다는 '살'이라는 용어의 무절제한 사용이 어떤 통속적인 "살의 세계화"로 이어질 수 있다는 점에 대해 우려를 감추지 못하며 이렇게 토로했다. "살을 도처에 늘어놓고 모든 것을 활성화하며 심리적으로, 정신적으로, 내면적으로 만들 위험이 있을 뿐 아니라, 살의 어떤 비-소유 또는 타자적인 성격을 이야기하는 곳에서 오히려 살을 재-소유하려는 시도가 이루어질 위험이 있다."[32] 데리다가 이러한 의견을 낭시Jean-Luc Nancy에게 헌정한 텍스트에서 피력했다는 점도 연관성이 있겠지만, 지금까지 언급된 내용과 관련해서 가장 의미 있는 반론을 피력한 인물은 다름 아닌 낭시다. 왜냐하면 '살의 철학'과 분명히 거리를 두겠다고 천명하는 순간 '살의 철학' 대신 새로운 '몸의 철학'이 시급히 요구된다는 점을 강조하기 때문이다. "살의 열정은 살 안에서 유한하다. 바로 그런 이유에서, 언제나 충만하고 의미심장하며 어떤 식으로든 자기

실현주의적인 이 '살'은 '몸'이라는 용어로 대체되어야 한다."³³ 그
렇다면 '살'에 대한 이들의 이러한 '일반적인' 거부반응은 어떻게
설명해야 하나? 앞서 살펴본 이론적 구도에서 '살'이 원래 의미하
던 것에 대한 진정한 몰이해로 봐도 무방할 정도로 과도한 이 반
발 현상은 대체 어디에서 유래하나? 물론 이러한 거부반응은 신
세대 프랑스 철학자들이 현상학을 혐오하는 성향에서 비롯되었다
고 볼 수 있다.³⁴ 하지만 이러한 특징은 개별적으로만 다룰 것이 아
니라 그리스도교적 관점과의 차별화 요구라는 좀 더 광범위한 맥
락에서 관찰할 필요가 있다. 아니, 어떤 의미에서는 현상학에서 결
코 소홀히 할 수 없는 부분의 그리스도교적 유래야말로 살의 철학
을 거부하는 이들이 본질적인 차원에서 문제 삼는 내용이라고 볼
수 있다. 예를 들어 미셸 앙리Michel Henry의 『육화Incarnation』³⁵를
어떤 식으로든 그리스도교와 현상학의 조우가 이루어지는 장으
로 이해하면, 이러한 문제의 특징들을 어느 정도는 분명하게 식별
해낼 수 있다. '살carne'의 현상학적인―경우에 따라 존재론적이기
도 한―개념에서 문제를 일으키는 부분은 사실상 앙리의 해석에
서도 분명하게 나타나는 정신주의적인 의미다. 간단히 말하자면,
'살'이 '몸'이라는 둔탁하고 활기 없는 질료와 다른 이유는 신성한
말씀에서 직접 유래하는 '자기애착'의 기량을 지녔기 때문이다. 하
지만 데리다가 '살'의 과잉이 '몸'의 구체적인 성격을 무산시킬 위
험이 있다고 비판하거나, 낭시가 '육화'는 신체적 특징들을 의미의
초월성에 종속시키는 일종의 탈신체화와 내면화에 가깝다고 지적
할 때, 이들의 목소리는 살의 정신주의적인 특징을 오히려 재차 강
조하는 결과로 이어질 뿐이다. 바로 그런 이유에서 이들은 결국 앙

리가 제시한 것과 동일한 해석을—단지 긍정적이지 않고 부정적인 의미로—수용하기에 이른다. 이들은 모두가 기대하던 대로 앙리의 해석을 탈구축하고 해석학적 효과를 전복시킨 것이 아니라 결론만 받아들였고, 바로 그런 이유에서 실제로는 관찰 대상을 포기하기에 이른다. 달리 말하자면 '살'이 궁극적으로 지시하는 바는 정신으로 번역되는 '몸' 또는 몸 안에 투영되는 '정신'이기 때문에, '몸들'의—각자의 몸과 모든 몸의—실질적인 현실을 사유하기 위한 길은 결국 살의 철학을 완전히 포기하는 것뿐이라고 보았던 셈이다.

하지만 주목해야 할 것은 이러한 논리가 지닌 힘을 뒷받침해야 할 전제 자체에 우리가 결코 소홀히 할 수 없는 요소들이 각인되어 있다는 점이다. 무엇보다도 메를로퐁티의 입장에서 '살'이 지시하는 것은 결코 몸의 내면화가 아니라 오히려 '살'이 또 다른 몸 혹은 심지어는 전혀 몸이 아닌 것으로 외면화하는 움직임이었다. 그렇다면 여기서 그리스도교의 상황도 함께 살펴볼 필요가 있다. 그리스도교에서는 '영적 차원'을 가리킬 때 기본적으로 '몸'을 뜻하는 sôma, corpus를 사용했고 예외적인 경우에만 '살'을 뜻하는 sárx, caro를 사용했다. '살'과 '몸'의 두 어휘 영역이 어느 시점에선가 중첩되는 경향을 보이기 시작한 것은 사실지만, '영혼'을 고유의 특권적인 내용으로 함축하던 범주는 '살'이 아닌 '몸'이었다.[36] '살'의 구체적인 특징은 반대로 태초에, 즉 인간의 '몸'이 영혼으로 채워지기도 전에 그를 '만드는' 과정에서 사용된 질료였다는 점에 있다. 일찍이 고대 유대교에서뿐만 아니라 그리스에서도 다름 아닌 '살(basar)'이—빈번히 동물의 살과 구분하기가 힘들었음에도 불구하고―지상의 삶을, 여하튼 고통스럽고 언젠가는 죽을 운명에 처한 인간의 현실을 표상하는 용어였다는 것은 결코 우연이 아니다. 초기 그리스도교도 이러한 의미론을 수용하고 발전시켰다.[37] 바울이 고린도 후서 4,11에서 사용한 'thnètè sárx'[죽을 육체]라는 표현은, 죄와 고통에 노출되어 숙명적으로 죽을 수밖에 없는 존재를 의미했고 'én sárki'[살 안에서]라는 표현도 다름 아닌 지상의 삶을 암시했다. 아울러 바울은 때때로―로마서 3,20, 갈라디아서 2,16에서―pâsa sárx라는 표현을 '모든 생명체'의 의미로 사용했다. 몸을 뜻하는 sôma와 corpus도 이와 유사한 의미를 표현할 수 있었지만 기본적으로는 어떤 단일한 유기체나 이 객체가 소속되는 집단적인―교회나 그리스도교 전체 같은―유기체의 복합적인 통일성을 가리키는 데 사용되었다. 테르툴리아누스는 『그리스도의 살De carne Christi』에서 발렌티누스, 마르키온, 아펠레스처럼 구세주의 살이 영적이거나 프네우마적인 성격을 지녔다고 주장하던 이들을 신랄하게 비판했다. 테르툴리아누스의 입장에서도, '몸corpus'은 비물질적이고 천상적이거나 천사적일 수 있지만 '살caro'은 영혼이나 마음과 전적으로 다른 것이었다. 바로 그런 의미에서 "영적인 살이나 살적인 영혼 같은 것은 존재하지 않는다. nusquam animam carnem et carnem animam."(De carne Christi, XIII, 5) 단지 그 자체로는 상이하고 뒤섞일 수 없는 두 실체가 통합된 형태로 **몸 안에** 존재할 뿐이다.

4. 이처럼 무기적이고 질료적이며, 메를로퐁티라면 '야생적'이라고 정의했을 '살'의 개념은 어떤 정치적 형태로도 표명된 적이 없

다. 이 '살'은 모든 유형의 단일하고 통일적인 유기체와 이질적일 수밖에 없는 다양하고 생동적인 현실을 가리키는 용어였다. 왜냐하면 무엇보다도 본질적으로는 복수형이었기 때문이다.[38] 그리스에서 sárx는 복수형 sarkés로 사용되는 것이 더 일반적이었고 앞서 언급한 'pâsa sárx'라는 표현도 '무한한 다양성'의 의미를 내포하고 있었던 만큼 얼마든지 '모든 인간'으로 읽힐 수 있었다. 하지만 뒤이어 그리스도교가 형성되는 단계에서 교회라는 단체를 설립해야 했기에, 다름 아닌 '살'이 단일한 '몸' 안으로 통합되는 변화가 일어났다.[39] 일찍이 바울의 신학에서부터, 그리고 뒤이어 교부철학에서 sárx와 caro 대신 sôma와 corpus를 점점 더 빈번히 사용했던 것도 이 때문이다. 관건은 '살'을 추방하는 것이 아니라 오히려 탈-중심적이고 아나키즘적인 움직임들을 '다스릴' 수 있는 단일한 유기체 안으로 '살'을 끌어들여 체화하는 것이었다. 오로지 몸의 정신화를 통해서만—다시 말해 살의 부패성에서 비롯되는 불행으로부터 인간을 구원할 수 있는 정신의 체화를 통해서만—인간은 교회의 신비로운 몸 안에 들어올 수 있었을 것이다. "너희의 몸은 너희가 신께 받았고 너희 가운데 있는 성령의 신전인 줄을 모르느냐. [...] 그런즉 너희 몸으로 신께 영광을 돌려라."(고린도전서 6,19~20) 이처럼 '살'이 '몸'으로 전이되는 구원의 과정에서, 다시 말해 '살'을 '신체'로 만드는 과정에서 결정적인 역할을 한 것은 성체성사라는 이중적 전이 장치, 즉 그리스도의 몸을 신도의 몸으로 만들 뿐 아니라 신도의 몸도 교회의 몸으로 만드는 장치였다. 여기서 변형된 모든 유형의 장치들과 심지어는 이들 간의 경쟁 상황에서 비롯된 초기의 분쟁 상황마저 뒤섞인 상태에서, 먼저는 '제국'이, 뒤이어 '민족 국가'들까지도 성체성사와 동일한 정치–신학적 메커니즘을 세속화된 형태로 활성화했다. 이 경우에도 '벌거벗은 생명'의 위험에서—그러니까 '자연 상태'로 정의되는 일종의 무법 상태에 내재하는 위험에서—벗어나려면, 잠재적 반항인인 민중의 무수한 '살'을 주권자의 명령으로 일체화된 '몸' 안에서 통합할 필요가 있었다.[40]

　　이러한 관점에서, 근대 후기를 특징짓는 생명정치의 발전 과정은 이 '신체적' 모델에서 크게 벗어난 적이 없다고 봐야 한다. 이는 '정치공동체적 몸'이라는 비유적 표현이 그토록 오랫동안 정치학의 핵심 용어로 쓰였다는 점에서도 분명하게 드러나는 사실이다. 주권 권력의 정치 전략이 국민의 보호, 번식, 성장 등과 관련된 거의 모든 영역의 생물학적 요구를 충족하기 위해 피지배자들의 생명/삶에 직접 관여했다는 것은 곧 근대가 중세 정치신학에서 물려받은 '몸의 의미론'을 철회하기는커녕 오히려 더욱더 강화했다는 것을 의미한다. 몸만큼—개인의 몸이든 집단의 몸이든—정치와 생명 사이에 존재하는 상호수반 관계의 역동성을 분명하게 보여주는 동시에 강화하는 것은 없다. 여기에는 두 가지—공존하는—이유가 있다. 첫 번째는 '시민'을 '몸'의 차원에서 표상하는 방식 자체가 행정부 내부에서 인구, 위생, 보건 문제와 관련된 정책들이 점점 더 중요해지는 정황을 '앞서' 정당화하기 때문이다. 두 번째는 다름 아닌 '유기적인' 몸 개념이, 어떤 기능적인 구도의 설계를 바탕으로 여러 지체들을 통합할 수 있는 일종의 초월적 원리를 필연적으로 수반하기 때문이다. 예를 들어, 몸은 언제나 영혼 또는 머리를 지녀야 한다. 머리가 없다면, 몸은 그저 살덩어리에 불과하기 때문이다. 전체주의와 나치의 생명정치는 이 '몸'이라는 개념적 형상을 거부하기는커녕 극단적인 방식으로 발전시켜 사실상 언제나 하나의 강렬한 메타포에 불과하던 것을 절대적 효율성을 지닌 현실로 뒤바꿔놓았다. 민족이 '몸'의 형태와 실체를 지녔다면, 민족이야말로 생물학적 목표를 세우고 생물학적 수단을 동원해 치료하고 보호하며 강화해야 할 대상이라고 보았던 것이다. 전통적으로 '영혼'이라 불려왔던 것을 도외시하기는커녕 순수하게 생물학적인 관점에서 종족 유산을 보유하는 요소로 간주했기 때문에 결국에는 이를 단일한 몸 내부에서 건강한 부위를 병든 부위와 분리하는 기준으로, 다시 말해 '진정한' 몸을 '살'과—즉 아무런 생명력도 없고 바로 그런 이유에서 죽음으로 몰아넣어야 요소와—분리하는 기준으로 삼았던 셈이다. 이러한 생물-정신적인 이중의 체화야말로 극한에 도달한 면역 신드롬의 마지막 활로였지만 아무런 제어 없이 방치되었던 탓에, 결국에는 체화하던 모든 것을 파괴할 뿐 아니라 방향을 전복시켜 스스로의 몸까지 공격하는 지경에 이르고 말았다.

하지만 앞서 언급한 것처럼, 이러한 결과는 생명정치 패러다임의 완전한 소진은 물론 단순한 퇴보조차 의미하지 않는다. 20세기를 휩쓴 두 형태의 전체주의가 막을 내린 뒤에도, 생명/삶의 문제는 여전히 우리 시대의 모든 유의미한 정치적 궤도의 중심에 놓여 있다. 반대로 중요성을 점점 더 잃은 것은—그 원인이 폭발 때문이든 내폭 때문이든—오히려 정치적 정체성을 확립하는 장치로서의 '몸'이다. 이처럼 '몸'이 '몸'에서 벗어나는 성향은 아이러니하게도 일종의 과잉 현상에서 비롯된다. 상황은 마치 몸의 표면이 지구촌 전체로 확장되어 온 세상을 가장 모순적인 장소로, 예를 들어 내부와 외부의 차이가 무의미해지고, 불쑥 튀어나온 것과 움푹 파인 것, 모든 것과 아무 것도 아닌 것의 차이가 완전히 사라지는 곳으로 만들어버린 것처럼 전개된다. 모든 것이 몸이라면 사실은 어떤 것도, 적어도 정확한 면역학적 경계와 울타리를 엄격하게 고수하는 방식으로는 몸으로 존재하기 어렵다. 자가-정체성-확립을 토대로 형성되는 더욱더 폐쇄적인 조직들의—외견상 걷잡을 수 없는—확산 현상은 면역화의 차원에서 역동적인 글로벌화를 거부하며 전개되는 듯 보이지만, 실제로는 전통적인 동시에 현대적인 의미의 정치공동체적 '몸'이 맞이한 개기 현상과 함께 이 몸의 실체인 듯 보이는 무언가가 파편화된 상태에서 확산되는 정황에 불과하다. 여기서 주목해야 할 것은 바로 이 실체가—아마도 처음으로 어떤 정치적 의미를 드러내며—'몸'은 물론 모든 신체적 유형의 조직과 체화에 **앞서** 전제되어야 할 일종의 '살'에 가까워 보이고 또 바로 그런 이유에서 '몸'의 쇠퇴기에 다시 고개를 든다는 점이다. 물론 이 '살'에 스피노자의 '다중'⁴¹이나 벤야민의 '벌거벗은 생명' 같은 이름을 부여할 수 있겠지만, 이보다 더 중요한 것은 이 '살'의 차원에서는 다름 아닌 비오스bíos[생명]가 다시, 세계화된 폴리스pólis[정치]의—여백이나 경계는 물론—중심을 차지한다는 사실이다. 생명과 정치 간의 관계가 ['살'이라는] 고유의 질료적인 구성 때문에 면역적인 체화의 논리에서 벗어나는 정황이 무엇을 의미하며 또 어떤 시대적 결과로 이어질 것인지에 대해서는 이야기하기 어렵지만, 이는 어떻게 보면 생명정치의 이러한 역동적인 상황이 여전히 주권 권력의 존속과 심지어는 주권의 전략적인 강화에서 비롯되는 문제적인 구도 안에서 주어지기 때문이기도 하다. 생명/삶의 정치화가 법적 주체의 구축 이전 또는 이후의 질료적 세계와 ['살'과] 직결되는 만큼, 반드시 몸의 의미론을 거쳐야 할 이유가 역사상 처음으로 사라지는 정황은 전적으로 새로운 가능성과 의문의 지평을 열어젖힌다. 예를 들어 언제나 비정치적 범주에 속해 있던 '살'은 과연 어떤 정치 형태를 취할 수 있는가? 무법 지대의 기저에서 태어난 무언가에 어떤 법을 부여해야 하는가? 임무니타스immunitas의 균열에서 전적으로 새로운 코무니타스communitas의 윤곽을 발견하는 것은 과연 가능한가? 그렇다면 끊임없이 회자되었을 뿐 결코 분명하게 정의된 적이 없는 '살의 부활'이라는 이름으로 2000년 전에 일어났던 수수께끼 같은 사건을 이제는 비-신학적인 차원에서 사유해야 할 때가 왔다고 봐야 하지 않을까? 오늘날 '되살아나는' 것은 정신이 사는 집으로서의 몸일 뿐 아니라 '살' 그 자체라고도—어떤 단수적인 동시에 공통적인 존재, 보편적인 동시에 특수하고 똑같은 동시에 다른 존재, 단순히 '정신'뿐만 아니라 '몸'도 지니지 않는 존재라고—볼 수 있다.

5.   그렇다면 끝으로 '육화'의 방식에 대해 살펴보자. 우리는 '육화'가 일종의 울타리로, 다시 말해 그리스도교에서 유래한 만큼 어쩔 수 없이 정신주의적인 방향으로 나아간 의미론 내부에서 현상학적 성찰의 유치를 가능케 하는 일종의 신학적 매듭으로 간주된다는 점을 알고 있다. 이러한 관점에 따르면, 성령이 침투한 인간의 몸은 결국 신체적 기호의 물질성을 의미의 초월성에 종속시키는 변증관계 안에서 일종의 유체이탈 단계에 도달한다. 그런 식으로 '몸'은 고유의 '육화'된 본질만을 의미하는 차원으로 환원된 상태에

서, '몸'의 현실 세계를 특징짓던 외면성, 다양성, 개방성을—즉 몸의 인류학적, 기술적, 정치적 차원을—모두 상실하기에 이른다.

하지만 이러한 정황을 사실로 받아들일 수 있나? 달리 말하자면, 이런 식의 재구성은 정작 탈-구축하려고 시도하는 그리스도교적 지평에 다시 종속될 위험이, 결과적으로 우리가 처한 상황의 단순한 특징 이상을 함축하고 있는 포스트-그리스도교적, 혹은 메타-그리스도교적 핵심을 정확히 포착하는 데 실패할 위험이 있지 않나? 나는 이러한 그리스도교적 핵심의 상당 부분이 '육화'의 개념과 일치하리라는 인상을 받는다. '육화'의 논리는 '체화'의 논리와 상이하고 상반되는 특징을 지녔다. 앞서 살펴본 것처럼, '체화'의 본질적인 성향이 다양성 또는 적어도 이중성을 통합하는 데 있는 반면 '육화'의 성향은 반대로 원래 하나였던 것을 둘로 나누거나 배가하는 데 있다. 전자의 경우 관건은 두 요소가 구성하는 것이 하나의 덩어리인 만큼 이 요소들의 구분을 허락하지 않는 '이중화' 현상인 반면, 후자의 경우 관건은 원래 단일했던 정체의 변형과 분리를 조장하는 '이분화' 현상이다. 초기 그리스도교 시대의 호교론에서처럼, '말씀'이 '육신'으로 변하는 정황은 그리스도의 페르소나 안에서 두 가지 상이하고 심지어는 상반되는 두 본성이 공존하는 상태, 다시 말해 신의 본성처럼 완벽하고 완전한 것과 인간의 본성처럼 고통과 죽을 운명에 처한 것의 공존 상태를 결정짓는다. 관건은 과연 어떻게 신이 변질될 수 있으며 스스로의 형체를 일그러트리고 버리면서까지 인간처럼 죽을 수밖에 없는 존재의 살을 '실제로' 취하는 지경에 이를 수 있는가라는 문제다. 여기서 특별히 주목해야 할 것은 부사 '실제로'다. 왜냐하면 바로 이 실질적인 성격을 고수하기 위해, 즉 모든 측면에서 우리의 살과 고스란히 일치하는 신성한 살의 질료적인 성격을 유지하기 위해 장장 5세기에 걸쳐 이레네오, 테르툴리아누스, 아우구스티누스 같은 그리스도교 교부들이 가현설, 아리우스주의, 단성론, 네스토리우스주의 같은 이단에 맞서 맹렬한 전투를 벌였기 때문이다. 이단으로 간주되던 이 교리들이 공통적으로 부인했던 것은 사실 그리스도의 '육화'에 함축되어 있는 일종의 환원 불가능한 모순이다. 다시 말해 이들의 교리는 신의 본성이나 인간의 본성 가운데 어느 하나를 폐기하는 쪽으로, 궁극적으로는 이들의 공존 경로를 폐기하는 쪽으로 기울어져 있었다. 고대 문명에서 논리적으로 받아들이기 어려웠던 것은 '하나-안의-둘' 혹은 '둘로-나뉜-하나'다. 왜냐하면 이것이, 몸 밖으로 벗어나는 일종의 유체이탈이지만 이질적인 것이 몸 안으로 들어오는 것과 전혀 다를 바 없는 움직임을 통해 형성되었기 때문이다.

우리가 '살'의 개념을 다루면서 다시 숙고해 봐야 할 것이 바로 이러한 전이, 이 전염, 이 변신이다. 이를 이제는 그리스도교적 어휘 바깥에서, 다시 말해 인간의 몸이 겪는 존재론적이고 기술적인 변신의 생명정치적인 가능성으로 사유할 필요가 있다. 그런 의미에서, 생명공학은 그리스도교와 무관한 형태의 육화라고도 볼 수 있다. 예를 들어 보철 설치나 이식 또는 삽입 수술의 경우, 인간의 몸에 침투해 들어가는 것은 더 이상 성령이 아니라 또 다른 인간의 신체 기관이나 생명이 없는 무기물이며, 이것이 '신성하게도' 그에게 계속 살아가거나 삶의 질을 향상시킬 수 있는 기회를 제공한다. 하지만 그렇다고 해서 이 새로운 생명정치의 필연적으로 기술정치적인 특징과 그리스도교적 원형 간의 연관성이 완전히 사라지는 것은 아니다. 이를 어느 누구보다도 분명하게 보여주는 예술가는 '몸 바깥의 살' 혹은 '비유기적인 몸의 살'을 핵심 테마로 활용했던 프란시스 베이컨이다. 물론 '육화'의 고전적인 이미지들 역시—무엇보다도 십자가의 이미지가—다름 아닌 그리스도교 예술의 토대가 되는 '구상적 모방'의 영역에서 어떤 '단절' 내지 '찢김'을 표상한다. 달리 말하자면, 마치 '그리스도'(예를 들어 뒤러의 <그리스도>)뿐만 아니라 구상미술 전체의 질서가, 고문으로 인해 형체를 알아볼 수 없고 더 이상 치료가 불가능한 형태로 일그러진 몸의 열린 상처 속으로 빨려 들어가야 할 것 같은 느낌을 준다.[42] 하지만 화가 프란시스 베이컨의 경우 그의 회화를 구축하는 것은 몸에서 떨어져 나와 겨우 붙어 있는 살, 뼈 사이에 파여 있는 고통의 결을 따라 펼쳐놓은 살의 이미지다. 뭐랄까 베이컨의 경우에도 몸의 경계에 몰려드는 살의 움직임 혹은 몸의 고랑을 따라 벗어나는 살의 일탈은 명백하게 그리스도의 육화의 마지막 경험을 암시한다. 베이컨은 이렇게 말한다. "도살장과 고깃덩어리의 이미지는 내게 언제나 충격적으로 다가왔다. 이것이 내게는 십자가의 수난과 직결되는 것처럼 보인다."[43] 이것이 들뢰즈가 베이컨에 관한 그의 기념비적 저서에서 언급했던 대로 정말 나치즘의 폭력과—베이컨이 나치의 공포를 항상 의식하고 있었던 만큼—직접적인 연관성을 지녔는지에 대해서는 확실하게 말하기 어렵다.[44] 하지만 분명한 것은 나치가 생명정치적인 차원에서 죽음을 매개로 실행에 옮긴 인간의 동물화 조치가, 다름 아닌 베이컨의 회화에서 잘려나간 살의 완전히 일그러진 형상을 통해, 완벽하게 전복된 형태로 표현된다는 사실이다. "베이컨의 회화는 상응하는 형식들을 창출하는 것이 아니라, 어떤 **식별-불가능성, 해독-불가능성의 지대를** 창조해낸다. [...] 그의 작품은 결코 어떤 형식들의 조합이 아니라 오히려 어떤 공통적인 사실에, 인간과 동물이 공통적으로 지닌 특징에 가깝다."[45]

이 '공통적인 사실', 다시 말해 도려낸, 일그러진, 축 늘어진 살이 다름 아닌 '세상의 살'을 의미한다는 것은 너무나 분명하다. 베이컨이 정육점에 매달려 있던 고깃덩어리에서 언제나 인간의 모습과 심지어는 자신의 모습까지 발견했다는 것은 곧 그 피투성이의 살덩어리가 오늘날의 인류 대부분이 처한 상황이라는 것을 의미한다. 하지만 베이컨이 이로 인해 절망한 적이 없다면, 이는 아마도 그가 이러한 상황에서 죽음의 망령과 잠재적 생명력 사이의 관계에 대한 새로운 이해 방식을 발견했기 때문일 것이다.

시각은, 보이지 않지만 시각에 지대한 영향력을 끼치는 힘들과 맞설 때, 이 힘을 제압하거나 최소한 친구로 만들 수 있는 또 다른 힘의 고삐를 풀어놓는다. 생명은 죽음을 향해 절규하지만, 죽음은 우리의 힘을 앗아가는 그 노골적인 것이라기보다는, 오히려 생명의 절규를 통해서만 노출되고 밝혀지는 '보이지 않는 힘'에 가깝다. 죽음에 대한 판단을 주관하는 것은 우리가 그토록 사랑하는 생명의 관점이지 그 역은 성립되지 않는다.[46]

3. 탄생

1. 우리가 탈-구축해야 할, 따라서 죽음정치적인 결과를 전복시
켜야 할 나치의 두 번째 면역 장치는 **예방 차원의 출생*** **제재** 조치
다. 앞서 살펴보았듯이, 이 장치는 실행 단계에서부터 이중화되어
외견상 상충되는 두 의미 방향으로 분리되는 양상을 나타냈다. 한
편으로는 독일 민족의 생성력을 강화하는 동시에 전시하는 쪽으
로, 다른 한편으로는 동일한 생성력을 금기시하며 가로막을 수밖
에 없는 광적인 살상 전략을 도모하는 방향으로 전개되었던 것이
다. 학자들의 입장에서 해석하기가 지극히 까다로웠던 것도 사실
은 정치적으로 출생률 증대를 장려하는 한편 정반대되는 측면에
서 먼저 부정적 우생학으로, 뒤이어 뱃속의 태아와 함께 산모들을
살해하는 전략으로 출생을 제재하는 모순적인 상황이었다. 왜 나

---

*   Nascita를 맥락에 따라 때로는 '출생'으로, 때로는 '탄생'으로, 즉 제도적이거나 생
물학적 의미가 강하게 부각될 때에는 '출생'으로, 철학적인 의미가 강하게 부각될 때에
는 '탄생'으로 옮겼다.

치들은 풍요롭게 하겠다고 천명하던 생명의 원천을 그토록 황급히 폐허화하는 데 몰두했나? 이 질문에 대한 생명정치적인 차원의 기본적인 답변은 나치의 종족학살이 지닌 특수성의 뿌리가 생명/삶을 대상으로 이루어진 과잉 정치에 있다는 것이다. 하지만 종족학살의 보다 내재적인 동기는 아마도 나치즘이라는 절망적인 형태로 표출될 수밖에 없었던 이데올로기적 단락회로 안에서 **출생**과 **나라**를 하나로 통합하는—어원적인 차원뿐만 아니라 이를 넘어서는—연관성에서 찾아야 할 것이다. 나치가 출생(nascita)과 나라(nazione) 사이에 정립시킨 관계는 무엇인가? 이 두 단어가 어떤 식으로 중첩되었기에 결국에는 정확하게 나치즘(nazism)이라는 이름으로 조합되기에 이르는가?

널리 알려진 바와 같이, '나라'를 뜻하는 단어 nazione/nation은 '태어나다'는 뜻의 라틴어 동사 nascor의 명사형 natio에서 유래했고, 근대에 형성된 주요 언어들 사이에서 거의 동일한 모양새를 유지하고 있다. 하지만 이 nazione의 근대적 의미가 정립되기까지는 오랜 시간이 걸렸고, 이로 인해 nazione와 natio의 관계에도 중요한 변화가 일어났다. 이를 상세하게 분석하지 않더라도 기본적으로 확인할 수 있는 사실은 고대와 중세에 '출생'과 직결되는 생물학적 의미가 '나라'의 정치적 의미보다 훨씬 더 중요했던 반면 근대를 기점으로 이 두 용어 사이의 균형이 '나라'의 정치적 개념에 유리한 쪽으로 기울어지기 시작했다는 점이다. 달리 말하자면 동일한 종족에 속한다는 단순한 사실만을 공통점으로 뭉친 이들, 또는 사회적, 종교적, 직업적 유사성이 계기가 되어 모인 사람들을 nationes라고 부르는 것이 아주 오랫동안 얼마든지 가능했던 반면,

어느 시점에선가 이 단어는 제도적 의미를 우선시하는 방향으로 발전하기 시작했다.[47] 이러한 변화가 실제로 일어나는 데 결정적인 역할을 한 것은 영토 국가들의 생성과 발전이다. '출생'처럼 생물학적이고 그 자체로 비정치적인 현상이 어떤 정치적 의미를 지니려면 먼저 주권에 의해 통합된 국가라는 틀 안에 기재될 필요가 있었다. 바로 이 과정에서, 초기에는 아주 일반적이거나 빈번히 대조적인 의미로—특히 '자기'와는 '다른' 누군가를 가리킬 때, 예를 들어 '미개하거나 야만적인 나라(nationes)와 로마 문명사회(civitas)' 같은 이분법에서 분명하게 드러나는 대조의 의미로—사용되던 개념이 서서히 강력한 자가-정체성-확보 능력을 갖춘—사실상 오늘날에도 여전히 국가 이데올로기를 뒷받침하는—용어로 변신했다. 바로 이러한 관점에서, 사실은 '인간과 시민의 권리선언'도 '인신보호법habeas corpus'에서처럼 시민들의 개별적인 몸을 주권자의 몸과 묶는 단단한 매듭으로 이해할 필요가 있다. 이 경우에도 중요한 것은 '몸'의 범주다. '나라'는 그 형태가 군주제든 민주제든, 의지적이든 자연적이든 간에 영토적, 종족적, 언어적 총체를 가리키며, 이 총체의 정신적 정체성은 모든 개별적인 부분과 이를 포함하는 전체의 관계에 의존한다. 그렇다면 공통적인 차원의 '출생'은 이처럼 스스로의 정체와 일치하는 '몸'을 세대교체라는 틀 안에서 유지하는 일종의 궤도, 혹은 자식들을 부모와, 산자들을 죽은 자들과 묶는 사슬에 가깝다. 지속적인 차원에서 '출생'은 생물학적 내용뿐만 아니라, '나라'의 보이지 않는 총체에 자가-소속되는 경로의 정신적인 형태를 동시에 구축한다. 여기서 관건이 되는 관계는 우리가 앞서 살펴본 '살'의 의미론과 '몸'의 의미론을 연결하던 것과 그리 다르지 않다. '몸'이 수많은 탈–중심적 '살'의 전제된 통합에 가깝듯이, '나라'는 그것의 경계 지점으로까지 확장되는 일종의 가족적인 정체성 안에서 모든 출생이 서로 연결되는 영역에 가깝다.

　나치즘은 이러한 생명정치적인 변증관계의 '발전'과 '전환'을 동시에 의미한다. '발전'이라고 볼 수 있는 이유는 나치가 다름 아닌 '출생'을 독일 국가의 형성에 무엇보다 중요한 요소로 간주했기 때문이다. 나치의 입장에서 '출생'은 단순히 세대교체를 통해 민족의 생물학적 지속성을 보장하는 질긴 선으로 그치는 것이 아니라, 무엇보다도 독일처럼 절대적으로 순수한 혈통을 지녔기 때문에 모든 종족 위에 군림해야 할 운명을 타고난 민족의 **질료적인 형식** 혹은 **정신적인 질료**를 의미했다. 하지만 바로 이 지점에서 나치와 전통적인 국가 간의 근본적인 차이점이 발견된다. 왜냐하면 후자의 경우에는—그리고 근대 영토국가들의 경우에도—다름 아닌 '출생'이라는 본질적으로 비정치적인 개념의 정치화가 관건일 수 없고 오히려 생물학적 영역과 정치적 지평의 절대적인 공존 상태가 관건이기 때문이다. 반대로 '국가'가 **사실상** 국민들의 '몸'이고 국민들도 국가 수장의 '몸' 안에 통합되어 있다면, 정치는 '출생'을 역사의 유일한 생명력으로 정립하는 장치에 불과하다. 더군다나 이처럼 정치적 가치가 즉각적으로 부각되는 '출생'을 일종의 등선처럼 타고 움직이는 '생명/삶'은 결국 스스로와 분리되어, 위계적으로 종속적일 뿐 아니라 엄밀하게 대조적인 두 차원으로, 예를 들어 주인과 노예, 인간과 동물, 살아 있는 자와 죽어가는 자의 차원으로 쪼개진다. 바로 이 지점에서 '출생'은 주권의 결정 대상으로 고정된다. 이 경우에 주권은 다름 아닌 '출생'에서 곧장 '발생'한 것처럼 보이기 때문에 '출생' 자체를 예외적인 형태로 분리시키면서 초월한다. 사실은 태어나는 생명에 대한 나치의 이중적인 입장도 바로 이러한 관점에서 이해할 필요가 있다. 한편에선 종적 차원에서 완벽한 생명을 칭송하지만 다른 한편에선 죽음을 향해 나아가기 시작한 누군가에게 생명체의 위상마저 빼앗아버리는 것이 나치의 전략이었다. 이 누군가가—나치의 입장에서—죽을 수 있고 또 죽어야만 했던 이유는 진정한 의미에서 태어난 적이 없었기 때문이다. 나치즘에서 '나라'와 고스란히 일치하던 '출생'은 나라와 동일한 운명의 길을 걸었다. '나라'가 생명-죽음정치의 족쇄에 갇혀 있었던 만큼 '출생'도 이 족쇄에서 벗어날 수 없었다. 여기서 벗어나는 유일한 길은 집단의 죽음뿐이었다.

2.   '출생'과 '나라' 간의 생명정치적인 관계를 가로지르는 것과 유사한 형태의 모순이 또 다른 범주 '형제애'에서도 발견된다. 서양에서 적어도 2세기 전부터, 그러니까 프랑스 혁명의 공화당 모토로 고안되었을 때부터 이 '형제애fraternité'는 원래 생물학적 혹은 자연적 개념이었음에도 불구하고 어쩔 수 없이 정치적 의미를 취득하기 시작했다. 하지만 '형제애'를 이와 결코 무관하지 않은 '자유'나 '평등' 같은 중요한 용어들과 비교하면 '형제애'에 대한 이론적 연구는 상대적으로 부족했다는 점을 확인할 수 있다. '자유'와 '평등'은 오랜 기간에 걸쳐 상세하게 분석되고, 토론되고 정의되어 온 반면, '형제애'는 정치철학이 관심을 가장 덜 기울여왔던 용어들 가운데 하나다. 무엇 때문인가? 위의 세 개념들 가운데 가장 즉각적으로 와닿는 것이 여전히 가장 탐구되지 않은 상태로 남

아 있는 이유는 무엇인가? 이 질문에 대한 첫 번째 답변은 이 개념의—표면적인 신학적 성격을 굳이 언급하지 않더라도—본질적으로 비정치적인 성격에서 찾아야 한다. 왜냐하면 바로 이 비정치성이라는 요소가 '형제애' 개념이 역사적 현실 속으로 녹아드는 것을 어떤 식으로든 가로막았기 때문이다. '자유'와 '평등'은—이 개념들이 지닌 고대적인 기원과도 무관하게—근대 정치사에서 중요한 위치를 점하는 자유주의 전통과 사회주의 전통의 기반이 되었던 반면, '형제애'의 경우 정황은 사뭇 다르게 흘러갔다. 이 개념이 힘을 발휘한 시기는 비교적 짧았고 그 힘은 1789년에서 1848년에 이르는 시기에 모두 소진되고 말았다. 게다가 혁명을 이끌었던 '자유'와 '평등'이라는 원칙에 비하면, '형제애'가 중요해진 것은 좀 더 뒤늦게 일어난 일이다. 이 용어는 1789년부터 사용되지만 실제로는 1792년이 되어서야 공식 문서에 등장한다. 그러니까 프랑스가 도처에서 받던 공격의 위협과 심지어는 내부적인 위협마저 도사리고 있었기 때문에, 모든 유형의 적에 맞서 나라를 지키려면 하나로 뭉쳐야 한다는 점을 호소할 수 있는 표어 내지 상징이 필요했던 시기에 등장했던 셈이다. 당시에는, 아니 얼마간은 '형제애'가 나머지 두 개념보다 더 근본적이고 초석적인 원칙으로 간주되었고 '자유'나 '평등'은 오히려 역사적이고 논리적인 차원에서 '형제애'에 종속된 개념으로 받아들여졌다. 이는 프랑스의 모든 형제들이 단일한 의지로 뭉칠 때에만 나라가 '자유'와 '평등'의 원칙을—프랑스를 위해서뿐만 아니라 프랑스의 뒤를 이을 다른 모든 나라를 위해—지킬 수 있었기 때문이다.[48]

여기서 '형제애'라는 범주를 정치철학적으로 사유하기 어려운 또 다른, 좀 더 내재적인 이유의 윤곽이 드러난다.[49] '형제애'를 정치철학적인 관점에서 완전히 포착하기가 힘든 이유는 단순히 그것의 비정치적인 성격 때문이라기보다는 오히려 강렬하게 생명정치적인 성격 때문이다. 달리 말하자면 '형제애'가 개념화되기 어려운 이유는 사람들이 흔히 상상하는 것처럼 지나치게 보편적이고 추상적이며 천년왕국적인 성격을 지녔기 때문이 아니라, 반대로 지나치게 구체적이며 그것의 직접적인 뿌리가 자연적 **비오스**에 있기 때문이다. '형제애'라는 용어가 정치 무대에 등장했을 때부터 강렬하게 민족적이고 민족주의적인 성향과 프랑스라는 나라의 신성함에 호소하는 성격을 띠었다는 사실 자체가 벌써 이 개념의 특성은 보편적이라는 견해와 모순을 일으킨다. 물론 로베스피에르나 생-쥐스트뿐만 아니라 심지어 위고와 미슐레가 생각했던 대로, 프랑스가 보편성을 대변해야 했던 이유는 세계사 전체의 회전축에 해당하는 나라가 바로 프랑스였기 때문이라고도 볼 수 있다. 하지만 사람들은 머지않아 이러한 확신을 힘으로 각인시키는 모든 민족이 결국에는 동일한 힘을 스스로에 대해서도 전제로 내세우기 마련이라는 점을 깨달았다. 실제로 관건은 '모두의 정의' 같은 추상적으로 보편적인 개념이 아니라 오히려 같은 민족에 소속된 이들의 혈족 개념을 토대로 이루어져야 할 '자가-정체성-확보'의 호소였다. 본질적인 차원에서 '형제애'가 호소하던 것은 '형제-국'이 아니라 오히려 '조국'이었고, 직접적인 남성 계승의 선상에서 형제를 아버지와 결속시키는 생물학적 연대의식이었다('모국'이라는 표현 역시 상징적으로는 언제나 이러한 남성 계승의 의미를 품고 있었다). 한편으로는 민주주의도 빈번히 '형제애' 개념에 의존했던 것이 사실이다. 하지만 이는 '형제애'를 떠받치는 지반이—근대의 모든 정치 개념과 마찬가지로—자연주의, 종족-중심주위, 남성-중심주의였기 때문이다. 민주주의는 '형제애'의 이러한 특징을 깊이 성찰한 적이 없다. '형제적 민주주의'란 대체 무엇을 가리키나? 물론 이러한 표현에는 어떤 숭고한 측면을 강조하거나 평등한 권리 이상의 어떤 본질적인 가치에 주목하려는 성향이 숨어 있다. 하지만 여기에는 이러한 성향과 조금 다르고 보다 불길한 느낌의 모순 역시 숨어 있다. 간단히 말하자면 인간들이 형제이기 때문에 평등해야 한다는 것과 평등하기 때문에 형제여야 한다는 것은 결코 같은 이야기가 아니다. 보기와는 달리, '형제애'는 '평등성'보다 훨씬 더 협소하고 특수하며 예외적인 범주다. 왜냐하면 공통된 '아버지'의 피에 소속되지 않는 이들 모두를 제외시키기 때문이다.[50]

이러한 각도에서 관찰하면 이 개념의 또 다른, 보다 결정적인 특징을 확인할 수 있다. 이 '형제애'라는 용어가 한때—공교롭게도 가장 널리 활용되던 시기에—누군가와 **대척할** 목적으로, 심지어는 프랑스인이 아닌 모두와 맞설 목적으로 소환되었다는 사실은 이 개념에 분쟁적인 성향이 내포되어 있다는 것을 보여준다. 이러한 특징이 줄곧 은폐되어 왔던 것은 이 용어를 평화주의로 채색하는 성향이 언제나 강했기 때문이다. 하지만 철학자들은 '형제'라는 말조차도 오랫동안—플라톤에서 헤겔을 거쳐 오늘날에 이르기까지—'친구amico'뿐만 아니라 빈번히 '적nemico'과 관련지어 사유해왔다. 니체[51]와 슈미트[52]의 입장에서도 진정한 '형제'는, 다시 말해 진정한 '친구'는 다름 아닌 '적'이었다. 왜냐하면 '적'이야말로 자신을 증명할 수 있는 절호의 기회를 주고 대조적인 형태로 자신에게 정체성을 부여할 뿐 아니라 타자와 자신의 경계가 무엇인지 보여주는 존재이기 때문이다. 가인과 아벨, 에테오클레스와 폴리네이케스, 로물루스와 레무스의 경우에서처럼 절대적 적대관계는 언제나 두 형제 사이에서, 심지어는 쌍둥이 사이에서 다름 아닌 형제살해의 형태로 나타난다. 르네 지라르에 따르면, 가장 피비린내 나는 분쟁은 언제나 가장 가깝고 가장 유사하고 가장 근접한 인간들 사이에서 벌어진다.[53] 그래서 흔히 피는 피를 부른다고 말한다. 비유로든 실제로든, 피가 정치의 동기 내지 원리로 작동할 때 정치는 언제나 피로 물들 위험이 있다.

프로이트도 이러한 결론에 도달했던 인물 가운데 한 명이다. 아마도 '형제애'의 패러독스를 해독하는 영역에서 가장 멀리까지 나아간 학자는 바로 프로이트일 것이다. 그가 『토템과 터부』[54]에서 제시하는 해석에 따르면, 폭군에 가까운 아버지에게 억압받던 형제들은 어느 날 뜻을 모아 아버지를 살해한 뒤 그의 살을 먹고 그의 자리를 빼앗는다. 이는 무엇보다도—가장 '계몽주의적인' 해석을 기준으로—문명화 과정이, 권위적인 독재자 또는 '권위'라는 원칙 자체가 민주주의 세계로 대체되는 과정, 다시 말해 한 사람의 권력이 다수가 공유하는 권력으로 대체되는 과정과 직결된다는 것을 의미한다. 이러한 관점에서 민주주의는 수직적인 지배의 형태가 수평적인 관계로, 다름 아닌 '아버지'가 '형제들'로 전환되는 과정의 원인이자 결과라고 볼 수 있다. 하지만 좀 더 자세하게, 조금은 덜 순진한 시각으로 살펴보면 프로이트의 우화는 좀 더 불길한 성격의 진실, 즉 아버지의 지배가 그의 사망 후에도 형제들의 민주주의적 지평 내부에서 지속된다는 점을 보여준다. 형제들이 죽은 아버지를 문자 그대로 체화하는 정황은 사실상 이들이 그 죽음의 의미를 다양하고 제어된 형태로나마 재생할 수밖에 없는 처지에 놓여 있었다는 것을 의미한다. 이처럼 살상 행위에서 도덕적인 태도가 유래한다는 점, 다시 말해 살해 사실에서 이에 대한 죄의식과 법을 존중하는 자세가 발생한다는 점은 이러한 자세 자체가 그 문제적이었던 사건의 영향에서 벗어날 수 없고, 이 살해 사건이 무대에서 사라지지 않으며 형제들-자식들의 계보를 따라 영원히 반복적으로 재생된다는 것을 의미한다. 이 경우에도 산 자들은 죽은 자들에게, '차이'는 '반복'에 사로잡힌다.

3.   하지만 '출생'과 '나라'의 생명정치적인 중첩 현상에 관여하며 더 큰 충격효과를 발휘하는 프로이트의 텍스트는 『인간 모세와 유일신교』다. 물론 이 저서는 『토템과 터부』와 직결될 뿐 아니라 어떤 식으로든 구조적으로 유사한 체계를 지닌 것이 사실이다. 하지만 여기서는 『인간 모세와 유일신교』가 지닌 전혀 다른 차원의 정치적이고 철학적인 특징에 주목할 필요가 있다. 이 책이 세 단계에 걸쳐 1934년과 1938년 사이에 쓰였다는 점은 프로이트가 과연 무엇과 싸우기 위해 펜을 들었는지 파악하는 데 어느 정도 확실한 단서를 제공한다. 프로이트의 과녁은 나치의 반유대주의였다. 정확히 말하자면 비판의 대상은, 국가의 정체성이 국가가 정초되는 지점에서 결정된다고 보는 계보학적 관점을 토대로 형성된 반유대주의였다. 하지만 대부분이 나치의 자연주의적 전제를 인정하고 싶지 않다는 이유로 나치적인 장치와의 비교를 아예 거부하며 비판을 일삼던 것과는 달리, 프로이트는 동일한 영역에서 도전을

시도했다. 달리 말하자면, 프로이트가 문제 삼지 않았던 것은 바로 나치가 한 종족이 취하는 삶의 형식과 종족 창건자의 기원 사이에 정립한 절대적인 결속 관계다. 물론 국가 공동체가 지니는 정체성의 기반은 국가의 탄생 시점, 또는 가장 오래된 '아버지'의 탄생 시점에서 발견되는 것이 사실이다. 하지만 **바로 그런 이유에서** 이 시점의 순도와 특성에 문제를 제기한다는 것은 곧 동일한 기원에 의존하는 특정 민족의 자가–정체성–확보 메커니즘마저 근본적인 차원에서 비판하며 위협한다는 것을 의미한다. 바로 이것이 프로이트가 『인간 모세와 유일신교』에서 활용했던 전략의 핵심이라고 볼 수 있다. 프로이트는 자신이 들어선 길의 위험이 무엇인지 정확하게 파악하고 있었다. 이는 그가 자신을 가까이서 위협하는 무언가로부터 스스로를 보호하기 위해 자신의 신중한 입장과 우려를 미리 설명하는 일련의 문구와 전제들이 이 저서의 이곳저곳에 산재해 있다는 점만으로도 충분히 확인할 수 있는 사실이다. 서두에서부터 프로이트는 이렇게 말한다. "한 민족에게서 이 민족의 아들들 가운데 가장 위대한 인물로 추앙받는 누군가[모세]를 빼앗는다는 것은 그다지 유쾌하지도 용이하지도 않는 일이다. 특히나 그 민족의 일원일 때에는."[55] 여기서 프로이트가 독자들에게 알리려는 것은 자신의 입장이 적의—나치의—입장과 너무나 가까워서 이와 구분이 거의 불가능해지는 지대로 나아가고 있다는 점이다. 왜냐하면 다름 아닌 나치즘이 유대인들은 어떤 삶의 형식도 지닌 적이 없고 어떤 유형이나 종족이었던 적도 없다고 주장하면서 유대인들에게 고유의 정체성을 빼앗았기 때문이다. 그렇다면 프로이트가 이러한 탈취를 사유하면서—그가 유대민족 앞에서 이들의 창건자에게 또 다른 국적을 부여하며 창건자로서의 존재까지 부정할 때—나치의 그것과 동일한 반유대주의 논리에 빠지지 않고 오히려 이를 결정적으로 논박할 수 있는 이유는 무엇인가? 실제로 프로이트가 이 경로를 파고드는 방식은 상당히 예리하다. 관건은 오히려 유대 민족에게—아울러 다른 모든 민족에게—자민족적 기원과의 관계를 **빼앗지 않는** 것이었다. 이를 빼앗는다는 것은 곧 나치가 그들의 급진적인 입장을 관철시키기 위해 교묘한 방식으로 논박했던 역사주의 논리에 동조한다는 것을 의미했을 것이다. 아니, 관건은 사실상 '기원'의 개념 자체를 탈-구축시켜 이 개념의 중심적인 성격을 벗겨낸 뒤 정반대되는 개념으로 전복시키는 전략, 달리 말하자면 어떤 '자가-소속'으로 소급되기는커녕 스스로에게서 떨어져 나와 고유의 타자 또는 모든 '고유'와 '다른' 존재로 이중화되는, 처음부터 비/기원적인 성격의 범주로 뒤바꾸는 일이었다.

이것이 바로 '이집트인 모세'의 정치적 의미라고 볼 수 있다. 프로이트는 모세가 그의 민족을 창건했다는 점에 이의를 제기하지 않는다. 아니, 이를 사실상 누구보다도 더 강하게 지지한다. 하지만 프로이트에 따르면, 모세가 그의 민족을 **창건**할 수 있었던 이유는 사실 모세 자신이 그 민족의 일원이 **아니었기** 때문이며, 자신에게 '이방인'의 이미지를, 심지어는—모세 자신의 자연적 아버지인—'적'의 이미지를 각인시켰기 때문이다. 바로 그런 이유에서, 즉 유대민족의 아들이 아니었기 때문에 모세는 이들의 **아버지**가 될 수 있었고 **고유의** 법에 따라—다시 말해 어떤 **타자의** 법에, 심지어는 절대적 타자의 법에 따라—유대민족을 창건할 수 있었다.[56] 하지만 이는 곧 유대민족이, 결과적으로는 모든 민족이—국가의 민족적 정체성과 선조들의 출생 사이에 절대적인 결속 관계가 존재한다는 나치의 전제를 그대로 고수하더라도—어떤 불결한 기원에 이미 오염된 만큼 고유의 민족적 순수성은 더 이상 주장하기 어렵다는 것을 의미한다. 그렇다면 어떤 민족도 스스로를 선택받은 민족으로—먼저 유대민족이, 뒤이어 아주 상이한 방식으로나마 독일민족이 그랬던 것처럼—정의할 수 없을 뿐 아니라, 어떤 민족도 아버지가 아들에게 '물려주는' 유형의 국가적 정체성을 지녔다고 주장할 수 없다. 왜냐하면 원형이 되는 모세의 경우에서조차 '아버지'는 진정한—즉 자연적—아버지가 아니며, 결과적으로 아들도 진정한 아들이 아니기 때문이다. 머지않아 수포로 돌아가겠지만, 유대민족의 아들들은 집요한 노력 끝에 이 비-자연적 아버지를 제거함으로써—『토템과 터부』에 나오는 원시 종족 시대의 형제들과 조금도 다를 바 없이—그에게서 벗어나려고 시도한다. 그럼에도 이들은 필연적으로 또 다른 계율에—또는 타자의 계율에—복종하게 되고, 이 타자가 가져온 계율 역시 뒤이어 그리스도교에 의해 변질된다. 이 끊임없는 변신과 배신의 반복 과정에서 남는 것은 '기원'의 원천적인 이중성이다. '기원'이 결정적으로 분화된 형태의 이중적 사슬이 다름 아닌 두 창건자, 두 민족, 두 종교를 통합하는 **동시에** 대립시킨다. 물론 가장 먼저 이중화되는 것은 '출생'이다. 모든 출생이 생물학적 차원에서 이중적이다. '둘'을—혹은 다수를—'하나'로 통합하기는커녕 '하나'를—산모의 몸을—'둘'로 나누는 것이 출생이다. 수많은 출생이 이 '둘'을 복수적인 형태로 끊임없이 배가한다. 출생은 외부적인 것이 어떤 동일한 생물학적 몸 또는 정치적 몸 내부에 갇혀 녹아드는 현상이 아니라 오히려 산모의 뱃속에 있는 존재가 바깥 세계를 향해 나오는 현상이다. 출생은 체화가 아니라 일탈, 노출, 외면화를 의미한다. 출생은 누군가를—남성 또는 여성을—'전제'하거나 '강요'하지 않으며 존재라는 사건에 '노출'시킨다. '출생'은 사실적인 의미로든 비유적인 의미로든 생명의 자기보존적인 보호 장치로 사용될 수 없다. 왜냐하면 탯줄을 끊고 양수를 깨끗이 닦아내는 순간 신생아는 앞서 태어난 모든 이들과 절대적으로 다른 위치를 점하기 때문이다.[57] 그는 이들에게 필연적으로 타자일 뿐 아니라, 처음으로—언제나 새로운 방식으로—우리 땅에 발을 딛는 이방인에 가깝다. 사실은 나치가 '출생'을 사전에 무효화하려고 했던 것도 바로 이 때문이다. 다시 말해 '출생'의 이러한 측면이 종족 계승의 지속성을 보장하기보다는 오히려 위협하고 무산시킬 위험이 실재한다고 느꼈고 이를 두려워했기 때문이다. 실제로 '출생'은 모든 개인적이거나 집단적인 주체의 정체성이 분출되는 공간, 단층, 틈새를 드러낸다. 이 공간은 주체를 자아 인식이 불가능한 지대에 노출시키는 최초의 무누스munus에 가깝다. 나치의 입장에서는 '출생'을 무효화함으로써 원천적인 공백을 메우고 이 무누스munus를 파괴함으로써 면역화im-munizzare를 통해 두려움에서 결정적으로 벗어날 수 있다고 보았던 셈이다. 반면에 프로이트는 동일한 전제에서 출발했을 뿐 정반대되는 의도로 '출생'에 주목했다. 다시 말해 그의 목표는 '출생'의 다양성을 국가라는 통일적인 틀 안으로 몰아넣는 것이 아니라, 국가의 의심스러운 정체성을 다양성의 법칙에 종속시키는 것이었다.

4. 전쟁이 끝난 뒤에 이와 동일한 탐색 경로를 밟은 철학자는 다름 아닌 아렌트다. 엄밀히 말하자면, 아렌트의 저서들은 생명정치의 지평 내부에—적어도 이 '생명정치'가 정치 활동과 생물학적 특성 간의 직접적인 상호수반 관계를 가리킨다면—머물 수 없는 것이 사실이다. 몸 그 자체는, 다시 말해 생명/삶의 보존과 발전의 자연적 요구에 좌우되는 유기체로서의 몸은 근본적인 차원에서 정치와 어울리지 않는다. 왜냐하면 정치는 정확하게 어떤 필연성의 차원에서 벗어날 때에만 본연의 의미를 확보하기 때문이다. 하지만 생명정치적인 패러다임과의 이러한 이질성을 바탕으로 더욱더 유의미해지는 것이 바로 아렌트가 '탄생/출생'이라는 현상에 부여하는 **정치적** 중요성이다. 아렌트의 모든 저서에서 빈번히, 매번 동일한 강도로 등장하는 테마가 있다면 그것은 아마도 '탄생'이 지닌 정치적인 특성, 혹은 정치의 '탄생적인' 성격일 것이다. 정치를 '죽음'이라는 기호 아래에서 사유해온 오랜 전통에 맞서—정확히 말해 홉스가 열어젖힌 면역학적 경로와 간접적으로나마 하이데거의 죽음을-향한-존재에 맞서—아렌트가 내세우는 것은 '탄생'의 원천적인 정치성이다. 이를테면 "'행위'가 지고의 정치 활동인 만큼, 죽음이 아닌 탄생이야말로 형이상학과 대별되는 정치철학의 핵심적인 범주로 간주될 수 있다."[58] 아렌트에 따르면 '죽음'에 대한 두려움이 보존적인 성향의 정치로, 따라서 정치 자체를 부정하는 성향으로 이어질 수밖에 없다면, 정치는 고유한 잠재적 혁신의 근원적인 힘을 바로 '탄생'이라는 사건에서 발견해야 한다. 인간은 '출발점'을 지녔기 때문에, 여하튼 그가 곧 '시작'이기 때문에 무언가 새로운 것을 시작할 수 있고 어떤 공통적인 세계에 생명을 부

여할 수 있는 조건을 갖춘 존재다.[59]

　여기서 아렌트가 제시하는 정치적 존재론은 고대 그리스의 정치철학이나 근대의 생명정치에 상응한다기보다는 오히려 아우구스티누스의 창조주의 신학에서 베르길리우스의 문학 전통으로 거슬러 올라가는 로마적인 계보와 직결된다. 유일한 창조주에 의해 유일한 기회에 일어난 창조 사건과 달리, '탄생'은 생명/삶의 언제나 다양한 양상들을 펼쳐 보이면서 끊임없이 반복되는 '출발'에 가깝다. 이처럼 차별화된 다양성을 기점으로 아렌트의 정치적 존재론은 생명정치와 분리되거나 적어도 전적으로 다른 차원에 머문다. 물론 이 두 유형의 정치론은 모두 생명/삶과의 강렬한 관계를 토대로 의미를 취하지만, 생명정치가 총체적인 차원의 인류 혹은 인간이라는 특별한 종의 생명/삶에 관여하는 반면, 정치적 존재론의 대상은 개인의, 다시 말해 자연적–생물학적 순환 경로와 구분되는 차원의 생명/삶이다. 어떻게 보면 정치는 개인적인 생명/삶이 종의 생명/삶에서 벗어나고 개별적인 행위가 순환적인— 일상적인 삶의 자연적 요구에 좌우되는—흐름에서 벗어나는 이중의 분기 지점에서 구축된다고 말할 수 있다.

　　… 다름 아닌 탄생과 죽음 사이에서 전개되는 인간적인 생명/삶의 직선적 움직임이 자연적인 관점에서는 자연–순환적 움직임의 일반적인 규칙에서 특이한 형태로 일탈하는 것처럼 보이듯이, 세상의 흐름을 결정짓는 자동적인 과정의 관점에서 인간의 '행동'은 일종의 기적처럼 보인다. [...] 세상과 인간사의 영역을 그것의 정상적이고 '자연적인' 몰락으로부터 보호하는 '기적'은 궁

극적으로 인간이 태어난다는 사실에 있다. 바로 여기에 그가 행동할 수 있는 기량의 존재론적 뿌리가 있다. 달리 말하자면, 이는 인간이 태어난 존재이기에, 새로운 인간의 탄생과 새로운 시작이 가능하다는 것을 의미한다.[60]

이 시점에서 놓치지 말아야 할 것은 비오스의 문제와 직결되는 순간 드러나는 아렌트의 담론 전체의 이율배반적인 성격이다. 분명한 것은 생명/삶의 자연적인 과정뿐만 아니라 이와 점점 더 유사해지는 역사적인 과정 역시 정치를 어떤 반복적이고 순환적인 구도에 종속시키려는 성향이 강한 반면 아렌트는 오히려 정치를 이러한 성향으로부터 보호하려고 애쓴다는 점이다. 하지만 놀랍게도 아렌트가 생물학적 주기의 획일적인 순환성과 차별화하기 위해 선택한 요소는 다름 아닌 생물학적 현상, 그것도 '탄생'이라는 궁극적인, 아니 가장 기초적인 생물학적 현상이다. 상황은 마치 아렌트가 생명정치 패러다임을 거부하면서도 생명정치를 논박하기 위해 오히려 생명정치 내부에서 도려낸 어떤 개념적 도구를 활용하는 것처럼 전개된다. 이는 어떻게 보면 오늘날의 생명정치와 일맥상통하는 특징이기도 하다. 오늘날의 생명정치는 생명정치를 그 자체와 분리시켜 스스로를 초월하도록 만드는 어떤 경계를 통해 고유의 체제 내부에서만 사유될 수 있다. 정확히 말하자면, 이 경계가 바로 '탄생'이다. 공간적으로 위치 확인이 불가능할 뿐 아니라 시간의 직선적인 흐름과도 견줄 수 없는 이 '탄생'의 순간에 다름 아닌 비오스bios가 정확하게 조에zoé와 가장 멀리 떨어진 곳에서 주어지며 생명/삶이 벌거벗은 생물학적 상태에서 급격히 멀어지는 형태로 형성된다. 이러한 역설은 '정치'와 '탄생' 간의 관계에 대한 아렌트의 성찰이 전체주의에 대한 그녀의 기념비적 저서 내부에서 부각되었다는 점, 다시 말해 나치즘과의 직접적인 대조를 시도하면서 이루어졌다는 점과 무관하지 않다. 나치의 생명정치와 근본적으로 상반되는 정치사상을 정립하기 원했던 만큼, 아렌트는 프로이트처럼—하지만 프로이트보다 더욱더 분명하게—나치의 살상 능력이 집중되었던 지점을 자신의 공격 목표로 삼는다. 나치가 정치 활동 자체의 씨앗을 말리기 위해 '탄생'을—즉 출생을 장려하는 동시에 금하며—활용했던 바로 그 지점에서 아렌트는 오히려 정치 활동을 활성화하기 위해 '탄생'에 호소한다. 나치의 입장에서 '탄생'은 삶의 모든 생동적 형식을 벌거벗은 생명으로 환원하는 메커니즘이었던 반면, 아렌트의 입장에서 '탄생'은 실존적인 조건 자체와 일치하는 형식을 생명/삶에 부여하기 위해 필요한 정치-존재론적 열쇠에 가깝다.

5.　앞서 언급한 것처럼 아렌트가 제기한 관점의 기저에는 '정치적 생명bíos politikós'이라는 주제와 관계할 때 발생하는 이율배반적인 모순이 자리 잡고 있다. 이 표현은 두 용어를—'정치'와 '생명'을—상호이질적인 형태로 조합하는 어떤 틈새에 의해 쪼개져 있는 것처럼 보인다. 물론 정치도 인간의 다른 모든 활동처럼 생명의 자연성에 뿌리를 둔 것이 사실이지만 정치는 바로 이 자연성과 거리를 둔다는 차원에서만 생명에 의미를 부여한다. 이처럼 단절에 의해 조합되는 이 두 용어 간의 긴장이 가장 강렬하게 감지되는 지점은 다름 아닌 '탄생'이다. 탄생의 번뜩이는 순간에 비오스bios

는 스스로에게서 떨어져 나와 조에zoé와, 다시 말해 단순한 생물학적 생명과 정면으로 맞선다. '탄생'이 인간의 동물성과 직결되는 생물학적 과정에―수태, 임신, 출산 과정에―깊이 연루되어 있음에도 불구하고, 아렌트는 인간이 동물과 다르고 존재자가 생명체와, 정치가 자연과 다르다는 점을 가장 분명하게 드러내는 것이 바로 '탄생'이라고 보았다. 옛 스승의 그림자에서 벗어나기 위한 아렌트의 모든 거리두기에도 불구하고 이러한 정치-존재론에는 아렌트를 결국 생명정치의 패러다임 안으로 끌어들이는 하이데거적인 어조가 여전히 남아 있다. 바로 그런 이유에서 '탄생'에 관한 아렌트의 설명은 비유적이고 문학적인 차원이 아니라면 정치와 생명 간의 신체적 회로 안으로 침투해 들어가지 못하는 듯이 보인다. 아렌트가 말하는 행위의 정치성은 대체 어디서, 생명의 어떤 단층에서 생성되나? 개인과 종족은 공적인 영역에서 어떤 식으로 연결되나? 이 문제와 관련하여, 다수성의 차원은 그것의 생성과 위상에 대한 우선적인 검토 없이 그저 언급하는 것만으로도 충분한가?

이 질문들에 대한 일종의 대칭적인 답변 하나는, 정치의 의미에 대한 직접적인 질문에 답변하기를 가장 꺼려하는, 하지만 바로 그런 이유에서 정치를 좀 더 개체발생적인ontogenetico 차원에서 바라볼 수 있는 한 저자의 저서에 담겨 있다. 이 저자는 다름 아닌 질베르 시몽동Gilbert Simondon이다. 물론 그가 다루는 철학적 주제들은―셸링의 자연철학으로 거슬러 올라갈 뿐 아니라[61]―베르그송이나 화이트헤드의 철학과 유사한 결을 지녔고 이것이 주요 특징이지만 그럼에도 놓치지 말아야 할 것은 시몽동과 또 다른 두 철학자의 좀 더 내재적인 연관성이다. 한편에는 시몽동이

『개인과 그의 정신-생물학적 생성L'individu et sa genèse physico-biologique』을 헌정하기도 한 메를로퐁티가 있고, 다른 한편에는 앞으로 좀 더 자세히 살펴보게 될 의미 방향과 직결되는 캉길렘 Georges Canguilhem이 있다. 시몽동의 철학 체계 전체를 조명하기는 어렵지만, 아렌트가 열린 상태로 남겨둔 질문들과 보다 직접적인 연관성을 지닌 시몽동의 철학적 특징은 본질적으로 두 가지이며, 이들은 서로 밀접하게 연결되어 있다. 첫 번째는 '존재'를 '생성'으로 간주하는 역동적인 존재 개념이다. 두 번째는 이러한 '생성'이, 사슬처럼 뒤엉키는 다양한 영역이나 체제에서 전개되는 개체화 과정에 가깝다고 보는 해석적 관점이다. '개인'을 어떤 식으로든 완벽하게 정의될 수 있는 존재로 간주하는 모든 일원론적 또는 이원론적 철학에 맞서, 시몽동은 언제나 미완성인 인간의 개체 발생적인 움직임에 관심을 기울인다. 모든 유형의 물리적, 생물학적, 심리적, 사회적 영역에서, 개개인은 어떤 개인-이전의 지반에서 부각되며 이 지반의 잠재력을 활성화할 뿐 어떤 완성된 형태에는 결코 도달하지 못한다. 그가 도달했다고 믿는 형태가 무엇이든 그것은 또 다른 개체화의 기회와 질료에 지나지 않는다. 모든 개체적 구조화는 그것의 확장이 최대치에 도달하는 단계에서조차 항상 어떤 여분의 요소를, 다시 말해 발전의 어떤 후속 단계에 도달하지 않고서는 고유의 내부적인 요소로 간주될 수 없는 무언가를 보유한다. 따라서 생명을 지닌 유기체의 생물학적 개체화가 미완성된 물리적 개체화의—또 다른 단계에서 이루어지는—연장에 가까운 것처럼, 정신적 개체화 또는 전적으로 인간적인 개체화 역시 또 다른 차원에서, 다시 말해 앞서 전개되던 생물학적 개체화는 정형화될 수 없는 지점에서 이루어진다.

   그렇다면 우리가 앞서 제기했던 문제와 관련하여 도출해낼 수 있는 결론은 무엇인가? 우리가 주목해야 할 것은 무엇보다도 주체는—근대철학이 공통적으로 동의하는 '지식', '의지', '행위'의 주체가—그의 기원인 생명체적 뿌리와 결코 분리될 수 없다는 점이다. 왜냐하면 주체가 바로 이 뿌리에서 신체적인 단계와 정신적인 단계로 나뉘지만 전자를 후자로는 결코 해결하지 못하는 이 분화의 형태로 존재하기 때문이다. 생명/삶과 존재 조건, 혹은 자연과 정치 간의 아렌트적인—동시에 이미 하이데거적인—'틈새'에 맞서, 시몽동은 인간이 자신의 생명체적 존재와 관계하기를 멈추지 않는다고 보았다. 인간은 생명체와 다른 것도, 생명체 이상도 아니며 그저 **인간적인 생명체**일 뿐이다. 정신적인 단계와 생물적인 단계 사이에는—생물적인 단계와 물리적인 단계 사이에서처럼—어떤 실질적인 또는 본질적인 차이가 아니라 그저 단계와 기능의 차이가 있을 뿐이다. 이는 곧 인간과 동물 간의—어떤 의미에서는 동물과 식물, 식물과 자연적 물체 사이의—통로가, 이를 거부하며 오히려 전혀 다른 차원에서 인본주의적 전제들을 양산했던 모든 인류학자와 존재론적 철학자들이 상상했던 것보다는 훨씬 더 유동적이라는 것을 의미한다. 시몽동에 따르면, 동물에 비해 인간은 "훨씬 더 확장된 정신적 가능성을 지녔고 특히 상징적인 차원의 자원을 지녔기 때문에 보다 빈번히 정신적인 것에 호소한다. [...] 하지만 그렇다고 해서 여기에 인간중심적 인류학을 정초하는 데 근거가 될 만한 어떤 본성 또는 본질이 있는 것은 아니다. 인간은 그저 문턱 하나를 넘어섰을 뿐이다."[62] 이 넘어서기를—어떤 지속적인 통로나 자연적인 도약으로 이해해서는 안 될 이 극복하기를—시몽동은 다름 아닌 '탄생'의 차원에서 정의한다. "정확히 말하자면 여기에는 어떤 정신적인 개체화가 있는 것이 아니라, 신체적인 것과 정신적인 것에 **탄생**의 의미를 부여하는 생명체의 개체화가 있을 뿐이다."[63] 이 문장은 문자 그대로 받아들일 필요가 있다. 모든 단계의 통로가—즉 모든 객체화가—각각 상이한 단계에서 이루어지는 하나의 탄생이다. 왜냐하면 그런 식으로 어떤 새로운 '생명/삶의 형태'를 창출하기 때문이다. 따라서—어떻게 보면—탄생이 생명/삶의 한 현상이라기보다는 오히려 생명/삶이 탄생의 한 현상이라고도 말할 수 있다. 혹은 생명/삶과 탄생이 중첩되고 분리될 수 없는 형태로 뒤엉키며 하나가 다른 하나의 개방을 위한 여백으로 기능한다고도 볼 수 있다.

개인은 자신의 탄생에 기여한 역동적인 힘을 자기 안에 집중시키고 최초의 생성과정을 지속적인 개인화의 형태로 유지한다. **상대적으로 영구적인 형태의 탄생을 지속하는 것이 곧 삶이다.** 생명체가 곧 유기체라는 정의만으로는 부족하다. 생명체는 최초의 개체화를 기반으로 실재하는 유기체일 뿐 아니라 유기적으로 체계화할 수 있고 시간이 흐르면서 스스로를 체계화할 수 있을 때에만 살 수 있는 유기체다. 유기체의 체계화는, 절대적이라고 봐야 할 첫 번째 개체화의 결과다. 하지만 이 최초의 개체화는 삶 자체라기보다는 삶의 조건, 즉 삶이라는 영구적 탄생의 조건에 가깝다.[64]

여기서 시몽동은 나치가 실행에 옮긴 출생 제재 전략, 즉 '생명'을 '죽음'으로 전환하는 장치를 완전히 전복시킨다. 다시 말해 시몽동은 '생명'을 오히려 '탄생'의 혁신적 잠재력으로 고스란히 환원할 뿐 아니라 '탄생'을 '죽음'과의 절대적인 차이가 결정되는 지점으로 만든다. 실제로 조금만 주의 깊게 살펴보면 '생명'과 '탄생'은 모두 죽음의 반대말이다. 전자는 공시태적인 관점에서, 후자는 통시태적인 관점에서 죽음과 정반대다. 생명을 죽음과 차별화할 수 있는 유일한 길은 생명을 그 자체로─심지어는 면역이라는 부정적 보호의 형태로─보존하는 데 있지 않고 오히려 끊임없이, 매번 다른 형태로 다시 태어나는 데 있다. 하지만 시몽동이 비오스와 정치 사이에, 생물학적 생명/삶과 생명/삶의 형태 사이에 정립한 관계의 강렬함은 여기서 그치지 않는다. 실제로 주체가 어떤 상이한 형태의 개체화를 경험하면서 새로운 문턱을 넘어설 때마다 '탄생'이 매번 재생된다는 사실은 곧 '탄생'이 개인을, 그를 앞서는 동시에 뒤따르는 무언가로 탈-구축한다는 것을 의미한다. 정신적인 생명/삶이 개인-이전의 고유한 잠재력을 발휘하려면, 이를 초개인적인 차원으로 이끌어야만, 다시 말해 집단적인 삶의 사회적인 차원으로 옮겨 배가해야만 한다. 시몽동의 입장에서 구체적으로 윤리와 정치의 영역을 의미하는 이 초개인적인 차원은 개인-이전의 단계, 즉 개체화될 수 없기 때문에 훨씬 더 풍부하고 복합적인 생명/삶의 형태로 '공유되는' 차원과 역동적인 관계를 유지한다. 이는 곧 개인이─다시 말해 개체화를 통해 생성되는 주체가─생동적인 경험을 공유하는 이들과의 정치적인 관계 바깥에서는 정의될 수 없다는 것을 의미할 뿐 아니라 집단도 단순히 개인적인 것의 정반대 또는 중립화가 아니라 그 자체로 하나의 고도화된 개체화 형식이라는 것을 의미한다. 복수성과 단수성이 이처럼 긴밀하게 교차하며 생명과 정치를 하나로 묶는 동일한 매듭 안으로 수렴되는 경우는 찾아보기 힘들다. 시몽동의 철학에서 '주체'는 언제나 비오스의 [정치적] '형식' 안에서만 설명될 수 있고, '비오스'도 사실상 인간의 존재와 조금도 다를 바 없는 공통성의 지평에 기재된다.

4. 생명/삶의 규율

1. 나치의 세 번째 면역장치는 **생명/삶의 절대적인 규율화**다. 이 장치가 '전복되는' 곳에서 생명정치의 긍정적인 특징들을 찾아내는 것이 우리의 목표다. 나치에 의해 생명/삶이 완전히 규율화 되었다는 점은 우리의 해석적 입장에서 그저 당연하기만 한 사실의 차원을 훌쩍 뛰어넘는다. 그렇다면 이런 반문이 가능해진다. 히틀러의 전체주의를 특징짓는 것은 오히려 법질서의 끊임없는 위반이 아니었나? 이러한 법질서의 전복이 바로 생명/삶은 법률의 어떤 추상적 원리보다도 더 중요하다는 원칙의 이름으로 실현되지 않았나? 실제로 이러한 반문들이—모두 어떤 일말의 진실을 품고 있음에도—출발선의 전제와 일으키는 모순은 일종의 표면적인 인상에 불과하다. 첫 번째 문제, 그러니까 나치즘의 본질적으로 불법적인 성격에 관한 문제는—나치 독일의 법학자들이 이러한 측면에 의식적으로 신중했다는 점을 고려하지 않더라도—'불법'이라는 표현이 주는 인상보다 훨씬 더 복잡하다. 물론이다. 전적으로

형식적인 관점에서, 개인의 자유를 보장하던 바이마르 헌법 조항들을 일시적으로 무효화한 히틀러의 1933년 2월 포고령은 취하된 적도 없을 뿐 아니라 12년이라는 나치 독일의 통치 기간 전체를 분명하게 법-초월적인 상황에 위치시킨다. 하지만 이 특이한 상황과 동일한 메커니즘을 지닌 '예외상태'의 이중적 위상에서 드러나듯이, 법-초월적인 상황이 반드시 법리-초월적인 상황과 일치하는 것은 아니다. 현행법의 효력을 일시적으로 무효화하는 조치는—부정적인 성격을 지녔을 뿐—분명히 법리적인 차원의 행위다. 아감벤이 간파했던 대로[65], '예외상태'는 단순히 어떤 규율적인 차원의 결함이 아니라 오히려 법의 효력을 사실상 보존하기 위해 그것의 허점을 노출시켜 일시적으로나마 중단시키는 조치다. 실제로 나치는 바이마르 헌법의 전체적인 틀을—모든 측면에서 초월했음에도 불구하고—형식적으로 유지했을 뿐 아니라, 이전 체제에서 과도하게 남용되던 대책 마련 차원의 법령 발표를 대폭 감소시켜 오히려 '헌법 자체의 규율화'를 시도했다. 이는 왜 나치가 슈미트의 결정주의를 [아이러니하게도] 그토록 차갑게 받아들였는지 설명해준다. 나치가 원했던 것은 법에서 벗어난 체계 또는 일련의 주관적이고 임의적인 결정에 의존하는 체계가 아니라 반대로 이 결정 사항들을 독일 민족의 생명주의적인 요구에서 직접 유래하는 '객관적인' 성격의 법적 구도로 환원시키는 것이었다.

바로 이러한 관점을 전제로, 우리는 나치 독일에 실재했던 규율과 생명/삶의 관계라는 좀 더 일반적인 문제를 마주하게 된다. 규율과 생명/삶 가운데 어느 것이 그토록 우세해서 다른 것을 고유의 요구에 복종하도록 만들 수 있었나? 관건은 생명/삶의 엄격한 규율화였나 아니면 규율의 생물학화였나? 물론 앞 장에서 살펴본 것처럼, 이 두 종류의 해석은 서로 상충되는 것이 아니라 오히려 하나의 교차된 시각으로 교묘하게 조합된다고 보는 편이 옳을 것이다. 나치 체제에서 주관적이거나 자유주의적인 법체계는 물론 모든 유형의 형식적인 법리주의를 거부하고 어떤 구체적이며 본질적이고 실질적인 법체계를 선호하는 성향이 강했던 것은 그만큼 민족의 생명/삶에 대한 관심이 지배적이었기 때문이다. 하지만 바로 그런 이유에서, 독일 공동체가 고유의 비오스를 보존하고 발전시킬 권리보다 더 중요하거나 이와 근접하기라도 하는 권리는 결코 존재할 수 없었다. 이러한 측면에서 관찰하면, 나치의 **법리학**은 '실정법'의 주관주의적이거나 결정주의적인 체계화가 아니라 오히려 '자연법'의 어떤 퇴폐적인 형태에 가깝다. 물론 이 경우에 '자연-법'이라는 표현이 가리키는 것은 신의 뜻이 직접 반영된 법이나 인간의 이성에서 솟아나온 법이 아니라, 국가 질서의 뿌리로 간주해야 할 '생물학적' 단층이다. 실제로 나치 체제에서 '페르소나'의 법리적 위상을 정의하던 궁극적인 기준 '피'는 더할 나위 없는 '생물학적' 실체에 불과했다. 그런 의미에서 나치의 규율은 자연에 이미 실재하는 사항들을 뒤늦게 적용한 것에 지나지 않는다. 개인이나 종족에게 존재할 권리를 부여하거나 탈취했던 것도 다름 아닌 인종 간의 차이가 적용된 인종차별주의적인 규율이었다.

하지만 이 '법률의 생물학화'도 사실은 이에 앞서 진행된 '생명/삶의 법률화'가 낳을 수밖에 없었던 결과에 가깝다. 이 법률화, 이러한 법리적 결정에서 비롯되지 않았다면, 인간의 비오스를 다양한 가치 영역으로 배분하려는 시도는 대체 어디서 유래했겠는가? 이처럼 원인과 결과, 동기와 결과가 지속적으로 교차되는 가운데 다름 아닌 나치라는 생명정치 기계의 가장 강렬한 살상 실험이 이루어졌다. 생명/삶이 법률의 객관적, 구체적, 사실적 계기를 구축할 수 있으려면, 생명/삶 자체가 앞선 단계에서 정확한 법리-정치적 분할 규칙에 따라 먼저 규율화되어 있어야만 했다. 결과적으로 구축된 것은 어떤 이중적인 조치가 교차되며 실행되는 체계였다. 나치의 생명정치적인, 다시 말해 죽음정치적인 법률들을 적용하는 과정에서 의사들과 판사들 간에 형성된 경쟁적 조합 구도가 분명하게 보여주었듯이, 나치 체제에서 생물학과 법률, 생명과 규율은 어떤 이중적인 전제들의 사슬 안에서 서로에게 매달리는 형태로 맞물려 있었다. '규율'이 생명/삶의 사실성을 전제로만 이를 고유의 내용으로 삼을 수 있었다면, '생명/삶'은 규율의 규칙적인 고랑이 전제되어야만 이를 토대로 예방 차원에서 생명/삶 자체를 정의할 수 있었다. 어떤 구체적인 법질서에 따라 앞서 '결정되어' 있는 생명/삶만이 법률 적용의 '자연적인' 기준을 마련할 수 있었다. 이러한 관점에서, 나치즘은 나름대로 '생명/삶의 규율'을 창출했다고도 볼 수 있다. 이는 물론 고유의 규율들을 생명/삶의 요구에 적절히 적용했다는 뜻이 아니라 오히려 생명/삶의 확장 영역 전체를, 결국에는 이와 정반대되는 것으로 전복시킬 수밖에 없는 규율의 경계 안에 가두었다는 것을 의미한다. 나치는 법을 생명/삶에 직접 적용함으로써, 생명/삶을 절대화하는 동시에 해제하는 죽음의 규율에 생명/삶 자체를 종속시켰다.

2. 그렇다면 이 무시무시한 죽음정치의 장치를 결정적으로 폐기할 수 있는 방법은 무엇인가? 좀 더 정확히 말해, 이 죽음정치의 논리를 '생명의' 정치로 전환할 수 있는 방법은 무엇인가? 살상이라는 결과가 '규율'과 '자연'의 강제적인 중첩에서 비롯된 만큼, 해결책은 이 두 영역을 최대한 분명하게 분리하는 방향으로 나아가는 데 있는 듯이 보인다. 실제로 나치 체제가 몰락한 뒤 나치즘의 회귀 위협에 맞서 일종의 보호용 제방처럼 부각되었던 '규율주의'와 '자연법주의'가 서로 상반되는 입장을 고수하면서도 동일하게 채택했던 것이 바로 이러한 방향의 해결책이었다. 규율주의는 규율을 생명/삶의 [생물학적] 사실성과 최대한 분리하는 식으로 규율을 자율화하면서 거의 정화하는 방향으로 나아갔고, 자연법주의는 규율을 신의 뜻 혹은 인간의 이성과 일치하는 어떤 자연적 본질의 영속적인 원리에서 추론해냈다. 하지만 이 두 해결책 가운데 어느 것도 시간이 흐르면서 바른 선택이었음을 증명했다고는 보기 어렵다.[66] 이는 단순히 전체주의 폭풍이 몰아닥치기 이전 시대의 개념적 체계들을 복구하는 것이 어려웠기 때문이라기보다는 오히려 규율의 절대성이나 자연의 우선순위가 사실은 나치즘 같은 현상 바깥에 위치하는 외부적인 요소가 아니었기 때문이다. 달리 말하자면 나치즘이라는 현상은 정확하게 '규율'과 '자연'의 극단적이고 상충되는 체계화 경로가 서로 교차되고 긴장을 유발하는 지점에서 발생했다. 나치의 생명권리란 사실상 과도한 규율주의와 과도한 자연주의의 폭발성 혼합물에 불과했다. 달리 말하자면, 자연에 중첩된 규율 또는 규율을 전제로 기능하는 자연이었던 셈이다. 결과적으로 나치 체제에서 '생명/삶의 규율'이라는 표현은

생명과 규율을 이들이 모두 파괴될 때에만 풀릴 수 있는 매듭으로 꽁꽁 묶는 비극적인 모순의 공식이었다고 볼 수 있다.

하지만 이 매듭은 단순히 풀렸다고 보기 어려운 문제일 뿐 아니라 그냥 무시할 수도 없는 문제다. 오늘날에도 여전히, 이 '생명/삶의 규율'에서 출발할 때에만 이 두 용어가 지닌 원래의 풍부한 의미를 복원할 수 있을 뿐 아니라 나치가 현실화한 이들 간의 상호파괴적인 관계를 뒤엎을 수 있다. 한마디로 말하자면, 나치가 구축한 '생명/삶의 규율화' 장치에 맞서 규율 자체에 생명력을 불어넣으려는 시도가 이루어져야 한다. 그렇다면 어떻게 해야 하나? 어떤 전제를 기점으로, 어떤 방향으로 나아가야 하나? 나는 이 전환의 이론적 열쇠가 근대의 위대한 법철학 사조들 가운데 어느 것에서도—실증주의에서도, 자연법주의에서도, 규율주의에서도, 결정주의에서도—발견될 수 없다고 확신한다. 적어도 근대가 완성한 동시에 무너트린 사조들 중에서는 발견될 수 없다는 것이 내 생각이다. 그렇다면 켈젠과 슈미트의 사상뿐만 아니라 홉스와 칸트의 사상도 생명정치의 어떤 긍정적인 사유에는 더 이상 활용될 수 없다는 결론을 내려야 한다. 이는 켈젠과 칸트의 사상이 본질적으로 생명정치적인 어휘 외부에 머물기 때문이고, 홉스와 슈미트의 사상은 생명정치의 부정적인 고랑 내부에 머물기 때문이다. 반면에 생명정치의 긍정적 사유를 위해 재구성도 가능하고 어쩌면 필요하기도 한 사유의 차원은 오히려 스피노자의 철학에서 발견된다. 이것이 가능한 이유는 정확하게 스피노자가 근대의 법리학 사조들이 승승장구하며 구축해온 사유 체계의 외부 혹은 측면에 머물기 때문이다. 스피노자의 철학이 현대 철학의 다양한 개념적 체계들을 뒤흔들고 불안정하게 만들면서 발휘해온 일종의 충격 효과에 대해서는 해야 할 말도 많고 그만큼 많은 이야기가 오간 것이 사실이다. 하지만 스피노자의 철학이 다름 아닌 규율과 자연, 법률과 생명의 관계라는 주제의 영역에서 가져온 가장 의미심장한 범주적 변화를 꼽으라면, 나는—간략히 말해—그가 전제의 논리를 상호 내재의 논리로 대체했다는 점에 주목하고 싶다. 스피노자는 이 두 영역의 연결 고리를 다른 철학자들처럼 부정하지도, 제거하지도 않는다. 그는 이 고리를 오히려 나치 체제에서 주어졌던 것과 완전히 상반되는 형태로 제시한다. 스피노자의 입장에서, 규율과 생명은 서로의 전제가 될 수 없고, 이는 둘 다 끊임없이 생성되는 어떤 단일한 차원의 부분에 불과하기 때문이다.[67]

바로 이러한 관점에서 바라보기 때문에, 스피노자의 사유는 근대적인—특히 홉스적인—'의무 관계의 형식주의'에서 벗어날 뿐 아니라 뒤이어 나타나는 나치의 '생물학적 실체주의'에서도 벗어난다. 스피노자의 철학이 이들의 입장과 거리가 먼 이유는, 이 입장들 간의 수많은 차이점에도 불구하고 이들을 하나의 동일한 강제적 성향으로 통합하는 다름 아닌 '주권'의 패러다임 자체를 그가 거부하기 때문이다. 『정치 논고』의 한 유명한 문장에서 스피노자는 이렇게 말한다. "자연적 존재는 각자 살고 행동할 힘뿐만 아니라 법적 권리도 자연으로부터 얻는다."[68] 이 문장에서 스피노자도 일종의 '생명/삶의 규율'을 염두에 두고 있다는 점은 분명해 보인다. 하지만 스피노자는 여기에 사뭇 다른 의미를, 즉 '생명/삶'과 '규율' 두 용어를 서로의 전제가 되도록 배치하는 대신 하나의 동일한 움직임 내부에서 봉합하는 식으로, 생명/삶도 원래부터 본연의 규율을 지녔고 규율의 자연적인 내용도 생명/삶이라는 의미를 부여한다. 스피노자의 '규율'은 더 이상—근대의 초월주의에서처럼—바깥에서 주체에게 그의 권리와 의무를 부여하며 합당한 것을 허락하고 부당한 것을 금하는 외부적인 요소가 아니라, 오히려 생명/삶이 고유의 걷잡을 수 없는 실존적 잠재력을 표출하면서 취하는 내재적인 방식에 가깝다. 모든 유형의 면역학적 철학에서처럼 규율의 초월성을 생명의 보존 요구에서 추론하고 규율에 복종해야 할 필요성을 생명의 보존 조건으로 제시하는 대신, 스피노자는 규율을 생명/삶이 고유의 존재가 최대한 확장되는 지점에 도달할 때까지 스스로에게 부여하는 일종의 '내재적인 규칙'으로 이해했다. 물론 실제로는 "모든 존재가, 이 규율 안에 머물 뿐, 스스로의 존속을 위해 노력한다."[69] 하지만 이러한 개별적인 노력은 확장된 자연 전체의 내부에서가 아니라면 어떤 의미도, 아울러 성공 가능성도 발견하지 못한다. 바로 그런 이유에서—이러한 보편적인 관점에서는—모든 유형의 존재가, 심지어는 어떤 제한된 관점에서 결함을 지녔거나 일탈적인 존재라 하더라도, 자신이 속한 무리 안에서 자신이 지닌 가능성을 토대로 살아갈 대등하고 정당한 권리를 지닌다. '규율'은 어떤 초월적인 명령의 역할을 담당하는 것도, 아울러 무엇이 유형화되고 무엇이 차별화되어야 하는지 결정하기 위한 예방조치적인 지침의 기능을 수행하는 것도 아니다. 스피노자의 '규율'은 오히려 모든 유형의 자연적 표현이 실현되는 과정에서 자연이 때에 따라 취하는 단수적이거나 복수적인 [개인적이거나 집단적인] 방식에 가깝다.

여하튼 자연에서 무언가가 우리 눈에 우스꽝스럽고 부조리하거나 나쁘게 보인다면, 그 이유는 우리가 사물들을 부분적으로만 이해하고 자연 전체의 질서와 모든 사물의 일관성을 무시할 뿐 아니라, 모든 일이 우리가 생각하는 방향으로만 흘러가기를 기대하기 때문이다. 우리의 이성이 무언가를 악하다고 평가할 경우, 그것은 보편적인 자연의 법칙과 질서가 기준이 아니라 그저 우리가 지닌 본성의 법칙을 기준으로만 악할 뿐이다.[70]

여기서 주목해야 할 것은 이러한 스피노자의 관점을 적용할 때 다름 아닌 나치의 규율화 논리가―실행되기도 전에―고스란히 전복된다는 점이다. 나치가 규율화로 정립된 생물학적 위계와 개개인의 위상을 기준으로 살 권리와 죽을 의무를 가늠했던 반면, 스피노자는 규율 자체를 개별적인 형태의 모든 생명/삶에 적용되어야 할 무한한 평등성의 원칙으로 만든다.

3. 하지만 안타깝게도 스피노자의 직관적 성찰을 후세대의 법학자들이 표명하거나 발전시켰다고는 보기 어렵다. 이러한 이론적 정체 현상의 발생 동기나 성격은 다양하지만, 여기서 우리가 다루고 있는 문제와 관련하여 주목해야 할 것은 법철학 분야의 학자들이 전반적으로 '규율'을 '생명/삶'과 함께 사유하는 데 거부반응을 일으켜왔다는 점, 좀 더 정확히 말하자면 '생명/삶'을 **대상으로도** 사유하고 **기점으로도** 사유했지만 '규율'을 '생명/삶'의 **내부에서는**, 그러니까 유기적인 생명체의 생물학적 구성을 기준으로는 사유하지 않았다는 사실이다. 따라서 스피노자의 법리적 자연주의를―

의식적으로든 무의식적으로든—물려받은 소수의 후계자들이 누구인지는 법철학 전공자들 사이에서가 아니라, 생명/삶의 발전상을 개인과 집단의 차원에서 연구하는 데 몰두했던 저자들 사이에서 찾아야 한다. 달리 말하자면, 우리가 주목해야 할 연구 대상은 '개인'과 '집단' 간의 끊임없는 상호 번역 과정을 거쳐 '개인'이 '집단'으로 환원되는 경로다. 앞서 살펴본 것처럼, 시몽동은 이를 '초개인적'이라는 용어와 개념으로 정의한 바 있다. 스피노자에 대한 연구가 바로 이 용어를 주제로 이루어진 것은 결코 우연이 아니다. 물론—발리바Etienne Balibar가 주목했던 대로[71]—스피노자가 '개인성' 자체를 부인하는 것은 아니다. 아니, 스피노자의 입장을 고려하면, 존재하는 것은 오히려 '개인'뿐이라고도 말할 수 있다. 다시 말해 개개인은, 이들을 다스리지도 않고 초월하지도 않지만 정확하게 이들의 환원 불가능한 다양성 안에서 스스로를 드러내는 어떤 실체의 무한한 표현 방식에 가깝다. 단지 스피노자의 입장에서 이 개개인은 안정적이고 동질적인 존재들이 아니라, 지속적인 개체화 과정에서 솟아나오는 동시에 개체화 과정을 끊임없이 재생하는 요소에 불과할 뿐이다. 상황이 이런 식으로 전개되는 이유는 단순히—뒤이어 니체가 이론화한 것처럼—모든 개인의 몸이, 다른 개개인에게서 유래하기도 하고 이들에게 전이되기도 하는 요소들의 어떤 복합물이기 때문이 아니라, 개인의 자기 확장 능력이 이러한 교환의 강도와 빈도에 직접적으로 비례하기 때문이다. 결과적으로 개인의 발전이 절정에 이르는 단계에서, 그는 자신의 본질적인 정체를 상대적으로 상당히 축약된 상태에서 존속하도록 만드는 환경과의 더욱더 넓고 복잡해진 관계 속에 머물게 된다.

이제 이 모든 것은 다름 아닌 스피노자의 법률 개념에 반영되어 나타난다. 앞서 언급한 것처럼, 규율은 외부에서 주체에게 강요되는 것이 아니다. 왜냐하면 실존적인 기량 자체에서 솟아나오기 때문이다. 모든 주체가 고유의 법적 권리를 지녔을 뿐 아니라 그의 모든 행위 역시 내부에, 그를 보다 보편적인 자연적 질서 안에 존재하도록 만드는 규칙을 지녔다. 개개인이 실체의 존재 방식만큼 무한하고 다양하다면 이는 곧 이에 상응하는 규칙들도 그만큼 다양하다는 것을 의미한다. '법률 체계'는—총체적인 차원에서—이러한 규칙들이 지닌 다양성의 산물이자 변화무쌍한 균형의 잠정적인 결과다. 바로 그런 이유에서, 모든 규율의 기원으로 간주해야 할 근본적인 규율도 존재하지 않고, 누군가를 '비정상'으로 판단하고 예외적인 조치를 취하는 데 기준이 될 수 있는 원칙적인 규율도 존재하지 않는다. 규율화 과정이란 뭐랄까 규칙들 간의 상호 관계성을 언제나 존중하면서도 사실상 이들이 지닌 고유의 다양하고 개별적인 잠재력에 따라 가늠해야 할 '개인적인' 규칙들 간의 대조와 심지어는 분쟁의—결코 결정적일 수 없는—결과에 가깝다. 하지만 우리는 개인들의 관계에 의해 결정되는 이 역동적인 상황과 뒤섞일 수밖에 없는 또 다른 상황, 즉 규칙들이 일으키는 내부적인 변화에도 주목해야 한다. 개인이 그를 만드는 동시에 활성화하는 개체화 과정의 일시적인 산물에 지나지 않는다면, 이는 곧 개인의 구성 자체가 바뀌는 만큼 그가 표현하는 규칙들도 함께 변화한다는 것을 의미한다. 인간의 몸이 타자들의 몸과 끊임없이 관계하며 살아가듯, 인간의 내부적인 규율화도 지속적인 변화에 노출되기 마련이다. 따라서 스피노자의 법체계는 어떤 면역적인 차원의 자기보존 장치라기보다는, 법적 규율이 생물학적 규율에 뿌리를 내리면서 변화를 유발하는 일종의 불안정한 상호전염 체계에 가깝다. '초개인적' 의미론을 고수하는 시몽동의 분석도 바로 이러한 유형의 논제로 수렴된다. 시몽동은 『개인과 그의 정신-생물학적 생성』에서 이렇게 말한다. "가치는 전-개인적 상태의 규율이다. 가치가 표현하는 것은 크기가 다양한 체계들과의 관계다. 전-개인적 상태에서 발생한 만큼, 가치는 후-개인적 상태를 지향하도록 만든다."[72] 하지만 이런 식으로 시몽동이 정작 밝히는 것은 규율 체계가 어떤 유형으로든 절대화될 수 없다는 사실이다. 규율 체계의 닮은꼴이 바로 전-개인적인 단계에서 후-개인적인 단계로 끊임없이 움직이며 변화하는 '개인'이라면, 이는 곧 규율 체계가 결코 그 자체로 고착되거나 어떤 폐쇄적인 구도 안에 갇혀 멈추는 순간 혹은 본연의 생물학적 근원이 숙명적으로 추진하는 움직임의 경로에서 벗어나는 순간은 오지 않는다는 것을 의미한다. 그렇다면 규율들이 한 체계에서 다른 체계로 움직일 때, 안정적인 상태를 유지하는 유일한 가치는 이 규율들이 언제든 또 다른 형태로, 아울러 언젠가는 무너질 수밖에 없는 형태로 변화할 수 있다는 점에 대한 '인식'뿐이다. 어떤 완성된 형태의 규율 체계가 존재한다면, 그것은 오히려 스스로의 해체를 미리 예견하고 후속 체계를 준비할 줄 아는 체계일 것이다. 시몽동에 따르면 "어떤 규율 체계의 규율성이 완전하다고 볼 수 있으려면, 체계로서의 파괴뿐만 아니라 형질전환의 논리에 따라 다른 체계로 변신할 수 있는 가능성을 자체적으로 예측할 수 있어야 한다."[73] 물론 어떤 절대적이고 불변하는 규율을 사유하려는 일종의 자연적인 성향이 실재한다는 것은 사실이다. 하지만 이러한 성향 역시 변화의 필요성에 구조적으로 열려 있는 개체발생적인 과정의 일부일 뿐이다. 그래서 "영속성을 추구하는 성향도 상대적인 것에 대한 의식으로 변한다. 이 의식은 이제 변화를 멈추려는 성향이나 어떤 기원을 절대적으로 만들고 특정 구조를 규율 차원에서 선호하는 성향이 아니라 오히려 규율의 준-안정적인 성격에 대한 이해에 가깝다."[74] 스피노자가 그랬듯이, 시몽동도 규율을 생명/삶의 움직임 내부에서 구축하고 생명/삶을 규율 정립의 가장 중요한 자원으로 활용한다.

4. 시몽동의 작업이 규율과 생명/삶을 양자 모두의 강화에 기여하는 일종의 긍정적인 매듭으로 묶는 것이었다면, 철학적인 차원에서 분명히 규율 자체에 생명력을 불어넣는 방향으로 나아갔던 인물은 그의 스승 조르주 캉길렘Georges Canguilhem이다. 그의 연구가 나치즘에 대한 강경한—실천적이기도 했던—반대 입장을 토대로 시작된 것은 결코 우연이 아니다. 캉길렘이 1940년 스트라스부르 대학의 교수로 임명된 것은 나치에 반대하며 저항운동을 펼치다 사망한 수학자 장 카바예스Jean Cavaillès의 공백을 메우기 위해서였다. 한편으로는 캉길렘도 라퐁Lafont이라는 가명까지 사용하며 레지스탕스 운동에 깊이 관여했던 인물이다. 내가 보기에 이 투쟁의 역사 바깥에서는 그의 철학에 대한 이해 자체가 전적으로 불가능하다.[75] 특히 캉길렘의 저작 전체를 지배하는 핵심 개념 '비오스'가 이러한 정황의 직접적인 영향하에 놓여 있다. '생물학의 철학'이라는 캉길렘의 아이디어 자체도 나치의 계획적인 '반-철학적 생물학'과 대칭적으로 상반되는 것이었다. 캉길렘의 입장에

서 생명/삶을 철학적으로 사유하며 철학이 관여해야 할 지평으로 만든다는 것은 생명/삶을 객관주의적인 패러다임에서 구출해낸다는 것을 의미한다. 왜냐하면 어떤 과학성이 밑받침되어야 한다고 생각하는 객관주의는 결국 생명/삶의 '드라마처럼' 주관적인 성격을 삭제해버리기 때문이다. 하지만 생명/삶을 철학적으로 사유한다는 것은 무엇보다도 삶을 단순한 질료나 무의미한 생명으로 폄하하는 견해에 맞서—예를 들어 이러한 생각을 가장 혐오스러운 결과로 현실화했던 나치즘에—항변한다는 것을 의미한다. 캉길렘에 따르면 "'건강'은 어떤 법체계의 관점에서 가치를 인정해야 할 경제적 차원의 필요성과는 전혀 무관한 것이다. '건강'은 오히려 삶을 영위하는 데 필요한 조건들의 중추에 가깝다."[76] 여기서 캉길렘이 사실상 꼬집어 비판하는 것은 무엇보다도 나치의 의료 행정, 즉 그 생명–경제적인 정책을 기반으로 나치가 실현했던 '생과 사의 정치'다. 이에 맞서 캉길렘이 거의 동어반복적인 어조로 "삶을 영위하는vive 것에 대한 사유는 그것의 개념을 다름 아닌 생명체vivente에서 취해야"[77] 한다고 주장할 때, 그가 강조하려는 것은 그저 주체를 생물학적 차원의 중심으로 복귀시켜야 할 단순한 필요성이 아니라 오히려 생명/삶과 그것의 개념 사이에는 일종의 역동적인 차이점이 존재한다는 사실이다. 캉길렘의 입장에서, 생명체는 삶의 객관적인 기준을 언제나 뛰어넘는 존재다. 어떻게 보면 생명체는 언제나 자기 자신의 저 너머에, 따라서 그의 생사 여부를 평가하는 통계적 평균치의 저 너머에 머무는 존재다. 나치즘이 '생명'에서 모든 삶의 형태를 빼앗은 뒤 벌거벗은 질료적 존재의 나락으로 추락시켰다면, 캉길렘은 모든 '생명'을 무언가 유일하고 반복될 수 없는 것으로 만들면서 고유한 삶의 형태로 복원시킨다.

캉길렘이 이를 목적으로 활용하는 개념적 도구가 바로 '규율'의 범주다.[78] 법학에서는 물론 사회학, 인류학, 교육학 분야에서도 전통적으로 인간 행위의 평가와 해석의 잣대인 동시에 규범으로 간주해온 '규율'의 개념을 캉길렘은 생명체의 순수한 존재 방식 또는 상태의 의미로 환원시킨다. 여기서는 건강뿐만 아니라 질병도 '규율'의 일부로 간주된다. 달리 말하자면, '규율'은 삶에 중첩되는 요소가 아니라 삶의 어떤 구체적인 상황을 표현할 뿐이다. 일찍이 에밀 뒤르켐Emile Durkheim이 그의 논문『정상적인 것과 병적인 것의 구분에 관한 규칙들』에서 주목했던 대로 "어떤 요인은 특정 종과의 관계 속에서가 아니면 병적이라고 볼 수 없을" 뿐 아니라 "모종의 사회적 요인도 특정 사회에서 못지않게 특정한 발전 단계와의 관계 속에서가 아니면 정상적이라고 평가하기 어렵다."[79] 이러한 '변증적' 논리를 캉길렘은 훨씬 더 먼 지점으로까지 밀고 나아간다. '비정상'으로 정의되는 것은 어떤 별난 특징을 지녔음에도 불구하고 '규율'의 내부에 포함될 뿐 아니라 규율의 '인식' 조건으로, 그리고 이에 앞서 '존재' 조건으로 정립된다. 바로 그런 이유에서 "비정상적인 것은 논리적으로만 [정상적인 것] 뒤에 올 뿐 실존적으로는 먼저 온다."[80] 위반될 가능성의 영역 바깥에서만 주어지는 규칙이란 대체 무엇이며 또 어떻게 정의해야 하나? 아니, 생물학적 차원에서 완벽하게 정상적이거나 건강한 상태는 오히려 그 자체로 탐지조차 될 수 없는 현상이다. 르네 르리슈Rene Leriche의 주장대로 '건강'이 "신체기관들의 침묵 속에서만 주어지는 삶"[81]이라면 이는 우리에게 유기체의 모든 생리학적 특성들을—부정적인 형태로—알려주는 실체가 다름 아닌 질병이라는 것을 의미한다. 건강 상태를 인지할 수 있는 단계에 도달하려면, 먼저 건강을 잃어야만 한다. 이처럼 부정적인 요인과의 관계에서 점하는 부차적인 위치 때문에, 규율은 생명/삶의 전제로 제시되거나 강요될 수 없으며 오히려 생명/삶 자체에서만 추론될 수 있다. 바로 이 지점에서, 객관화가 필요 없는 생물학적 패러다임을 기점으로 캉길렘이 시도하는 법적 규율의 탈구축화가 무엇인지 분명해진다.[82] 법적 규율이 행동의 실행 단계에 선행하는 행동 규범을 만드는 만큼 어쩔 수 없이 삶의 일탈 가능성을 예상해야 하고 이를 막기 위한 처벌조치까지 미리 제시해야 하는 반면, 생물학적 규율은 삶의 조건 자체와 일치한다. "유기체적 생명/삶의 규율은 다름 아닌 유기체에 의해 주어지며 그의 삶 안에 내재한다. [...] 유기체적 인간의 규율은 자기 자신과의 일치에 상응한다."[83] 이 경우에도 관건은 '생명/삶의 규율'이다. 하지만 여기서는 생명/삶이 규율의 울타리 안에 갇히지 않고 오히려 규율이 생명/삶의 무한한 형언불가능성에 노출되는 구도가 형성된다. 모든 명령이 금지의 형태로 표현될 수 있다는 켈젠의 의견이나[84] '법적 규율'의 필연적 부정성에 맞서 캉길렘이 제시하는 것은 다름 아닌 '생물학적 규율'의 구축적인 긍정성이다. 탄생의 순간부터 죽음의 기호에 종속된 유형의 생명이 존재한다는 나치의 생각에 맞서, 캉길렘은 죽음 자체가 생명의 한 현상이라는 점을 상기시킨다.

죽음은 물론 부정적인 현상이고, 이를 선행하며 때로는 결정짓는 질병도 마찬가지다. 하지만 질병의 부정성은 퇴화 이론가들이 주장하는 것처럼 생명 고유의 근원적 규율을 변형시키는 데 있지 않다. 질병의 부정성은 오히려 유기체가 이 규율을 변형시키지 못한다는 사실에서 발견된다. 유기체는 끊임없이 반복되는 규율화-정상화의 거대한 틀에서 벗어나지 못한다. 캉길렘의 이론이 지닌 가장 획기적인 의미론적 구도는 다름 아닌 '정상성normalità'과 '정상화normatività'[규율화] 간의 공통점과 차이점이 공존하는 지점에서 부각된다. 모두 라틴어 norma에서 유래하는 이 두 용어는 동일한 정의를 기점으로 중첩되는 동시에 분리된다. 완전하게 정상적인 사람이란 어떤 규범적인 유형에 완벽하게 상응하는 자가 아니라 오히려 고유의 잠재적인 정상화 기량, 다시 말해 새로운 규율들을 지속적으로 창출해낼 수 있는 기량을 고스란히 보존하는 개인에 가깝다. 캉길렘에 따르면 "정상적인 인간은 정상화하는 인간, 즉 새로운 규율들을 정립할 수 있는 존재다."[85] 바로 이 지점에서 면역의 패러다임이 극단적인 형태로 탈-구축되는 가운데 새로운 형태의 생명정치 어휘가 설득력을 발휘하기 시작한다. 대부분의 근대 정치철학과 특히 전체주의가 강렬하게 자기보존적인 차원에서 활용했던 의학-생물학적 모델은 여기서 전적으로 새롭고 근본적으로 혁신적인 의미 체계의 뒷전으로 물러난다. '위대한 건강'에 대해 언급하며 니체만이 꿰뚫어보았던 것처럼, 생물학적 정상성을 좌우하는 것은 유기체의 변질 또는 질병을 가로막는 기량이 아니라 질병을 어떤 새로운 정상화 체제 안에서 체화할 수 있는 있는 기량이다. 자기보존 본능에 좌우되지 않는 관점에서 생명/삶을 해석하면, 다시 말해 일찍이 골드슈타인Kurt Goldstein이 주장한 바 있고 뒤이어 캉길렘이 발전시킨 해석적 관점에서, 자기보존 본능이 더 이상 "삶의 일반적인 법칙이 아니라 삶의 축약된 법칙"[86]

에 불과하다면, 그렇다면 질병은 더 이상 어떤 극단적인 위험이 아니라 오히려 또 다른 위험과 맞서 싸우지 못할 위험, 혹은 본성적으로 위험을 무릅쓸 줄 아는 인간의 자연적인 성향이 위축되는 현상으로 이해해야 한다. "건강한 유기체는 자신의 상태와 환경을 고스란히 유지하는 데 관심을 기울이기보다는 오히려 자신의 본성을 실현하는 데 더 몰두한다. 바로 그런 이유에서 유기체는 위험을 무릅쓸 때 상대적으로 재해가 발생할 수 있다는 점을 받아들인다."[87] 생명/삶의 면역적인 규율화를 거부하면서, 생명체의 논리는 법적 규율에도 규율의 통상적인 정의 자체를 뛰어넘는 강렬한 의미를 부여할 수 있다.

5. '내재성: 하나의 삶... L'immanence: une vie...'은 질 들뢰즈가 우리에게 남긴 마지막 책의 제목이다. 이 짧은 저서는 상당히 함축적이고 어떻게 보면 미완성에 가깝지만, 바로 이 글에서 우리가 지금까지 긍정적 생명정치를 모색하며 검토해온 모든 관점들이 한 곳으로 수렴된다. 들뢰즈는 먼저 '초월적 장'이 무엇인지 정의하면서 이야기를 시작한다. 그는 이것이 어떤 객체 또는 주체를 가리키기보다는 오히려 한 느낌에서 또 다른 느낌으로 전이되는 일종의—강화 또는 약화의—흐름과 같다고 설명한다. 이러한 특징 때문에 '초월적 장'은 '의식'의 개념과도 상반되는 것으로 나타난다. '의식'은 전자와 달리 언제나 고유의 대상과 구분되어야 할 주체를 형성하면서 활성화되기 때문에 필연적으로 상호-초월적인 관계를 정립한다. 바로 이 상호-초월적인 관계에 맞서, 들뢰즈의 '초월적 장'은 일종의 절대적 내재성으로, 즉 스스로에게만 관여하는 내재성

의 차원으로 제시된다. 바로 이 지점에서 등장하는 것이 비오스, 생명을 지닌 삶의 범주다. 들뢰즈에 따르면, "순수한 내재성에 대해, 그것은 **하나의** 삶... 그 외에는 아무 것도 아니라고 말할 수 있다. [...] **하나의** 삶은 내재성의 내재성, 절대적 내재성이다. 그것은 온전한 잠재성이자 축복이다."[88] 들뢰즈는 이 내재성의 계보를 피히테의 후기 철학, 특히 직관적으로 관찰되는 '순수 활동'은 전혀 고정되어 있지 않기 때문에 '어떤 존재'가 아니라 '하나의 삶'이라고 본 피히테의[89] 관점에서, 그리고 멘 드 비랑Maine de Biran, 스피노자, 니체, 베르그송처럼 그의 철학적 성좌에 고정되어 있는 별들의 철학에서 추적한다. 하지만 들뢰즈는 놀랍게도 또 다른, 상당히 예외적인 영역의 저자 한 명을 인용한다. 그는 찰스 디킨즈다. 들뢰즈가 분석하는 디킨즈의 단편 『우리의 공통된 친구Our mutual Friend』는 다름 아닌 비오스bios의 문제를 코무니타스communitas의 문제에 ―아울러 후자를 전자에― 기재하는 듯이 보인다. 나는 들뢰즈의 '이론적인' 동시에 '생명철학적인' 요지가 '삶이라는 것(la vita)'과 다름 아닌 '하나의 삶(una vita)'이 조합되는 동시에 분리되는 지점에 있다고 믿는다. 정관사(la)가 부정관사(una)로 [통칭이 개별적인 예로] 옮겨오는 과정에서 분절되는 것은 원래 형이상학적인 차원에서 통합되어 있던 삶의 차원과 개인적인 의식의 매듭이다. 주체적인 의식의 경계 안에 기재될 수 없는, 따라서 '개인'이나 '페르소나'의 형태로는 환원될 수 없는 비오스의 한 측면이 존재한다. 이 측면을 들뢰즈는 삶과 죽음이 만나는, 혹은 충돌하는 극단적인 경로에서 발견했다. 이 만남이 바로 디킨즈의 소설에서 혼수상태에 빠진 라이더후드가 생사의 기로에 놓였을 때 벌어진 사건이다. 마치 시간이 멈춘 것처럼, 혹은 모든 시간이 이 강렬하고 절대적인 사건을 향해서만 펼쳐지는 것처럼 보이는 순간, 그에게 남은 생명의 빛줄기가 그만의 개인적 주체성에서 떨어져 나와 고유한 생명의 벌거벗은 사실성과 함께 단순한 생물학적 파편의 모습을 드러낸다. "아무도 그를 존중하지 않았다. 누구에게든 언제나 혐오와 의혹과 반감의 대상이었는데, 아이러니하게도 이제 모두가 그에게 남은 '생명의 불꽃the spark of life'을 그의 인격과 구분할 줄 알고 이 불꽃에 깊은 관심도 기울인다. 왜냐하면 그것이 곧 삶이고 이들도 자신이 살다가 언젠가는 죽는다는 사실을 부인하지 못하기 때문이다."[90]

"품고 있다가도 언젠가는 꺼질 수 있고 반짝이다가 타오를 수도 있는"[91] 이 불확실한 생명의 불꽃에 사람들이 관심을 기울이는 이유는 이 불꽃이, 절대적으로 유일하다는 차원에서 '개인'의 영역을 뛰어넘어 어떤 비개인적인 현실에—즉 **누구든** 언젠가는 죽는다는 사실에—뿌리를 두고 있기 때문이다. 들뢰즈는 이렇게 말한다.

그의 삶과 죽음 사이에는 더 이상 **하나의** 삶과 죽음의 사투에 지나지 않는 순간이 있다. 개인의 삶이 사라지고 그 자리를 하나의 비개인적이면서 그럼에도 유일한 삶이 차지하며, 하나의 순수한 사건을 삶 자체의 내면적이거나 외면적인 우발적 사건에서, 다시 말해 벌어지는 일들의 주체성이나 개체성에서 자유롭게 만든다. '인간일 뿐인 인간', 온 세상이 안타까워하며 그래서 일종의 지복에 도달하는 인간. 자명하게 개성적이지만 더 이상은 개체화가 아니라 특화에 가까운, 순수하게 내재적인 삶. 중립적이고 이제는 선과 악의 저편에 머무는 삶. 왜냐하면 무엇보다도 삶을 육화하던 '주체'만이 그의 삶을 선하거나 악한 것으로 만들었으니까. 그런 식으로 개인적이었던 삶이 사라진 자리에서 유일무이하게 내재적인 삶을 사는 그는 더 이상 이름이 없다. 단지 어느 누구와도 닮지 않았을 뿐. 그는 이제 하나뿐인 본질, 하나의 삶이다.[92]

이런 삶, **하나의** 삶이 지닌 '이런' 성격은 더 이상 '식별 individuabile'이 불가능하고 '개인individuo'으로도 환원되지 않는다. 왜냐하면 그 자체로 일반적이고 본질적으로 종적이기 때문이다. 하지만 사실은 또 다른 누군가와 '혼동'하는 것도 불가능하다. 왜냐하면 종적 특징일 뿐 유일무이한 경우의 특징이기 때문이다. 이와 유사한 경우는 태아들처럼 모두 똑같아 보이지만 목소리의 어조나 미소의 크기, 심지어는 눈물의 반짝임에서도 미세한 차이를 보이는 정황에서 발견된다. 이런 정황에서 '삶'은 본질적으로 고유화가 불가능하기 때문에 공통적이다. 마치 어떤 순수한 차이처럼, 그러니까 차이를 보이는 움직임 그 자체만으로 정의되는 차이처럼. 들뢰즈가 『의미의 논리』에서 '특이성singolarità'을 설명하며 표명했던 다음과 같은 입장도 바로 이러한 차원에서 이해할 필요가 있다. "원래 개인과 페르소나에 함축되어 있는 '특이성'과 어떤 무분별한 심연 간의 [...] 양자택일을 우리는 받아들일 수 없다."[93] 이 차이, 그러니까 특이성은 '개인'이 아닌 '무인칭'의 편에 머문다. 달리 말하자면, 우리가 흔히 '주체'를 구분하기 위해 사용하는 인칭대명사 '나', '너', '그' 가운데 어느 것과도 일치하지 않는 인칭, 이를테면 로렌스 펠링게티Lawrence Ferlinghetti[94]의 아이러니한 표현대로, 지식과 권력의 문법이 언제나 도외시해온 '제4인칭'의 편에 머문다. 들뢰즈에 따르면 "특이성singolarità을 표현하는 인칭들이야말로 진정한 의미의 초월적 사건에 가깝다. 이것이 바로 펠링게티가 '단수 4인칭'이라고 부르는 것들이다. 이들은 '개인'이나 '페르소나'로 **존재**하지 않고 '개인'과 '페르소나'의 형성을 **주관**할 뿐이다. 달리 말하자면, 이들의 재분배로 형성되는 '잠재적' 인칭 그 자체는 객체로서의 '나'[moi]도 주체로서의 '나[Je]'도 수반하지 않지만 스스로를 활성화하고 효력을 발휘하며 '나'를 생산해 낸다. 이러한 활성화의 양태는 실현된 잠재력과 조금도 유사하지 않다."[95] 이것이 바로 들뢰즈가 말하는 '가상현실'[96]의 전형적인—아울러 문제적인—동기이며 동시에 시몽동이 말하는 '전–개인적인' 것과 '초–개인적인' 것의 동기이기도 하다. 한편으로는 들뢰즈도 시몽동의 다음과 같은 문장을 인용한다.[97] "생명체는 자신의 한계지점에서 자신의 한계를 토대로 살아간다."[98] 그렇다면 이는 생명체가 주체와 객체, 내부와 외부, 유기물과 무기물이 중첩되는 일종의 주름 속에서 살아간다는 것을 의미한다. 하나의 비–인칭적인 특이성 혹은 특이한 비–인칭이 '개인'의 경계 안에 스스로를 가두는 것이 아니라 이 경계를 열어젖혀 어떤 탈–중심적인 움직임을 형성한다. 바로 이 움직임이 "인간들은 물론 식물들과 동물들의 세계를 가로지른다. 이들의 객체화에 소용되는 질료나 이들의 페르소나를 구성하는 형식과는 별개로."[99]

이 경로에서 우리는 긍정적인 생명철학의—전체적인 윤곽을 확인하긴 어렵지만—중요한 특징을 앞서 밝혀주는 무언가를 발견하게 된다. 이를 디킨즈의 소설에 그대로 중첩시켜 읽으면, 동일한 특징들이 나치의 죽음정치가 전복된 곳에서도 그대로 부각된다는 점을 확인할 수 있다. 라이더후드가 탈-페르소나적인 생명/삶을 경험하는 사건도 사실은 나치의 실험실에서처럼 죽음과 직접 접촉한 상태에서 이루어진다. 물론 디킨즈가 "껍질" 또는 "소멸될 수밖에 없는 무기력한 물질 덩어리"[100]라는 표현으로 가리키는 것은 빈딩Karl Binding과 호헤Alfred Hoche가 말하던 "빈 껍질"이나 "살 가치가 없는 생명/삶"과—혹은 트레블링카의 수용소에서 불에 던져지던 '살'과도—적잖은 연관성을 지닌다. 하지만 생명의 화살표가 가리키는 방향을 관찰하면 근본적인 차이가 드러난다. 디킨즈의 소설에서 라이더후드가 다시 깨어나는 사건은 표면적인 생명/삶이 죽음을 향해 나아가는 대신 표면적인 죽음이 생명/삶으로 인도되는 가운데 일어난다. 들뢰즈가 "일종의 지복"을 어떤 조건으로, 다시 말해 이를 향유하는 주체의 '규율화'를 선행하거나 뒤따르기 때문에 선악의 구분을 뛰어넘는 어떤 조건인 듯 언급할 때, 그가 암시하는 것도 일종의 '생명/삶의 규율'이다. 왜냐하면 생명/삶을 어떤 초월적인 규율에 종속시킬 것이 아니라 규율 자체를 생명/삶의 내재적인 원동력으로 만들라고 말하는 셈이기 때문이다. '비-인칭성'을 특이한[유일무이한] 존재가 살아가는 유일한 방식으로 해석하는 관점은 사실 서구 문명사회가 창건되었을 때부터 '페르소나'를 언제나 법적 위상의 차원에서 이해해온 '페르소나 의미론'의 한계를—적어도 법이 페르소나의 '불가침적' 개인성을 구축하는 데 기여해왔고 여전히 기여하고 있는 만큼—극복해야 할 필요성과 결코 무관하지 않다. 바로 이러한 생명법률적인—생명/삶과 법률 간의—매듭을 풀어내는 것이 과제지만, 양자를 분리하기보다는 이들 간의 상호-내재성을 인지하는 형태로, 다시 말해 생명/삶에서 고유의 내재적인 규율을 발견하고 생명/삶의 생성 능력을 규율에 부여하는 형태로 풀어내야 한다는 것이 들뢰즈의 생각이다. 어떤 단일한 과정이 생명체의 모든 확장 영역을 끊임없이 가로지른다는 사실은—즉 어떤 생명체든 생명/삶의 총체적인 관점에서 사유해야 한다는 점은—곧 생명/삶의 어떤 부분도 또 다른 생명을 위해 파괴될 수 없다는 것을 의미한다. 모든 생명/삶이 곧 삶의 형태이고 삶의 모든 형태가 생명/삶에 관여한다. 이는 생명정치의 내용이나 궁극적인 의미가 아니라 최소한의 전제다. 인류가 이를 일종의 죽음정치 체제에서 다시 부인하게 될 것인지, 아니면 '생명의' 정치로 긍정하게 될 것인지는 오늘날의 사유가 이 전제의 경로를 추적하는 방식에도 달려 있을 것이다.

1 생명정치가 중요하게 부각되는 현상에 대해서는 명쾌하고 풍부한 설명을 제공
하는 L. Bazzicalupo, *Ambivalenze della biopolitica*, in *Politica della vita*, pp. 134-44
와 같은 저자의 *Governo della vita. Il corpo come oggetto e soggetto politico*, in *Biopoli-
tiche* 참조.

2 이 점에 대해서는 이하의 저서들 참조. A. dal Lago, *Non-persone. L'esclusione dei
migranti in una società globale*, Milano 1999; S. Palidda, *Polizia postmoderna*, Mi-
lano 2000; S. Mezzadra, A. Petrillo, *I confini della globalizzazione: lavoro, cultura,
cittadinanza*, Roma 2000.

3 A. Heller, *Has Biopolitics changed the Concept of the Political? Some further Thoughts
about Biopolitics*, in F. Fehér, A. Heller, *Biopolitics. The Politics of the Body, Race and
Nature*, Wien 1996. 아울러 F. Fehér, A. Heller *Biopolitics*, Wien 1994 참조.

4 H. Arendt, *The Human Condition*, Chicago 1958 [trad. it. *Vita Activa*, A. Dal
Lago편, Milano 1988, p. 239].

5 같은 책, pp. 239-40.

6 이 방향의 해석에 대해서는 L. Daddabbo, *Inizi. Foucault e Arendt*, Milano 2003,
pp. 43 이하 참조.

7 M. Heidegger, *Brief über den 'Humanismus'*, in *Wegmarken*, in *Gesamtausgabe*,
Frankfurt am Main 1978, vol. IX [trad. it. *Lettera sull'umanesimo*, Milano 1995, p.
56].

8 같은 책, p. 78. 하이데거의 '인본주의에 관한 서신' 및 그의 사상 전반에 관한 슬
로터다이크의 해석에는 흥미로운 관점들이 포함되어 있다. *Die Domestikation des
Seins. Für eine Verdeutlichung der Lichtung* 참조(이 글은 2000년 3월 퐁피두 센터
에서 열린 슬로터다이크의 강연 기록이다. 프랑스어 번역본 *La Domestication de
l'Etre. Pour un éclaircissement de la clairière* 참조)

9 하이데거의 사유가 지닌 이러한 특징과 그의 초기 사상에 대해서는 E. Maz-
zarella, *Ermeneutica dell'effettività. Prospettive ontiche dell'ontologia heideggeriana*,
Napoli 1993 참조.

10 M. Heidegger, *Phänomenologische Interpretationen zu Aristoteles. Einfürung in die
phänomenologische Forschung*, Frankfurt am Main 1985 [trad. it. *Interpretazioni
fenomenologiche di Aristotele. Introduzione alla ricerca fenomenologica*, E. Mazzarella
편, Napoli 1990, p. 120].

11 같은 책, p. 119.

12 같은 책, pp. 114-15.

13 하이데거의 『졸리콘 세미나』에 실린 M. Boss의 서문에서 인용. *Zollikoner
Seminäre. Protokolle-Gespräche-Briefe*, Frankfurt am Main 1987 [trad. it. *Seminari

di Zollikon, E. Mazzarella, A. Giugliano편, Napoli 2000, p. 12].

14 M. Heidegger, *Sein und Zeit*, in *Gesamtausgabe*, 1977, vol. II [trad. it. *Essere e tempo*, Torino 1969, pp. 116-17].

15 이 과정을 상세하게 분석한 L. Illetterati *Tra tecnica e natura. Problemi di ontologia del vivente in Heidegger*, Padova 2002 참조.

16 M. Heidegger, *Lettera sull'umanesimo*, p. 49.

17 이에 대해서는 설득력 있는 논문 M. Russo, *Animalitas. Heidegger e l'antropologia filosofica*, in «Discipline filosofiche», XII, I, 2002, pp. 167-95 참조.

18 J. Rogozinski, *«Comme les paroles d'un homme ivre...»: chair de l'histoire et corps politique*, in «Les Cahiers de Philosophie», n. 18, 1994-95, pp. 72-102.

19 A. Martone, *La rivolta contro Caligola: Corpo e Natura in Camus e Merleau-Ponty*, in *Politica della vita*, pp. 234-43.

20 M. Merleau-ponty, *Philosophie et non philosophie depuis Hegel*, in «Textures», n. 8-9, 1974, pp. 83-129, n. 10-11, 1975, pp. 145-73 [trad. it. *Filosofia e non filosofia dopo Hegel*, in *Linguaggio, storia, natura*, M. Carbone편, Milano 1995, pp. 131-209].

21 M. Merleau-ponty, *Le visible et l'invisible*, Paris 1964 [trad. it. *Il visibile e l'invisibile*, Milano 1994, p. 163].

22 D. Franck, *Heidegger et le problème de l'espace*, Paris 1986. D. Franck, *Chair et corps. Sur la phénoménologie de Husserl*, Paris 1981.

23 M. Merleau-ponty, *Il visibile e l'invisibile*, p. 260.

24 이러한 방향으로 더욱더 깊이 파고들어 보다 혁신적인 결과를 가져온 저서 E. Lisciani Petrini, *La passione del mondo. Saggio su Merleau-Ponty*, Napoli 2002 참조.

25 M. Merleau-ponty, *Il visibile e l'invisibile*, p. 270.

26 같은 책, p. 275.

27 E. Lisciani Petrini, *La passione del mondo*, pp. 119 이하.

28 M. Merleau-ponty, *Linguaggio, storia, natura*, p. 103. 이 점에 대해서는 E. de Fontenay, *Le silence des bêtes. La philosophie à l'épreuve de l'animalité* (Paris 1998) 가운데 메를로퐁티를 다룬 장(pp. 649-60) 참조.

29 이러한 배제 현상을 추적하며 '살'이라는 테마의 20세기 계보학을 재구성한 카르 보네의 *Carne. Per la storia di un fraintendimento* in M. Carbone, D. M. Levin, *La carne e la voce. In dialogo tra estetica ed etica*, Milano 2003, pp. 11-66 참조.

30 F. Lyotard, *Discours, figure*, Paris 1971, p. 22.

31 G. Deleuze, F. Guattari, *Qu'est-ce que la philosophie?*, Paris 1991 [trad. it. *Che cos'è la filosofia*, C. Arcuri편, Torino 1996, p. 184].

32 J. Derrida, Le toucher, Jean-Luc Nancy, Paris 2000, p. 267.

33 J.-L. Nancy, *Le sens du monde*, Paris 1993 [trad. it. *Il senso del mondo*, Milano 1999, p. 226]. 이 점에 대해서는 나의 논문 *Chair et corps dans la déconstruction du*

christianisme in aa.vv., *Sens en tous sens. Autour des travaux de Jean-Luc Nancy*, F. Guibal, J.-C. Martin편, Paris 2004, pp. 153-64 참조.

34 구조주의 이후 현대 프랑스 철학의 상세한 지형도를 구축한 D. Tarizzo, *Il pensiero libero. La filosofia francese dopo lo strutturalismo*, Milano 2003 참조.

35 M. Henry, *Incarnation. Une philosophie de la chair*, Paris 2000.

36 J. Alexandre, *Une chair pour la gloire. L'anthropologie réaliste et mystique de Tertullien*, Paris 2001, pp. 199 이하와 M. L. Costantini, *Le terme de 'caro' dans le «De carne Christi» de Tertullien*, Nice 1994 참조.

37 E. Schweizer, F. Baumgärtel, R. Meyer, *Chair, in Dictionnaire Biblique*, G. Kittel 편, Genève 1970 [독일어 원본 *Theologisches Wörterbuch zum Neuen Testament*, vol. VII, pp. 98-151].

38 새로운 현상학적 관점에서 쓴 M. Richir, *Du sublime en politique*, Paris 1991, pp. 437 이하 참조.

39 X. Lacroix, *Le corps de chair*, Paris 2001, pp. 211이하 참조. 바울의 '살' 개념에 대해서는 J. A. T. Robinson, *Le corps. Étude sur la théologie de saint Paul*, Paris 1966 과 E. Brandenburger, *Fleisch und Geist. Paulus und die dualistische Weisheit*, Neukirchen 1968 참조.

40 이는 내가 『임무니타스』에서 이미 다루었던 주제들이다. R. Esposito, *Immunitas*, pp. 78-88, 142-144. [로베르토 에스포지토, 『임무니타스. 생명의 보호와 부정』, 크리티카, pp. 152-167, 276- 282] 이와—적어도 외견상—약간 상이한 '신체' 해석에 대해서는 이 주제를 상당히 광범위하게 다룬 U. Galimberti, *Il corpo*, Milano 1987 참조.

41 이하의 저서들 참조. A. Bonomi, *Il trionfo della moltitudine*, Torino 1996, P. Virno, *Grammatica della moltitudine*, Roma 2002, A. Negri, *Pour une définition ontologique de la multitude*, in «Multitudes», n. 9, 2002, A. Illuminati, *Del Comune. Cronache del general intellect*, Roma 2003. 이 다양하고 상이한 관점들이 지닌 문제는 결국 생명정치에 대한—군이 경제주의적인 해석까지는 아니더라도 최소한—생산주의적이거나 노동주의적인, 따라서 비정치적인 해석을 우선시한다는데 있다. 이 점에 대해서는 *Mercanti di futuro. Utopia e crisi del Net Economy*(Torino 2002)에 실린 C. Formenti의 논문(pp. 237 이하) 참조.

42 G. Didi-Huberman, *Devant l'image*, Paris 1990, pp. 200 이하 참조.

43 D. Sylvester편, *Entretiens avec Francis Bacon*, Genève 1996, p. 29.

44 G. Deleuze, *Francis Bacon. Logique de la sensation*, Paris 1981 [trad. it. *Francis Bacon. Logica della sensazione*, Macerata 1995, p. 88]. 들뢰즈와 베이컨의 관계에 대해서는 U. Fadini, *Figure nel tempo. A partire da Deleuze/Bacon*, Verona 2003 참조.

45 같은 책, p. 52.

46 같은 책, p. 52.

47 '국가' 개념의 계보학에 대해서는 F. Tuccari, *La nazione*, Roma-Bari 2000와 E.

Balibar, *La Forma Nazione: storia e ideologia*, in E. Balibar, I. Wallerstein, *Razza, nazione, classe*, Roma 1990 (*Race, nation, classe. Les identités ambigües*, Paris 1988) 참조.

48 프랑스의 '형제애' 개념에 대해서는 M. David, *Fraternité et Révolution française*, Paris 1887, M. David, *Le Printemps de la Fraternité. Genèse et vicissitudes 1830-1851*, Paris 1992 참조.

49 형제적 권리의 법률화 가능성을 비판적인 차원에서 조명한 E. Resta, *Il diritto fraterno*, Roma-Bari 2002 참조.

50 친구-적-형제의 관계에 대해서는 J. Derrida, *Politiques de l'amitié*, Paris 1994 [trad. it. *Politiche dell'amicizia*, Milano 1995] 참조.

51 니체가 말하는 '형제-적의 필요성'에 대해서는 *Così parlò Zarathustra*, pp. 51, 64, 122, 255 참조.

52 C. Schmitt, *Ex Captivitate Salus. Erfahrungen der Zeit 1945-47*, Köln 1950 [trad. it. *Ex Captivitate Salus. Esperienze degli anni 1945-47*, Milano 1987, pp. 91-92].

53 R. Girard, *La violence et le sacré*, Paris 1972 [trad. it. *La violenza e il sacro*, Milano 1980].

54 S. Freud, *Totem und Tabu*, in *Gesammelte Werke*, Frankfurt am Main 1969-73, vol. IX [trad. it. *Totem e tabù*, in *Opere*, Torino 1975, vol. VII].

55 S. Freud, *Der Mann Moses und die monotheistische Religion*, in *Gesammelte Werke*, vol. XVI [trad. it. *L'uomo Mosè e la religione monoteistica*, in *Opere*, 1970, vol. XI, p. 338]. 이 주제에 대해서는 R. Esposito, *Nove pensieri sulla politica*, Bologna 1993, pp. 92-93와 R. Esposito, *Communitas*, pp. 22-28 [로베르토 에스포지토 『코무니타스. 공동체의 기원과 운명』 크리티카, pp 72-83] 참조.

56 Ph. Lacoue-Labarthe, J.-L. Nancy, *Il popolo ebraico non sogna*, in *L'altra scena della psicoanalisi. Tensioni ebraiche nell'opera di S. Freud*, Roma 1987, D. Meghnagi편, pp. 55-94.

57 어머니와 아들의 관계에 대해서는 푸티노의 날카로운 논문 참조. A. Putino, *Amiche mie isteriche*, Napoli 1998.

58 H. Arendt, *Vita activa* , p. 8.

59 E. Parise편, *La politica tra natalità e mortalità. Hannah Arendt*, Napoli 1993.

60 H. Arendt, *Vita activa*, p. 182.

61 A. Fagot-Largeault, *L'individuation en biologie, in Gilbert Simondon. Une pensée de l'individuation et de la technique*, Paris 1994, pp. 19-54. 이 외에도 또 다른 시몽동 선집 *Simondon*, P. Chabot편, Paris 2002 참조.

62 G. Simondon, *L'individu et sa genèse physico-biologique* (1964), Paris 1995, p. 77.

63 G. Simondon, *L'individuation psychique et collective*, Paris 1989 [trad. it. *L'individuazione psichica e collettiva*, Roma 2001, p.84, M. Combes의 서문과 P. Virno 의 해제도 참조].

64 같은 책, p. 138.

65 G. Agamben, *Stato d'eccezione*, Torino 2003.

66 규율주의와 자연법주의 간의 논쟁에서 부각되는 지독한 모순들의 정체는 카시러의 논문과 켈젠의 논문을 직접적인 비교가 가능하도록 한 책에 묶어 출판하면서 보다 분명하게 드러났다. Cassirer의 논문 *Vom Wesen und Werden des Naturrechts* (in «Zeitschrift für Rechtsphilosophie in Lehre und Praxis», vol. VI, 1932-34, pp. 1-27)와 Kelsen의 논문 *Die Grundlage der Naturrechtslehre* (in «Österreichische Zeitschrift für öffentliches Recht», Wien 1963, vol. XIII, pp. 1-37)은 «MicroMega» 2001년 2월호에 각각 *In difesa del diritto naturale*(pp. 91-115)와 *Diritto naturale senza fondamento*(pp. 116-55)라는 제목으로 번역 출간되었다. 이 두 텍스트를 논평한 A. Bolaffi, S. Rodotà, S. Givone, C. Galli, R. Esposito의 기사들 참조.

67 이러한 해석적 관점의 스피노자 법철학에 대해서는 이하의 필독서 참조. R. Ciccarelli, *Potenza e beatitudine. Il diritto nel pensiero di Baruch Spinoza*, Roma 2003.

68 B. Spinoza, *Tractatus politicus*, in *Opera*, Heidelberg 1924, vol. III [trad. it. *Trattato politico*, Roma-Bari 1991, p. 9].

69 B. Spinoza, *Etica more geometrico demonstrata*, in *Opera*, vol. II [trad. it. *Etica*, in *Etica e Trattato teologico-politico*, Torino 1972, p. 197].

70 B. Spinoza, *Trattato politico*, pp. 11-12.

71 E. Balibar, *Spinoza. Il transindividuale*, L. Di Martino, L. Pinzolo편, Milano 2002.

72 G. Simondon, *L'individu et sa genèse physico-biologique*, p. 295.

73 G. Simondon, *L'individuazione psichica e collettiva*, p. 188.

74 같은 곳.

75 G. Canguilhem의 성찰이 지닌 메타정치적인 성향은 그의 *Traité de Logique et de Morale* (Marseille 1939)에서 분명하게 드러난다. 특히 11장 *Morale et Politique*와 12장 *La Nation et les Relations internationales* (pp. 259-99) 참조.

76 G. Canguilhem, *Une pédagogie de la guérison est-elle possible*, in *Écrits sur la médecine*, Paris 2002, p. 89.

77 G. Canguilhem, *La connaissance de la vie*, Paris 1971 [trad. it. *La conoscenza della vita*, Bologna 1976, p. 38].

78 G. Le Blanc, *Canguilhem et les normes*, Paris 1998.

79 E. Durkheim, *Le regole del metodo sociologico*, pp. 98-99.

80 G. Canguilhem, *Nouvelles réflexions concernant le normal et le pathologique* (1963-1966), in *Le normal et le pathologique*, Paris 1966 [trad. it. *Nuove riflessioni intorno al normale e al patologico*, in *Il normale e il patologico*, Torino 1998, p. 206].

81 R. Leriche, *Introduction générale. De la santé à la maladie. La douleur dans les maladies. Où va la médecine?*, in *Encyclopédie Française*, VI, 16-I.

82   P. Macherey, *Pour une histoire naturelle des normes*, in aa.vv., *Michel Foucault*, Paris 1989, pp. 203-21.

83   G. Canguilhem, *Nuove riflessioni intorno al normale e al patologico*, pp. 221-22.

84   H. Kelsen, *Allgemeine Theorie der Normen*, Wien 1979 [trad. it. *Teoria generale delle norme*, Torino 1985, p. 156]. '규율'이라는 복잡한 주제에 대해서는 A. Catania, *Decisione e norma*, Napoli 1979, A. Catania, *Il problema del diritto e dell'obbligatorietà. Studio sulla norma fondamentale*, Napoli 1983, F. Ciaramelli, *Creazione e interpretazione della norma*, Troina 2003 참조.

85   G. Canguilhem, *Il normale e il patologico*, p. 109.

86   같은 책, p. 63. 캉길렘이 주목한 골드슈타인의 저서는 K. Goldstein *Der Aufbau des Organismus* (La Haye 1934)다.

87   같은 곳.

88   G. Deleuze, *L'immanence: une vie...*, in «Philosophie», n. 47, 1995, p. 4. 이에 대해서는 R. Schérer의 *«Homo tantum»*과 *L'impersonnel: une politique*, pp. 25-42, G. Agamben의 *L'immanence absolue*, pp. 165-88, 그리고 E. Alliez편 *Gilles Deleuze. Une vie philosophique*, Paris 1998 참조.

89   같은 곳.

90   Ch. Dickens, *Our Mutual Friend*, Oxford 1989 [trad. it. *Il nostro comune amico*, Torino 1982, p. 562].

91   같은 책, p. 564.

92   G. Deleuze, *L'immanence: une vie...*, p. 5.

93   G. Deleuze, *Logique du sens*, Paris 1969 [trad. it. *Logica del senso*, Milano 1975, p. 96].

94   L. Ferlinghetti, *Il*, in *Un regard sur le monde*, Paris 1970, p. 111.

95   G. Deleuze, *Logica del senso*, p. 96.

96   내재성의 논리와 관련하여 들뢰즈의 '가상적인 것'이 지닌 문제점에 대해서는 바디우가 들뢰즈에게 헌정한 강렬하고 날카로운 분석 참조. A. Badiou, *Deleuze. La clameur de l'Etre*, Paris 1997 [trad. it. *Deleuze. Il clamore dell'essere*, D. Tarizzo, Torino 2004].

97   G. Deleuze, *Logica del senso*, p. 97.

98   G. Simondon, *L'individu et sa genèse physico-biologique*, p. 260.

99   G. Deleuze, *Logica del senso*, p. 100.

100 Ch. Dickens, *Il nostro comune amico.*, pp. 562-63.

역자 해제

1. '언행일치'라는 말은 생명정치와 깊은 연관성을 지녔다. '언행일치'는 이를 어떤 원칙으로 간주하든 교훈으로 간주하든 일종의 반쪽짜리 표현에 불과하다. 전달하려는 내용의 본질을 왜곡하거나 왜곡해야만 의미를 전달하기 때문이다. '언행일치'는 사람들의 '말'과 '행동'이 일치하지 않는 경우가 빈번히 발생하는 현실이 전제될 때에만, 달리 말하자면 언행의 불일치가 전제될 때에만 의미를 지닌다. 물론 우리는 언행의 실질적인 불일치를 현실로 평가하는 데 익숙하지만 언행의 보다 본질적인 측면에 주목하면, 그러니까 아렌트의 의견대로 '말' 자체가 언어이기에 앞서 이미 일종의 '행위'라는 점에 주목하면 언행일치의 요구 자체가 곧장 모순으로 다가온다. 실제로 '말' 자체는 '행위'에 가깝다. 이는 예를 들어 '말 실수'라는 단어가 말을 실수의 일종으로, 즉 행위의 일종으로 간주해야만 가능해지는 표현이라는 점에서 분명하게 드러난다. 그렇다면 언행의 불일치는 사실상 어떤 말이 지시하는 행위와 실질적

인 행위 간에 격차가 발생하는 상황을 가리킬 뿐이다. 하지만 이러한 상황을 포착하는 것만으로는 문제가 해결되지 않는다. 왜냐하면 말이 행위로 환원된다는 점에만 주목하면 이야기가 행위와 행위 간의 문제로 변해 '언행일치'의 모순과는 무관한 영역으로 분산되기 때문이다. 그렇다면 '말'만 '행위'로 환원되는 것이 아니라 '행위' 역시 '말'로 환원된다는 점에 주목할 필요가 있다. 실제로 인간의 행위 가운데 말이 아닌 것은 없다. '말'이 발화와 함께 곧장 '행위'로 전환된다는 관점은 '행위' 역시 '말'에서 유래하며 '말'로 되돌아갈 뿐 아니라 '말'을 양산하며 양산하는 '말'들 가운데 머문다는 사실과 함께 설명되어야만 의미를 지닌다. '말이 필요 없는 행위'가 존재하지만 이는—본능의 무의미한 충족을 제외하면—어떤 경우에든 행위가 우선시되는 정황, 혹은 '말'과 '행위'가 상충될 때 '말'의 희생이 요구되는 상황을 정당화하는 표현에 지나지 않는다. 이 표현은 '행위'의 실천에 어떤 식으로든 소용되던 모든—한마디 혹은 수많은—말이 행위에 자리를 내주어야 하는 정황, 따라서 행위가 말에 종속되던 정황을 암시한다. 이 모든 것을 고려하면, '언행일치'라는 말은 단순히 언행의 일반적인 불일치가 상정된 상태에서 요구되는 일치 혹은 언행의 원칙적인 일치를 상정한 상태에서 요구되는 불일치의 배제 어느 하나만을 가리키지 않을 뿐 아니라—이 표현의 의미 방향이 일방적이라는 점을 감안할 때—일치와 배제 모두를 가리키는 것도 아니다. 언행의 일치와 불일치는 오히려 상호보완적인 동시에 상호배타적인 형태로 지속되는 소통의 관계 안에 놓여 있다. 간단히 말하자면 언행의 일치를 위해 불일치가 요구되고 불일치에도 일치가 요구된다. 어떤 한계점을 넘어서는 순간, 언행의—불일치 없는—일치는 질식 상태를 유발하고—일치 없는—불일치는 극단적인 혼란을 유발한다. 이 두 영역은 끊임없이 소통할 뿐 모든 관계를 부인해야 할 정도로 명백하게 상호배타적일 뿐 아니라 서로 배척하기 위해 만나고 만나기 위해 부정하는 관계, 숙명적으로 대척하며 적대적으로 공존하는 관계 안에서 북적대며 교차한다.

그렇다면 이러한 '언어'와 '행위'의 변증관계에 주목해야 하는 이유는 이와 동일한 **결**과 **메커니즘**을 지닌 변증관계가 다름 아닌 '정치'와 '생명'의 관계에서 확장된 형태로 발견되기 때문이다. 정확히 말하자면 이 개념들의 관계는 저자의 핵심 패러다임인 코무니타스와 임무니타스의 관계로 환원된다. 언어와 행위의 간극은 코무니타스와 임무니타스, 공통성과 면역성, 공존과 생존, 정치와 생명의 간극에 그대로 각인되어 있다. 이는 저자가 사회적 규율이나 보편성과 직결되는 법적 면역과 인간의 삶에 필수적인 생물학적 면역의 중첩 현상에서, 즉 정치와 생명의 중첩 현상에서 도출해낸 공통성과 면역성의 패러다임적인 관계가 현대인의 정신세계에 깊숙이—문명의 발달과 함께 더욱더 깊이 침전되는 사고방식의 심연에—기재되어 있기 때문이다.

언어와 행위의 관계가 의존하는 메커니즘은 이와 유사한 또 다른 경우, 이론과 실재의 관계에서도 발견된다. 한편에서는 이론이 현실을 선택적으로 간과하며 현실의 이론적 체계를 구축하고, 다른 한편에서는 현실도 수용해야 할 이론을 선택적으로 간과하며 현실에 적용한다. 따라서 어떤 문제가 해결되지 못하는 상황이 발생하는 이유는 단순히 해결책이 충분히 현실적이지 못하거나 이론적으로 부정확하기 때문이 아니라 이 두 정황의 공존 상태가 해결 방향의 표류를 조장하기 때문이다. 이론과 유사한 결을 지닌 범주는 **코무니타스**다. 이론은 내용뿐만 아니라 방법의 차원에서도—표면적으로는—보편적인 진리 내지 법칙을 전제로 전개되고 코무니타스도 개인적인 차원의 특수성이 아니라 공통적으로 적용되어야 할 법칙과 규칙을 기반으로 구축된다. 이론은—적어도 원칙적으로는—공유가 가능한 보편적 진리를 추구할 뿐 아니라 이를 찾아가는 방법도 공유의 논리를 토대로 활용한다. 반면에 실재와 유사한 범주는 **임무니타스**다. 실재는 사람이나 사회처럼 신체 혹은 실체를 지녔고, 스스로의 몸을 지키기 위해 끊임없이 면역을 시도하며 울타리를 쌓아올린다. 달리 말하자면 이 울타리 자체가 실재를 구성한다.

하지만 여기서 주목해야 할 것은 저자가 "공통점이라고는 조금도 없는 공동체"[1]라고 부르는 것의 특징, 즉 우리가 흔히 공동체의 특징으로 간주하는 공통점들이 실제로는 '함께'가 없는 '전체'처럼 어떤 추상적 명분 혹은 이상에 불과하다는 사실이다. 이론에서도 이와 유사한 형태의 문제점이 발견된다. 이론은 보편적 진리를 추구한다는 원리원칙에서 출발할 뿐 실제로는 언제나 특수한 이름과 전문적인 형태를 추구하기 때문에 실재를 재구성하는 단계에서 보편성을 상실한다. 반면에 실재는 면역의 메커니즘을 따른다. 신체가 외부 세계를 상대로 면역을 시도하듯, 실재도 수많은 이론적 요소들 가운데 일부를 선택적으로 수용하며 자기 보전을

---

1   에스포지토, 『코무니타스』, 크리티카, p. 7.

목적으로 울타리를 쌓아올린다. 모든 측면에서 몸과 닮았지만, 이는 사실 이론적 보편성의 울타리에 불과하다. 이러한 유형의 실재를 에워싸며 축적되는 이론적 요소들을 우리는 '지식'이라고 부른다. 이론은 형식적으로만 보편성을 추구하며 실제로는 특수성, 예외성, 절대성을 강조하는 방향으로 나아가기 때문에 보편성의 원리에 위배되는 실재를 생산한다. 그렇다면 이론과 실재의 간극은 사실 실재를 추구하는 이론과 이론을 필요로 하는 실재의 간극에 지나지 않는다. 하지만 이는 실재로 전환되는 이론과 실재의 보존에 소용되는 이론의 차이이기도 하다. 이러한 정황에서 실재도 빈번히 보편적인―열린―형태의 이론을 수용하지 못하는 상황에 처한다. 과도한 면역이 고립을 조장하며 삶을 단순한 생존의 문제로 추락시키듯이, 실재의 보존에만 집중되는 앎 자체가 실재의 고립을 조장하기 때문이다. 공동체가 과다한 면역화의 움직임을 분산시켜 억제하는 열린 공간에 가깝듯이, 이론도 고립된 형태의 실재가 팽창하는 것을 막고 제어하며 해체하는 기능을 수행한다. 반면에 실재는 현실에 부합하는 앎을 제시할 뿐이다. 그래서 우리를 앎의 울타리 안에 가두고 우리가 보다 훌륭하고 보편적이며 자유로운 앎의 지평으로 나아가는 것을 방해한다. 따라서 이런 결론을 내릴 수 있다. 이론과 실재 사이에도―언어와 행위, 공통성과 면역성, 정치와 생명의 경우에서처럼―필연적인 대척관계와 적대적인 공존관계가 성립된다.

에스포지토에 따르면, 이러한 양립 구도가 긍정적인 동시에 부정적이고 보존적인 동시에 파괴적인 성격을 지닌 만큼, 관건은 어느 한쪽의 선택이 아니라 이들 간의 조율과 균형이다. 언어와 행위, 이론과 실재의 경우도 마찬가지다. 사실상 실재이기를 원하는 이론과 이론이기를 원하는 실재 간의 관계도 언제나 긍정인 동시에 부정이며 보존인 동시에 파괴라는 점을 감안해야만, 파악해야만, 인정해야만 조율은 가능해진다. 물론 언어와 행위의 관계, 즉 '언행일치'는 개인적인 차원의 문제이기 때문에 보존이나 파괴의 현상과는 무관한 것처럼 보인다. 하지만 에스포지토는 '더 이상 분리될 수 없는' 존재 '개인in-dividual'에 대해서도 이렇게 말한다. "'개인'만큼 고유의 차이점에 의해서만 통합되는 수많은 파편으로 사실상 분리되어 있는 존재도 없다. [...] '개인' 자체는 참여의 주체가 아니라 오히려 무한히 복수적인 하나의 공동체에 가깝다."[2] 이러한 정황에서 요구되는 신체의 면역장치는 개인의 경우에도 단순한 "보호 장벽이 아니라, 외부와의 소통에 필요한 일종의 필터"[3] 혹은 "내부와 외부의 관계를 조절하는 일종의 여과기"[4]에 가깝다. 그렇다면 이런 결론을 내릴 수 있다. 언어와 행위, 이론과 실재, 정치와 생명 간의 차이와 균형은 면역의 필터 속에서만 발견되며, 면역의 핵심 기능인 균형 유지가 면역적인 차원의 소통을 통해 이루어질 때에만 조율될 수 있다.

2. '생명정치'는 한 단어가 아니다. 그렇다고 두 단어 '생명'과 '정치'의 단순한 조합으로도 보기 어렵다. 물론 조합된 형태지만, '생명정치'는 '생명'과 '정치'가 원칙적으로는 뒤섞일 수 없음에도 불

---

2   에스포지토, 『임무니타스』, 크리티카 p. 251.
3   같은 책 p. 281.
4   같은 책 p. 311.

구하고 함께해야 하는 형태로, 혹은 조합을 거부하는 동시에 수용하는 형태로 공존하는 이율배반적인 상황 또는 현상의 이름이다. 푸코에 따르면, "수천 년간 인간은 아리스토텔레스가 생각했던 존재, 즉 생명체일 뿐 아니라 정치적으로 살아갈 능력을 더불어 갖춘 동물로 남아 있었다. 이에 반해 근대적 인간은 생명체인 그의 삶 자체가 정치적으로 문제시되는 동물이다."[5] 이런 식으로 푸코가 조합해놓은 '생명정치'를 에스포지토는 분해해서 읽는다. 저자는 푸코를 전적으로 지지하지만 푸코가 파악했음에도 불구하고 체계화하지는 못했다고 보는 것이 바로 '생명'과 '정치'를 분리해서 바라보는 시각이다. 이러한 시각에 상응하는 것이, 푸코 역시 주목했던 **면역화** 패러다임을 토대로 재편성되는 '임무니타스'와 '코무니타스'의 구도다. '생명정치'는 결코 단일한 현상의 이름이 아니다. 본질적으로 양분되어 있는 '생명'과 '정치'의 구도를 아무런 중재 없이 획일적인 관점으로 묶을 때 일종의 양자택일적인 논리가 형성되어 사회 체계를 '생명' 또는 '정치' 어느 한쪽으로 기울어지게 만든다. 나치즘은 이런 식으로 양극화된 관점들의 발작적인 조합에 지나지 않는다. 생명정치에 대한 전적으로 부정적이거나 절대적으로 긍정적인 해석이 대두되는 것도 이와 동일한 유형의 문제다. 생명정치에 구체적인 의미와 균형을 부여할 수 있는 유일한 길은 에스포지토처럼 이를 패러다임의 형태로 읽는 것뿐이다. 달리 말하자면, 생명정치는 '생명'과 '정치' 사이에서 중재 역할을 하는 면역화 패러다임을 토대로만 해석될 수 있다. '생명'과 '정

[5] 본문 p. 72에서 인용.

치'가 뒤섞일 수 없음에도 조합되는 이유는 사실 면역화가 활성화되기 때문이다. '생명'과 '정치' 간의 불균형은 면역의 부재를, 균형은 면역의 활성화를, 더 나아가 극단적인 일치는 면역의 포화상태를 의미한다. 이러한 정황이 현대사회의 특징인 이유는 근현대적 문명사회의 발달이 본질적으로는 면역장치의 고도화와 일치하기 때문이다. 따라서 면역화의 중재를 핵심으로 간주할 때, 생명정치적인 현상들을 획일적이거나 어느 한 쪽으로 치우치지 않는 양립 구도의 관점에서 해석하는 것이, 즉 생명을 임무니타스의 차원에서 읽고 정치를 코무니타스의 차원에서 읽는 것이 가능해진다. '생명'의 범주에는 임무니타스와 결을 같이 하는 고유성, 개별성, 면역성이 상응하는 반면 '정치'에는 코무니타스와 결을 같이 하는 공통성, 총체성, 공동체가 상응한다. 임무니타스와 코무니타스가 근원적이고 개념적인 차원의 패러다임이라면 이 개념들이 현실적인 차원의 실체로 부각될 때 나타나는 정치 현상들의 이름이 바로 생명정치다. 다시 말해, 이 패러다임들이 사회적이거나 개인적인 생명/삶과 직결되는 정치적 체계, 사건, 역사, 분쟁의 형태로 확장되는 영역이 생명정치다. 저자가 이 책의 서문 서두에서 제시하는 일련의 극단적인 에피소드들도 모두 이러한 범주에 속하는, 그리고 바로 그런 이유에서 생명정치적인 관점이 아니고서는 정확한 해석이 거의 불가능한 사건들이다. 물론 생명정치는 이 에피소드들처럼 분쟁의 형태로만 전개되는 것도, 혹은 분쟁을 이해하는 데에만 소용되는 것도 아니다. 생명정치는 무엇보다도 오늘날의 현실과 삶을 가로지르는—혹은 현실과 삶을 생명정치의 형태로 구축하는—패러다임들의 결을 파악하는 데 소용된다. 이러한 특징은 에스포지토가 자유주의 사회의 개인주의를 생명정치적인 관점에서 어떤 식으로 이해하는지 살펴보면 보다 분명해진다. 『비오스』의 핵심 문단들 가운데 저자의 날카로운 분석과 재구성이 설득력을 발휘하는 곳에서, 그는 이렇게 말한다. "모든 외부적 속박에서 자유로운 권력의 독립성만 절대적인 것이 아니라 무엇보다도 이 권력이 인간들에게 투영하는 해방의 여파 역시 절대적이다. 인간들은 누구 못지않게 절대적인 개인으로 변한다. 그리고 이러한 변화는 공통의 의무에서 면제되는 과정, 즉 임무니타스를 통해 일어난다. 주권은 개개인의 조금도 공통적이지 않은 존재와 일치한다. 주권은 개개인의 비사회화가 취하는 정치 형태다."⁶

3.　왜 나치즘인가? 나치즘은 이제 지나간 과거의 역사에 불과하지 않은가? 과거의 실수에서 배워야 한다는 점을 감안하더라도, 이 역사가 남긴 교훈은 이제 충분히 숙지하지 않았나? 나치즘에 관한 다양한 형태의 정보들은 이제 차고 넘치지 않나? 그렇다면 저자가 굳이 나치즘을 이 책의 핵심 주제 가운데 하나로 다루는 이유는 무엇인가? 에스포지토는 그 이유를 비교적 명료하게 밝히지만 이를 설명하는 그의 신중한 자세가 오히려 역효과를 일으키며 관점을 불명료하게 만든다. 물론 그가 조심스러워하는 이유는 그만큼 그의 관점을 뒷받침하는 논리 자체에 오해의 소지가 있기 때문이지만, 어떤 유형의 오해가 관건인지 파악하려면 저자의 신중한 어조를 한 번쯤은 과장된 형태로 표현해 볼 필요가 있다. 나

6　본문 p. 128.

치즘이 다시 거론되는 이유는—수용하기가 결코 쉽지 않은 극단적인 성찰의 형태로 최대한 간략하게 요약하면—우리 모두가 잠재적인 나치이기 때문이다. 달리 말하자면, 나치즘을 뒷받침하던 기본 전제들 가운데 결코 도외시할 수 없는 무언가를 우리가 씨앗으로, 원동력으로 공유하고 있기 때문이다. 그것은 다름 아닌 생명이다. 좀 더 정확히 말하자면, 관건은 생명/삶의 강화와 극대화를 추진하는 가운데 원동력 자체를 도달해야 할 목표로 설정할 수 있을 만큼 강렬한 동시에 모순적인—강렬함 그 자체가 원칙이기에 이로 인해 양산되는 모든 모순까지 집어삼키는—형태의 생명이다. 바로 그런 이유에서 저자는 이렇게 말한다. "우리는 [...] 나치즘의 초월적 이상이 죽음이라기보다는 생명이었으리라는 가정을 지지할 수밖에 없는 입장에 놓인다. 단지 생명을 살리기 위한 유일한 약이 역설적이게도 죽음의 형태로 드러났을 뿐이다."[7] 죽음이 치료약으로 쓰였다는 것은 나치의 입장에서 죽음이 중요했다는 것을 의미하지 않는다. 죽음이 '쉽사리' 도구로 쓰일 수 있었던 것은 그것이 **절대적으로** 무의미했기 때문이고, 죽음이 절대적으로 무의미해진 것은 오히려 생명/삶이 **절대적으로** 중요했기 때문이다. 삶의 원동력 자체를 삶의 목표로, 씨앗을 열매로 간주했기 때문에 죽음도 생명의 일부라는 점을 간과할 수밖에 없었고, 이러한 정황은 결국 죽음까지—무의식적으로(?)—함께 극대화하는 비참한 결과를 가져왔다. 나치 체제에서 죽음이 활개를 펼칠 수 있었던 것도 이 때문이다.

7 본문 p. 240.

여기서 주목해야 할 것은 이처럼 동력을 목표와 동일시하는 메커니즘이 우리가 현대사회에서 일반적으로 추구하는 성장의 방식과 상당히 닮았다는 점이다. 예를 들어 우리는 '자본'이 원동력인 동시에 성장의 목표인 자본주의 체제에서, 즉 자본을 토대로 자본을 극대화하는 것이 목표인 세계에서 살고 있다. 좀 더 정확히 말하자면, 우리는 '자본'뿐만 아니라 '기술', '권력', '지식' 같은 다양한 범주들이 모두 동력이자 목표로 기능하며 형성하는 일종의 폐쇄회로 안에 갇혀 살고 있다. 이것이 크게 혹은 절대적으로 잘못되었다고 보기는 어렵지만, 인류 역사상 가장 퇴폐적인 악의 창궐을 주도했던 나치즘의 기초적인 메커니즘이 우리 시대의 성장 메커니즘과 본질적으로 유사하다는 점은 분명히 주의를 요한다. 에스포지토의 견해가 옳다면, 문제의 진원지는 아마도 면역 프로세스의 균형이 붕괴되는 지점에 있을 것이다. 간단히 말하자면 균열은—개인적이거나 사회적인 생명/삶의 영역에서—동력(생명)과 목표(정치) 간의 간극 혹은 내부적인 경로에 요구되는 "언어적, 개념적, 제도적 중재"[8] 차원의 면역화보다, 동력과 목표의 구분이 불분명해지는 곳에서 형성되는 폐쇄회로 자체의 면역화가 현격하게 우세해지는 곳에서 시작된다. 나치즘의 역사를 단순히 오류로만, 따라서 멀리하거나 잊어야 할 과거로만 이해하면 안 되는 이유도 이러한 메커니즘이 일종의 공통분모로—잊을 수도 제거할 수도 없는 **비오스**의 형태로—우리에게, 그 누구도 아닌 우리 **자신**에게 남아 있기 때문이다. 따라서 사고의 방향도 이제는 우리가 우리 '자신'

---

8   본문 p. 235.

이라고 부르는 지대를 향한다. 에스포지토는—분명히 의식적으로—우리가 익숙해져야 할 사고의 결을 관찰에서 성찰로 기울어지게 만든다.

4.   에스포지토가 제시하는 패러다임들은 상당히 유연하고 개방적인 성격을 지녔다. 파격적이고 폐쇄적이며 부정적인 모습을 보이는 곳에서조차 관건은 긍정, 교류, 소통, 조화, 조합이다. 따라서 이러한 유형의 패러다임에—특히 패러다임들의 패러다임으로 기능하는 '면역'의 영역에—접근하는 방식도 어느 정도는 유연하고 개방적이어야 한다. 그렇다면 우리도 결론적이고 단정적인 성향이 강한 우리의 통상적인 논의 방식에서 벗어나, 정답만이 능사는 아니라는 관점에서 접근할 필요가 있다. 사실상 우리나라만큼 에스포지토가 제시하는 면역화 패러다임 혹은 임무니타스와 코무니타스의 관점으로 바라봐야 할 현상들이 많이, 빈번히 발생하는 나라도 드물다. 폭발하지 않고 들끓기만 하는 작고 수많은—언제나 소수와 다수, 다수를 대변하는 소수와 소수를 대변하는 다수 사이에서 일어나는—분쟁의 도가니가 한국 사회다. 모든 것을 떠나, 표면적으로든 심층적으로든 거의 모든 측면에서 우리 사회에 지대한 영향을 끼치는 남북관계를 절대적으로 상반되는 두 종류의 면역화 성향 혹은 전략이 첨예하게 대립하는 관계로 이해하면, 안보와 대화를 동시에—적어도 적극적인 예방의 차원에서—도모할 수 있는 길이 열릴지도 모른다. 물론 이는 단순히 방법론적 차원의 가능성이나 필요성이 아니다. 왜냐하면—면역이 절대적으로 요구되는 곳에서 불가능해질 때—"절대적인 적대관계는 언제

나 두 형제 사이에서, 다름 아닌 형제살해의 형태로 나타나고 [...]
가장 피비린내 나는 분쟁은 언제나 가장 가깝고 가장 유사하고 가
장 근접한 인간들 사이에서 벌어지기" 때문이다.[9]

　　에스포지토의 철학은—그가 정치철학을 패러다임의 문법으
로 번역하는 데 성공한 만큼—결코 지식 창고에 쌓아두어야 할
학문이 아니다. 적어도 이론적인 차원에서 저자의 관점으로 우리
사회를 이해해볼 필요가 있다. 그러려면 무엇보다도 우리가 '패러
다임'이라는 용어를 정의하고 이해하는 함축적이고 결론적인 방식
에서 벗어나야 한다. 우리는 흔히 '패러다임'을 특정 시대의 사물
과 역사 대한 인식론적 틀이나 체계로, 혹은 특정 시대에 사람들의
견해나 사고를 지배하는 이론적 틀이나 개념의 집합체로, 또는 특
정 학문 분야의 지배적인 관점 등으로 정의한다. 하지만 패러다임
은 어떤 틀이나 체계나 집합체나 관점과는 거리가 멀다. 물론 이러
한 유형의 정의에는 토마스 쿤의 견해가 그대로 반영되어 있는 것
이 사실이다. 쿤은 이 용어를 과학의 발전 과정에서 특정 시대의
과학자들이 의존하는 설명 모델, 해법 기준, 방법론적 규칙들의 총
체를 가리키기 위해 사용했다. 하지만 이 경우에도 총체란 말은 이
모든 것이 패러다임이란 점을 가리킬 뿐 집합을 의미하지 않는다.
'패러다임의 전환'이란 표현을 곧장 '시대의 변화'로 잘못 읽는 성
향도 실제로는 패러다임을 일종의 총체로 보는 그릇된 견해에서
비롯된다. 패러다임은 원래 예제, 모델, 표본을, 특히 문법에서 품
사 변화의 모형을 가리키는 말이었다. 패러다임의 어원적인 의미

9　　본문 p. 356.

도 '표본'에 가깝다. 그리스어 paradeigma에서 유래하는 '패러다임'은 유사성 또는 근접성을 가리키는 전치사 para와 '보여주다'는 뜻의 동사 deiknymi의 합성어로 '유사한 형태를 보여주는' 혹은 '비교를 가능케 하는' 표본을 가리킨다. 그런 의미에서 패러다임의 유의어들 가운데 일 순위는 '원형'이다. 실제로는 쿤의 논리도 패러다임의 이러한 기본적인 의미를 그대로 활용하며 역사적인 차원으로 확장시킨 것에 불과하다. 그렇다면 이런 결론을 내릴 수 있다. 패러다임은 이를 이해하는 방식 자체에 응용이, 현실과의 대조가, 비교가 요구되는 개념이며 바로 그런 의미에서 현실을 이해하는 데에도 필요한 개념이다. 패러다임의 이러한 환원 기능이—현실을 구축하는 것도, 현실을 이해하기 위한 열쇠도 패러다임들이라는 의미에서—특별히 부각되는 곳에 다름 아닌 에스포지토의 철학이 있다.

윤병언

비오스: 생명정치와 철학

로베르토 에스포지토 지음
윤병언 옮김

초판 1쇄 발행. 2024년 10월 17일

펴낸이. 조수연
디자인. 박수진
펴낸곳. 크리티카
팩스. 0504 478 0761
이메일. criticapublisher@naver.com
블로그. blog.naver.com/criticapublisher
페이스북. 인스타그램. /criticapublisher/

정가 32,000원
ISBN 979-11-980737-3-0 93100